国家社会科学基金重点项目（批准号：13AJL014）
首都经济贸易大学出版资助

Small and Medium-sized City Function
Enhancement in Metropolitan Area

都市圈
中小城市功能提升

● 安树伟 张晋晋 等◎著

科学出版社
北 京

内 容 简 介

本书以城市经济学、区域经济学基础理论为依托，融合、借鉴空间经济学、产业经济学、地理学等其他分支学科的理论和分析方法，在对都市圈概念进行科学界定的基础上，科学划分我国都市圈，研究探讨都市圈中小城市的地位和城市功能提升环境，分析科学基础，提出战略思路，研究提升机理，概括提升模式，提出提升路径，并对处于不同发展阶段的都市圈进行案例研究，提出体制创新和若干对策建议。

本书可供城市经济学、区域经济学、经济地理学、城市规划等领域的研究学者、高等院校大学生及研究生作为教学科研参考，也可供政府部门工作人员参考。

图书在版编目（CIP）数据

都市圈中小城市功能提升 / 安树伟等著. —北京：科学出版社，2020.5

ISBN 978-7-03-064289-9

I. ①都… II. ①安… III. ①中小城市-经济发展-研究-中国 ②中小城市-社会发展-研究-中国 IV. ①F299.2

中国版本图书馆 CIP 数据核字（2020）第 018182 号

责任编辑：杨婵娟 吴春花 / 责任校对：张小霞
责任印制：李 彤 / 封面设计：有道文化

科学出版社出版
北京东黄城根北街 16 号
邮政编码：100717
http://www.sciencep.com
北京虎彩文化传播有限公司 印刷
科学出版社发行 各地新华书店经销
*
2020 年 5 月第 一 版 开本：720×1000 B5
2021 年 8 月第二次印刷 印张：25 1/2
字数：472 000

定价：148.00 元

（如有印装质量问题，我社负责调换）

序　言

| Foreword |

都市圈是核心城市通过辐射效应与周边地区相互联系与合作的区域。都市圈的核心是都市，都市是指超大城市、特大城市或辐射带动功能强的大城市。都市是由中小城市因为某种机遇发展而成的，都市不可能孤立存在，而是与周边城市、城镇和农村存在密切的联系。一般来说，距离都市越近的地方，与都市的联系越密切，所受到的影响就越大。都市的规模越大，辐射的范围就越大。都市圈的概念来源于日本，日本有三大都市圈：京滨都市圈、名古屋都市圈、阪神都市圈。20 世纪 80 年代，都市圈的概念传到我国，被我国学术界和政府沿用至今。随着城镇化的深入推进，都市圈日益成为我国人口和产业集聚的重要载体，对一个地区及国家的发展起着重要的支撑作用。

改革开放以来，我国城镇化快速推进，取得了举世瞩目的成就。1978～2018 年，我国城镇化水平由 17.9%提高到 59.6%，城市数量由 193 个增加到 672 个，建制镇由 2173 个增加到 21 297 个，中心城市数量大幅增加。中心城市的规模越来越大，与周边地区的关系越来越密切。中心城市不仅有辐射效应，还有虹吸效应，并凭借其优势地位，吸纳了大量经济要素，首位度越来越高，但“大城市病”也应运而生。与此同时，与周边城市的落差越来越大，周边中小城市并未随着都市规模的扩大而扩大。由于我国的特殊国情，中小城市众多但城市建设力度不足，城市功能不强，产业发展和人口集聚受到较大制约，进而造成城市发展梯度过大。

未来 15 年，我国的城镇化仍然处于较快速的发展阶段，每年有 1000 多万农村人口转化为城镇人口，国家将把都市圈作为城镇化的重要载体，全面推动城镇化由速度扩张向质量提升转型。但是，我们面对的现实是在同一都市圈内部存在“大城市过度膨胀、中小城市发育不良、小城镇基础设施薄弱”的现象，如保定、廊坊、张家口、承德之于北京，嘉兴、南通之于上海等。从全国范围来看，未来新增的城镇人口将主要靠都市圈吸纳，都市圈内新增的人口则需要大中小城市和小城镇共同吸纳。

2019 年 2 月，《国家发展改革委关于培育发展现代化都市圈的指导意见》明确指出，以促进中心城市与周边城市（镇）同城化发展为方向，以创新体制机制为抓手，以推动统一市场建设、基础设施一体高效、公共服务共建共享、产业专业化分工协作、生态环境共保共治、城乡融合发展为重点，培育发展一批现代化都市圈，形成区域竞争新优势，为城市群高质量发展、经济转型升级提供重要支撑。这是中国未来城镇化的重要方向，因此需要把有序推进农业转移人口市民化作为重要任务抓实抓好，切实增强中小城市和小城镇产业发展、吸纳就业、公共服务、人口集聚功能，全面提高中小城市人口和劳动力的吸纳能力。

安树伟教授等完成的《都市圈中小城市功能提升》就是很有前瞻性的一项研究成果。该书在对都市圈的概念进行科学界定的基础上，科学划分我国都市圈，研究探讨都市圈内中小城市功能的地位及城市功能提升环境，分析科学基础，提出战略思路，研究提升机理，概括提升模式，提出提升路径，最后对处于不同发展阶段的都市圈进行案例研究，提出体制创新及若干对策建议。对于完善城市功能理论，积极稳妥地推进城镇化，着力提高城镇化的质量，促进农村转移人口市民化，以及京津冀协同发展、长三角一体化、粤港澳大湾区建设具有重要的意义和价值。概括来讲，该书的创新体现在如下几个方面。

第一，明确划分我国 24 个都市圈，并将其划分为萌芽期、发育期、成长期、成熟期四个阶段。概括都市圈内中小城市的基本特征，即小城市平均规模明显增加，但中等城市变化不大；都市圈经济密度差异显著；都市圈内城市体系发育不完善；中小城市人口集聚功能较差，产业发展、吸纳就业、公共服务功能不断提升。在此基础上，阐述都市圈内中小城市地位及城市功能提升环境。无论是全国，还是东部地区、中部地区、西部地区、东北地区四大区域，中小城市在都市圈内的地位和作用远不及大城市。2006～2016 年，中小城市在都市圈内的相对地位并没有很大提升；中小城市吸纳就业功能最强，而公共服务功能最弱；成熟期都市圈中小城市功能最强，但成长期都市圈内中小城市在都市圈发育中地位更重要；我国东部地区都市圈中小城市功能总体较好，但中部地区中小城市在都市圈内的地位更高。工业化和城镇化决定了中小城市功能提升的速度和方向，市场和政府作用影响着中小城市功能提升的质量和效益。

第二，提出都市圈内中小城市功能提升的总体思路。即以产（业）城（市）人（口）高效融合为重点，重点提升公共服务功能和人口集聚功能；以成长型都市圈为重点，分类提升不同发展阶段都市圈内中小城市功能；以内陆地区都市圈为重点，统筹提升“沿海-内陆-沿边”三大区域都市圈内中小城市功能；以产业协作为重点，构建都市圈新型产业分工格局；以市场化改革为重点，促进都市圈内要素自由流动。

第三，论证都市圈内中小城市功能提升机理。都市圈内中小城市功能提升，本质上是在都市圈一体化过程中实现中小城市的产（业）城（市）人（口）的融合。中小城市功能提升受多种因素的影响，城市功能提升既有城市与产业本身的发展动力，也有联系二者互通互促的驱动因素。产业发展和城市管理水平是城市功能提升的基础条件；联动因素反过来影响产业发展和城市管理水平；政策机遇和偶发风险的出现也会影响到各个因素本身的变化，同时机遇与风险是可以相互转化的；在各种要素通过内外力影响城市功能提升的同时，城市功能提升的反作用力也会对各影响因素发生作用。

第四，概括都市圈内中小城市功能提升的五种模式。即产业协作推动模式、旅游带动模式、建设生态文明模式、老工业基地改造模式、与核心城市一体化发展模式。这五种模式的共同点是：各城市均立足自身资源禀赋和产业优势，积极培育优势产业；注重创新驱动、科技引领作用；加大基础设施建设，逐渐完善功能支持体系；加强生态环境保护。但是，五种模式在城市功能提升的侧重点有所不同。

第五，提出比较完整的都市圈内中小城市功能提升的路径体系。都市圈内中小城市功能提升是都市圈内部、外部各种力量相互作用的物质空间反映，各种动力源在相互作用之后的复合力体现为都市圈内中小城市间的功能定位与产业分工。都市圈内中小城市功能提升包含增强核心城市溢出效应、改善核心城市与中小城市之间的交通联系、增强中小城市承接能力、加快转移农业人口市民化四个方面。都市圈内中小城市功能提升可按照产业发展—吸纳就业—公共服务—人口集聚的时序安排，将有限的资源优先科学配置给各个环节。都市圈内中小城市功能提升需要借助合理的手段，把以行政手段为主转变到以法律手段和经济手段为主，以保证政策的有效性和可持续性。在此基础上，该书还提出都市圈内中小城市提升的体制创新和政策措施。

安树伟教授是我多年的朋友，我们多有合作，近年来他在区域经济和城市经济领域取得了不少有价值的研究成果，我感到非常欣慰。更期望他百尺竿头，更进一步，取得更大的学术成就！

是为序。

肖金成

中国区域科学协会理事长

中国社会科学院研究生院博士生导师

国家发展和改革委员会国土开发与地区经济研究所原所长

2019 年 7 月 22 日

前　言

|Preface|

城镇化是我国现代化建设的历史任务，也是扩大内需的最大潜力所在。在我国城镇化实践中，人口大量涌向大城市，从而造成了一系列的“大城市病”问题。“有序推进农业转移人口市民化”已成为我国积极稳妥推进城镇化、提高城镇化质量的重要举措。十九大报告明确提出，要“以城市群为主体构建大中小城市和小城镇协调发展的城镇格局，加快农业转移人口市民化”。

都市圈是由一个或多个核心城市和与其有紧密社会、经济联系的邻接城市和集镇依托交通网络组成的相互制约、相互依存，具有一体化倾向的协调发展区。都市圈形成早于城市群，是城市群的初期形态，是城镇化建设中承上启下的关键环节。随着我国城镇化进程的快速发展、全球化和区域一体化的深入推进，地域上相近、功能上互补的都市圈空间组织形式逐渐成为推进我国新型城镇化和增强国际竞争力的主要载体，我国即将进入都市圈阶段。2019 年 2 月发布的《国家发展改革委关于培育发展现代化都市圈的指导意见》明确指出，培育发展一批现代化都市圈，形成区域竞争新优势，为城市群高质量发展、经济转型升级提供重要支撑。因此，应着力提高中小城市和小城镇综合承载能力，推动形成以都市圈为主体形态，大中小城市和小城镇合理分工、协调发展、等级有序的城镇化规模格局，都市圈战略则是这种目标的重要举措。这就需要把有序推进农业转移人口市民化作为重要任务抓实抓好，切实增强中小城市和小城镇产业发展、吸纳就业、公共服务、人口集聚的功能，全面提高中小城市人口和劳动力的吸纳能力。因此，在对都市圈概念进行科学界定的基础上，科学划分我国的都市圈，研究探讨都市圈内中小城市功能的地位及城市功能提升环境，分析科学基础，提出战略思路，研究提升机理，概括提升模式，提出提升路径，并结合案例研究提出体制创新及若干对策建议，对于我国积极稳妥推进城镇化，着力提高城镇化质量，促进农村转移人口市民化都具有重要的意义和价值。在这种背景下，笔者于 2013 年申请了国家社会科学基金重点项目“都市圈内中小城市功能提升的模式与路径研究”（批准号：13AJL014），本书就是该项目的最终成果。

该项目的研究从 2013 年 8 月收集资料开始，课题组先后深入北京、天津、秦皇岛、承德、保定、上海、南京、深圳、广州、西安、武汉、江油、太原、长沙、株洲、湘潭等典型地区进行调研，2018 年 12 月完成课题研究报告。2019 年 1 月上报全国哲学社会科学工作办公室申请鉴定，2019 年 3 月通过鉴定。之后，根据鉴定意见对研究报告进行了修改完善。

本书遵循“破题—立论—求解—创新”的思路，按照“确定研究问题—寻找理论支撑—明确战略思路—提出保障机制对策”的技术路线，逐步推进，形成一个有机的分析整体。本书采取定性与定量、规范与实证、实地调研与比较分析相结合的方法，综合运用区域经济学、城市经济学、空间经济学、产业经济学、新经济地理学、统计学等相关理论，对都市圈内中小城市功能提升进行全方位、多视角的综合性研究，力求理论和方法论创新。从方法论角度看，本书有如下三个特点：第一，综合运用社会科学相关研究方法，提炼所需的分析结构和分析工具，立体式地研究都市圈内中小城市功能提升问题。既涉及都市圈的范围界定与类型划分，也涉及处于不同发展阶段都市圈内中小城市功能提升的案例研究，还涉及都市圈内中小城市功能提升的战略思路与政策创新。第二，特别重视数据分析和定量研究。在对都市圈范围界定及类型划分研究过程中，注重学科交叉联合的方法，重点运用数量分析与空间分析等方法开展研究；在对都市圈内中小城市功能提升总体思路与机理、模式、路径研究中，采用定性和定量相结合分析；在对案例都市圈内中小城市功能测度、评价等研究过程中，运用大量数据，通过建立科学的评价指标体系得出结论。第三，尤其重视案例研究。本书选择了处于不同发展阶段的都市圈（处于成熟期的京津都市圈、处于成长期的武汉都市圈和郑州都市圈、处于发育期的西安都市圈）进行研究，取得了具有典型意义的成果。

各章主要内容如下：

第一章，绪论。从城市功能基础理论、都市圈城市功能提升、都市圈内中小城市功能提升三个方面，梳理了国内外都市圈发展和都市圈内中小城市功能提升的相关文献，进行了归纳总结，提出了未来研究方向。第二章，都市圈界定与都市圈中小城市。首先界定了我国的 24 个都市圈，基于城市功能对都市圈类型进行了划分，分析了都市圈内中小城市发展现状，概括了都市圈内中小城市的基本特征。第三章，都市圈内中小城市地位及城市功能提升环境。从整体上分析了都市圈内中小城市地位的现状，从都市圈发展阶段和所处区域两个视角具体分析了中小城市地位的特征差异和演变规律；从发展阶段和功能角度分析了都市圈内中小城市功能提升的基础条件；从工业化与城镇化、市场与政府维度，分析了都市圈内中小城市功能提升的外部环境。第四章，都市圈内中小城市功能提升的科学基础。在分析都市圈内中小城市功能提升重要意义的基础上，探索了市场经济体制下城市体系的演化规律，概括了都市圈内中小城市功能提升的理论依据，分析了中小城市功能提升的必要性，提出了中小城市功能提升的条件。第五章，都市圈内中小城市功能提升的总体思路。从产（业）城（市）人（口）融合、都市圈发展阶段、“沿海-内陆-沿边”三大区域、都市圈产业协作、都市圈要素流动等方面，提出了都市圈内中小城市功能提升的总体思路。第六章，都市圈内中小城市功能提升机理。深入挖掘了都市圈内中小城市功能提升的原始动力；分析各项功能之间相互作用机理，运用区域经济理论并结合相关学科理论，科学解释了都市圈内中小城市功能提升的机理。第七章，都市圈内中小城市功能提升模式。采用典型模式分析法，结合实践概括了我国都市圈内中小城市功能提升的五种典型模式，并比较其异同。第八章，都市圈内中小城市功能提升路径。提出了都市圈内中小城市功能提升路径的分析框架，探讨了提升路径的动力来源，明确了重点环节和时序安排，提出了功能提升的手段及完善方向。第九章至第十二章，案例研究。分别选择处于成熟期的京津都市圈、处于成长期的武汉圈和郑州都市圈、处于发育期的西安都市圈，进行案例研究。分析各个都市圈内中小城市功能现状、问题，并进行了测度，提出了中小城市功能提升的重点及对策建议。第十三章，都市圈内中小城市功能提升的体制创新与对策。概括了中华人民共和国成立以来中小城市发展政策的演变特征，对现行中小城市发展政策实施效果进行了客观评价，提出了都市圈内中小城市功能提升的体制创新重点及对策建议。

本书的研究目标、基本内容、结构框架是安树伟提出和最后确定的，各部分内容按照分工分别完成，最后由安树伟进行统一修改和定稿。本书各章分工如下：第一章，王宇光；第二章，李瑞鹏、郭叶波；第三章，孙文迁、钟少颖；第四章，常瑞祥、陈飞；第五章，安树伟；第六章，张晋晋、毛琦梁；第七章，张晋晋、刘孜仪、母爱英；第八章，王宇光、赵培红；第九章，闫程莉、李瑶；第十章，王瑞娟；第十一章，钟顺昌、张晋晋；第十二章，张双悦、姜军、戴江伟、谢晓旭；第十三章，邬晓霞。在项目研究和书稿完成阶段，张晋晋做了大量的组织协调工作。

本书由首都经济贸易大学资助出版。值本书付梓之际，谨代表所有作者对本书顺利完成和出版提供支持与帮助的单位及个人表示诚挚的感谢！感谢首都经济贸易大学科研处处长姚东旭教授和李琳老师的鼎力支持！感谢中国区域科学协会理事长、国家发展和改革委员会国土开发与地区经济研究所原所长肖金成研究员在百忙之中为本书作序！感谢科学出版社编辑，是他们的关心、支持和耐心使得本书得以顺利出版，从而为我们能广泛地与有关专家、同人、读者，就都市圈内中小城市功能提升进行交流提供了良好机会。

本书所进行的研究仅仅是对我国都市圈内中小城市功能提升的初步研究，其中一部分相关成果曾先后在《改革》《城市发展研究》《广东社会科学》《经济问题》《河北学刊》等期刊发表，但仍有许多问题有待深入探索。加之水平有限，必有不少纰漏与不妥之处。作为一块引玉之砖，我们诚挚地期盼各位专家、学者、同行不吝赐教。

安树伟

2020 年 3 月于北京丽园

目　　录

| Contents |

第一章 绪论

《中华人民共和国国民经济和社会发展第十二个五年规划纲要》提出，遵循城市发展客观规律，以大城市为依托，以中小城市为重点，逐步形成辐射作用大的城市群，促进大中小城市和小城镇协调发展。十八大报告进一步明确指出，科学规划城市群规模和布局，增强中小城市和小城镇产业发展、吸纳就业、公共服务、人口集聚功能。《国家新型城镇化规划（2014—2020 年）》指出，按照统筹规划、合理布局、分工协作、以大带小的原则，发展集聚效率高、辐射作用大、城镇体系优、功能互补强的城市群，使之成为支撑全国经济增长、促进区域协调发展、参与国际竞争合作的重要平台。从世界范围来看，都市圈在国际层面已经作为竞争单元出现，国与国之间的竞争更多地体现在都市圈的竞争；从全国来看，未来 20 年我国经济的增长将由若干都市圈或城市群支撑。与此同时，充分发挥都市圈对全国经济社会发展的重要支撑和引领作用，不能单纯依靠都市圈核心城市来带动，还要通过都市圈内大中小城市共同推动。在我国大力推进都市圈、城市群发展的背景下，深入剖析都市圈内中小城市功能提升的相关问题，对于促进都市圈发展和新型城镇化具有重要的现实意义。本章梳理国内外大都市圈发展和都市圈内中小城市功能提升的相关文献，并进行评述。

第一节 城市功能基础理论研究

城市功能是城市科学的专门术语，不同学科研究城市功能的侧重点不同。城市经济学、城市社会学、城市管理学、城市地理学和城市规划学等学科分别从本学科角度出发，对城市功能的概念进行了解析（高宜程等，2008）。城市经济学强调城市产业和其他主要功能提升的目的在于拥有规模经济（奥沙利文，2013）；城市社会学从社会制度出发，研究了能够促进社会和谐发展的城市功能（帕克等，2012）；城市管理学基于管理学的角度，着重提出了城市功能提升应该具备的承载体、依托体等（杨宏山，2013）；城市地理学和城市规划学则认为，城市功能是指城市在国家或地区中所起的作用和承担的分工（许学强等，2009）。

一、国外城市功能基础理论研究

城市功能研究起源于西方。最早可以追溯到英国学者 Auronsseau（1921）提出的将城市功能分为行政、防务、文化、生产、交通、娱乐六大类；1933 年，国际现代建筑协会发表了《雅典宪章》，将城市功能分为居住、工作、休息、交通四大类，并提出城市应该按照居住、工作、休息分区平衡，利用交通将三者串联起来的观点；美国学者 Harris（1943）根据美国的实际情况，以主导功能行业职工比重为标准将城市功能分为十大类①。1954 年，日本的小笠原义胜对日本城镇功能分类方法及其构成进行了研究，在此基础上制定了日本标准型城镇的职工构成比例（周一星，1995）。20 世纪 60 年代，日本的北川对广域中心城市的相关研究，以及日本学者提出的“中枢管理机能说”②，在学术界均有较大影响（日野正輝，2010）。随着社会的发展，人们认识到城市功能的完全独立与分割并不符合城市的发展规律。因此，继《雅典宪章》之后，《马丘比丘宪章》提出了城市功能不是孤立的和拼凑的，而是多功能有机结合的观点（程世抚，1980）。可以看出，西方的城市功能研究最早是从城市功能分类开始的，并经历了从城市功能的各自独立到逐渐融合的过程（Aggarwala，2002）。此外，西方城市经济学和其他城市学科对城市功能形成机制的基础理论做了深入研究。Hoyt（1939）最先从基础部门和非基础部门的角度研究城市功能；增长极理论的代表人物弗朗索瓦·佩鲁提出了从城市某一部门的核心增长来研究城市发展的观点（安虎森，1997）；Friedman（1966）的核心–边缘理论从地理区位的角度研究了经济功能的积聚与扩散。

中心地理论是探索最优化城镇体系的一种城市区位理论，被称为中心城市研究的理论源头。该理论由德国城市地理学家克里斯塔勒提出，德国经济学家

---

① 十大类功能分别为制造业M亚类、制造业M′亚类、零售商业类、批发商业类、运输业类、矿业城市类、大学城市类、综合城市类、娱乐休养类、政治中心类。

② 指东京、大阪等城市的成长已不再是依靠工业集聚，而是依靠国家机关及大企业总部等代表的“中枢管理机能”的集聚。

廖什完善，是现代城市系统和城市功能研究的重要理论，它认为中心地是向居住在其周围地域（尤指农村地域）的居民提供各种货物和服务的地方（Dixit and Grossman，1982；陈秀山和张可云，2003）。中心城市的基本功能是作为其影响区域的服务中心，为其影响区域提供贸易、金融、手工业、行政、文化和精神服务。这些中心地的商品和服务档次、等级不同，因此各城市之间形成了一个有规律的层次关系，其中提供高级商品和服务的中心地称为高级中心地。中心地理论反映的是一个区域内城市等级及空间分布的特征，其核心是城市服务功能的地域（空间）网络体系规律（陈秀山和张可云，2003）。20 世纪 70 年代，日本的森川对中心地研究的总体进展进行了整理，西村则通过计算中心地吸引力的均衡点，确定了中心地的势力圈（日野正輝，2010）。

在城市之间的互动机制方面，法国经济学家弗朗索瓦·佩鲁将产业部门作为经济单元，提出了"以主导产业推动经济增长"的增长极理论（沃纳·赫希，1990）。其理论继承者布德维尔（Boudeville）在 20 世纪 60 年代将增长极的概念推广到地理空间，将经济增长极的概念由单纯的产业部门扩展到地理意义上区位条件优越的地区。同一时期，缪尔达尔进一步提出了循环累积因果理论。该理论认为，经济发展在空间上是非均衡的，一些地区初始条件存在差别，强化和加剧了地区间的不平衡，导致发达地区和欠发达地区间出现双重效应。一是回流效应，即各类生产要素由欠发达地区向发达地区流动，导致区域经济差异扩大；二是扩散效应，即各类生产要素由发达地区向欠发达地区流动，导致区域经济差异缩小。在市场机制作用下，回流效应大于扩散效应。因此，循环累积因果理论认为，政府作为市场参与的重要主体，应在适当的时期制定相应的政策刺激落后地区的发展，以防止累积循环造成的区域内部经济差异无限扩大，这也成为指导区域内部城市间协调发展的重要理论基础。此外，赫希曼提出的极化–涓滴效应、弗里德曼提出的核心–边缘理论也从非均衡增长的理论角度，对核心城市与中小城市的互动发展进行了相关阐述（安虎森，1997；Steinacker，2004）。

在城市功能的形成机制方面，英国城市经济学家巴顿（1984）在《城市经济学：理论和政策》中研究了集聚经济和城市经济功能的关系，认为集聚经济是现代城市和城市经济功能发展的重要动因。沃纳·赫希（1990）在《城市经济学》中则揭示了以比较成本利益为核心的城市功能的形成和发展机制理论，间接阐述了城市功能的产生是生产和需求两方面相互作用的结果。随着新经济地理学的兴起（Duranton and Puga，2002，2003），要素的集聚与扩散在城市功能提升中的作用愈加受到重视。

城市功能在城市空间上就表现为城市土地利用方式，如居住用地、商业用地、工业用地、特殊用地等。不同土地利用方式的组合就形成了不同的城市用地空间结构。1968 年，日本政府公布的《都市计划法》把“市街化区域”的五种功能分区进一步细化为八种功能分区，即第一种居住专用地域、第二种居住专用地域、居住地域、近邻商业地域、商业地域、准工业地域、工业地域、工业专用地域（赵尚朴，1980），这种细分非常有利于完善城市功能。

综上所述，国外关于城市功能的研究主要存在于城市规划学、区域经济学、城市经济学等学科领域，研究的内容侧重于城市功能形成机制和城市功能分类研究。城市规划学更加注重应用型的城市功能分类研究，而城市经济学则侧重城市功能的理论研究，两者相互支撑，共同构成了西方城市功能的基础研究。

二、国内城市功能研究

我国工业化、城镇化进程起步相对较晚，国内的城市功能研究尚未十分完善，城市功能的研究并不成熟。1840～1949 年，有关城市研究的文献仅 28 种，其中涉及城市功能的研究仅 4～5 种（刘盛佳，1990）。改革开放后，城市研究逐渐兴起，出现了一批城市研究的理论成果，城市功能是其重点关注的内容。刘歧等（1990）的《城市学》中有专门研究城市功能的内容。蒋一苇（1993）在《我的经济改革观》论文集的《发挥中心城市的作用》一文中，专门研究了城市功能。值得一提的是，肖梦（1993）的《城市微观宏观经济学》一书，突破了西方城市经济学以城市的外部功能和内部功能作为基本功能和非基本功能的界定标准，把基本功能和特殊功能作为一对范畴重新定义，并初步概括了城市功能发展变化的一般规律。此外，孙志刚（1998）的《城市功能论》专门对城市功能进行了系统研究，得出城市功能叠加性发展的规律，为我国城市发展提供了新思路。茅芜（1998）的《城市功能开发研究》、彭兴业（2000）的《首都城市功能研究》也对城市功能进行了相关探讨，对我国城市功能具有重要的理论和实际指导作用。该阶段，城市功能的研究主要集中于理论研究，学术界通过借鉴西方城市相关理论探索符合我国国情的基本理论，对当时的城市建设起到了非常重要的作用。

（一）中小城市发展的政策

中小城市发展政策方面的研究主要从探讨全国范围内中小城市发展政策、归纳总结国外经验两个角度展开。

一是探讨全国范围内中小城市发展政策。刘勇（2000）基于城市行政区划调整角度，认为应采取适当降低中小城市的设市标准、适当调整乡级行政区划、改革小城镇户籍管理制度、加快中小城镇基础设施建设、制定“中小城镇建设规划法”等措施加速我国中小城市的发展。李迅（2012）基于生态角度，提出要使中小城市的发展真正在生态城市建设上占据优势，就要通过对接中央企业加快城镇产业的壮大和转型升级。任致远（2010）、辜胜阻和郑超（2013）基于城市发展综合战略角度，指出稳步推进城镇化的关键在于实施均衡城镇化战略，走大都市与中小城市协调发展的道路，对于提升中小城市的集聚功能而言，应促进中小城市的产业专业集群化、深化财税体制改革与扩大民间投资并举、完善中小城市保障房制度、健全中小城市创业扶持体系与职业培训体系。魏后凯（2014a）基于城镇化可持续发展角度，指出提高中小城市和小城镇的综合承载能力能够有效遏制我国城镇化进程中的两极化倾向，因此要加强基础设施建设、提高公共服务能力和水平、积极培育特色优势产业、不断扩大就业机会。

二是归纳总结国外经验。潘华（2015a）总结归纳了日本、法国、韩国等国家促进中小城市发展的政策措施，认为要促进我国中小城市发展，需要科学制定中小城市发展规划；加强对规划实施过程的管理；不断完善中小城市发展相关法律法规；建立健全中小城市发展的投融资体制，形成多元化的投融资格局；引导部分产业向中小城市集聚；完善中小城市各项功能；提升对流动人口尤其是农村人口的吸引力。同时，应该加快推进中小城市户籍制度改革，切实放宽流动人口在中小城市的落户条件，实现基本公共服务均等化（Fujita，2003）。

关于我国城市发展政策的研究主要存在以下不足：一是对中小城市的政策缺乏系统性梳理和效果评价，且对中小城市功能提升的体制机制缺乏系统性探索；二是鲜有对都市圈或城市群内中小城市发展政策的评价和研究。由于都市圈或城市群内区域核心城市的极化作用较强，因此促进都市圈或城市群内中小城市与大城市协调发展，要从城市定位、产业发展、空间优化、生态保护、基础设施等方面提出相应的发展思路，这是未来中小城市功能提升的一个重点研究方向。

（二）城市功能内涵、定位与测度方法

一是关于城市功能内涵研究。许学强等（2009）将城市功能等同于城市职能，提出城市功能是指某城市在国家或地区中所起的作用以及承担的分工，并将城市功能分为基本功能和非基本功能。孙志刚（1998）和马凤鸣（2012）提出，城市功能是指城市在国家或地区的政治、经济、文化生活中所承担的任务

和作用，是城市生命力之所系。城市功能的本质是行政、居住、科技、教育、商贸、交通等功能向综合性、多元化、结构化方向发展（张建波，2009）。纵观学术界关于城市功能的内涵分析，由最初的两种基本城市功能趋向更加细化，并随着社会的不断发展赋予了城市功能新的内容；不同学科对城市功能的定义角度是不同的。

二是关于城市功能定位研究。城市功能定位是对区域发展条件的总结，是城市发展目标的引导和政策制定的指南，是城市发展和竞争战略的核心，具有复合性、等级性、动态性、内部复杂性和空间具体性等特征（高宜程等，2008；叶南客和丰志勇，2012）。通过确定城市在区域中的区位和主要功能，可使城市在区域发展中占据一个独特的位置，以期获得更大的城市竞争力（孙久文和肖春梅，2009）。城市功能的转换可以有效地促进城市商品市场的变动和经济发展，并且能主导区域经济发展及其商品市场变动（谢亮，2011）。可以看出，城市功能定位正在逐渐由城市空间向区域空间过渡。

三是关于城市功能测度方法研究。例如，利用回归分析和麦克斯韦方法对城市功能进行聚类分析（高凌等，2007），利用区位熵方法分析城市的产业集聚（徐珣等，2009），利用时间序列和空间序列方法分析城市功能空间分布（于涛方等，2008），以及利用纳尔逊城市职能分类法对城市功能进行科学分类等（冯章献等，2008）。

（三）城市间空间相互作用的异质性

城市功能的发展离不开城市间的相互作用。长期以来，我国的区域发展注重“协调”理念，在城市体系方针指导方面表现为促进大中小城市和小城镇协调发展。但在具体实践的过程中，却出现了两种相互对立的现象：一种是中小城市因临近核心城市而受益，经济发展动力充足，城市功能较完善；另一种是中小城市因临近核心城市而发展不足，经济发展动力较弱，城市功能单一。为此，学术界也形成了两种相互对立的观点：一类是以潘文卿（2012）、孙斌栋等（2013）、李小建和樊新生（2006）、柯善咨（2010）为代表的学者，他们肯定了空间溢出效应的正向作用，认为核心城市空间溢出效应是地区经济发展不可忽视的作用；另一类是以许政等（2010）、孙东琪等（2013）为代表的学者，他们肯定了现实存在的“大都市阴影区”问题，认为产业联系弱化和城市行政分割是导致中小城市发展落后的重要原因，并指出了“大都市阴影区”问题是典型的中小城市功能弱化的表现。因此，不同等级城市间的空间相互作用所产生的异质性问题，在现阶段仍未达成共识，异质性对城市功能提升的影响逐渐成为一个新的研究热点。

综上所述，城市功能是由城市的各种结构性因素决定的城市的机能或能力，是指在现有的社会经济技术和资源条件下，城市在国家或者一定区域范围内的政治、经济、文化生活中所承担的任务和所起的作用，以及由于这种作用的发挥而产生的效能。城市功能包括经济、政治、社会、文化等诸多功能，其中经济功能是其他一切功能的前提和基础。因此，从经济功能方面研究城市功能成为主导方向，城市经济学成为研究城市功能的重要学科。

第二节　都市圈城市功能提升研究

世界上明确提出都市圈概念的是日本学者，20 世纪 50 年代，日本学者参照美国标准大都市统计区的经验，提出了“区域经济集块”和“功能城市区”等确定城市功能地域范围的概念。为确定大城市地域，1960 年日本开始采用“大都市圈”概念，这个类似都市区而规模远大于都市区的概念是日本学者根据本国大城市多而密的特点提出的（李廉水和 Stough，2006）。我国已经进入都市圈阶段，随着全球化和区域一体化深入推进，都市圈将逐渐成为推进我国新型城镇化和增强国际竞争力的主要载体。因此，以都市圈为载体，对城市功能提升进行研究是学术研究的一个重要方面。构建都市圈的目的是通过都市圈的运作实现核心城市功能的疏解与重新组合，扩大城市功能调整的空间幅度，减轻核心城市由于高密度发展带来的压力，并促进周边城镇的发展（张京祥等，2001）。都市圈有不同发展阶段，按照集聚与扩散作用的强度，可以划分为以集聚为主的阶段、集聚与扩散并行的阶段、以扩散为主的阶段。安树伟和李瑞鹏（2019）按照都市圈的发育程度，将我国的都市圈划分为萌芽期都市圈、发育期都市圈、成长期都市圈、成熟期都市圈四个阶段。不同阶段都市圈城市功能提升的方向和路径不同，下面以这四个阶段为依据，对处于不同阶段都市圈的城市功能提升予以分析[①]。

一、发育期都市圈和成长期都市圈功能提升

发育期都市圈包括昆明都市圈、西安都市圈、乌鲁木齐都市圈、长春都市

① 目前，学术界对太原都市圈、哈尔滨都市圈、南宁都市圈等萌芽期的都市圈研究较少，现有文献还基本局限在论证三个都市圈的可行性阶段，侧重于宏观发展思路的探析，很少涉及功能提升的问题，在这里不再赘述。

圈、合肥都市圈、大连都市圈；成长期都市圈包括杭州都市圈、南京都市圈、青岛都市圈、武汉都市圈、济南都市圈、成都都市圈、长株潭都市圈、厦门都市圈、郑州都市圈、重庆都市圈、沈阳都市圈。随着国家主体功能区、新型城镇化的不断推进以及长江经济带、“一带一路”倡议的落实，西安都市圈成为发育期都市圈、武汉都市圈和南京都市圈成为成长期都市圈中比较热门的研究问题。

西安都市圈的研究以空间格局研究为主，尚未达到功能提升研究的高度。西安都市圈是西北经济发展的核心地带，承担着打造内陆改革开放新高地、建设国家级城市群的重要使命。现阶段已经形成西北部经济“发展极”的初始条件，但西安都市圈存在总体规模较小、中等城市数量少、小城镇发展滞后等问题，使得西安都市圈城市功能提升依然任重道远（任保平，2007）。现有研究主要集中在对西安都市圈农业功能的空间分析，如结合西安都市圈都市农业的发展现状，构建都市农业的生产经济功能、就业功能、文化休闲功能和生态功能的评价指标体系（冯海建和周忠学，2014）。此外，基于交通发展战略的西安都市圈研究（张琳等，2002）、空间界定定量研究（陈大鹏和孙飞，2012）、城镇规划研究（张定青和肖丽娜，2010）的热度也逐渐上升。总体而言，西安都市圈城市功能的研究还处于初步阶段。

武汉都市圈的研究以如何全方位地提升其区域性龙头城市的作用为主。武汉都市圈作为成长期都市圈，其城市相关功能并未得到有机整合，存在诸多问题。武汉都市圈的功能提升相关研究主体以湖北省社会科学院团队为主，该团队提出要围绕建立“四个基地、一个枢纽”[①]的目标来提升基础功能，围绕高级服务与管理中心提升品牌功能，全面提高基础功能和品牌功能的各个方面，最终把武汉都市圈建设成为全国性的经济中心（湖北省社会科学院课题组，2007）。

南京都市圈的研究以如何承担长三角城市群功能分工为主。南京都市圈承东启中、承南接北，一方面属于长三角城市群的组成部分，另一方面又是区域内南京、镇江、扬州、马鞍山、滁州、芜湖等城市的综合，在上一层次与下一层次的区域功能中起着承上启下与协调的作用。其功能定位以南京为核心城市，联合周边的镇江、扬州、马鞍山、滁州、芜湖等相关城市和地区，实现区域的整体利益最大化，在与周边或长江流域其他都市圈竞争中占得先机、突出优势（冯奎和郑明媚，2013）。在城市功能提升上，南京都市圈需要强调其特色产业集群、文化个性、科教实力的价值，并且要注重都市圈内主要城市专业化功能的发展（张伟和黄瑛，2005）。

① 四个基地、一个枢纽：中部乃至全国的先进制造业基地、高新技术产业基地、优质农产品生产加工基地、现代物流基地与综合交通运输枢纽。

二、成熟期都市圈功能提升

成熟期都市圈包括京津都市圈、上海都市圈、广州都市圈、深圳都市圈。京津都市圈城市功能提升以研究疏解北京非首都功能为主。为了实现京津都市圈的功能提升，必须明确都市圈战略价值，以打造世界级城市群为目标，引领经济发展方式的转变（谭维克和赵弘，2011）；要突破北京、天津与河北的行政界限，深化区域分工，以疏解北京非首都功能为重要支撑，积极推进基础设施一体化建设，创新和完善区域合作体制机制，促进京津都市圈的功能重组和提升（张贵等，2015）。

上海都市圈城市功能提升以研究城市分工为主。上海都市圈是一个由大中小城市和小城镇组成的完整的、层次丰富的城市群体，是最早提出经济一体化的区域。从区域规划的角度来看，上海都市圈应积极实行基础设施一体化，鼓励企业进行跨区域、跨行业、跨领域的合作，实现不同城市错位发展；城市之间要主动对接，促进都市圈的功能分工和细化，以及城市功能的提升（冯奎和郑明媚，2013）。从功能定位来看，上海都市圈要加快提升上海高端国际化功能、地区深度一体化功能和空间辐射功能（程必定，2010）。从功能提升的角度来看，上海是长三角的龙头，要打破行政界限大力促进城市之间合作（崔功豪，2011）。实现城市功能提升与城市更新的完美结合，应着重以产业结构优化和产业布局调整提升经济功能，以基础设施建设与和谐社区发展提升社会功能，以文化中心的复兴提升文化功能，并从产业发展、绿地水系建设、制度管理三方面入手提升生态功能（陈萍萍，2006）。此外，也有学者从都市圈规划（姚士谋等，2005）、产业与港口协同研究（沈玉芳等，2010）、高铁网络体系交通建设等方面对上海都市圈功能提升做了有益的探讨（肖金成，2014）。

广州都市圈和深圳都市圈的功能提升以研究空间结构优化和专业镇分工为主。两者都地处珠江三角洲，是我国经济最具活力的地区之一。在经济发展模式方面，2008 年金融危机之后，广州都市圈和深圳都市圈充分发挥“专业镇”模式优势，走上了转型发展和功能提升的道路（冯奎和郑明媚，2013）。在空间结构方面，广州都市圈和深圳都市圈的空间结构研究处于我国空间结构研究的前沿。以朱政等（2011）为代表的一批学者，从空间结构演化历程和都市圈功能等级结构出发，探讨了空间结构对都市圈均衡发展、保持核心城市合理规模、促进工业高速发展和限制产业结构优化升级的影响。随着广州都市圈和深圳都市圈深度融入粤港澳大湾区，单纯地从空间角度研究城市功能具有较大的限制性，缺乏综合性的全面分析。为了更加有效地增强其带动和辐射功能，一些学者认为应在全球化视角、区域经济一体化背景下，实行都市圈内部整合、各城市错位发展，继续加强“腾笼换鸟”引导，使以广州都市圈和深圳都市圈为核心的珠三角城市群具备更强劲的发展动力（陈章喜和徐通，2011）。

第三节　都市圈内中小城市功能提升研究

随着新型城镇化的不断深入和都市圈的不断发展，中小城市逐渐成为城镇化建设的主战场和解决核心城市“城市病”问题发生的主要承载地，中小城市功能提升的研究热度也随之兴起。学术界对都市圈内中小城市功能提升的研究大致可以划分为三个阶段，每个阶段的研究内容各有侧重，主要涉及测度方法、研究重点、对策研究三个部分。

一、研究阶段划分

以主题为“都市圈”且“城市功能”或者“中小城市”且“功能提升”等为检索方式，对中国知网公开出版的期刊和博士、硕士学位论文进行检索，时间段为2001年1月至2018年9月，将访谈、征文等不符合的内容删除，共检索到相关文献437篇。对这些文献进行整理，得到文献数量随时间的变化情况（图1-1和图1-2），并将都市圈内中小城市功能提升的研究大致分为三个阶段。

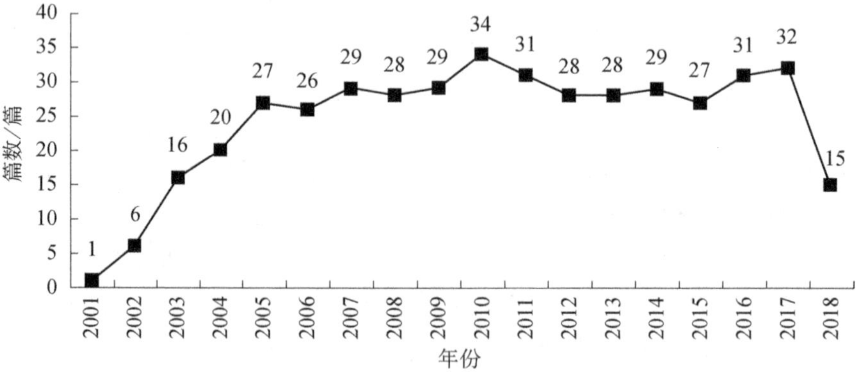

图1-1　都市圈发展和都市圈内中小城市功能提升研究热点阶段划分

第一阶段：上升探索阶段（2001～2005年）。随着经济全球化浪潮的冲击和国际分工的不断深化，以空间联系作为主要特征的都市圈功能逐渐受到重视，

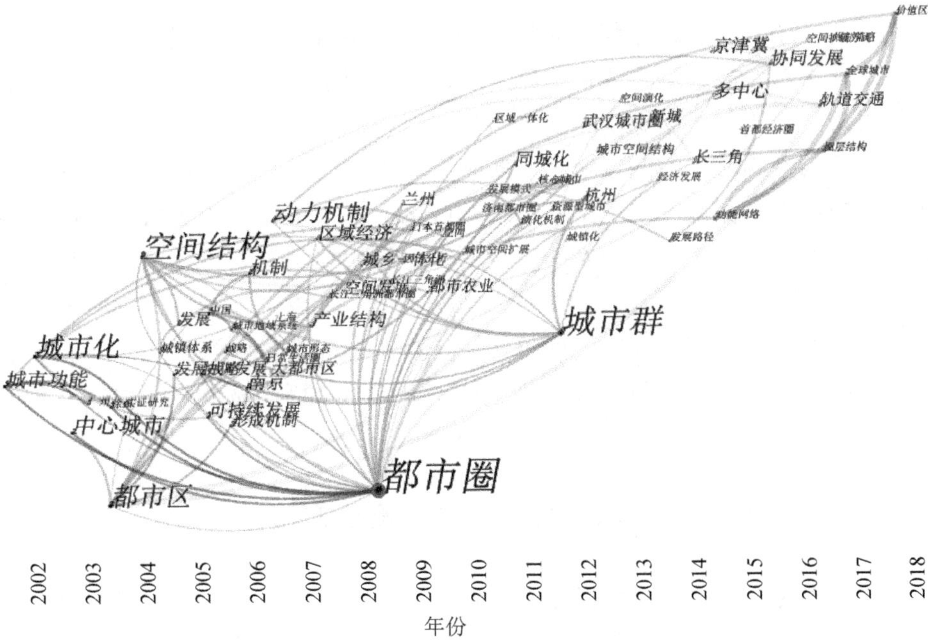

图 1-2　都市圈内中小城市功能研究的关键词时间脉络分布图

研究热度呈快速增长趋势。一是对都市圈中郊区功能进行重新定位的研究。认为都市圈建设必然会给郊区城市注入新的发展活力，郊区城市功能的提升是郊区乡村型社会地域组织向城市型社会地域组织演变的过程。在这一演变过程中，随着产业结构转换、轨道交通连接、经济增长方式转变，城市郊区功能提升的作用将逐渐显著。二是对都市圈中空间结构和不同等级城市功能定位的研究，主要以几个发展较为成熟的都市圈为案例进行综合研究，涉及都市圈空间整合、城镇体系、核心城市与中小城市功能互动等方面。这一阶段，都市圈核心城市的功能集聚与提升依然是都市圈功能提升研究的主导方向，都市圈内中小城市功能提升处于初步探索阶段。

第二阶段：波动起伏阶段（2006～2010 年）。这一阶段相关研究的热度不减，研究成果数量在 2010 年达到顶峰。这一阶段的研究更加注重国际经验对我国都市圈城市功能提升的借鉴作用，研究热点涉及中小城市发展动力机制分析、都市圈内中小城市发展模式、都市圈一体化研究等方面。与前一阶段相比，这一阶段更加注重中小城市功能提升的机制研究。同时，以区域经济学、经济地理学和空间经济学相关理论为基础，运用计量方法，对都市圈内中小城市功能提升进行了量化研究，取得了一定成果。

第三阶段：相对稳定阶段（2010 年以来）。这一阶段的研究内容主要集中在以下三个方面：一是通过都市圈核心城市功能疏解促进都市圈功能提升，主要借鉴发达国家功能疏解模式，并结合我国国情提出大城市功能疏解、空间结构优化的对策；二是通过中小城市承接核心城市产业转移，中小城市功能提升的关键是承接核心城市的产业转移，实现核心城市与周边中小城市的空间重构与产业重构；三是在新城市主义理论的基础上，提出通过发挥区域内大城市丰富的消费能力，加强中小城镇生态建设，完善旅游休闲功能、重塑城市尺度、激发城市活力，走一条精明增长的发展道路。这一阶段都市圈内中小城市功能的研究，逐渐由原有的定性研究向可操作、可实施的定量研究转变，更加注重中小城市功能提升的机制与路径研究。可以说，通过核心城市功能疏解促进中小城市功能提升是一个新的研究热点。

二、都市圈内中小城市功能提升的测度方法

都市圈内中小城市功能提升的测度方法以指标体系评价法、案例分析法、数量分析法为主。闫程莉和安树伟（2014）以京津都市圈为例，从产业发展、吸纳就业、公共服务、人口集聚四个方面，通过指标体系分析，指出中小城市功能的提升有赖于特大城市和超大城市的扩张，从提高中小城市功能的角度，提出了应该扩大京津都市圈县级市的面积，把县级市周边的县划入县级市以扩大县级市的腹地范围，提升县级市的城市功能。杨维凤（2011）基于专家打分法并结合数据包络分析（data envelopment analysis，DEA）模型，从合理明确中小城市的功能定位、建立有权有责有利的管理体制机制、加强基础设施建设三个角度，提出京津都市圈内中小城市功能提升的措施建议。也有学者以张家口市怀来县为例，构建了经济-社会-环境-科技创新城镇化系统发展评价模型，从培育环境友好型新兴服务业、打造农业高附加值产业集群、完善区域公交体系建设和营造创业创新氛围等方面，给出中小城市新型城镇化的综合策略（陈映雪等，2013）。此外，许大明和修春亮（2003）以哈尔滨都市圈为例，将大都市圈划分为核心圈、网络化组合圈、拓展圈，并针对不同圈层提出了不同的城市发展方向。

三、都市圈内中小城市功能提升的研究重点

随着我国逐渐步入城镇化中期阶段，一些大城市出现了人口和产业“双转出”的趋势，越来越多的居民选择在核心城市周边的小城镇或中小城市，尤其

是都市圈内中小城市就业落户。关于都市圈内中小城市功能提升的研究逐渐兴起，学术界主要围绕产业发展、吸纳就业、公共服务、人口集聚等进行了针对性的研究。

（一）产业发展功能

产业发展对中小城市功能提升具有明显的正向推动作用。产业发展功能的研究主要分为三类：第一类是综合型研究，强调中小城市产业要全面发展。例如，贾晓华（2014）从理论层面探讨了产业支撑对中小城市城镇化的作用机理，并提出了通过农业现代化、突出工业发展、强化服务业支撑，加强中小城市的产业发展功能。第二类是特色型研究，强调中小城市要基于自身资源禀赋发展特色产业，认为都市圈内中小城市应立足自身资源条件、历史传统、区位优势，发展与其他城市有差别的特色产业，注重产业的独特性和识别度（张蔚文，2016；盛世豪和张伟明，2016）。第三类是互动型研究，强调核心城市产业要与中小城市互动、中小城市承接核心城市产业转移和做好核心城市的配套产业，增强不同等级城市的产业关联度，形成等级差异的城市产业链（冯奎和郑明媚，2013）。

（二）吸纳就业功能

对于中小城市而言，广泛的就业机会既能增强中小城市对农村劳动力转移的吸附作用，也能加快核心城市的辐射扩散作用，主要途径如下：一是以农业现代化为基础，增强中小城市吸纳就业的能力。例如，许大明和修春亮（2003）、任保平（2007）从农业产业化、规模化促进人口合理流动的角度，提出要通过农业现代化加快农村剩余劳动力向中小城市转移的速度。二是以新型工业化为动力，提升中小城市人口吸纳能力。潘华（2015a）分析了改革开放以来我国中小城市的发展历程，提出中小城市应同步推进工业化和城镇化，以信息化带动工业化，充分发挥现代服务业在扩大就业方面的积极作用。此外，扩大农村人口在都市圈内中小城市的就业机会，也是中小城市就业功能提升的一个重要方向（辜胜阻和郑超，2013）。

（三）公共服务功能

完善基本公共服务水平是中小城市功能持续提升的关键。受行政等级、有限财力和较为薄弱的城市基础设施的限制，中小城市的公共服务能力与大城市存在较大差距，这方面的研究主要包括居民保险、公共交通、公共教育、保障性住房等。在居民保险方面，李学锋（2015）从居民保险的角度，提出了都市圈内中小城市积极探索城乡居民社会保障与城镇企业职工基本养老保险并轨的途径和方式，旨在通过提升社会保险能力，促进基本保险服务全覆盖。在公共交通方面，学者普遍认为中小城市的交通应该积极融入都市圈整体规划，构建中小城市与核心城市之间、中小城市之间快捷高效、功能互补的立体化交通基础设施网络，提升中小城市的节点交通地位，使中小城市交通与都市圈融为一体，核心城市的要素可以更加顺畅地流向中小城市（方利君和熊琴，2015；冯奎和郑明媚，2013）。在公共教育方面，增加农业转移人口的就业能力培训（辜胜阻和郑超，2013），提高农民工子女就地入学的机会（潘华，2015a），完善职业培训、岗前培训、远程教育和社区教育（钟笃粮和郑明媚，2012）是公共教育功能提升的主要方向。在保障性住房方面，任泽平（2017）提出要谨防房地产泡沫向都市圈内中小城市蔓延，加大中小城市的保障性住房供应，防止中小城市房价出现过快增长和虚高的问题，使都市圈内中小城市的就业者能够享受到住房红利。学术界对于中小城市公共服务功能提升的观点基本一致，认为应该补齐中小城市公共服务功能缺失的短板。

（四）人口集聚功能

人口集聚功能的研究是现阶段功能提升的热点，主要集中在以下两个方面：一是聚焦于人口集聚的对策研究。以辜胜阻和郑超（2013）为代表的一批学者，提出当前发展中小城市、提升人口集聚功能的关键在于提升中小城市的吸引力。应着力增强中小城市的产业发展水平与集聚程度，提升对人口的支撑能力；创新中小城市发展的筹融资模式，为中小城市公共服务水平的提升和基础设施的完善提供资金支持；以中小城市为突破口加快户籍制度改革和基本公共服务均等化，为农民工的就地城镇化提供条件；完善创业扶持政策与职业培训体系，让农民工更好地融入城市。二是影响人口集聚的因素研究。例如，肖敏杰（2014）从社会维度、个人及家庭维度和城市融入维度分析了影响人口集聚的因素，认为应通过产业调整增加就业机会、技能培训实现职业提升、重构社区社会资本、营造城市融入环境等措施，增强县域城镇的人口集聚能力；安锦和薛继亮（2015）基于产业视角，从劳动力市场和产业结构转型匹配角度分析了都市圈核心城市的人口有序转移动机，得出了提升居民就业能力、协调城镇化发展和促进劳动力市场完善与产业结构转型能够更好地实现京津都市圈人口有序转移的结论。

四、都市圈内中小城市功能提升的对策研究

都市圈内中小城市功能提升的对策研究，主要可以分为中小城市与核心城市错位发展、中小城市的合理分工、疏解核心城市功能三个方面。

（一）中小城市与核心城市错位发展

都市圈核心城市的极化作用较强，这种特殊性决定了中小城市应与大城市错位发展，学术界主要在城市功能定位、产业发展、空间优化、生态保护、基础设施等方面提出了相应的对策。隆少秋（2003）以广东省增城市为例，探讨了大城市边缘区中小城市“撤市设区”背景下的发展战略，提出了中小城市发展遵循的基本原则，即空间发展方面与核心城市长远方向相协调、经济方面与中心区优势互补、注重经济社会环境效益相统一的原则。李日新和吴伟权（2009）以广州市番禺区为例，提出都市圈内大中小城市的协调发展需要上层次（大城市）和下层次（中小城市）共同努力，且从功能定位和发展战略两方面提出了解决办法，进一步倡议各城市政府以都市圈综合利益为最终目标协调发展。但是，这方面的研究并未对都市圈和中小城市进行明确的界定和科学的量化。此外，也没有以完备的指标体系衡量都市圈内中小城市与核心城市的关系，提出的发展思路少有实证研究，说服力较弱。

（二）中小城市的合理分工

分工定位理论最早出现于 1969 年 6 月美国《工业营销》杂志上，并应用于广告营销界。随着实践的验证和定位理论的逐渐完善，定位成为市场营销、现代广告的核心策略之一，定位观念也逐渐应用于经济、政治、生活等不同领域。20 世纪末，定位理论开始应用于城市功能定位（高宜程等，2008）。一些学者认为，都市圈内中小城市与核心城市是竞合关系，两者要形成合理分工，中小城市的发展要顺应趋势，尊重规律，发展自身特色（钟笃粮和郑明媚，2012）。例如，南京都市圈是以省会南京为核心的都市圈，南京周边的中小城市主要沿综合运输通道布设，周边的句容、丹阳等中小城市分别成为以旅游业和以轻纺业为主的现代工贸城市。以杭州为首的杭州都市圈周边的金坛、溧阳、昆山等中小城市成了各具特色的休闲旅游城市（方利君和熊琴，2015）。在济南都市圈内，莱芜[①]、德州、滨州分别定位为制造业专业化城市、物流中心、综合性制造业基地，为了实现济南都市圈内中小城市的合理分工，应建立常规协商机制，对城

① 经国务院批准，2019 年 1 月撤销地级市莱芜市，其所辖区域整体并入济南市。

市分工进行协商，也可以建立类似国外大都市地区联合规划局之类的常设机构（赵栓豹等，2009）。

（三）疏解核心城市功能

日本早在1987年批准实施《第四次全国综合开发规划》，为了纠正东京“一极集中”的空间结构，将过去的一个市中心结构改造为多个副中心的外延型城市结构。为了更进一步发挥中枢功能的集中效果，有计划地把中枢功能分散到东京60千米圈范围以内；将东京60千米圈和首都连接起来，成为一体化的生活圈，把过去的“一极集中”、远距离通勤的城市结构，改造成为由多数独立地区所构成的软结构型城市结构（张季风，2013）。我国都市圈内部核心城市“城市病”矛盾突出，为缓解“大城市病”给都市圈发展带来的不利影响，以“核心城市功能疏解”促“中小城市功能提升”成为现阶段都市圈内中小城市功能提升的研究热点。学术界主要对北京、上海这两个特大城市进行研究，以期为我国其他都市圈内中小城市的功能提升提供借鉴。

关于北京城市功能疏解的研究可以分为四部分：疏解对象、疏解方式、疏解条件、疏解承接地。从疏解对象来看，学术界大多数人认为有四类含非首都功能的对象需要疏解：一是不符合首都城市定位的产业，主要包括高消耗、高污染、附加值较低的一般性制造业，以及附加值较高但北京不具优势的制造业等；二是区域性物流基地、区域性专业市场、数据中心、呼叫中心等部分第三产业；三是部分教育、医疗、培训机构等社会公共服务机构；四是部分行政性、事业性服务机构，尤其是二环以内的行政辅助服务机构（赵弘和刘宪杰，2015）。从疏解方式来看，现阶段主要有市场手段和行政手段两种方式。前两类非首都功能，应以市场手段为主；后两类非首都功能，政府可以更多地发挥资源配置的作用（林恩全，2013；赵弘和刘宪杰，2015）。但是，从各种区域政策手段的比较分析以及国内外经验的比较来看，法律手段在促进经济发展方面具有绝对优势，区域政策手段应从以行政手段为主尽快过渡到以法律手段和经济手段为主，从而保证我国区域政策的科学性、连续性、高效性和透明性（安树伟和刘晓蓉，2010）。从疏解条件来看，应建立起与核心城市空间结构、功能布局相适应的轨道交通体系，缩小中小城市与核心城市优质公共服务资源的服务落差；完善相关机制，包括财税体制、利益共享机制、资金筹措机制（杨开忠，2015；张可云和蔡之兵，2015）。从疏解承接地来看，疏解承接地有三种范围，分别是北京周边核心城市、中小城市和全国（闫程莉和安树伟，2014；孙久文和原倩，2014）。核心城市与中小城市组成了都市圈的主体范围，中小城市如能借助核心城市的功能疏解机遇，壮大自身产业发展、完善公共服务、促进人口集聚，不失为一种功能提升最有效的手段，这样既促进了都市圈内部不同等级城市的合理分工，也实现了都市圈整体竞争力的提升。此外，安树伟等（2018a）特别分析了北京非首都功能疏解对居民生活的影响，随着北京非首都功能疏解力度的逐渐加大，其对居民生活的影响将愈加显著，并提出了应以不影响居民生活便利性为前提疏解非首都功能，注重产城融合，绝不能为了疏解而疏解。

此外，上海作为我国最大的城市，也面临着中心城区人口和产业过度集中，城镇结构不合理、市区郊区不平衡的问题。乔森（2010）基于对松江新城的调查研究，提出上海城市功能疏解要通过有选择地建成几个重点新城，超前建设中心城区与新城之间的轨道交通，以及完善新城配套设施、确立新城法律地位等方法来进行。有学者从交通功能出发，对上海多中心战略进行了实证研究，得出了改善上海交通应塑造和强化多中心空间结构，促进职住平衡的结论（孙斌栋等，2013）。也有学者借鉴国际经验，从解决“城市病”的角度出发探寻城市功能提升。潘华（2015a）总结归纳了日本、法国、韩国等国家促进中小城市发展的政策措施，指出为了促进我国中小城市发展，需要科学制定中小城市发展规划，加强对规划实施过程的管理；不断完善中小城市发展的相关法律法规；引导部分产业向中小城市集聚，完善中小城市各项功能，提升对流动人口尤其是农村人口的吸引力；加快推进中小城市户籍制度改革，切实放宽流动人口在中小城市的落户条件，实现基本公共服务均等化等。

第四节 简要评述

由系统地文献梳理可知，都市圈内中小城市功能提升的相关研究已取得了丰硕的成果，但在基础理论研究、研究内容、研究方法等方面还存在一定的不足。

一是都市圈内中小城市功能提升研究基于西方基础理论。不论是中小城市，还是都市圈内中小城市的功能提升，现有研究基本上是以西方城市功能理论为基础进行的，特别是中心地理论和核心–边缘理论已经成为国内研究都市圈内中小城市功能提升的理论基础。但实际上，我国的都市圈发展与国外的都市圈发展，特别是中小城市的发展与国外存在巨大差异，我国都市圈内中小城市的发展在人口规模、建设面积、行政体制上都与西方国家城市存在巨大差别，这种以西方基础理论为基础的研究是否适合我国国情还有待进一步探讨。

二是都市圈内中小城市功能提升的研究侧重于对策研究。我国的城市体系具有鲜明的行政等级，政府在城市发展过程中扮演着重要角色，特别是对中小城市的发展来说，政府的决策往往决定着中小城市的兴衰。一部分专家学者集中于对现行政策的解释，往往就政策论政策，局限于对政策的挖掘和探析，缺乏深层次的对于城市发展的理论性思考。这类对策性研究一般都集中于研究意义的阐述，缺乏具体的指导性；而且政策性的研究周期较短，导致相关研究的深度不够，影响了对都市圈内中小城市功能提升的对策研究。

三是都市圈内中小城市功能提升的研究方法单一。由文献梳理可知，都市圈内中小城市功能提升的研究方法主要集中于指标体系评价法、案例分析法，而数量分析法、空间计量分析法的运用较少。指标体系评价法和案例分析法侧重于宏观定性和政策性研究，缺乏更加精准的计量研究和定量研究。在实际指导都市圈内中小城市功能提升的过程中，往往因为缺乏精准性导致政策出台的效果不尽如人意，甚至不具有可操作性。此外，我国的城市（镇）体系与西方国家存在巨大差异，运用案例分析法来指导我国实践的科学性值得商榷。在我国不断推进新型城镇化进程的背景下，现有研究方法与科学提升都市圈内中小城市功能的紧迫性相比，具有明显的滞后性。

四是都市圈内中小城市功能提升的研究内容存在一定的割裂性。现有文献对于都市圈内中小城市功能提升的研究主要可以分为产业发展、吸纳就业、公共服务和人口集聚四大方面。大多数学者基于自身学科和研究方向，只针对其中一项或两项城市功能进行研究，但对于完整的四项功能系统性的研究则比较少见。现有研究往往更多地关注产业发展功能和人口集聚功能，而忽视了公共服务功能和吸纳就业功能。都市圈内中小城市功能提升是一项系统性工程，四项城市功能存在相互依存、相互作用的关系。因此，都市圈内中小城市功能提升的研究内容与城市实际运行相比，具有明显的割裂性。

第二章

都市圈界定与都市圈中小城市

城镇化是我国现代化建设的历史任务，也是扩大内需的最大潜力所在。历经多次的规模政策（周一星，1992），我国大城市出现了规模过度膨胀、交通拥挤、住房紧张、资源不足、环境污染等“城市病”症状，而中小城市和小城镇功能普遍弱化，城市建成区和镇区规模偏小、基础设施和公共服务落后、缺乏产业支撑。由《中国都市圈发展报告 2018》的发展现状评估结果可知，我国都市圈发展速度虽快，但存在发展水平低、核心城市带动作用不强、城市结构不合理、标准体系缺失等问题（尹稚等，2019）。同一都市圈内部存在典型的“大城市过度膨胀、中小城市和小城镇相对衰落”的现象，尚未形成合理的城镇体系。《国家新型城镇化规划（2014—2020 年）》指出，要增强中心城市辐射带动功能，培育形成通勤高效、一体发展的都市圈。2019 年 2 月发布的《国家发展改革委关于培育发展现代化都市圈的指导意见》指出，要从推进基础设施一体化、强化城市间产业分工协作、构建都市圈一体化发展机制等方面着手，形成现代化的都市圈格局。都市圈是促进高质量城市群形成的关键所在，也是城镇化建设中承上启下的关键环节，无论是推进区域协调发展战略，还是实现乡村振兴、提高我国城镇化质量，都需以都市圈为基础载体和主要平台。同时，都市圈的空间尺度较小，更有利于国家战略的精准推进与实施，切实提高城镇化水平。

第一节　都市圈范围界定

国内关于都市圈的内涵研究，总的来说是在不断深化和丰富的。在都市圈的理论研究中，部分学者还分析了都市圈与城市群的关系，目前主要有四种观点。第一种观点把都市圈等同于城市群。例如，郭熙保和黄国庆（2006）认为无论是都市圈，还是城市群，都是用来描述一种新型的城市–区域空间组织形式，结合都市圈和城市群所共同具有的核心城市突出、人口规模大、经济总量高、联系紧密、一体化发展等特点，使用都市圈的概念更合适。第二种观点认为都市圈和城市群是城市空间结构变化的两个阶段的表现形态。例如，周一星（2010）借鉴西方的城市地域概念，于 20 世纪 80 年代中期最早提出了中国的城市空间结构体系，即市中心—旧城区—建成区—近市区—都市区—都市连绵区；黄征学（2014）综合前人的研究成果，认为城镇空间结构的演进路径为城市—都市圈—城市群，他的关注点是城市群，强调都市连绵区（城市群）的基本组成单元是都市区（圈）。都市圈通过在空间上的整合形成了一个更大的城镇紧密联系空间（张京祥等，2001）。张学良和林永然（2019）从区域协调发展战略的角度考虑，认为应形成“大城市—都市圈—城市群”的空间格局，同时认为都市圈的尺度介于大城市与城市群之间，是当前城市群建设的一个重要空间单元。而杨勇（2013）则认为城市之间的组织形态经历了单个城市（点）—城市带（线）—城市群（面）—都市圈（体）的发展演变过程。第三种观点认为都市圈和城市群是两种不同的区域发展模式，其发展动力、发展定位和组织形态存在很大差异（王建，1997；冯垚，2006；高汝熹和罗守贵，2007）。第四种观点直接以城市群来定义都市圈，如《国家发展改革委关于培育发展现代化都市圈的指导意见》的关注点是都市圈，认为都市圈是指处于城市群内部的城镇化空间形态。但也有一部分学者仅就都市圈论都市圈，并未对城市群等相关概念进行辨析（张伟，2003）（表 2-1）。

表 2-1　国内关于都市圈的代表性概念内涵

参考资料	概念内涵
周一星（2010）	都市圈由中心市和外围非农化水平较高、与中心市存在密切社会、经济联系的邻接县（市）两部分组成
高汝熹和罗明义（1998）	都市圈是以经济比较发达并且具有较强城市功能的城市为核心，以及与其有经济内在联系的相邻城镇所覆盖的区域共同组成的
谭成文等（2000）	都市圈是指城市发挥其机能时与周围地区所形成的种种密切联系所波及的空间范围，是一个特定时空尺度的城市影响区域。通常以物流、人流、经济流、信息流等作为研究衡量的指标，都市本身的对外控制能力和经济辐射能力也是其重要的衡量标准
张京祥等（2001）	都市圈是指由一个或多个核心城镇，以及与这个核心具有密切社会、经济联系的，具有一体化倾向的邻近城镇与地区组成的圈层式结构，存在以单一核心城市为核心的“日常都市圈”和以多个中心城市为核心的“多核心都市圈”两种主要形式
张伟（2003）	都市圈由一个或多个中心城市，以及与其有紧密社会、经济联系的临近城镇组成，是具有一体化倾向的协调发展区域，是以中心城市为核心，以发达的联系通道为依托，核心城市吸引辐射周边城市与区域，并促进城市之间的相互联系与协作，带动周边地区经济社会发展的、可以实施有效管理的区域

续表

参考资料	概念内涵
李国平等（2004）	都市圈一般是指跨越都市界限和都市在景观上连为一体或者在职能上具有紧密联系的区域。在地理学上，一般将具有以下特征之一的区域看成都市圈：第一，在景观上和都市连为一体的城镇化区域；第二，在通勤等日常生活方面和都市联系紧密；第三，在经济活动和流入人口等方面和都市关系密切的区域
黄征学（2014）	都市圈至少具有一个核心城市、周围有众多中小城市和内部经济联系紧密三方面特征

综上所述，学术界关于都市圈概念的研究存在显著差异，根据对都市圈概念和内涵的界定，本书认为都市圈需要包括以下三个方面：一是至少有一个核心城市；二是核心城市与周围城市具有紧密的经济、社会联系；三是都市圈具有明显的圈层结构。而且，本书认为都市圈不同于城市群，二者是城市空间结构变化的两个阶段的表现形态，且都市圈的形成早于城市群，是城市群的初期形态。

关于都市圈的界定标准，国外（如美国、日本）对于都市圈的界定标准影响深远，国内以王建（1997）、周一星（2010）、高汝熹和罗守贵（2007）、高汝熹等（2008）等对我国都市圈的界定标准具有代表性（表 2-2）。

表 2-2　国内外都市圈的界定标准

参考资料	标准类型
美国 SMSA（1960）*	①核心城市的人口规模在 5 万人以上；②外围地区的非农化就业者大于 75%，人口密度大于 50 人/mi^2，到核心城市的单向通勤率达到 15%、双向通勤率达到 20%
日本山田浩之和山岗一幸（1983）*	①核心城市人口规模为 5 万人，白天人口大于夜间人口；②外围地区非农业人口大于 75%，到核心城市的通勤率大于 10%
王建（1997）	①有 1 个核心城市的，该市 GDP 所占比重要达到 1/3；②有 2～3 个中心城市的，核心城市 GDP 所占比重不应低于 40%
周一星（2010）	①在城市实体地域内非农业人口在 20 万人以上的地级市可视为中心市，有资格设立都市区；②外围地区以县级为基本单元，且全县的 GDP 中来自非农产业的部分在 75%以上，全县社会劳动力总量中从事非农经济活动的部分在 60%以上；③如果一县（市）能同时划入两个都市区，则根据行政原则、联系强度原则进行调整
高汝熹和罗明义（2007）、高汝熹等（2008）	①核心城市的市区非农业人口规模必须在 200 万人以上，且比重必须达到 70%；②市区地区生产总值在 5000 亿元以上，圈域半径为 300km；③市区地区生产总值在 1500 亿～5000 亿元，圈域半径为 200km；④市区地区生产总值在 1500 亿元以下，圈域半径为 100km

* 美国 SMSA（1960）、日本山田浩之和山岗一幸（1983）的界定标准参见李国平等（2004）；1mi=1609.344m

关于都市圈的界定标准，国外主要采用了核心城市的人口和经济规模、外围地区的通勤率、城镇化水平等指标。在国内，对于核心城市的确定主要也是依据城市的规模大小，但是对于圈域范围的确定存在差异，或是利用引力模型、断裂点模型进行计算；或是根据与核心城市的联系度来确定范围，如《中国都市圈发展报告 2018》中借助大数据平台获取流动人口进而确定外围城市（尹稚等，2019)；或是用核心城市的 GDP 反映其经济势能大小进而确定圈域半径大小，如高汝熹和罗守贵（2007)、高汝熹等（2008)、黄征学（2014)。秉着可行性的原则，本书主要利用核心城市经济规模来确定圈域范围，这是因为，一方面缺乏有关核心城市与外围城市联系的通勤率等数据；另一方面核心城市确实在都市圈中占据主导地位，对周围城市存在潜在的经济影响。一般来说，核心城市规模越大，其经济集聚和辐射能力越强。因此，考虑到数据的可获取性和方法的可操作性，本书主要使用核心城市的规模大小指标，借鉴高汝熹和罗守贵（2007)、高汝熹等（2008)、黄征学（2014）的方法，对我国目前的都市圈进行识别。同时，引入基础设施、服务设施等指标，并且考虑不同核心城市对外服务功能的差异，在一定程度上描述了我国都市圈的分布格局。

一、核心城市的选择和确定

随着经济发展水平的提高，城市规模的界定标准也在不断变化。根据《国务院关于调整城市规模划分标准的通知》(国发〔2014〕51 号)，城区常住人口在 100 万人以上 500 万人以下的城市为大城市，其中 300 万人以上 500 万人以下的城市为 I 型大城市。“城区”在《汉语大词典》中的解释为城里和靠城的地区，且与“郊区”相对。而学术界认为，城区是指在市辖区和不设区的市的范围内，区、市人民政府驻地的实际建设连接到的居民委员会所辖区域和其他区域。准确来说，市区口径由城区、镇区、乡村构成，城区是市区的组成部分，城区类似于实际建成区，但又不完全等同于实际建成区。实际建成区是指城市行政区内实际已成片开发建设、市政公用设施和公共设施基本具备的区域，而城区是指实际建成区所涉及的村级行政单元，包括村委会、居委会等，统计上的城区范围要略大于实际建成区范围（戚伟等，2016)。结合我国城市发展现状，城区常住人口为 300 万人是我国城市基础设施布局及行政政策常用的门槛标准（尹稚等，2019)，也是城市发挥辐射功能的最低标准，考虑到统计数据的可得性，本书认为核心城市应符合两个基本条件：一是核心城市的城区常住人口[①]规模必须在 300 万人以上，即核心城市至少是 I 型大城市；二是在区域内承载着直辖市、省会（自治区首府）城市、副省级城市等重要功能。

① 关于分城市的城区常住人口数据，《中国城市建设统计年鉴》《中国城市统计年鉴》《中国城乡建设统计年鉴》等均未直接给出。本书使用《中国城市建设统计年鉴》中分城市统计的城区人口和暂住人口数据，该年鉴中的城区人口是指划定的城区（县城）范围的人口数，按公安部门的户籍统计为准；城区暂住人口是指离开常住户口地的市区或乡（镇），到本市居住一年以上的人员，一般按公安部门的暂住人口统计为准。因此，本书采用城区常住人口的近似计算公式：城区常住人口≈城区户籍人口+城区暂住人口。

进一步地，对核心城市进行等级划分，其中 1000 万人以上为一级核心城市，500 万～1000 万人为二级核心城市，300 万～500 万人为三级核心城市。表 2-3 是我国都市圈核心城市的选择与确定的基本情况。

表 2-3 2016 年我国都市圈核心城市的选择与确定

核心城市	城区户籍人口/万人	城区暂住人口/万人	城区常住人口/万人	核心城市等级
上海	2419.70	—	2419.70	一级
北京	1879.60	—	1879.60	一级
重庆	1102.70	350.30	1453.00	一级
广州	626.60	707.54	1334.14	一级
深圳	1190.84	—	1190.84	一级
天津	719.20	220.89	940.09	二级
武汉	473.48	232.27	705.75	二级
成都	617.35	73.00	690.35	二级
南京	590.60	36.60	627.20	二级
郑州	344.93	251.52	596.45	二级
杭州	339.82	223.09	562.91	二级
沈阳	470.84	65.37	536.21	二级
哈尔滨	421.95	57.91	479.86	三级
青岛	298.94	142.68	441.62	三级
西安	436.03	—	436.03	三级
合肥	211.04	189.27	400.31	三级
昆明	391.92	1.66	393.58	三级
太原	310.00	58.00	368.00	三级
长春	307.63	48.69	356.32	三级
大连	326.74	25.46	352.20	三级
长沙	351.51	—	351.51	三级
济南	329.24	5.97	335.21	三级
厦门	186.68	138.93	325.61	三级
南宁	224.70	89.91	314.61	三级
乌鲁木齐	262.14	50.20	312.34	三级

资料来源：《中国城市建设统计年鉴 2016》

注：《中国城市建设统计年鉴 2016》中，上海城区人口和市区人口相同

二、核心城市经济势能量级的确定

核心城市确定后，利用核心城市的经济势能确定都市圈圈域半径。但是，核心城市的经济势能不仅与 GDP 有关，还受多方面因素的影响，如自身的基础服务设施情况等。首先，加入基础设施指数、服务设施指数、规模以上工业企业资金利税率，计算得到核心城市经济势能的修正系数。其次，利用修正系数

对 GDP 进行修正。其中，基础设施指数反映城市经济社会发展的基础条件，服务设施指数反映城市综合服务功能强度的大小，规模以上工业企业资金利税率反映城市经济效益（高汝熹等，2008）。基础设施指数和服务设施指数根据相应指标计算得到，规模以上工业企业资金利税率为利税总额与固定资产值和流动资产值之和的比值。最后，依据修正后的核心城市经济势能确定都市圈圈域半径。按照国际经验，日常都市圈的单向时间为 1h 左右，在现代交通技术条件下，都市圈圈域半径为 100～150km。考虑到我国高速铁路已基本连接国内大中城市，时速已达 200km 以上，且城市之间经济发展、经济联系强度存在差异，因此可将都市圈圈域半径适当放宽至 50～200km（表 2-4）。

表 2-4　核心城市圈域半径划分标准

经济势能指数	核心城市量级	圈域半径/km
10 000 以上	I	200
5 001～10 000	II	150
2 501～5 000	III	100
2 500 及以下	IV	50

在此选取人均居民用电量、人均城市道路面积、万人拥有公共汽车数、人均居住面积、人均居民生活用水量等指标进行计算，得到基础设施指数（表 2-5）。

$$基础设施指数 = \sum_{j} \frac{F_{ij}}{F_j} \qquad (2\text{-}1)$$

式中，F_{ij} 表示 i 城市的第 j 类基础设施；F_j 表示全部城市的第 j 类基础设施。

表 2-5　2016 年都市圈核心城市基础设施指数

核心城市	人均居民用电量/kW·h	人均城市道路面积/m^2	万人拥有公共汽车数/辆	人均居住面积/m^2	人均居民生活用水量/t	基础设施指数
北京	899.40	6.59	10.44	19.38	42.32	7.94
天津	682.31	10.63	9.33	19.04	28.74	7.24
太原	809.88	12.67	6.90	17.57	32.55	7.42
沈阳	784.54	9.43	8.38	25.40	46.44	8.33
大连	798.84	11.46	13.14	26.89	33.77	9.06
长春	473.71	16.10	9.06	31.72	23.35	8.17
哈尔滨	602.95	8.74	11.94	21.44	16.11	6.88
上海	899.78	4.65	6.90	22.56	42.97	7.27
南京	1087.32	20.83	13.10	30.44	54.60	12.17
杭州	1033.65	7.70	9.74	15.44	27.86	7.34
合肥	668.70	14.97	10.79	27.22	50.13	9.61
厦门	984.94	7.95	9.27	17.89	31.08	7.50

续表

核心城市	人均居民用电量/kW·h	人均城市道路面积/m^2	万人拥有公共汽车数/辆	人均居住面积/m^2	人均居民生活用水量/t	基础设施指数
济南	942.47	18.82	11.37	24.71	28.33	9.70
青岛	867.48	15.32	13.71	28.15	29.65	9.77
郑州	688.95	6.85	8.33	14.03	24.31	5.99
武汉	657.73	9.05	8.00	14.35	48.48	7.27
长沙	1737.36	13.39	20.45	36.13	100.15	16.21
广州	967.63	6.55	8.00	—	59.75	7.07
深圳	1115.28	10.01	27.99	17.55	50.53	12.31
南宁	750.34	8.58	6.16	16.67	52.99	7.42
重庆	469.55	6.11	3.01	12.76	23.52	4.33
成都	1018.14	10.20	11.46	27.32	68.78	10.61
昆明	—	13.69	14.12	40.82	37.64	9.01
西安	1293.58	12.70	12.44	19.87	48.71	10.33
乌鲁木齐	611.34	10.71	14.95	47.71	43.76	10.77
全国全部城市	476.16	6.97	5.50	14.49	22.62	—

资料来源：《中国城市统计年鉴 2017》

选取移动电话用户数、互联网用户数、普通高等学校数、万人拥有医院（卫生院）床位数、人均图书册数等指标进行计算，得到服务设施指数（表 2-6）。

$$服务设施指数=\sum_j \frac{A_{ij}}{A_j} \tag{2-2}$$

式中，A_{ij} 表示 i 城市的第 j 类服务设施；A_j 表示全部城市的第 j 类服务设施。

表 2-6　2016 年都市圈核心城市服务设施指数

核心城市	移动电话用户数*/万户	互联网用户数*/万户	普通高等学校数*/所	万人拥有医院（卫生院）床位数**/张	人均图书册数**/册	服务设施指数
北京	3 869	476	91	58.53	3.31	5.74
天津	1 500	284	55	53.20	1.56	3.31
太原	691	135	44	77.93	1.60	3.92
沈阳	1 226	208	47	95.66	2.32	5.28
大连	833	150	30	84.76	4.71	8.12
长春	1 489	100	38	92.11	1.12	3.64
哈尔滨	1 222	198	51	118.49	1.31	4.50
上海	3 156	636	64	52.20	3.16	5.39
南京	1 115	374	44	68.09	3.00	5.52
杭州	1 734	444	39	71.96	2.42	4.87

续表

核心城市	移动电话用户数*/万户	互联网用户数*/万户	普通高等学校数*/所	万人拥有医院（卫生院）床位数**/张	人均图书册数**/册	服务设施指数
合肥	799	217	50	52.20	0.75	2.23
厦门	571	169	16	30.07	1.26	2.35
济南	1 088	262	71	124.84	3.67	7.73
青岛	1 446	294	26	49.06	0.92	2.37
郑州	1 373	275	56	68.84	0.65	2.49
武汉	1 519	489	84	70.66	0.74	2.67
长沙	1 048	227	51	134.56	2.82	6.84
广州	2 828	496	82	39.56	1.18	2.53
深圳	2 505	632	12	32.08	3.03	4.73
南宁	778	201	32	72.21	1.43	3.57
重庆	2 880	849	65	79.14	0.72	2.86
成都	2 407	599	56	159.01	2.24	6.68
昆明	963	187	45	93.86	0.47	2.83
西安	1 740	336	63	115.38	2.77	6.34
乌鲁木齐	503	111	25	73.53	0.83	2.81
全国全部城市	138 747	29 808	2 527	42.84	0.77	—

资料来源：《中国城市统计年鉴 2017》

*为市域范围数量，**为市辖区范围数量，但基于式（2-2）均可衡量各城市内服务设施指数的相对大小

根据所得的基础设施指数、服务设施指数和规模以上工业企业资金利税率，得到修正系数，然后将修正系数与 GDP 相乘得到核心城市的经济势能指数：

$$\text{经济势能指数}=\text{GDP}\times\text{规模以上工业企业资金利税率}\times(\text{基础设施指数}+\text{服务设施指数})/2 \tag{2-3}$$

我国都市圈核心城市经济势能与量级见表 2-7。

表 2-7　2016 年都市圈核心城市经济势能与量级

核心城市	城区常住人口/万人	市辖区GDP/亿元	基础设施指数	服务设施指数	规模以上工业企业资本利税率	修正系数	经济势能指数	核心城市量级
上海	2 419.70	28 178.65	7.27	5.39	0.15	0.95	26 755.63	I
北京	1 879.60	25 669.13	7.94	5.74	0.11	0.75	19 313.45	I
南京	627.20	10 503.02	12.17	5.52	0.19	1.68	17 650.85	I
长沙	351.51	5 867.20	16.21	6.84	0.25	2.88	16 904.87	I
深圳	1 190.84	19 492.60	12.31	4.73	0.10	0.85	16 607.70	I
广州	1 334.14	19 547.44	7.07	2.53	0.16	0.77	15 012.43	I

续表

核心城市	城区常住人口/万人	市辖区GDP/亿元	基础设施指数	服务设施指数	规模以上工业企业资本利税率	修正系数	经济势能指数	核心城市量级
成都	690.35	9 685.58	10.61	6.68	0.17	1.47	14 234.41	I
天津	940.09	17 885.39	7.24	3.31	0.15	0.79	14 151.81	I
重庆	1 453.00	15 724.46	4.33	2.86	0.16	0.58	9 044.71	II
杭州	562.91	9 835.48	7.34	4.87	0.14	0.85	8 406.38	II
济南	335.21	5 816.65	9.70	7.73	0.15	1.31	7 603.82	II
武汉	705.75	9 630.60	7.27	2.67	0.15	0.75	7 179.61	II
青岛	441.62	6 505.96	9.77	2.37	0.13	0.79	5 133.85	II
长春	356.32	4 707.01	8.17	3.64	0.18	1.06	5 003.08	II
西安	436.03	5 527.66	10.33	6.34	0.07	0.58	3 225.11	III
南宁	314.61	2 781.51	7.42	3.57	0.22	1.21	3 362.57	III
大连	352.20	3 855.69	9.06	8.12	0.10	0.86	3 312.04	III
合肥	400.31	4 191.70	9.61	2.23	0.12	0.71	2 977.78	III
昆明	393.58	3 336.14	9.01	2.83	0.15	0.89	2 962.49	III
沈阳	536.21	4 922.57	8.33	5.28	0.08	0.54	2 679.85	III
哈尔滨	479.86	4 472.69	6.88	4.50	0.08	0.46	2 035.97	IV
厦门	325.61	3 784.27	7.50	2.35	0.09	0.44	1 677.38	IV
郑州	596.45	4 609.71	5.99	2.49	0.07	0.30	1 368.16	IV
乌鲁木齐	312.34	2 438.08	10.77	2.81	0.06	0.41	993.27	IV
太原	368.00	2 754.94	7.42	3.92	0.03	0.17	468.62	IV

三、我国都市圈的范围

根据核心城市圈域半径划分标准，确定都市圈的圈内城市。如果某城市能同时划入两个都市圈，则根据行政原则、距离最小原则、区位情况等进行调整。经过测算得到我国 24 个都市圈的区域范围和分布（表 2-8）。分区域来看，我国东部地区、中部地区、西部地区、东北地区四大区域都市圈的分布如下。

1）东部地区，包括上海都市圈、京津都市圈、广州都市圈、深圳都市圈、南京都市圈、杭州都市圈、济南都市圈、青岛都市圈、厦门都市圈，共 9 个都市圈。

2）中部地区，包括长株潭都市圈、武汉都市圈、合肥都市圈、郑州都市圈、太原都市圈，共 5 个都市圈。

3）西部地区，包括成都都市圈、重庆都市圈、西安都市圈、昆明都市圈、南宁都市圈、乌鲁木齐都市圈，共 6 个都市圈。

4）东北地区，包括长春都市圈、大连都市圈、沈阳都市圈、哈尔滨都市圈，共 4 个都市圈。

表 2-8 2016 年我国 24 个都市圈的区域范围

都市圈	核心城市量级	直辖市、地级市及省管县级市	县级市
上海都市圈	Ⅰ	上海、苏州、无锡、常州、南通、嘉兴	常熟、张家港、昆山、太仓、江阴、宜兴、溧阳、启东、如皋、海门、海宁、平湖、桐乡
京津都市圈	Ⅰ	北京、天津、唐山、廊坊、保定、张家口、承德、沧州、秦皇岛	遵化、迁安、霸州、三河、涿州、定州、安国、高碑店、泊头、任丘、黄骅、河间
广州都市圈	Ⅰ	广州、佛山、东莞、肇庆、清远、江门、中山、云浮、珠海	四会、英德、连州、台山、开平、鹤山、恩平、罗定
深圳都市圈	Ⅰ	深圳、惠州、汕尾、河源	陆丰
南京都市圈	Ⅰ	南京、马鞍山、滁州、镇江、扬州、芜湖、泰州、宣城、铜陵	天长、明光、丹阳、扬中、句容、仪征、高邮、兴化、靖江、泰兴、宁国
长株潭都市圈	Ⅰ	长沙、株洲、湘潭、益阳、娄底、岳阳、萍乡、衡阳	浏阳、醴陵、湘乡、韶山、沅江、冷水江、涟源、汨罗、临湘、耒阳、常宁
成都都市圈	Ⅰ	成都、眉山、资阳、德阳、雅安、乐山、绵阳、遂宁、自贡、内江	都江堰、彭州、邛崃、崇州、简阳、广汉、什邡、绵竹、峨眉山、江油
重庆都市圈	Ⅱ	重庆、广安、泸州	华蓥
杭州都市圈	Ⅱ	杭州、绍兴、湖州、宁波、金华	临安、建德、诸暨、嵊州、兰溪、义乌、东阳、永康、余姚、慈溪
武汉都市圈	Ⅱ	武汉、孝感、鄂州、黄冈、咸宁、黄石、仙桃、天门、潜江	汉川、安陆、应城、麻城、武穴、赤壁、大冶
济南都市圈	Ⅱ	济南、泰安、莱芜、淄博、聊城、滨州、德州、济宁	新泰、肥城、临清、乐陵、禹城、曲阜、邹城
青岛都市圈	Ⅱ	青岛、潍坊、日照、烟台部分	胶州、平度、莱西、即墨、青州、诸城、寿光、安丘、高密、昌邑、招远、栖霞、莱阳、莱州、海阳
长春都市圈	Ⅱ	长春、吉林、辽源、四平	榆树、德惠、蛟河、桦甸、舒兰、磐石、公主岭、双辽
西安都市圈	Ⅲ	西安、咸阳、渭南、铜川	兴平、韩城、华阴
南宁都市圈	Ⅲ	南宁、钦州	
大连都市圈	Ⅲ	大连	庄河、瓦房店
昆明都市圈	Ⅲ	昆明、玉溪	安宁
合肥都市圈	Ⅲ	合肥、六安、淮南	巢湖
沈阳都市圈	Ⅲ	沈阳、铁岭、抚顺、本溪、辽阳、鞍山	新民、调兵山、开原、灯塔、海城
哈尔滨都市圈	Ⅳ	哈尔滨、绥化部分	尚志、五常、肇东

续表

都市圈	核心城市量级	直辖市、地级市及省管县级市	县级市
厦门都市圈	Ⅳ	厦门、漳州	龙海
郑州都市圈	Ⅳ	郑州、开封、新乡、焦作	巩义、荥阳、新密、登封、新郑、卫辉、辉县、沁阳、孟州
太原都市圈	Ⅳ	太原、晋中	古交、介休
乌鲁木齐都市圈	Ⅳ	乌鲁木齐、昌吉回族自治州	昌吉、阜康

注：①考虑到城市之间距离过近导致相互重叠的因素，将北京、天津合并为京津都市圈；②武汉都市圈中的仙桃、天门、潜江属于省直管县级市；③青岛都市圈烟台部分仅包括烟台市的招远、栖霞、莱阳、莱州、海阳；④哈尔滨都市圈绥化部分仅包括绥化市的肇东；⑤经国务院批准，2019年1月撤销地级市莱芜市，其所辖区域整体并入济南市

第二节 基于城市功能的都市圈类型划分

一、测算方法与结果

在都市圈核心城市经济势能量级的基础上，从都市圈的城市功能角度，进一步分析都市圈在人口集聚、产业发展、吸纳就业、公共服务功能四个方面的基本情况，收集城区常住人口、非农产业增加值、非农产业单位从业人员数①、地方公共财政收入②四个总量指标和人均GDP、人均地方公共财政收入、非农产业增加值占GDP比重三个比率指标数据，利用熵值法计算各个指标权重。具体步骤如下：

第一步，数据标准化处理。

① 单位从业人员是指在各级国家机关、政党机关、社会团体及企业、事业单位中工作，并取得劳动报酬的全部人员，不包括离开本单位仍保留劳动关系的职工。除单位从业人员外，城市从业人员还应包括城镇私营和个体从业人员［城镇私营从业人员是指在工商管理部门注册登记，其经营地址设在县城关镇（含县城关镇）以上的私营企业就业人员，包括私营企业投资者和雇工；城镇个体从业人员是指在工商管理部门注册登记，并持有城镇户口或在城镇长期居住，经批准从事个体工商经营的就业人员，包括个体经营者和在个体工商户劳动的家庭帮工和雇工］，但《中国城市统计年鉴》中部分城市城镇私营和个体从业人员指标缺失，为了具有可比性，如无特殊说明，本书涉及各城市的从业人员均指单位从业人员。

② 《中国城市统计年鉴》（2006～2012年）使用“地方财政一般预算内收入”，包括税收收入、社会保险基金收入、非税收入、贷款转贷回收本金收入、转移性收入；《中国城市统计年鉴》（2013～2016年）使用“地方公共财政收入”，包括税收收入、社会保险基金收入、非税收入、贷款转贷回收本金收入、转移性收入。《中国城市统计年鉴2017》使用“地方一般公共预算收入”，是指属于地方一般公共预算的收入，包括地方企业上缴利润、城市维护建设税（不含铁道部门、各银行总行、各保险公司总公司集中缴纳的部分）、房产税、城镇土地使用税、土地增值税、车船税、耕地占用税、契税、烟叶税、印花税、增值税25%部分、纳入共享范围的企业所得税40%部分、个人所得税40%部分、证券交易印花税3%部分、海洋石油资源税以外的其他资源税、地方非税收入等。为了方便，本书统一使用“地方公共财政收入”。

正向指标：

$$X'_{ij}=\frac{X_{ij}-\min\left\{X_j\right\}}{\max\left\{X_j\right\}-\min\left\{X_j\right\}} \tag{2-4}$$

负向指标：

$$X'_{ij}=\frac{\max\left\{X_j\right\}-X_{ij}}{\max\left\{X_j\right\}-\min\left\{X_j\right\}} \tag{2-5}$$

第二步，计算第 i 个都市圈第 j 项指标值的比重。

$$Y_{ij}=\frac{X'_{ij}}{\sum_{i=1}^{m}X'_{ij}} \tag{2-6}$$

第三步，计算指标信息熵。

$$e_j=-k\sum_{i=1}^{m}(Y_{ij}\times\ln Y_{ij}) \tag{2-7}$$

第四步，计算信息熵冗余度。

$$d_j=1-e_j \tag{2-8}$$

第五步，计算各个指标权重。

$$W_j=\frac{d_j}{\sum_{j=1}^{n}d_j} \tag{2-9}$$

式中，X_{ij} 表示第 i 个都市圈第 j 项指标的数值；$\min\left\{X_j\right\}$ 和 $\max\left\{X_j\right\}$ 分别表示所有城市第 j 项指标的最小值和最大值；$k=1/\ln(m)$；m 表示评价的都市圈个数；n 表示指标数。

各指标的权重值见表 2-9。

表 2-9 都市圈的评价指标权重

指标	权重	指标	权重
城区常住人口	0.16	人均 GDP	0.16
非农产业增加值	0.18	人均地方公共财政收入	0.12
非农产业单位从业人员数	0.16	非农产业增加值占 GDP 比重	0.03
地方公共财政收入	0.19		

第六步，计算综合得分。

第 i 个都市圈第 j 项指标得分：

$$S_{ij}=W_j\times X'_{ij} \tag{2-10}$$

第 i 个都市圈综合得分：

$$S_i=\sum_{j=1}^{n}S_{ij} \tag{2-11}$$

依据综合得分对 24 个都市圈进行类型划分。按照综合得分>0.50、0.11～0.50、0.06～0.10、≤0.05 的标准将都市圈的类型分为成熟期（Ⅰ型）、成长期（Ⅱ型）、发育期（Ⅲ型）、萌芽期（Ⅳ型）四类（表 2-10）。具体情况如下：

1）成熟期都市圈（Ⅰ型），包括上海都市圈、京津都市圈、广州都市圈、深圳都市圈，共 4 个都市圈。

2）成长期都市圈（Ⅱ型），包括杭州都市圈、南京都市圈、青岛都市圈、武汉都市圈、济南都市圈、成都都市圈、长株潭都市圈、厦门都市圈、郑州都市圈、重庆都市圈、沈阳都市圈，共 11 个都市圈。

3）发育期都市圈（Ⅲ型），包括昆明都市圈、西安都市圈、乌鲁木齐都市圈、长春都市圈、合肥都市圈、大连都市圈，共 6 个都市圈。

4）萌芽期都市圈（Ⅳ型），包括太原都市圈、哈尔滨都市圈、南宁都市圈，共 3 个都市圈。

表 2-10　2016 年我国 24 个都市圈的功能类型划分

都市圈	类型	城区常住人口得分	非农产业增加值得分	非农产业单位从业人员数得分	地方公共财政收入得分	人均地方公共财政收入得分	人均 GDP 得分	非农产业增加值占 GDP 比重得分	综合得分
上海都市圈	Ⅰ	0.157	0.181	0.157	0.190	0.074	0.086	0.029	0.874
京津都市圈	Ⅰ	0.156	0.146	0.137	0.162	0.053	0.049	0.027	0.730
广州都市圈	Ⅰ	0.115	0.118	0.128	0.064	0.025	0.059	0.026	0.535
深圳都市圈	Ⅰ	0.050	0.054	0.044	0.063	0.124	0.159	0.032	0.526
杭州都市圈	Ⅱ	0.053	0.066	0.079	0.056	0.040	0.056	0.024	0.374
南京都市圈	Ⅱ	0.052	0.065	0.065	0.047	0.025	0.038	0.021	0.313
青岛都市圈	Ⅱ	0.036	0.042	0.048	0.033	0.020	0.024	0.014	0.217
武汉都市圈	Ⅱ	0.041	0.034	0.053	0.027	0.017	0.016	0.017	0.205
济南都市圈	Ⅱ	0.043	0.040	0.044	0.029	0.015	0.015	0.017	0.203
成都都市圈	Ⅱ	0.054	0.039	0.056	0.021	0.006	0.006	0.015	0.197
长株潭都市圈	Ⅱ	0.035	0.035	0.041	0.028	0.017	0.017	0.016	0.189
厦门都市圈	Ⅱ	0.002	0.006	0.010	0.013	0.058	0.060	0.027	0.176
郑州都市圈	Ⅱ	0.031	0.022	0.032	0.021	0.020	0.016	0.024	0.166
重庆都市圈	Ⅱ	0.057	0.037	0.028	0.023	0.007	0.000	0.013	0.165

续表

都市圈	类型	城区常住人口得分	非农产业增加值得分	非农产业单位从业人员数得分	地方公共财政收入得分	人均地方公共财政收入得分	人均GDP得分	非农产业增加值占GDP比重得分	综合得分
沈阳都市圈	II	0.034	0.015	0.019	0.014	0.011	0.000	0.020	0.113
昆明都市圈	III	0.005	0.004	0.002	0.004	0.017	0.038	0.028	0.098
西安都市圈	III	0.015	0.012	0.016	0.010	0.011	0.010	0.022	0.096
乌鲁木齐都市圈	III	0.000	0.000	0.000	0.006	0.033	0.024	0.025	0.088
长春都市圈	III	0.018	0.016	0.018	0.009	0.006	0.008	0.011	0.086
合肥都市圈	III	0.011	0.007	0.008	0.010	0.017	0.010	0.023	0.086
大连都市圈	III	0.003	0.006	0.005	0.009	0.024	0.022	0.008	0.077
太原都市圈	IV	0.005	0.001	0.003	0.000	0.000	0.011	0.029	0.049
哈尔滨都市圈	IV	0.008	0.006	0.006	0.005	0.006	0.007	0.000	0.038
南宁都市圈	IV	0.000	0.000	0.001	0.004	0.010	0.002	0.009	0.026

二、我国都市圈类型划分

综上所述，上海都市圈、京津都市圈、广州都市圈、深圳都市圈综合得分位列前四位，杭州都市圈、南京都市圈、青岛都市圈、武汉都市圈发展迅猛，而太原都市圈、哈尔滨都市圈、南宁都市圈排名最后三位，实力明显不足。从空间格局来看，呈现“东高西低、南高北低”的格局。

（一）萌芽期都市圈

萌芽期都市圈有太原都市圈、哈尔滨都市圈和南宁都市圈，这三个都市圈位居内陆或沿边地区，区位条件差。从核心城市的规模来看，2016 年太原属于Ⅰ型大城市，哈尔滨、南宁属于Ⅱ型大城市；核心城市的经济势能量级为Ⅳ级，经济势能太弱，核心城市的地位还未确定；城市之间的联系较少，整个区域内的城市呈现点状分布状态，核心城市从周边城市吸纳了大量的生产要素和资源；圈内城市体系不尽完善，周围仅有 1～3 个城市。该类型都市圈还算不上真正意义上的都市圈。

（二）发育期都市圈

发育期都市圈有昆明都市圈、西安都市圈、乌鲁木齐都市圈、长春都市圈、合肥都市圈、大连都市圈，除大连都市圈和长春都市圈外，其余都市圈均位于中西部地区。从核心城市的规模来看，2016 年核心城市人口均为 300 万～500 万人，属于 I 型大城市，核心城市（除乌鲁木齐和长春外）的经济势能量级为III级，核心城市的辐射带动能力仍然较弱，但核心城市的地位已基本确定；经过萌芽期的经济集聚，都市圈内城市之间的联系较紧密，周围城市开始接受核心城市的辐射，都市圈内部差异有所缩小；城市体系不完善，圈内城市数量仍然较少，昆明都市圈、乌鲁木齐都市圈、合肥都市圈、大连都市圈的核心城市周围仅有 2～3 个城市。该类型都市圈具有一定的圈域经济发展基础，在空间上呈现中心地主导的格局。

（三）成长期都市圈

成长期都市圈有杭州都市圈、南京都市圈、青岛都市圈、武汉都市圈、济南都市圈、成都都市圈、长株潭都市圈、厦门都市圈、郑州都市圈、重庆都市圈、沈阳都市圈，数量最多，多位于东部和中部地区，位于西部地区的成都都市圈、长株潭都市圈、重庆都市圈处于成长期的末端。从核心城市规模来看，2016 年核心城市人口大多数为 500 万～1000 万人，属于特大城市，核心城市的经济势能量级绝大多数为II级及以上。其中，南京都市圈、长株潭都市圈、成都都市圈的经济势能为 I 级，具有较强的辐射带动能力；都市圈内各城市之间开始根据实力和功能差异进行整合，原来经济实力较强、资源禀赋较好、基础设施较完善的城市，以较快的速度发展为副中心城市；城市体系较完善，多数都市圈核心城市的周围城市数量多于 10 个。该类型都市圈具有相对成熟的圈域经济的发展基础，空间结构呈现中心地状态与网络状态并存的格局。随着国家区域协调发展战略的实施，该类都市圈仍具有较大的发展潜力。

（四）成熟期都市圈

成熟期都市圈有上海都市圈、京津都市圈、广州都市圈、深圳都市圈，这四个都市圈已经基本形成；且均位于东部沿海地区；2016 年核心城市人口均超过 1000 万人，属于超大城市，核心城市的经济势能量级均为 I 级，具有较强的辐射带动能力；都市圈内的核心城市与周围城市之间、周围城市与周围城市之间的关系紧密，要素配置、物质生产与产品流动高效而有序；城市体系相对完善；都市圈整体的空间布局呈网络状。与其他三个都市圈核心城市相比，北京作为京津都市圈的核心城市，并没有有效带动周围城市，更多的是发挥着国家首都的政治功能（高汝熹等，2008）。

第三节　我国都市圈内中小城市现状

改革开放以来，我国的城镇化进程明显加速，几乎是世界城镇化同期速度的两倍。作为城镇化的重要载体，更多的人口将在都市圈和城市群内中小城市集聚，中小城市将成为提升城镇化质量、推进城镇化进程的主战场。

一、我国中小城市的划分标准

中华人民共和国成立以来，我国的设市标准历经了几次重大变化。1955 年，国家基本建设委员会在《关于当前城市建设工作的情况和几个问题的报告》中指出，居民区常住人口 2000 人以上，非农业人口 50%以上的可以设镇，聚居人口 10 万人以上的城镇可以设市，其中小城市人口 20 万人以下，中等城市人口 20 万～50 万人。此后，1980 年国家基本建设委员会颁布的《城市规划定额指标暂行规定》、1984 年国务院颁布的《城市规划条例》和 1989 年颁布的《中华人民共和国城市规划法》对中等城市和小城市的界定都与 1955 年的标准基本相同，尽管统计口径略有差异。然而，随着我国城市规模的不断扩大，2014 年国务院从新时期城市管理的实际情况出发，出台了新的城市规模划分标准（表 2-11）。

表 2-11　我国中小城市规模标准的变化

规模等级	小城市	中等城市	大城市	特大城市	超大城市
1955 年标准（城市人口）	20 万人以下	20 万～50 万人	50 万人以上	—	—
1980 年标准（城市人口）	20 万人以下	20 万～50 万人	50 万～100 万人	100 万人以上	—
1989 年、1984 年标准（市区和近郊区非农业人口）	20 万人以下	20 万～50 万人	50 万人以上	—	—
2014 年标准（城区常住人口）	Ⅱ型小城市：20 万人以下 Ⅰ型小城市：20 万～50 万人	50 万～100 万人	Ⅱ型大城市：100 万～300 万人 Ⅰ型大城市：300 万～500 万人	500 万～1000 万人	1000 万人以上

资料来源：根据《国务院关于调整城市规模划分标准的通知》（国发〔2014〕51 号）、《中华人民共和国城市规划法》（1989 年）、《城市规划条例》（国务院 1984 年颁布）、《城市规划定额指标暂行规定》（国家基本建设委员会 1980 年颁布）、《关于当前城市建设工作的情况和几个问题的报告》（国家基本建设委员会 1955 年）整理

从城市功能角度来看，城市是一定区域的中心，是居民的工作和居住集中于“点”上，其劳动成果服务于“面”上的一种居民点。任何一个城市在政治、经济、文化等领域的活动，都可分为基础活动部分和非基础活动部分两种，反映城市职能的是城市的基础活动部分，即城市与区域之间、城市与城市之间的关系等（周一星，2010）。因此，城市职能主要体现在建成区，城市规模一般用城市人口（建成区人口）来衡量。由于建成区人口数据较难获取，本书使用城区常住人口代替建成区人口。

本书关于中小城市的界定标准采用《国务院关于调整城市规模划分标准的通知》（国发〔2014〕51 号）中的标准，即城区常住人口在 20 万人以下的城市为Ⅱ型小城市，在 20 万～50 万人的城市为Ⅰ型小城市，在 50 万～100 万人的城市为中等城市①。

本书研究中小城市功能的人口等数据主要来自相关年份的《中国城市建设统计年鉴》，经济和社会指标来自相关年份的《中国城市统计年鉴》《中国城市年鉴》《中国区域经济统计年鉴》。其中，地级市经济指标采用市辖区数据，县级市经济指标采用全市数据。当个别城市部分年份数据存在明显异常时，以该城市最新统计年鉴数据为基准进行适当调整。我国城区人口数据从 2006 年开始统计，故本书的研究时段为 2006～2016 年。

二、我国都市圈内中小城市分布状况

随着城镇化的推进，有些中小城市晋级，个别中等城市变成小城市。2006～2016 年，我国 24 个都市圈内中小城市数量由 212 个减少为 201 个，其中小城市由 173 个减少为 157 个，中等城市由 39 个增加到 44 个。与 2006 年相比，仅京津都市圈、南京都市圈、济南都市圈、长株潭都市圈、重庆都市圈、成都都市圈、西安都市圈内的中等城市晋级为大城市，从而出现都市圈内中小城市数目减少的状况（表 2-12）。2006～2016 年，我国 24 个都市圈内中小城市名单变化情况见表 2-13。

表 2-12　2006～2016 年我国都市圈内中小城市数量及变化　（单位：个）

都市圈	2006 年	2016 年	2016 年比 2006 年增减	都市圈	2006 年	2016 年	2016 年比 2006 年增减
京津都市圈	17	15	−2	青岛都市圈	16	16	0

① 都市圈中有些县或镇已经达到了设市标准，但由于资料数据等的限制，本书只考虑建制市，未明确设市的一般不予讨论。在必要时，适当讨论我国特大镇（主要指镇区人口超过 10 万人的建制镇）的情况。

续表

都市圈	2006年	2016年	2016年比2006年增减	都市圈	2006年	2016年	2016年比2006年增减
太原都市圈	3	3	0	郑州都市圈	11	11	0
沈阳都市圈	8	8	0	武汉都市圈	15	15	0
大连都市圈	2	2	0	长株潭都市圈	18	16	−2
长春都市圈	10	10	0	广州都市圈	12	12	0
哈尔滨都市圈	3	3	0	深圳都市圈	3	3	0
上海都市圈	14	14	0	南宁都市圈	1	1	0
南京都市圈	18	17	−1	重庆都市圈	3	2	−1
合肥都市圈	2	2	0	成都都市圈	19	17	−2
杭州都市圈	12	12	0	昆明都市圈	2	2	0
厦门都市圈	2	2	0	西安都市圈	6	5	−1
济南都市圈	13	11	−2	乌鲁木齐都市圈	2	2	0

表2-13　2006年和2016年24个都市圈的中小城市名单

都市圈	2006年	2016年
上海都市圈	Ⅱ型小城市（5个）：平湖、启东、桐乡、海门、溧阳 Ⅰ型小城市（5个）：如皋、海宁、江阴、太仓、宜兴 中等城市（4个）：嘉兴、常熟、张家港、昆山	Ⅰ型小城市（12个）：昆山、常熟、张家港、江阴、平湖、如皋、海门、桐乡、启东、太仓、溧阳、海宁 中等城市（2个）：嘉兴、宜兴
京津都市圈	Ⅱ型小城市（9个）：安国、黄骅、河间、高碑店、霸州、遵化、泊头、迁安、三河 Ⅰ型小城市（5个）：定州、涿州、任丘、承德、廊坊 中等城市（3个）：沧州、张家口、秦皇岛	Ⅱ型小城市（6个）：黄骅、河间、泊头、霸州、高碑店、安国 Ⅰ型小城市（6个）：定州、任丘、涿州、迁安、遵化、三河 中等城市（3个）：沧州、承德、廊坊
广州都市圈	Ⅱ型小城市（5个）：连州、英德、恩平、鹤山、台山 Ⅰ型小城市（4个）：云浮、四会、开平、罗定 中等城市（3个）：肇庆、中山、清远	Ⅱ型小城市（4个）：台山、恩平、鹤山、连州 Ⅰ型小城市（5个）：罗定、开平、英德、云浮、四会 中等城市（3个）：清远、中山、肇庆
深圳都市圈	Ⅰ型小城市（3个）：河源、陆丰、汕尾	Ⅰ型小城市（3个）：河源、陆丰、汕尾
南京都市圈	Ⅱ型小城市（7个）：扬中、明光、宁国、句容、兴化、宣城、高邮 Ⅰ型小城市（8个）：仪征、泰兴、靖江、天长、丹阳、滁州、铜陵、马鞍山 中等城市（3个）：泰州、扬州、镇江	Ⅱ型小城市（4个）：宁国、句容、扬中、明光 Ⅰ型小城市（9个）：滁州、丹阳、宣城、泰兴、靖江、高邮、兴化、仪征、天长 中等城市（4个）：泰州、镇江、马鞍山、铜陵
长株潭都市圈	Ⅱ型小城市（9个）：韶山、常宁、湘乡、涟源、汨罗、沅江、临湘、冷水江、醴陵 Ⅰ型小城市（5个）：浏阳、耒阳、娄底、益阳、萍乡 中等城市（4个）：岳阳、湘潭、株洲、衡阳	Ⅱ型小城市（6个）：冷水江、沅江、涟源、临湘、汨罗、韶山 Ⅰ型小城市（5个）：萍乡、浏阳、醴陵、常宁、湘乡 中等城市（5个）：湘潭、岳阳、益阳、耒阳、娄底

续表

都市圈	2006 年	2016 年
成都都市圈	Ⅱ型小城市（5 个）：绵竹、什邡、崇州、峨眉山、邛崃 Ⅰ型小城市（10 个）：彭州、雅安、资阳、广汉、江油、眉山、简阳、都江堰、德阳、乐山 中等城市（4 个）：内江、遂宁、自贡、绵阳	Ⅱ型小城市（5 个）：邛崃、崇州、峨眉山、什邡、绵竹 Ⅰ型小城市（7 个）：简阳、江油、资阳、广汉、都江堰、彭州、雅安 中等城市（5 个）：乐山、遂宁、内江、德阳、眉山
重庆都市圈	Ⅱ型小城市（1 个）：华蓥 Ⅰ型小城市（1 个）：广安 中等城市（1 个）：泸州	Ⅰ型小城市（1 个）：华蓥 中等城市（1 个）：广安
杭州都市圈	Ⅱ型小城市（2 个）：建德、临安 Ⅰ型小城市（5 个）：兰溪、永康、嵊州、诸暨、东阳 中等城市（5 个）：余姚、金华、慈溪、绍兴、湖州	Ⅱ型小城市（1 个）：建德 Ⅰ型小城市（7 个）：余姚、东阳、诸暨、嵊州、临安、永康、兰溪 中等城市（4 个）：湖州、义乌、金华、慈溪
武汉都市圈	Ⅱ型小城市（2 个）：应城、安陆 Ⅰ型小城市（12 个）：麻城、赤壁、武穴、咸宁、黄冈、孝感、大冶、汉川、潜江、天门、仙桃、鄂州 中等城市（1 个）：黄石	Ⅱ型小城市（2 个）：安陆、应城 Ⅰ型小城市（11 个）：鄂州、潜江、咸宁、仙桃、汉川、黄冈、天门、大冶、武穴、麻城、赤壁 中等城市（2 个）：黄石、孝感
济南都市圈	Ⅱ型小城市（4 个）：禹城、乐陵、曲阜、肥城 Ⅰ型小城市（5 个）：邹城、临清、新泰、滨州、莱芜 中等城市（4 个）：德州、泰安、济宁、聊城	Ⅱ型小城市（1 个）：禹城 Ⅰ型小城市（5 个）：邹城、临清、肥城、乐陵、曲阜 中等城市（5 个）：滨州、德州、聊城、莱芜、新泰
青岛都市圈	Ⅱ型小城市（5 个）：栖霞、昌邑、招远、海阳、高密 Ⅰ型小城市（10 个）：胶州、安丘、平度、莱西、青州、莱阳、莱州、诸城、即墨、寿光 中等城市（1 个）：日照	Ⅱ型小城市（3 个）：栖霞、莱州、昌邑 Ⅰ型小城市（11 个）：诸城、平度、胶州、莱阳、安丘、寿光、青州、莱西、高密、海阳、招远 中等城市（2 个）：日照、即墨
长春都市圈	Ⅱ型小城市（4 个）：蛟河、磐石、双辽、桦甸 Ⅰ型小城市（5 个）：舒兰、榆树、德惠、公主岭、辽源 中等城市（1 个）：四平	Ⅱ型小城市（5 个）：桦甸、蛟河、双辽、磐石、舒兰 Ⅰ型小城市（4 个）：辽源、榆树、公主岭、德惠 中等城市（1 个）：四平
西安都市圈	Ⅱ型小城市（3 个）：华阴、韩城、兴平 Ⅰ型小城市（2 个）：渭南、铜川 中等城市（1 个）：咸阳	Ⅱ型小城市（3 个）：兴平、韩城、华阴 Ⅰ型小城市（1 个）：铜川 中等城市（1 个）：渭南
南宁都市圈	Ⅰ型小城市（1 个）：钦州	Ⅰ型小城市（1 个）：钦州
大连都市圈	Ⅱ型小城市（1 个）：庄河 Ⅰ型小城市（1 个）：瓦房店	Ⅰ型小城市（2 个）：庄河、瓦房店
昆明都市圈	Ⅱ型小城市（2 个）：安宁、玉溪	Ⅰ型小城市（2 个）：玉溪、安宁
合肥都市圈	Ⅰ型小城市（2 个）：巢湖、六安	Ⅰ型小城市（1 个）：巢湖 中等城市（1 个）：六安
沈阳都市圈	Ⅱ型小城市（4 个）：灯塔、新民、调兵山、开原 Ⅰ型小城市（2 个）：海城、铁岭 中等城市（2 个）：辽阳、本溪	Ⅱ型小城市（1 个）：灯塔 Ⅰ型小城市（5 个）：铁岭、海城、开原、调兵山、新民 中等城市（2 个）：本溪、辽阳
哈尔滨都市圈	Ⅱ型小城市（2 个）：尚志、五常 Ⅰ型小城市（1 个）：肇东	Ⅱ型小城市（2 个）：五常、尚志 Ⅰ型小城市（1 个）：肇东

续表

都市圈	2006 年	2016 年
厦门都市圈	Ⅱ型小城市（1 个）：龙海 Ⅰ型小城市（1 个）：漳州	Ⅰ型小城市（2 个）：漳州、龙海
郑州都市圈	Ⅱ型小城市（8 个）：孟州、沁阳、卫辉、登封、荥阳、新密、辉县、新郑 Ⅰ型小城市（1 个）：巩义 中等城市（2 个）：开封、焦作	Ⅱ型小城市（5 个）：新密、荥阳、孟州、卫辉、沁阳 Ⅰ型小城市（4 个）：巩义、新郑、辉县、登封 中等城市（2 个）：焦作、新乡
太原都市圈	Ⅱ型小城市（2 个）：古交、介休 Ⅰ型小城市（1 个）：晋中	Ⅱ型小城市（2 个）：介休、古交 中等城市（1 个）：晋中
乌鲁木齐都市圈	Ⅱ型小城市（1 个）：阜康 Ⅰ型小城市（1 个）：昌吉	Ⅱ型小城市（1 个）：阜康 Ⅰ型小城市（1 个）：昌吉

总体来说，2006～2016 年，都市圈内中小城市的平均规模不断扩大，城区常住人口由 6741.3 万人增加到 7154.6 万人，GDP 由 36 949.7 亿元增加到 113 652.6 亿元，非农产业增加值由 33 449.8 亿元增加至 105 255.0 亿元，非农产业单位从业人员数由 1550.4 万人增加至 5768.7 万人（2015 年），地方公共财政收入由 1953.9 亿元增加至 8996.2 亿元（图 2-1）。但是，从中小城市占都市圈的比重来看，中小城市城区常住人口占都市圈的比重由 28.9%下降至 23.6%，GDP 占都市圈的比重由 30.5%下降至 26.9%；非农产业增加值占都市圈的比重由

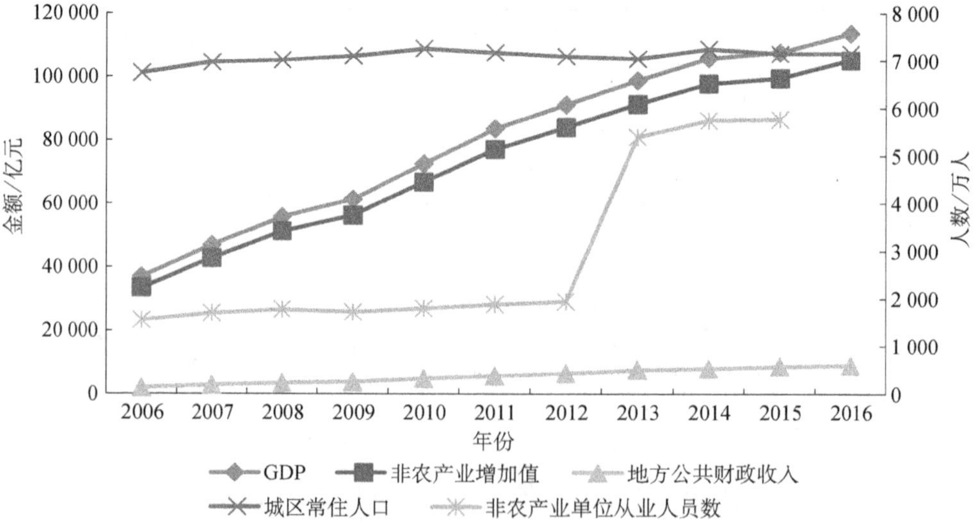

图 2-1　2006～2016 年我国 24 个都市圈内中小城市主要经济指标

资料来源：根据《中国城市建设统计年鉴》（2006～2016 年）、《中国城市统计年鉴》（2007～2017 年）、《中国城市年鉴》（2007～2017 年）、《中国区域经济统计年鉴》（2007～2014 年）整理得到

①由于 2013 年单位从业人员统计口径发生了变化，非农产业单位从业人员数在 2013 年出现了较大变化；②2012～2015 年，都市圈内中小城市的非农产业单位从业人员数不含巢湖、古交、天长、明光、孟州、沁阳。2016 年，由于《中国城市统计年鉴》不完整，故不计入

28.8%下降至25.8%；非农产业单位从业人员数占都市圈的比重由29.2%上升至46.5%（2015年）；地方公共财政收入占都市圈的比重由19.9%略微下降至18.7%。

第四节　都市圈内中小城市的基本特征

下面从城市结构入手，认识和分析都市圈内中小城市的现状，旨在加快中小城市发展，切实增强中小城市产业发展、吸纳就业、公共服务、人口集聚功能，全面提高中小城市集聚要素的能力。

一、Ⅰ型小城市数量明显增加，但中等城市数量变化不大

2006～2016年，我国都市圈内超大城市、特大城市、Ⅰ型大城市、Ⅱ型大城市、中等城市、Ⅰ型小城市数量均增加，其中Ⅰ型小城市数量明显增加，Ⅱ型小城市数量明显减少（表2-14）。这与中小城市在我国快速城镇化进程中不断发展壮大有关，不少中小城市规模扩大，甚至少数中等城市已经发展为大城市，导致Ⅱ型小城市数量快速减少、Ⅰ型小城市数量快速增加，而中等城市数量变动较小。

表2-14　2006～2016年我国都市圈内不同规模城市数量　（单位：个）

年份	超大城市	特大城市	Ⅰ型大城市	Ⅱ型大城市	中等城市	Ⅰ型小城市	Ⅱ型小城市	合计
2006	3	4	10	29	39	91	82	258
2007	4	4	7	27	40	98	78	258
2008	2	6	7	27	41	97	78	258
2009	2	6	8	28	42	103	69	258
2010	4	4	10	26	42	104	68	258
2011	5	6	7	29	40	104	67	258
2012	5	6	10	29	40	106	62	258
2013	5	6	12	29	39	107	60	258
2014	5	7	12	28	40	111	55	258
2015	5	8	12	30	43	109	51	258
2016	5	8	14	30	44	105	52	258
2016年比2006年增减	2	4	4	1	5	14	−30	—

资料来源：根据《中国城市建设统计年鉴》（2006～2016年）整理计算

二、都市圈密度区域差异大

2016 年，我国东部、中部、西部、东北四大区域都市圈的数量分别为 9 个、5 个、6 个、4 个，都市圈平均密度分别为 9.4 个/100 万 km^2、4.9 个/100 万 km^2、0.9 个/100 万 km^2、5.1 个/100 万 km^2，东部地区都市圈平均密度最高，西部地区都市圈平均密度最低。

2006～2016 年，东部地区都市圈内Ⅱ型小城市减少了 19 个，Ⅰ型小城市、中等城市、Ⅱ型大城市、Ⅰ型大城市、特大城市、超大城市分别增加了 13 个、1 个、2 个、1 个、1 个、1 个；中部地区都市圈内Ⅱ型小城市减少了 6 个，Ⅱ型大城市减少了 2 个，中等城市增加了 4 个，Ⅰ型大城市和特大城市各增加了 2 个；西部地区都市圈内Ⅰ型小城市和Ⅱ型小城市各减少了 2 个，Ⅰ型大城市、Ⅱ型大城市分别增加了 1 个、2 个，超大城市增加了 1 个；东北地区都市圈内Ⅱ型小城市和Ⅱ型大城市分别减少了 3 个、1 个，Ⅰ型小城市和特大城市分别增加了 3 个、1 个（表 2-15）。

表 2-15　2006～2016 年四大区域都市圈内不同规模城市数量（单位：个）

地区	城市规模	2006 年	2007 年	2008 年	2009 年	2010 年	2011 年	2012 年	2013 年	2014 年	2015 年	2016 年	2016 年比 2006 年增减
东部	超大城市	3	4	2	2	3	4	4	4	4	4	4	1
	特大城市	3	2	4	4	3	3	3	3	3	4	4	1
	Ⅰ型大城市	3	2	1	2	2	1	2	2	3	3	4	1
	Ⅱ型大城市	17	15	16	17	17	19	18	19	18	18	19	2
	中等城市	23	25	25	23	22	21	22	22	23	25	24	1
	Ⅰ型小城市	46	50	50	53	56	56	58	60	61	60	59	13
	Ⅱ型小城市	38	35	35	32	30	29	26	23	21	19	19	−19
中部	超大城市	0	0	0	0	0	0	0	0	0	0	0	0
	特大城市	0	1	1	1	1	2	2	2	2	2	2	2
	Ⅰ型大城市	1	0	1	1	2	1	3	3	3	3	3	2
	Ⅱ型大城市	6	5	4	4	3	4	3	3	3	4	4	−2
	中等城市	7	8	8	10	10	9	8	8	8	9	11	4
	Ⅰ型小城市	21	22	22	22	22	21	22	23	25	24	21	0
	Ⅱ型小城市	21	20	20	18	18	19	18	17	15	14	15	−6
西部	超大城市	0	0	0	0	1	1	1	1	1	1	1	1
	特大城市	1	1	1	1	0	0	0	0	1	1	1	0
	Ⅰ型大城市	3	3	3	3	3	3	3	4	3	3	4	1
	Ⅱ型大城市	2	2	2	2	2	2	4	4	4	5	4	2

续表

地区	城市规模	2006年	2007年	2008年	2009年	2010年	2011年	2012年	2013年	2014年	2015年	2016年	2016年比2006年增减
西部	中等城市	6	4	5	6	7	7	6	5	6	6	6	0
	Ⅰ型小城市	15	17	16	17	16	16	15	15	14	13	13	−2
	Ⅱ型小城市	12	12	12	10	10	10	10	10	10	10	10	−2
东北	超大城市	0	0	0	0	0	0	0	0	0	0	0	0
	特大城市	0	0	0	0	0	1	1	1	1	1	1	1
	Ⅰ型大城市	3	2	2	2	3	2	2	3	3	3	3	0
	Ⅱ型大城市	4	5	5	5	4	4	4	3	3	3	3	−1
	中等城市	3	3	3	3	3	3	4	4	3	3	3	0
	Ⅰ型小城市	9	9	9	11	10	11	11	9	11	12	12	3
	Ⅱ型小城市	11	11	11	9	10	9	8	10	9	8	8	−3

资料来源：根据《中国城市建设统计年鉴》（2006～2016年）整理计算

三、多数都市圈城市体系发育不完善

通过计算2016年各个都市圈的首位度[①]可知，哈尔滨都市圈、重庆都市圈、大连都市圈的首位度较高，均高于10，京津都市圈、合肥都市圈、厦门都市圈的首位度较低，均接近2。进一步计算各个都市圈的齐普夫维数$|\alpha|$[②]，可以将我国24个都市圈的城市体系规模结构分为两种类型：第一种是高首位度型城市体系。若$|\alpha|$明显高于1，则该类都市圈内城市人口分布差异大，首位城市的垄断性强。我国这种类型都市圈的首位度多数大于4，属于高度首位分布，包括重庆都市圈、乌鲁木齐都市圈、南宁都市圈、哈尔滨都市圈、深圳都市圈、厦门都市圈、昆明都市圈、太原都市圈、大连都市圈、西安都市圈、合肥都市圈、广州都市圈、京津都市圈、沈阳都市圈、上海都市圈、郑州都市圈、长春都市圈、杭州都市圈、南京都市圈、成都都市圈、长株潭都市圈，共计21个。这一类型的都市圈包含所有处于萌芽期、发育期，甚至成熟期的都市圈，表明我国都市圈的城市体系整体上并不完善。第二种是规则型城市体系。若$|\alpha|$接近1，则该类都市圈内最大城市与最小城市人口数量之比恰为整个都市圈的城市数量，都市

① 首位度是指首位城市人口规模与第二位城市人口规模的比值，计算公式为$P_c=P_1/P_2$。其中，P_1为首位城市人口规模；P_2为第二位城市人口规模。

② 计算公式为$\lg P_i=\lg K-\alpha\lg R_i$，其中$P_i$和$R_i$分别为城市$i$的人口规模和位序；$K$为常数。$|\alpha|>1$，城市规模分布比较集中，高位次城市很突出，而低位次城市发育不够，首位度较高；$|\alpha|<1$，城市规模分布比较分散，低位次的中小城市比较发育，高位次城市规模不很突出；$|\alpha|\approx 1$，城市规模分布是标准的位序–规模分布，是自然状态下的最优分布。

圈内城市体系构成一个遵循位序–规模法则的金字塔结构，包括济南都市圈、武汉都市圈、青岛都市圈（表 2-16）。2006～2016 年，尽管中小城市数量占都市圈城市总数的比重由 82.2%降至 77.9%，但是中小城市数量在都市圈中的比重仍然较大，说明我国多数都市圈城市体系发育不完善。

表 2-16　2016 年我国 24 个都市圈内城市体系比较

都市圈阶段	都市圈	城市数量/个							首位度	|α|	p 值	城市体系类型
		超大城市	特大城市	Ⅰ型大城市	Ⅱ型大城市	中等城市	Ⅰ型小城市	Ⅱ型小城市				
Ⅱ	重庆都市圈	1	0	0	1	0	1	1	10.7	3.47	0.00	Ⅰ
Ⅲ	乌鲁木齐都市圈	0	0	1	0	0	1	1	9.1	3.14	0.01	Ⅰ
Ⅳ	南宁都市圈	0	0	1	0	0	1	0	8.7	3.12	—	Ⅰ
Ⅳ	哈尔滨都市圈	0	0	1	0	0	1	2	15.2	2.69	0.04	Ⅰ
Ⅰ	深圳都市圈	1	0	0	1	0	3	0	6.1	2.67	0.00	Ⅰ
Ⅱ	厦门都市圈	0	0	1	0	1	1	0	1.9	2.52	0.03	Ⅰ
Ⅲ	昆明都市圈	0	0	1	0	0	2	0	9.6	2.52	0.15	Ⅰ
Ⅳ	太原都市圈	0	0	1	0	1	0	2	7.2	2.33	0.02	Ⅰ
Ⅲ	大连都市圈	0	0	1	0	0	2	0	10.3	2.28	0.23	Ⅰ
Ⅲ	西安都市圈	0	0	1	1	1	1	3	4.1	1.82	0.00	Ⅰ
Ⅲ	合肥都市圈	0	0	1	1	1	1	0	1.9	1.77	0.00	Ⅰ
Ⅰ	广州都市圈	1	1	0	3	3	5	4	2.1	1.67	0.00	Ⅰ
Ⅰ	京津都市圈	1	1	0	4	3	6	6	2.0	1.65	0.00	Ⅰ
Ⅱ	沈阳都市圈	0	1	0	2	2	5	1	3.9	1.49	0.00	Ⅰ
Ⅰ	上海都市圈	1	0	1	3	2	12	0	7.8	1.49	0.00	Ⅰ
Ⅱ	郑州都市圈	0	1	0	1	2	4	5	5.7	1.41	0.00	Ⅰ
Ⅲ	长春都市圈	0	0	1	1	1	4	5	2.8	1.36	0.00	Ⅰ
Ⅱ	杭州都市圈	0	1	0	2	4	7	1	6.3	1.27	0.00	Ⅰ
Ⅱ	南京都市圈	0	1	0	2	4	9	4	4.6	1.15	0.00	Ⅰ
Ⅱ	成都都市圈	0	1	0	2	5	7	5	5.2	1.14	0.00	Ⅰ
Ⅱ	长株潭都市圈	0	0	1	2	5	5	6	3.2	1.13	0.00	Ⅰ
Ⅱ	济南都市圈	0	0	1	3	5	5	1	3.7	1.06	0.00	Ⅱ
Ⅱ	武汉都市圈	0	1	0	0	2	11	2	8.1	0.98	0.00	Ⅱ
Ⅱ	青岛都市圈	0	0	1	1	2	11	3	3.4	0.97	0.00	Ⅱ

注：南宁都市圈、昆明都市圈、大连都市圈没有通过齐普夫模型整体的和系数的显著性检验（即 p 值≥0.05），因此进一步根据这些都市圈的首位度和圈内各城市规模大小的城市数目情况，将都市圈划分到不同城市体系类型

四、中小城市人口集聚功能较差，其余功能不断提升

（一）产业发展功能

在都市圈内，中小城市与大城市存在密切的产业联系。考虑到城市主要部门是第二、第三产业，故本书用非农产业增加值总量、非农产业增加值所占比重、平均非农产业增加值的变化情况，考察都市圈内的产业发展功能。

2006～2016 年，我国都市圈内大城市的产业功能强于中小城市，但中小城市的产业功能在不断增强，尤其是Ⅰ型小城市非农产业增加值的年均增长速度显著高于其他规模类型的城市。从非农产业增加值总量的变化情况来看，2006～2016 年，我国都市圈内各规模城市均在不断增加（表 2-17）。从非农产业增加值所占比重的变化情况来看，2006～2016 年，我国都市圈内超大城市、特大城市、Ⅰ型大城市和Ⅱ型大城市非农产业增加值所占比重由 71.2%增加至 74.3%，而中小城市非农产业增加值所占比重由 28.8%降低至 25.7%，其中超大城市、特大城市、Ⅰ型小城市非农产业增加值所占比重分别由 17.6%、15.1%、11.7%增加至 26.2%、17.9%、14.3%。受 2008 年金融危机的影响，超大城市和特大城市非农产业增加值所占比重在 2007～2010 年出现了相反趋势的剧烈变动，但 2010 年之后非农产业增加值所占比重基本呈稳定持续上升趋势。同时也可以看出，Ⅰ型小城市非农产业增加值所占比重虽然整体呈上升趋势，但 2014 年开始出现明显下降趋势；Ⅰ型大城市非农产业增加值所占比重几乎不变；Ⅱ型大城市、中等城市、Ⅱ型小城市非农产业增加值所占比重不断下降，分别由 2006 年的 23.3%、10.2%、6.9%下降至 2016 年的 14.8%、8.4%、3.0%（表 2-18）。考虑到不同规模城市的数量不同且发生了变化，在此计算了不同规模城市非农产业增加值的平均值。从不同规模城市的平均非农产业增加值来看，都市圈内各规模城市平均非农产业增加值均在不断增加，且年均增长率从大到小依次为Ⅰ型小城市、超大城市、中等城市、Ⅰ型大城市、Ⅱ型小城市、Ⅱ型大城市、特大城市（表 2-19）。

表 2-17　2006～2016 年我国都市圈内不同规模城市非农产业增加值总量（单位：亿元）

年份	超大城市	特大城市	Ⅰ型大城市	Ⅱ型大城市	中等城市	Ⅰ型小城市	Ⅱ型小城市
2006	20 454.3	17 588.4	17 640.7	27 035.8	11 886.4	13 543.5	8 019.9
2007	30 712.7	16 818.2	13 653.6	34 934.4	13 851.4	19 745.7	9 174.8
2008	23 700.8	31 504.0	15 564.4	42 927.3	16 358.9	23 701.6	11 146.6
2009	26 658.0	35 663.4	21 533.1	45 273.5	17 054.3	28 447.2	10 770.6
2010	45 795.2	26 981.8	29 432.8	49 278.6	20 251.3	34 977.7	11 626.7

续表

年份	超大城市	特大城市	Ⅰ型大城市	Ⅱ型大城市	中等城市	Ⅰ型小城市	Ⅱ型小城市
2011	64 950.8	32 965.5	22 796.9	61 834.8	21 796.1	41 609.0	13 694.1
2012	70 859.9	37 513.6	37 106.8	60 750.2	23 765.1	47 199.6	13 070.0
2013	77 910.9	42 574.9	47 995.0	61 938.3	25 729.1	52 336.8	13 297.4
2014	87 419.7	53 273.9	48 240.2	61 631.6	28 506.6	57 331.5	11 976.0
2015	95 342.3	67 603.8	47 671.5	64 495.1	32 174.6	56 698.4	10 949.4
2016	107 167.6	72 887.4	62 718.0	60 312.9	34 335.4	58 583.9	12 335.7

资料来源：根据《中国城市统计年鉴》（2007～2017年）整理计算

表 2-18　2006～2016 年我国都市圈内不同规模城市非农产业增加值所占比重（%）

年份	超大城市	特大城市	Ⅰ型大城市	Ⅱ型大城市	中等城市	Ⅰ型小城市	Ⅱ型小城市
2006	17.6	15.1	15.2	23.3	10.2	11.7	6.9
2007	22.1	12.1	9.8	25.2	10.0	14.2	6.6
2008	14.4	19.1	9.4	26.0	9.9	14.4	6.8
2009	14.4	19.3	11.6	24.4	9.2	15.3	5.8
2010	21.0	12.3	13.5	22.6	9.3	16.0	5.3
2011	25.0	12.7	8.8	23.8	8.4	16.0	5.3
2012	24.4	12.9	12.8	20.9	8.2	16.3	4.5
2013	24.2	13.2	14.9	19.3	8.0	16.3	4.1
2014	25.1	15.3	13.8	17.7	8.2	16.5	3.4
2015	25.5	18.0	12.7	17.2	8.6	15.1	2.9
2016	26.2	17.9	15.4	14.8	8.4	14.3	3.0

资料来源：根据《中国城市统计年鉴》（2007～2017年）整理计算

表 2-19　2006～2016 年我国都市圈内不同规模城市平均非农产业增加值

年份	不同规模城市平均非农产业增加值/亿元						
	超大城市	特大城市	Ⅰ型大城市	Ⅱ型大城市	中等城市	Ⅰ型小城市	Ⅱ型小城市
2006	6 818.1	4 397.1	1 764.1	932.3	304.8	148.8	97.8
2007	7 678.2	4 204.5	1 950.5	1 293.9	346.3	201.5	117.6
2008	11 850.4	5 250.7	2 223.5	1 589.9	399.0	244.3	142.9
2009	13 329.0	5 943.9	2 691.6	1 616.9	406.1	276.2	156.1
2010	11 448.8	6 745.5	2 943.3	1 895.3	482.2	336.3	171.0
2011	12 990.2	5 494.2	3 256.7	2 132.2	544.9	400.1	204.4
2012	14 172.0	6 252.3	3 710.7	2 094.8	594.1	445.3	210.8
2013	15 582.2	7 095.8	3 999.6	2 135.8	659.7	489.1	221.6
2014	17 483.9	7 610.6	4 020.0	2 201.1	712.7	516.5	217.7
2015	19 068.5	8 450.5	3 972.6	2 149.8	748.2	520.2	214.7
2016	21 433.5	9 110.9	4 479.9	2 010.4	780.3	557.9	237.2
年均增长率/%	12.1	7.6	9.8	8.0	9.9	14.1	9.3

资料来源：根据《中国城市统计年鉴》（2007～2017年）整理计算

（二）吸纳就业功能

吸纳就业是城市的重要功能之一。在地级和县级政区单位，目前尚无官方公布的全口径从业人员数据，仅有单位从业人员数据。本书把第二产业和第三产业单位从业人员数据综合起来，考察都市圈非农产业吸纳就业的情况。2013年就业人员统计口径发生了变化，因此以下分别分析 2006～2012 年和 2013～2015 年都市圈内中小城市的吸纳就业功能①。

近年来，都市圈内中小城市的吸纳就业功能略弱于大城市，但中等城市吸纳就业的年均增长速度显著高于其他规模的城市。从非农产业单位从业人员数来看，2006～2012 年，Ⅱ型小城市非农产业单位从业人员数在减少，其余规模城市非农产业单位从业人员数在增加；2013～2015 年，Ⅰ型大城市、Ⅱ型大城市、Ⅱ型小城市非农产业单位从业人员数在减少，其余规模城市非农产业单位从业人员数在增加（表 2-20）。从非农产业单位从业人员占都市圈总量的比重来看，2006～2012 年，超大城市、特大城市、Ⅰ型大城市和Ⅱ型大城市非农产业单位从业人员所占比重由 70.8%增加至 73.0%，中小城市非农产业单位从业人员所占比重由 29.2%降低至 27.0%。其中，超大城市、Ⅰ型小城市非农产业单位从业人员所占比重由 2006 年的 16.0%、12.9%增加至 2012 年的 25.4%、13.5%，特大城市、Ⅰ型大城市、Ⅱ型大城市、中等城市、Ⅱ型小城市非农产业单位从业人员所占比重由 2006 年的 13.7%、17.4%、23.7%、10.5%、5.8%降低至 2012 年的 11.3%、16.3%、20.0%、9.7%、3.8%；2013～2015 年，超大城市、特大城市、Ⅰ型大城市和Ⅱ型大城市非农产业单位从业人员所占比重在不断下降，由 55.7%下降至 53.4%，中小城市所占比重在不断增加，由 44.3%增加至 46.6%。其中，超大城市、特大城市、中等城市、Ⅰ型小城市非农产业单位从业人员所占比重分别由 17.2%、9.6%、7.4%、28.2%增加至 18.2%、11.7%、9.4%、29.2%；Ⅰ型大城市、Ⅱ型大城市非农产业单位从业人员所占比重在不断下降，由 14.1%、14.8%下降至 10.5%、13.0%；Ⅱ型小城市非农产业单位从业人员所占比重维持在 8%左右（表 2-21）。从都市圈内不同规模城市平均非农产业单位从业人员数来看，2006～2012 年，都市圈内只有特大城市平均非农产业单位从业人员数在减少，其余规模城市平均非农产业单位从业人员数在增加；2013 年以后，Ⅰ型大城市、Ⅱ型大城市的平均非农产业单位从业人员数显著减少，其余规模城市平均非农产业单位从业人员数在增加（表 2-22）。

---

① 由于《中国城市统计年鉴 2017》的纸质版和电子版均有缺页，缺失黑龙江、江苏、浙江、安徽、福建、山东的县级市单位从业人员数据，这里只分析到 2015 年，下同。

表 2-20　2006～2015 年我国都市圈内不同规模城市非农产业单位从业人员数

（单位：万人）

年份	超大城市	特大城市	Ⅰ型大城市	Ⅱ型大城市	中等城市	Ⅰ型小城市	Ⅱ型小城市
2006	848.6	725.7	921.3	1258.2	560.1	682.5	307.8
2007	1120.9	686.3	686.4	1340.5	647.0	728.6	321.4
2008	927.0	934.6	670.2	1413.6	683.1	770.4	320.9
2009	982.1	979.0	881.9	1376.0	670.8	739.9	309.6
2010	1457.3	584.7	1081.4	1293.3	693.8	831.7	274.1
2011	1935.0	766.7	849.9	1546.4	676.0	906.9	298.9
2012	1827.8	814.1	1178.4	1441.9	696.6	975.0	271.3
2013	2091.9	1170.5	1714.6	1808.6	902.2	3433.6	1066.2
2014	2213.0	1395.4	1357.0	1695.5	1048.5	3639.1	1062.1
2015	2259.3	1445.0	1307.3	1615.7	1163.4	3617.7	987.5

资料来源：根据《中国城市统计年鉴》（2007～2016 年）整理计算

表 2-21　2006～2015 年我国都市圈内不同规模城市非农产业单位从业人员所占比重

（%）

年份	超大城市	特大城市	Ⅰ型大城市	Ⅱ型大城市	中等城市	Ⅰ型小城市	Ⅱ型小城市
2006	16.0	13.7	17.4	23.7	10.5	12.9	5.8
2007	20.3	12.4	12.4	24.2	11.7	13.2	5.8
2008	16.2	16.3	11.7	24.7	12.0	13.5	5.6
2009	16.5	16.5	14.8	23.2	11.3	12.5	5.2
2010	23.4	9.4	17.4	20.8	11.2	13.4	4.4
2011	27.7	11.0	12.2	22.1	9.7	13.0	4.3
2012	25.4	11.3	16.3	20.0	9.7	13.5	3.8
2013	17.2	9.6	14.1	14.8	7.4	28.2	8.7
2014	17.8	11.2	10.9	13.7	8.5	29.3	8.6
2015	18.2	11.7	10.5	13.0	9.4	29.2	8.0

资料来源：根据《中国城市统计年鉴》（2007～2016 年）整理计算

表 2-22　2006～2015 年都市圈内不同规模城市平均非农产业单位从业人员数

年份	不同规模城市平均非农产业单位从业人员数/万人						
	超大城市	特大城市	Ⅰ型大城市	Ⅱ型大城市	中等城市	Ⅰ型小城市	Ⅱ型小城市
2006	282.9	181.4	92.1	43.4	14.4	7.5	3.8
2007	280.2	171.6	98.1	49.6	16.2	7.4	4.1
2008	463.5	155.8	95.7	52.4	16.7	7.9	4.1
2009	491.1	163.2	110.2	49.1	16.0	7.2	4.5
2010	364.3	146.2	108.1	49.7	16.5	8.0	4.0
2011	387.0	127.8	121.4	53.3	16.9	8.7	4.5
2012	456.9	135.7	117.8	49.7	17.4	9.3	4.4
2013	523.0	195.1	142.9	62.4	23.1	32.4	18.7

续表

年份	不同规模城市平均非农产业单位从业人员数/万人						
	超大城市	特大城市	Ⅰ型大城市	Ⅱ型大城市	中等城市	Ⅰ型小城市	Ⅱ型小城市
2014	553.2	199.3	113.1	60.6	26.2	33.1	20.8
2015	564.8	206.4	108.9	53.9	27.1	33.2	20.2
2006～2012年年均增长率/%	8.3	−4.7	4.2	2.3	3.2	3.7	2.5
2013～2015年年均增长率/%	3.9	2.9	−12.7	−7.1	8.3	1.2	3.9

资料来源：根据《中国城市统计年鉴》（2007～2016年）整理计算

（三）公共服务功能

公共服务是城市的重要功能之一，一般来说，城市政府提供各种公共服务的能力主要取决于其可支配的财力。人均地方公共财政收入是综合反映一个城市公共服务能力的较好指标，因此本书将其作为综合测度都市圈内城市公共服务供给能力的指标。

都市圈内中小城市的服务供给能力在不断提高，且中小城市人均地方公共财政收入的年均增长率显著高于大城市。2006～2016年，各规模城市的人均地方公共财政收入均在逐年增加，但不同规模城市存在较大差距（表2-23）。

表2-23　2006～2016年我国都市圈内不同规模城市人均地方公共财政收入

年份	不同规模城市人均地方公共财政收入/元						
	超大城市	特大城市	Ⅰ型大城市	Ⅱ型大城市	中等城市	Ⅰ型小城市	Ⅱ型小城市
2006	10 782	7 541	3 187	3 784	2 322	918	715
2007	12 928	5 186	3 603	5 211	3 092	1 288	974
2008	16 764	7 105	4 345	6 086	3 780	1 575	1 231
2009	18 052	7 584	5 552	6 451	3 566	1 896	1 320
2010	15 402	11 353	6 726	8 480	4 365	2 477	1 615
2011	17 571	12 292	7 933	10 066	4 863	3 122	2 065
2012	19 288	13 507	9 492	9 692	5 753	3 619	2 355
2013	20 890	16 548	11 482	10 919	6 635	4 252	2 735
2014	22 716	14 610	12 521	11 732	6 394	4 477	2 798
2015	25 465	18 481	12 696	11 276	6 839	4 822	2 677
2016	26 475	18 921	12 837	9 977	7 216	5 104	3 131
年均增长率/%	9.4	9.6	14.9	10.2	12.0	18.7	15.9

资料来源：根据《中国城市统计年鉴》（2007～2017年）整理计算

（四）人口集聚功能

集聚人口是中小城市的重要功能之一，从侧面反映了一个城市的吸引力和人口承载力。本书用城区常住人口总量、比重、均值的变化来测度都市圈内城市的人口集聚功能。从不同规模城市的人口总量来看，2006～2016年，我国都市圈内超大城市、特大城市、Ⅰ型大城市、中等城市和Ⅰ型小城市的城区常住人口数量增加，Ⅱ型大城市和Ⅱ型小城市的城区常住人口数量减少（表2-24）。从不同规模城市的人口所占比重来看，2006～2016年，我国都市圈内超大城市、特大城市、Ⅰ型大城市和Ⅱ型大城市的城区常住人口比重总和由71.1%增加至76.4%，而中等城市、Ⅰ型小城市和Ⅱ型小城市的城区常住人口比重总和由28.9%降低至23.6%，其中Ⅱ型大城市、中等城市、Ⅰ型小城市、Ⅱ型小城市的城区常住人口比重分别由21.9%、11.6%、12.1%、5.2%下降至14.7%、10.1%、10.8%、2.7%，而超大城市、特大城市、Ⅰ型大城市的城区常住人口比重分别由18.6%、13.9%、16.7%增加至27.3%、17.4%、17.0%（表2-25）。考虑到不同规模城市的数量不同且发生了变化，在此计算了不同规模城市城区常住人口数量的均值。从不同规模城市的平均人口来看，超大城市的平均人口由2006年的1443.2万人增加至2016年的1655.5万人，年均增长率为1.4%；中等城市、Ⅰ型小城市、Ⅱ型小城市的平均人口略有上升，分别由2006年的69.2万人、31.0万人、14.9万人增加至2016年的69.9万人、31.1万人、15.6万人；特大城市、Ⅰ型大城市、Ⅱ型大城市的平均人口呈现下降趋势，这主要与都市圈内中等城市发展为大城市后导致大城市平均规模变小有关（表2-26）。

表2-24　2006～2016年我国都市圈内不同规模城市人口总量（单位：万人）

年份	超大城市	特大城市	Ⅰ型大城市	Ⅱ型大城市	中等城市	Ⅰ型小城市	Ⅱ型小城市
2006	4329.5	3232.0	3883.8	5105.5	2699.7	2821.1	1220.5
2007	5589.2	2878.6	2711.1	5075.8	2785.8	3022.3	1159.2
2008	3327.6	4605.7	2900.9	5259.8	2826.6	3014.5	1170.2
2009	3413.1	4531.5	3206.5	5273.2	2919.6	3137.0	1044.1
2010	6083.3	2716.6	3943.5	4795.4	2979.9	3237.6	1037.0
2011	7267.2	3428.5	2578.7	5247.4	2872.5	3262.5	1039.3
2012	7352.2	3609.4	3655.8	4897.0	2781.0	3354.7	956.5
2013	7498.7	3674.5	4325.6	4674.1	2726.9	3392.6	919.8
2014	7710.1	4291.5	4230.1	4499.8	2862.0	3538.2	850.6
2015	8015.6	4957.0	4331.8	4630.0	2966.8	3432.3	781.9
2016	8277.3	5287.6	5179.4	4461.7	3075.5	3266.8	812.3

资料来源：根据《中国城市建设统计年鉴》（2006～2016年）整理计算

表 2-25　2006～2016 年我国都市圈内不同规模城市人口所占比重　(%)

年份	超大城市	特大城市	Ⅰ型大城市	Ⅱ型大城市	中等城市	Ⅰ型小城市	Ⅱ型小城市
2006	18.6	13.9	16.7	21.9	11.6	12.1	5.2
2007	24.0	12.4	11.7	21.9	12.0	13.0	5.0
2008	14.4	19.9	12.6	22.8	12.2	13.0	5.1
2009	14.5	19.3	13.6	22.4	12.4	13.3	4.5
2010	24.5	11.0	15.9	19.3	12.0	13.1	4.2
2011	28.3	13.3	10.0	20.4	11.2	12.7	4.1
2012	27.6	13.6	13.7	18.4	10.5	12.6	3.6
2013	27.5	13.5	15.9	17.2	10.0	12.5	3.4
2014	27.6	15.3	15.1	16.1	10.2	12.6	3.1
2015	27.5	17.0	14.9	15.9	10.2	11.8	2.7
2016	27.3	17.4	17.0	14.7	10.1	10.8	2.7

资料来源：根据《中国城市建设统计年鉴》(2006～2016 年）整理计算

表 2-26　2006～2016 年我国都市圈内不同规模城市平均人口数量

年份	不同规模城市平均人口数量/万人						
	超大城市	特大城市	Ⅰ型大城市	Ⅱ型大城市	中等城市	Ⅰ型小城市	Ⅱ型小城市
2006	1443.2	808.0	388.4	176.1	69.2	31.0	14.9
2007	1397.3	719.6	387.3	188.0	69.6	30.8	14.9
2008	1663.8	767.6	414.4	194.8	68.9	31.1	15.0
2009	1706.6	755.3	400.8	188.3	69.5	30.5	15.1
2010	1520.8	679.1	394.4	184.4	70.9	31.1	15.3
2011	1453.4	571.4	368.4	180.9	71.8	31.4	15.5
2012	1470.4	601.6	365.6	168.9	69.5	31.6	15.4
2013	1499.7	612.4	360.5	161.2	69.9	31.7	15.3
2014	1542.0	613.1	352.5	160.7	71.5	31.9	15.5
2015	1603.1	619.6	361.0	154.3	69.0	31.5	15.3
2016	1655.5	661.0	370.0	148.7	69.9	31.1	15.6
年均增长率/%	1.4	−2.0	−0.5	−1.7	0.1	0.0	0.5

资料来源：根据《中国城市建设统计年鉴》(2006～2016 年）整理计算

同时，因城市规模是按照城区常住人口数量划分的，故不同规模城市的晋升情况也可以在一定程度上反映城市人口集聚功能的变化。2006～2016 年，我国 24 个都市圈内 4 个特大城市中 3 个晋升为超大城市；10 个Ⅰ型大城市中 4 个晋升为特大城市；29 个Ⅱ型大城市中 2 个晋升为特大城市、8 个晋升为Ⅰ型大城市；39 个中等城市中 13 个晋升为Ⅱ型大城市；91 个Ⅰ型小城市中 20 个晋升为中等城市；82 个Ⅱ型小城市中 32 个晋升为Ⅰ型小城市（表 2-27）。大城市中得到晋升的城市所占比重为 39.5%，中小城市中得到晋升的城市所占比重为

30.7%，比大城市低 8.8 个百分点。另外，中小城市的城市规模级别降低的现象较多，2006～2016 年，上海都市圈中的昆山、张家港、常熟由中等城市变为Ⅰ型小城市；杭州都市圈中的余姚由中等城市变为Ⅰ型小城市；长春都市圈中的舒兰由Ⅰ型小城市变为Ⅱ型小城市；青岛都市圈中的莱州由Ⅰ型小城市变为Ⅱ型小城市。个别都市圈城市规模有所缩小，如广州都市圈的东莞由超大城市变为特大城市，杭州都市圈中的义乌由Ⅱ型大城市变为中等城市。上述分析表明，都市圈内中小城市的人口集聚效应比大城市弱，因此中小城市的人口集聚功能有待提升。

表 2-27　2006～2016 年 24 个都市圈内不同规模城市晋升情况

城市晋升*	晋升城市数量/个	晋升城市	所属都市圈
特大城市（4 个）→超大城市	3	重庆	重庆都市圈
		广州	广州都市圈
		深圳	深圳都市圈
Ⅰ型大城市（10 个）→特大城市	4	南京	南京都市圈
		成都	成都都市圈
		沈阳	沈阳都市圈
		武汉	武汉都市圈
Ⅱ型大城市（29 个）→特大城市	2	杭州	杭州都市圈
		郑州	郑州都市圈
Ⅱ型大城市（29 个）→Ⅰ型大城市	8	长沙	长株潭都市圈
		太原	太原都市圈
		长春	长春都市圈
		合肥	合肥都市圈
		厦门	厦门都市圈
		青岛	青岛都市圈
		南宁	南宁都市圈
		乌鲁木齐	乌鲁木齐都市圈
中等城市（39 个）→Ⅱ型大城市	13	秦皇岛、张家口	京津都市圈
		扬州	南京都市圈
		济宁、泰安	济南都市圈
		衡阳、株洲	长株潭都市圈
		泸州	重庆都市圈
		绵阳、自贡	成都都市圈
		咸阳	西安都市圈
		绍兴	杭州都市圈
		开封	郑州都市圈

续表

城市晋升*	晋升城市数量/个	晋升城市	所属都市圈
Ⅰ型小城市（91 个）→中等城市	20	廊坊、承德	京津都市圈
		马鞍山、铜陵	南京都市圈
		莱芜、滨州、新泰	济南都市圈
		益阳、娄底、耒阳	长株潭都市圈
		乐山、德阳、眉山	成都都市圈
		渭南	西安都市圈
		晋中	太原都市圈
		宜兴	上海都市圈
		六安	合肥都市圈
		漳州	厦门都市圈
		即墨	青岛都市圈
		孝感	武汉都市圈
Ⅱ型小城市（82 个）→Ⅰ型小城市	32	迁安、遵化、三河	京津都市圈
		高邮、兴化、宣城	南京都市圈
		肥城、曲阜、乐陵	济南都市圈
		醴陵、湘乡、常宁	长株潭都市圈
		开原、调兵山、新民	沈阳都市圈
		庄河	大连都市圈
		溧阳、海门、桐乡、启东、平湖	上海都市圈
		龙海	厦门都市圈
		高密、海阳、招远	青岛都市圈
		临安	杭州都市圈
		新郑、辉县、登封	郑州都市圈
		英德	广州都市圈
		玉溪、安宁	昆明都市圈

*括号中的数值为 2006 年不同规模城市的数量

总体而言，与大城市相比，我国都市圈内中小城市功能还不太完善。在剔除行政区划变动的影响之后，仍然发现在某些都市圈内，大城市控制着较多的资源，对中小城市产生的虹吸效应较为显著。但动态来看，我国都市圈内中小城市除人口集聚功能变化较小外，在产业发展、吸纳就业和公共服务供给能力等方面的功能在不断提高。

第三章

都市圈内中小城市地位及城市功能提升环境

在城镇体系中，中小城市一直担负着连通大城市与小城镇功能、促进区域一体化发展以及推动城镇化的重要职能。《国家新型城镇化规划（2014—2020年）》提出，优化城镇规模结构，增强中心城市辐射带动功能，加快发展中小城市，有重点地发展小城镇，促进大中小城市和小城镇协调发展。这标志着中小城市将成为城镇规模结构优化的主要方向，在区域经济发展中的地位和作用将进一步巩固和增强。都市圈作为一种较高级形态的一体化空间组织形态，其主要的结构特征是经济社会联系程度的圈层化，而中小城市正是这种圈层结构的重要组成部分。凭借其自身的资源优势与区位条件，中小城市与大城市共同决定着都市圈的基本特征和发展阶段，它们之间以集聚和扩散为基础的相互作用是推动都市圈发展的根本力量。在都市圈从萌芽到发育直至成熟的演变过程中，中小城市的城市功能在不断提升，同时在都市圈的地位和作用也一直发生变化（顾朝林等，1995）。与非都市圈内中小城市相比，都市圈内中小城市既要为大城市提供附属和配套服务，也要依托大城市的辐射效应发展自身经济，还要避免“大树底下不长草”的现象。在动态和复杂的都市圈功能体系中，中小城市的发展条件、与大城市的经济关系以及面临的外部环境，在相当大程度上影响其在都市圈的地位和作用。

第一节　城市功能概念界定

2012 年 11 月，十八大报告强调，科学规划城市群规模和布局，增强中小城市和小城镇产业发展、吸纳就业、公共服务、人口集聚功能。2013 年 3 月国务院《政府工作报告》仍沿用这一表述。本书论述的城市功能包括产业发展功能、吸纳就业功能、公共服务功能、人口集聚功能。

一、产业发展功能

产业发展功能是城市系统的基本功能，是与外界区域或城市系统相互作用的主要内容，也是城市功能发挥的主要载体。中小城市产业发展功能与人类的基本经济活动密切相关，主要是指三次产业生产各类产品（物质、金融、服务等）以满足市场和居民消费需求、提供就业岗位以增加居民收入、推动传统产业重组和升级、研究及推广使用新技术、做大中小城市经济总量，为中小城市的运行提供物质和经济支撑的能力和水平（肖艳华，2013）。产业发展功能是一个城市通过产业结构、主导产业等体现出来的，满足该城市及相关区域发展需要的能力（牛岩，2014）。产业集聚是城市存在和发展的重要原因与动力，是一种通过获得范围经济和规模经济来提高效率和降低成本的系统力量（韦柳河，2013）。本书研究的产业发展功能主要是指产业的集聚功能。

二、吸纳就业功能

劳动就业是指达到法定劳动年龄、具有劳动价值的劳动者，运用生产资料从事某种社会劳动，创造一定的经济价值和社会价值，并获得相应的劳动报酬或经营收入的经济活动（李仲生，2006）。就业是民生之本，解决就业问题是社会和谐发展的要求。对于一个国家或地区来说，经济增长、人口增长、劳动就业状况是宏观经济人口学领域最为关注的。劳动就业状况关系到国计民生，与经济发展密切相关。国家和地方政府在经济发展过程中，须制定出各种就业政策和计划，通过就业结构调整解决失业问题。在一个国家或者地区实施可持续发展就业战略中，除了重视劳动力资源的创造外，还要高度重视就业机会的创造，实现充分就业。地区吸纳就业能力是指地区提供就业岗位、解决就业问题、实现充分就业的能力。

三、公共服务功能

公共服务是社会存在和可持续发展的重要基础。城市公共服务作为政府承担的一种非竞争性和非排他性的社会服务，以一定的信息、技术或劳务等服务形式表现出来的一种公共产品，可满足城市居民生产、生活的需要，为城市全面发展提供基础和保障（冯刚，2010）。公共服务是为了满足人民生活、生存与发展的某种直接需求，使人民因满足需求而受益，任何一个人的受益也不会导致其他人利益的损害。这里的公共服务既具有“非排他性”和“非竞争性”，又具有“公共性”，是以合作为基础，突出强调的是政府的服务性和公民的权利。本书认为，公共服务提供的是如交通、水、电、煤气、教育、医疗、卫生、公共安全等基础性的服务。

四、人口集聚功能

人口集聚是指人们为了获取更多的经济利益或者社会公共服务资源而集聚到某个特定地区的行为和现象。人口集聚是城镇化的表现形式，人口集聚水平越高，越有利于推动城镇化进程。本书研究的人口集聚对象是各城市建成区的常住人口，考察的是某一地区人口的实际居住行为。这主要是因为在众多自主迁移集聚的人口中，很大一部分都是以长期居住为目的的。

第二节　中小城市在都市圈功能体系中的地位

都市圈作为一个跨行政边界的地域空间组织（张京祥等，2001），其功能体系是特定范围内经济系统不断分化的结果，主要体现在三个方面：一是城市功能的空间转移；二是城市功能的升级；三是城市功能强度和辐射范围的扩大。都市圈由最初的单一核心城市不断分化裂变并与周边城市融合发展，最终形成多圈层开放式城市功能网络，具有明显的功能性、层次性和动态性特征。都市圈功能体系的形成机制和主要特征决定着中小城市在都市圈功能体系中的地位和作用。

一、中小城市是都市圈地域空间组织的结构单元

都市圈是由核心城市与多个周边城市共同构成的在空间上连续分布的城市实体地域（张从果和杨永春，2007）。作为经济地理范畴的都市圈，其空间结构的组成单元主要包括一个重要而强大的核心城市，以及围绕核心城市布局的多个中小城市形成的腹地。中小城市和大城市共同构成都市圈功能体系的地理空

间基础。

一般而言，都市圈以一定地域范围内首位度最高的城市作为核心城市，由于在自然资源、地理区位、人口规模和发展水平上具有绝对优势，核心城市是都市圈的功能核心所在。但是，都市圈的根本优势和发展动力来自核心城市的集聚和辐射功能（薛俊菲等，2006），而核心城市发挥集聚和辐射功能的前提是在其周围必须有经济腹地，即必须以都市圈内中小城市和其他区域作为发展依托。这些中小城市虽然经济水平整体较弱，但是数量众多且各有特色，它们在空间上环绕核心城市呈现出圈层状布局，为核心城市在都市圈范围内配置资源和布局产业、扩大影响和发挥优势提供必要而充分的拓展空间（谢守红，2012）。在成熟的都市圈内，中小城市既是核心城市人才、资金和技术扩散的接受区，也是核心城市发展所需要素资源的供给区，还是核心城市商品和服务销售的市场区。因此，都市圈功能体系依托于圈层化的空间结构，而中小城市则是其中不可或缺的基本结构单元。

二、中小城市是都市圈功能体系的组成部分

都市圈功能体系是一个完整而有机的整体，其中中小城市功能是重要的组成要素。都市圈功能体系具有功能性、层次性和动态性三大特征（刘加顺，2005），这三个特征都离不开中小城市的支撑作用。

都市圈功能体系的功能性是指都市圈内核心城市和周边中小城市在功能上的分工与互补，各城市在都市圈中发挥不同职能，共同构成都市圈功能体系的基础（张伟，2003）。在实现都市圈整体功能、发挥都市圈效应的过程中，中小城市与核心城市联系紧密但又保持相对独立性。一般来说，核心城市承担着行政与经济管理、金融中心、交通枢纽、高档消费休闲的功能，而中小城市则承担着制造业基地和人口居住等功能。

都市圈功能体系的层次性表现为城市能级的差异（高文杰等，2007）。都市圈的最内层，即核心城市的级别最高，以金融服务和政治功能为主；紧邻核心城市的第二层级，受核心城市辐射作用较大，形成以科教和居住功能为主的卫星城市功能；再向外拓展的中等城市能级进一步降低，以一般服务业和工业为主；都市圈最外层的小城市级别最低，通常为资源型或旅游型城市，产业以资源和旅游为主（图 3-1）。

都市圈功能体系具有动态性特征。核心城市的经济发展会促使城市功能转变，即由工业经济中心逐渐转变为服务经济中心，而其不断弱化的生产功能则

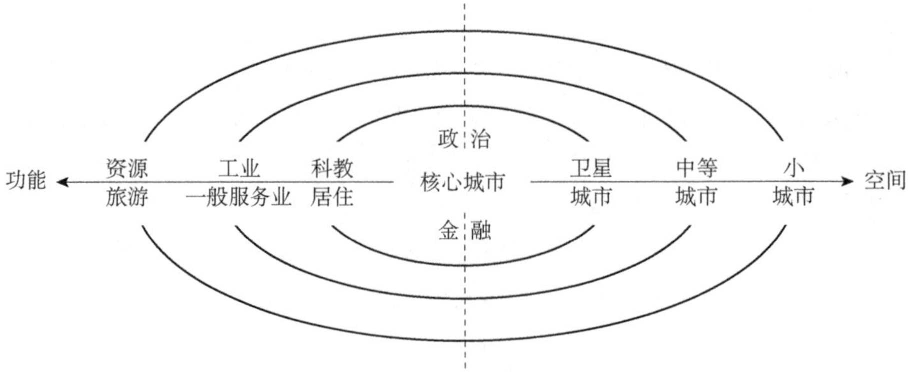

图 3-1　都市圈功能体系的圈层结构

由周边的中小城市承接或替代。同时，随着核心城市辐射范围的不断扩大、作用深度不断增强，参与都市圈职能分工的中小城市逐渐增多，功能体系逐步完善，城市联系也更为深入与频繁，进而增强了都市圈的结构牢固性和经济竞争力。中小城市和大城市形成合理的城市功能体系是都市圈各方利益长期博弈的结果，从国际经验来看，往往经历了几十年甚至上百年的持续演化的过程（冯奎和郑明媚，2013）。

三、中小城市是都市圈功能体系演化的重要依托

都市圈功能体系的发展演化是一个在扩散和集聚效益的驱动下，资源要素在地域和空间上重新组合的过程。都市圈在核心城市要素自内向外扩散以及周边城市要素自外向内集聚的双重作用下形成，并逐步从无序走向有序（董晓峰等，2005）。都市圈的演化大致经历四个阶段，即离散阶段、极化阶段、扩散阶段和网络化阶段（图 3-2）。在不同的演化阶段中，中小城市都发挥着不可替代的作用。

在离散阶段，城市规模较小且职能单一，城市间缺乏紧密联系，城市空间分布和城市等级处于一种高度离散的均衡状态。随着城镇化水平的提高，核心城市出现并快速成长，打破了之前的均衡状态，都市圈进入萌芽期，即极化阶段。在极化阶段，都市圈是一种不稳定的空间非均衡状态，城市间的联系逐渐加强，都市圈城市等级体系并不完善、集聚并不平衡，核心城市和中小城市维持着一种不稳定的空间集聚形态，主要是中小城市为核心城市的快速发展提供资源和要素。在扩散阶段，城镇化平稳发展，中小城市的数量明显增多，城镇体系更加完善，中小城市逐渐形成与核心城市互补的产业关联，并参与到都市圈城市间职能分工，突出表现在中小城市承接核心城市产业转移和配套，以及

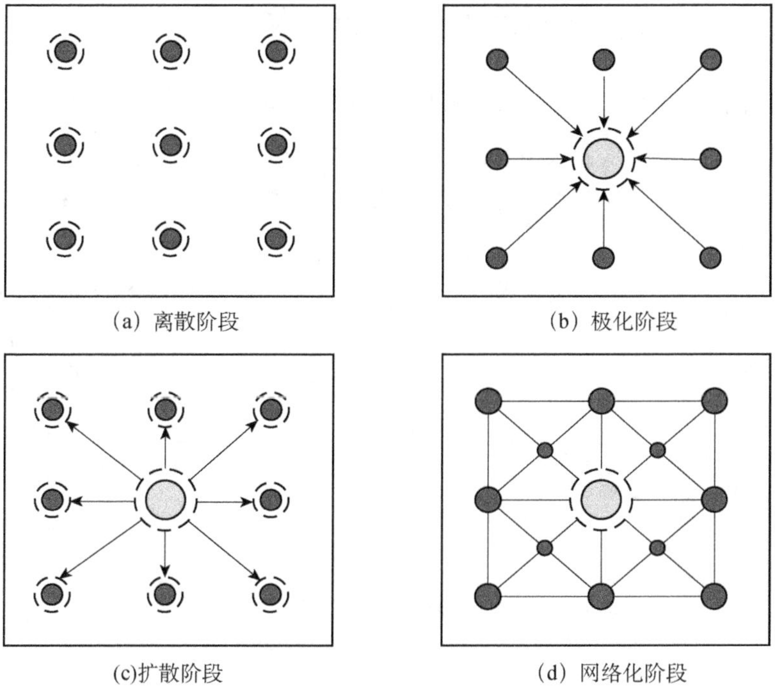

图 3-2　都市圈功能体系动态演化过程

资料来源：张倩宇（2010）

吸纳大城市过载人口居住等方面。在这一阶段，中小城市是连接城市和乡村的主要枢纽，是农村剩余劳动力转移的桥梁，是实现城乡统筹和城乡一体化的关键环节（黄亚平等，2011）。在网络化阶段，区域生产力向均衡化发展，形成点-轴-网络体系，大城市和中小城市共同构成网络的联系节点，通过多层次网络相互作用、相互依赖，成为一个有机的整体。

第三节　我国都市圈内中小城市地位的现状分析

我国有 24 个空间范围不等、发育程度不同的都市圈，这些都市圈按照阶段可以划分为萌芽期都市圈、发育期都市圈、成长期都市圈和成熟期都市圈。每种类型的都市圈在向更高阶段或更高形态演进的过程中，其功能体系不断更新和完善，中小城市的地位和作用也随之发生变化。下面首先从整体上分析都市圈内中小城市地位的现状，然后从都市圈发展阶段和所处区域两个视角具体分析中小城市地位的特征差异和演变规律。

一、都市圈内中小城市地位的总体情况

从产业发展、吸纳就业、公共服务和人口集聚四个方面，分别选取非农产业增加值、非农产业单位从业人员、地方公共财政收入和城区常住人口作为衡量指标，计算中小城市的指标数值及其在都市圈总量中的比重，结果如图 3-3 和图 3-4 所示。

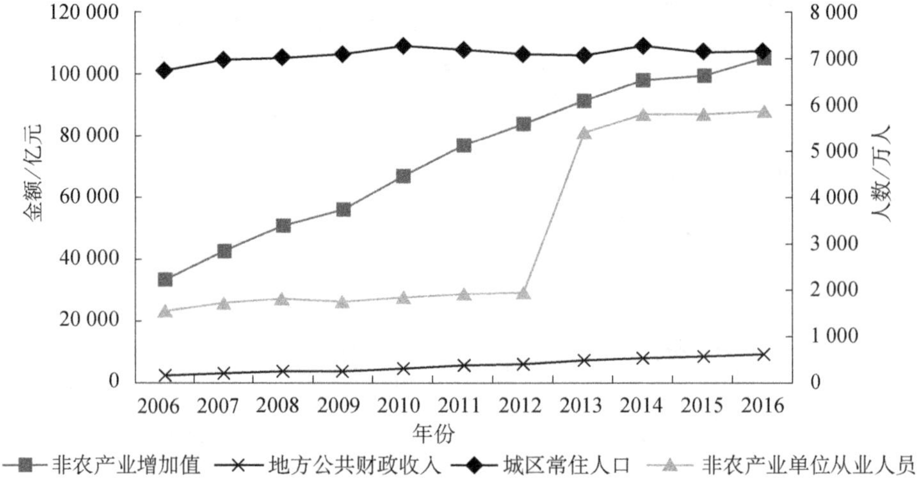

图 3-3　2006～2016 年我国都市圈内中小城市功能提升的绝对量

资料来源：根据《中国城市建设统计年鉴》(2006～2016 年)、《中国城市统计年鉴》(2007～2017 年) 整理得到

根据《国民经济行业分类》(GB/T4754—2011)，从 2013 年开始工业采用新的分类标准，导致非农产业单位从业人员出现较大幅度提升。下同

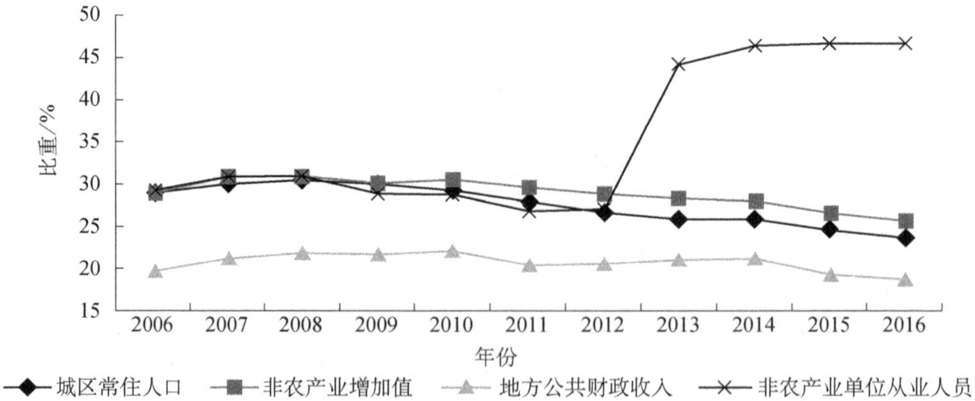

图 3-4　2006～2016 年我国都市圈内中小城市功能占都市圈的比重

资料来源：根据《中国城市建设统计年鉴》(2006～2016 年)、《中国城市统计年鉴》(2007～2017 年) 整理得到

（一）四大功能对比分析

由图 3-3 可知，2006～2016 年都市圈内中小城市四项城市功能指标都有不同程度的增加，说明我国都市圈内中小城市的总体功能在不断提升。具体来看，非农产业增加值和地方公共财政收入的增加幅度最大，前者从 3.3 万亿元增加到 10.5 万亿元，后者从 1953 亿元增加到 8996 亿元，分别增加了 2.18 倍和 3.61 倍；而城区常住人口从 6741 万人增加到 7154 万人，仅增加了 6.1%。

由图 3-4 可知，四项城市功能指标占都市圈的比重中最高的是非农产业单位从业人员，2016 年都市圈内中小城市非农产业单位从业人员占都市圈的比重为 46.6%，远高于其他三个指标；其次是非农产业增加值，2016 年都市圈内中小城市非农产业增加值占都市圈的比重为 25.8%；再次是城区常住人口和地方公共财政收入，占都市圈的比重分别为 23.6%和 18.7%。

（二）时间演变分析

分析图 3-4 中四项指标在时间上的变化规律可以发现，在吸纳就业功能方面，2013 年调整统计口径前非农产业单位从业人员占都市圈的比重从 2007 年的 30.7%下降到 2012 年的 26.9%，下降了 3.8 个百分点，而从 2014 年以后比重则基本维持在 46.5%左右。这说明，虽然吸纳就业是中小城市相对重要的功能，但其在都市圈吸纳就业中的作用在最近的十年并没有太大提升。

在产业发展和人口集聚功能方面，中小城市非农产业增加值和城区常住人口占都市圈的比重均在 2008 年时出现拐点。2006～2008 年，非农产业增加值占都市圈的比重从 28.8%上升到 30.8%，之后逐渐下降到 2016 年的 25.8%，下降了 5.0 个百分点；城区常住人口占都市圈的比重从 28.9%上升到 30.3%，之后一直下降到 2016 年的 23.6%，下降了 6.7 个百分点。

在公共服务功能方面，2006 年中小城市地方公共财政收入占都市圈的比重为 19.9%，到 2010 年时达到最高值 22.2%，之后出现下降，2016 年比重为 18.7%，与 2010 年相比下降了 3.5 个百分点，接近 2006 年的比重。

通过分析城市功能随时间的演变可以发现：①从各指标的绝对数来看，我国都市圈内中小城市的功能在不断提升，尤其是产业发展和吸纳就业功能得到明显提高，这表明 2006 年以来，我国中小城市的产业发展带动就业岗位的增加，为解决农村剩余劳动力就业问题发挥了重要作用；②从各项指标占都市圈的比重来看，我国中小城市在都市圈内的地位与大城市相比仍存在较大差距，发挥作用也较为有限；③中小城市功能在都市圈内的作用大小依次为吸纳就业、产业发展、人口集聚、公共服务。在人口集聚、产业发展和公共服务功能等方面，大城市始终在都市圈内起着关键作用，而中小城市在吸纳就业功能方面的重要性则相对突出一些。

二、都市圈内中小城市地位的发展阶段差异

随着都市圈发展阶段的演变，城市功能不断提升，中小城市在都市圈内的作用和地位也不断发生变化。下面分别从衡量城市功能指标的绝对数及其占都市圈的比重两个角度，分析不同发展阶段都市圈内中小城市的地位和作用。

（一）从中小城市主要指标的绝对数来看

在产业发展功能方面，2006～2016年都市圈内中小城市非农产业增加值均出现不同程度的增加，尤其以成长期和成熟期都市圈最为显著；在吸纳就业方面，我国都市圈内中小城市非农产业单位从业人员在2013年调整统计口径后呈现小幅上升趋势；在公共服务功能方面，成熟期都市圈内中小城市地方公共财政收入也远高于其他类型的都市圈；在人口集聚功能方面，2006～2016年都市圈内中小城市城区常住人口变化不大，其中成熟期和成长期都市圈内中小城市城区常住人口明显高于发育期和萌芽期都市圈内中小城市城区常住人口（图3-5）。

（二）从中小城市主要指标占都市圈的比重来看

从图3-6可以看出，不同发展阶段的都市圈内中小城市的地位和作用并不相同。在产业发展功能方面，成长期都市圈内中小城市非农产业增加值占都市圈的比重最高，2016年为36.5%，不同发展阶段都市圈内中小城市的产业发展功能在都市圈内的作用大小依次为成长期都市圈、发育期都市圈、萌芽期都市圈、成熟期都市圈。在吸纳就业功能方面，2016年成长期都市圈内中小城市非农产业单位从业人员占都市圈的比重为63.4%，远高于其他发展阶段的都市圈。不同发展阶段都市圈内中小城市的吸纳就业功能在都市圈内的作用大小依次为成长期都市圈、发育期都市圈、成熟期都市圈、萌芽期都市圈。在公共服务功能方面，成长期都市圈内中小城市地方公共财政收入占都市圈的比重最高，2016年为30.7%。不同发展阶段都市圈内中小城市的公共服务功能在都市圈内的作用大小依次为成长期都市圈、发育期都市圈、成熟期都市圈、萌芽期都市圈。在人口集聚功能方面，成长期都市圈内中小城市城区常住人口占都市圈的比重

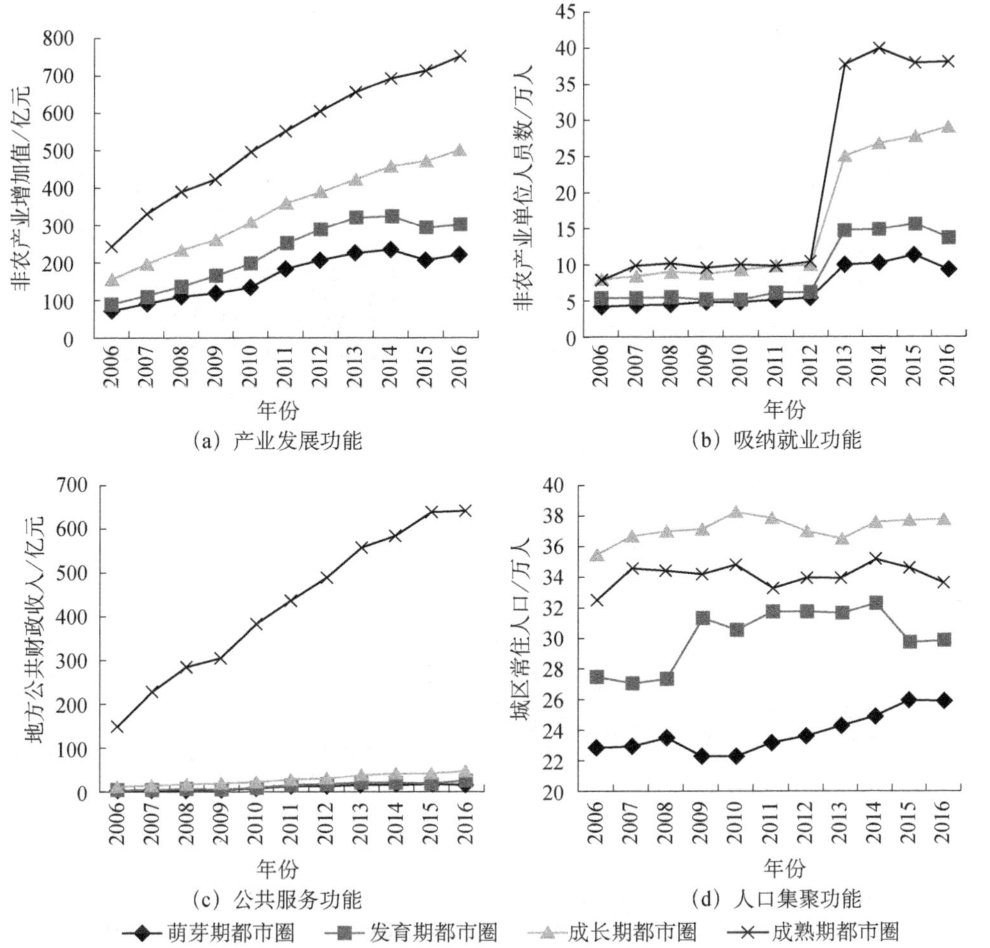

图 3-5　2006～2016 年不同发展阶段都市圈内中小城市主要指标绝对数

资料来源：根据《中国城市建设统计年鉴》(2006～2016 年)、《中国城市统计年鉴》(2007～2017 年) 整理得到

最高，2016 年为 35.2%，远高于其他发展阶段的都市圈。其次是发育期都市圈，中小城市城区常住人口比重为 21.0%，最低的是萌芽期都市圈和成熟期都市圈，比重分别为 13.5%和 12.4%。

通过以上分析可以发现，就总体比重或相对重要性而言，在都市圈从形成到成熟的过程中，中小城市发挥作用的重要性出现先上升后下降的倒 U 形规律，不同发展阶段都市圈内中小城市功能在都市圈内的作用大小依次为成长期都市圈、发育期都市圈、成熟期都市圈、萌芽期都市圈，其中成长期都市圈内中小城市发挥城市职能的作用最为显著。

结合都市圈演变机理，从萌芽期都市圈到成熟期都市圈，分别对应着离散

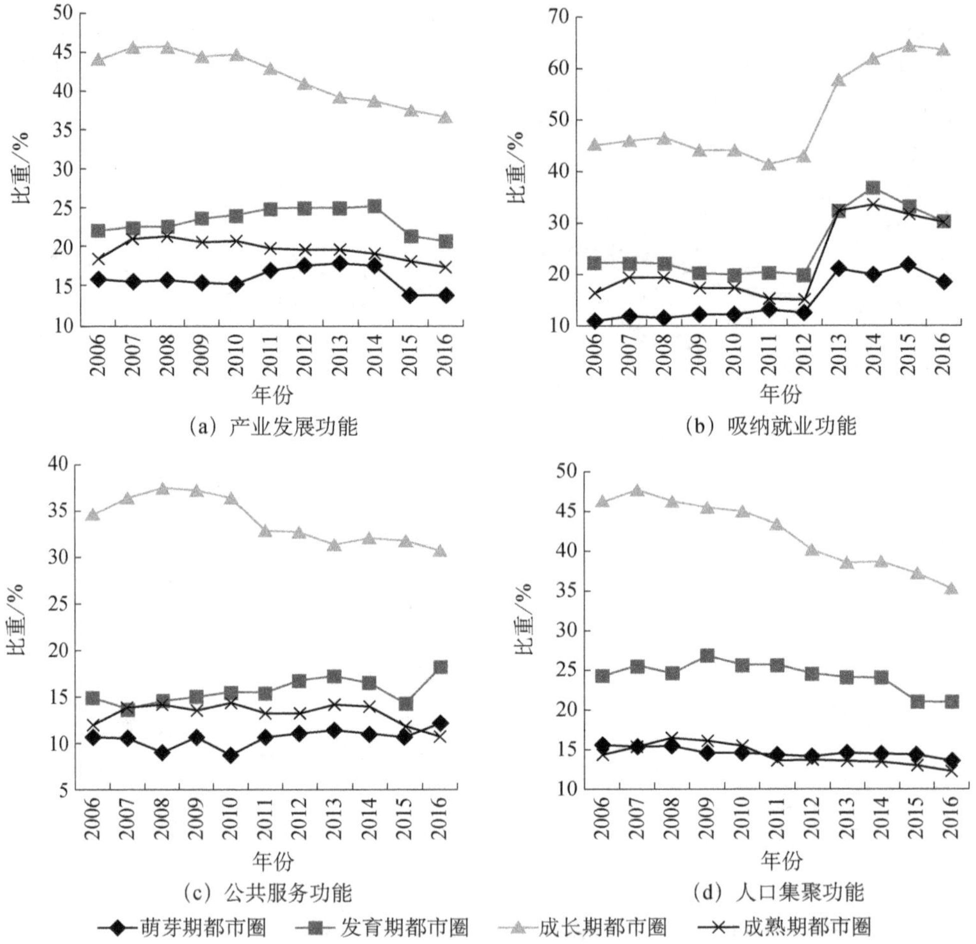

图 3-6　2006～2016 年不同发展阶段都市圈内中小城市主要指标比重

资料来源：根据《中国城市建设统计年鉴》（2006～2016 年）、《中国城市统计年鉴》（2007～2017 年）整理得到

阶段、极化阶段、扩散阶段和网络化阶段四个阶段，在离散阶段和网络化阶段，即萌芽期和成熟期，都市圈功能体系均处于均衡状态，其中离散阶段属于静态均衡，而网络化阶段属于动态均衡。在极化阶段和扩散阶段，即发育期和成长期，都市圈功能体系处于非均衡状态。与均衡状态相比，非均衡状态下都市圈功能的发挥更偏向于中小城市一方，使得成长期和发育期中小城市在都市圈内的作用更大。

三、都市圈内中小城市地位的区域差异

我国的区域经济具有明显的不均衡特征，经济发展差距较大，处于不同发展

阶段都市圈内中小城市的地位和作用具有明显的区域差异性。在我国 24 个都市圈中，4 个成熟期都市圈均位于东部地区，11 个成长期都市圈中有 5 个位于东部地区，因此都市圈内中小城市的区域差异，根本上来自都市圈发展阶段的差异。

（一）产业发展功能

下面分别以中小城市非农产业增加值及其占都市圈的比重为衡量指标，分析我国东部地区、中部地区、西部地区、东北地区四大区域都市圈内中小城市产业发展功能及在都市圈内的地位和作用（图 3-7）。

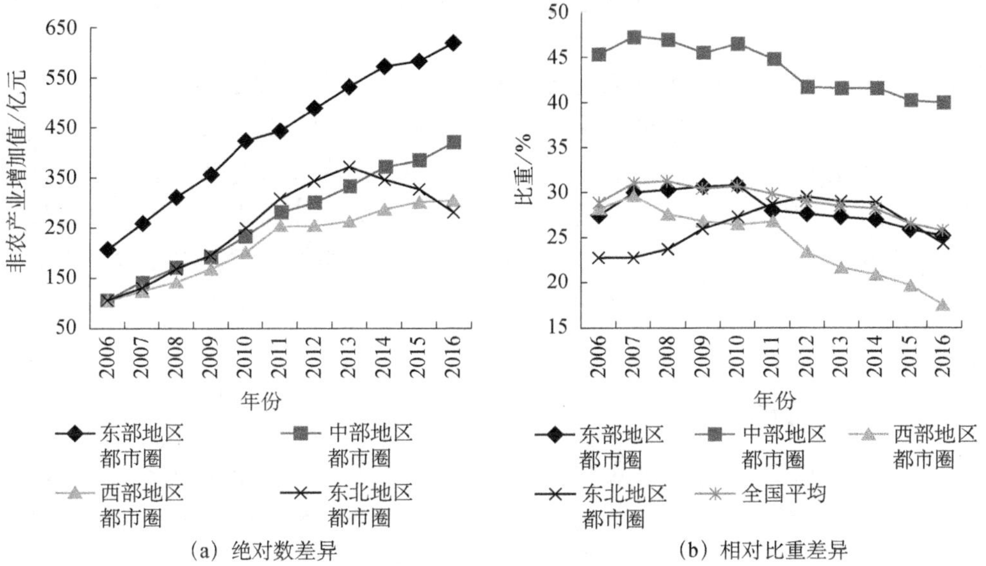

图 3-7　四大区域都市圈内中小城市产业发展功能的差异

资料来源：根据《中国城市统计年鉴》（2007～2017 年）整理得到

从指标的绝对数来看，2006～2016 年，我国都市圈内中小城市非农产业增加值总体呈现出不断增长的趋势，只有东北地区都市圈在 2013 年后出现小幅下降。这说明，就产业发展功能提升来看，四大区域都市圈内中小城市的城市功能在过去的十几年中得到很大提升，尤其是东部地区都市圈，中小城市平均非农产业增加值从 206 亿元增加到 619 亿元，增加了 2.0 倍。中部地区都市圈和西部地区都市圈分别从 110 亿元、102 亿元增加到 422 亿元、303 亿元，分别增加了 2.8 倍和 2.0 倍。东北地区都市圈从 2006 年的 102 亿元增加到 2013 年的 370 亿元，2016 年又下降到 284 亿元。从指标的相对比重来看，2016 年全国 24 个都市圈内中小城市非农产业增加值占都市圈的平均比重为 25.8%，中部地区都市圈非农产业增加值占都市圈的比重最高，为 39.8%。2016 年，东部地区都市圈和东北地区都市圈非农产业增加值占都市圈的比重分别为 24.9%和 24.5%，相差不大。西部地区都市圈非农产业增加值占都市圈的比重最低，仅为 17.6%，比重最高的中部地区都市圈比比重最低的西部地区都市圈高 22.2 个百分点。

2006～2016 年，四大区域都市圈内中小城市非农产业增加值占都市圈的比重都呈现出先增后减的趋势，全国总体情况同样体现这一趋势。2006 年，东部地区都市圈非农产业增加值占都市圈的比重为 27.4%，到 2010 年达到最高为 30.6%，到 2016 年下降到 24.9%，最高比重和最低比重相差 5.7 个百分点；中部地区都市圈非农产业增加值占都市圈的比重最高为 2010 年的 46.3%，最低为 2016 年的 39.8%，相差 6.5 个百分点；西部地区都市圈非农产业增加值占都市圈的比重和东北地区都市圈非农产业增加值占都市圈的比重最高和最低差距分别为 12.0 个百分点和 4.9 个百分点。其中，西部地区都市圈的变化差异最大，说明西部地区都市圈内中小城市的产业发展明显落后于其他地区。

由此可知，就都市圈内地位而言，目前中部地区都市圈内中小城市产业发展功能的作用较大，功能提升的速度也快，这主要是因为中部地区都市圈以成长型都市圈为主，核心城市正好处于扩散阶段，中小城市大规模地承接核心城市的产业转移和配套，但就产业功能本身而言，东部地区都市圈的中小城市优势很明显。

（二）吸纳就业功能

下面分别以中小城市非农产业单位从业人员及其占都市圈的比重为衡量指标，分析我国东部地区、中部地区、西部地区、东北地区四大区域都市圈内中小城市吸纳就业功能及在都市圈内的地位和作用（图 3-8）。

从指标的绝对数来看，2006～2015 年，我国都市圈内中小城市非农产业单位从业人员总体呈现出不断增长的趋势，其中东部地区都市圈最多，2015 年平均为 36 万人，远高于中部地区都市圈的 21 万人和西部地区都市圈的 18 万人，东北地区都市圈最少，仅为 14 万人。

从指标的相对比重来看，2015 年全国 24 个都市圈内中小城市非农产业单位从业人员占都市圈的平均比重为 46.5%。其中，中部地区都市圈为 53.0%，高于西部地区都市圈（51.0%）和东北地区都市圈（42.3%），而东部地区都市圈比重最低，仅为 35.28%。2013 年之前，东部地区都市圈、西部地区都市圈和东北地区都市圈内中小城市非农产业单位从业人员占都市圈的比重基本保持稳定，2013 年以后出现上升趋势，尤其以西部地区都市圈最为明显。而比重最高的中部地区都市圈却在 2008 年达到最高值 52.8%后，不断下降到 2012 年的 40.8%，即使在

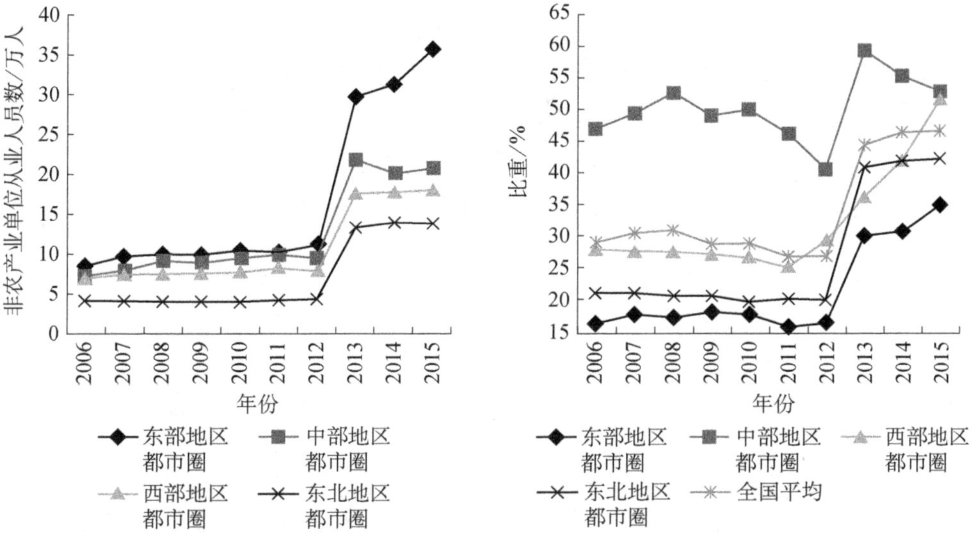

(a) 绝对数差异　　(b) 相对比重差异

图 3-8　四大区域都市圈内中小城市吸纳就业功能的差异

资料来源：根据《中国城市统计年鉴》（2007～2016 年）整理得到

调整统计口径后依然保持下降趋势，2015 年中部地区都市圈内中小城市非农产业单位从业人员占都市圈的比重为 53.0%，与西部地区都市圈（51.6%）相差无几。

由上述分析可见，东部地区都市圈内中小城市非农产业单位从业人员在绝对量上具有很大优势，但在都市圈内的比重和地位却较低，这可能与东部地区大城市的集聚效应更强，对产业和人口的吸引力更大有关。都市圈内大城市和中小城市的地位和作用此消彼长，东部地区都市圈内大城市在吸纳就业方面的作用更加突出，导致中小城市在都市圈内的地位反而最低。

（三）公共服务功能

下面分别以中小城市地方公共财政收入绝对数及其占都市圈的比重为衡量指标，分析我国东部地区、中部地区、西部地区、东北地区四大区域都市圈内中小城市公共服务功能及在都市圈内的地位和作用（图 3-9）。

从指标的绝对数来看，2006～2016 年，我国都市圈内中小城市地方公共财政收入总体呈现出不断增长的趋势，说明中小城市的公共服务功能在不断提升。其中，东部地区都市圈内中小城市的平均数值最高，2016 年为 60.5 亿元，远高于中部地区都市圈（35.2 亿元）和西部地区都市圈（25.3 亿元），而东北地区都市圈最少，仅为 17.7 亿元（图 3-9）。从指标的相对比重来看，2016 年全国 24 个都市圈内中小城市地方公共财政收入占都市圈的平均比重为 18.7%。中部地区都市圈比重最高，为 33.3%；其次是西部地区都市圈，为 18.4%；而东部地区都市圈和东北地区都市圈比重较低，分别为 16.9%和 16.6%。由于中部地区都市圈以成长型都市圈为主，而东部地区都市圈以成熟型都市圈居多，就功能本身而言，成熟型都市圈内中小城市的功能更加完善，但成长型都市圈处于扩散阶段，都市圈整体功能发展更倾向于中小城市，所以中部地区都市圈内中小城市的地位和作用更突出。

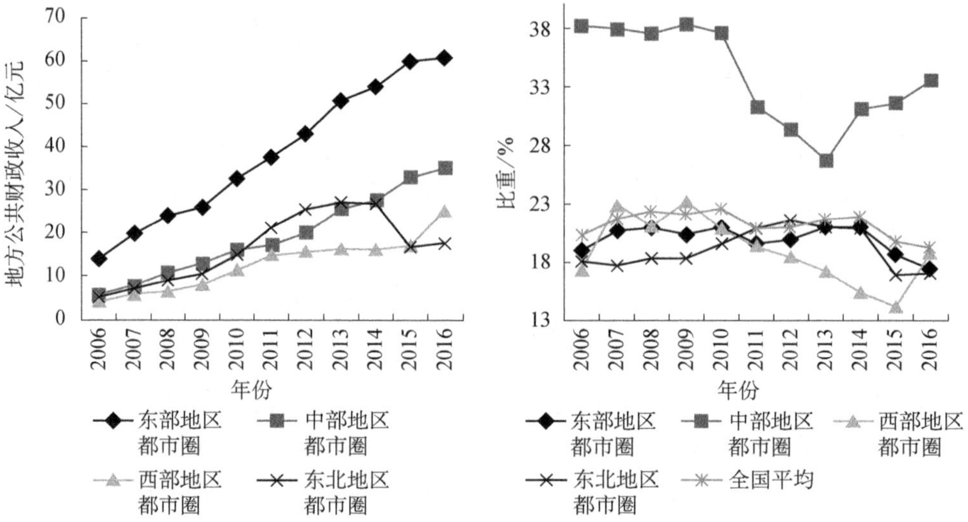

(a) 绝对数差异 (b) 相对比重差异

图 3-9 四大区域都市圈内中小城市公共服务功能的差异

资料来源：根据《中国城市统计年鉴》(2007～2017 年) 整理得到

(四) 人口集聚功能

下面分别以城区常住人口及其占都市圈的比重为衡量指标，分析我国东部地区、中部地区、西部地区、东北地区四大区域都市圈内中小城市人口集聚功能及在都市圈内的地位和作用（图 3-10）。

从都市圈内中小城市城区常住人口的绝对数来看，2006～2016 年，我国都市圈内中小城市城区常住人口总体变化不大。其中，东部地区都市圈最高，2016 年平均为 38 万人，远高于中部地区都市圈的 35 万人和西部地区都市圈的 33 万人，而东北地区都市圈最少，仅为 31 万人，这与近几年东北地区经济较大幅度下降有关。

2006～2016 年，都市圈内中小城市城区常住人口占都市圈的比重大小依次为中部地区都市圈、东北地区都市圈、东部地区都市圈、西部地区都市圈。2016

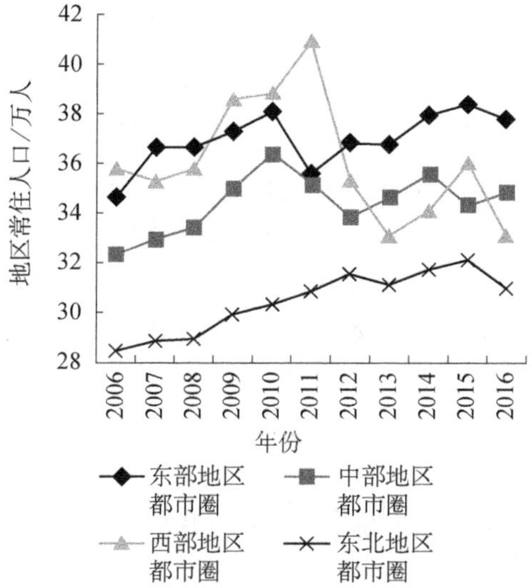

(a) 绝对数差异

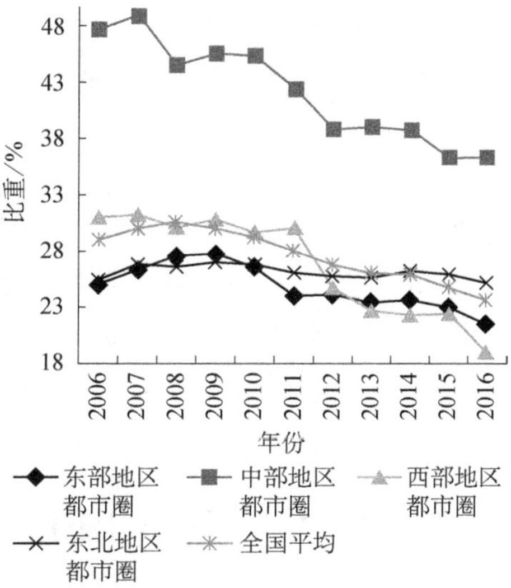

(b) 相对比重差异

图 3-10　四大区域都市圈内中小城市人口集聚功能的差异

资料来源：根据《中国城市建设统计年鉴》（2006～2016 年）整理得到

年，中部地区都市圈比重为 36.4%，远高于东北地区都市圈（25.1%）和中部地区都市圈（21.4%）。比重最低的是西部地区都市圈，仅为 19.0%，是中部地区都市圈的一半左右。这说明，在人口集聚方面西部地区都市圈内中小城市始终处于劣势。2006～2016 年，东北地区都市圈内中小城市城区常住人口占都市圈的比重依旧保持相对平稳，基本在 26%左右波动，其他地区均出现明显下降趋势，尤其是中部地区都市圈和西部地区都市圈，分别从 47.8%、31.0%下降到 36.5%、19.0%；东部地区都市圈内中小城市城区常住人口占都市圈的比重下降幅度不大，为 3.5 个百分点。这说明，无论是东部地区都市圈，还是西部地区都市圈人口依然向大城市集聚，尤其是经济水平相对落后的中西部地区，大城市的人口集聚作用更为明显。

通过分析我国都市圈内中小城市地位和作用的现状特点，可以得出以下几个结论：①无论是全国，还是东部地区、中部地区、西部地区、东北地区四大区域，中小城市在都市圈内的地位和作用远不及大城市；②2006～2016 年，虽然中小城市的功能在不断提升，但由于大城市的功能也在加强，导致小城市在都市圈内的相对地位并没有得到很大提高；③在产业发展、吸纳就业、公共服务、人口集聚四大功能中，中小城市在都市圈内吸纳就业功能的地位和作用最强，而公共服务功能最弱，说明中小城市在城镇化的过程中为解决农村剩余劳动力就业发挥了重要作用，但由于财政收入的不足以及资源过度倾向大城市，公共服务提供的不充分和不均衡一直是中小城市发展面临的主要问题之一；④在都市圈的不同发展阶段，成熟期都市圈内中小城市功能最强，但成长期都市圈内中小城市在都市圈发育中的作用更大；⑤东部地区都市圈内中小城市在都市圈功能的绝对量总体比其他地区好，但中部地区都市圈内中小城市在都市圈内的地位和作用更高，经济越是不发达的区域，中小城市的作用越重要，如中西部地区都市圈内中小城市在都市圈内的地位普遍比东部地区都市圈和东北地区都市圈高。这是因为欠发达地区的增长动力较大，核心城市的优势相对并不明显，因此需给予中小城市更大的发展空间和潜力。

第四节　都市圈内中小城市功能提升的基础条件

我国都市圈内中小城市的地位和作用亟须提高。与非都市圈内中小城市相比，都市圈内中小城市既受城市发展的一般规律约束，又深受都市圈发展阶段的影响。因此，都市圈内中小城市的独特功能建立在城市四大功能的基础上，与其所在都市圈的类型特征有关，而这两者共同构成了中小城市功能提升的内在条件。

一、都市圈发展阶段与功能提升的关系

都市圈内中小城市有两个发展方向：一是发展阶段演变方向，即都市圈的成长周期，从萌芽期逐步发展到成熟期；二是城市功能方向，即中小城市四大功能的不断加强和完善。这两个方向具有相似的特点，即发展的递进性，前一阶段是后一阶段的基础和起点，同时两者在时空上也具有同步性，且彼此联系和影响。

当都市圈处于萌芽期时，都市圈内各城市处于离散阶段，经济发展水平低，形成以单个城市为中心的小地域范围的分散格局，此时产业发展是城市功能提升的首要目标。因为产业是城市经济的基础，是实现其他三大功能的前提。在产业得到发展后，尤其是核心城市经济快速增长，区位优势和极化效应逐渐明显时，都市圈进入极化阶段，城镇化加速推进，城市间横向联系加快，核心城市带动中小城市产业发展，创造出大量的就业岗位，进一步提升都市圈内中小城市吸纳就业功能。当核心城市的极化效应积累到一定程度后，极化作用就会逐渐转变为扩散作用，此时都市圈进入快速成长期，中小城市的产业发展和吸

纳就业功能进一步加强，为公共服务的提升创造基础条件。同时，由于交通等基础设施不断完善，大城市的公共服务也逐步向周围中小城市扩散，内部和外部的双重因素推动中小城市公共服务功能提升。都市圈内中小城市公共服务的不断完善，吸引人口向中小城市集聚，因此提升了中小城市人口集聚功能，使得城市间产业和人口的联系频繁而紧密，都市圈功能体系的各个节点得以建立和打通，实现空间结构的网络化并日趋均衡和有序，都市圈发展进入成熟期。

二、不同发展阶段都市圈内中小城市功能提升的条件

处于不同发展阶段的都市圈，发展基础和条件各有特色、优劣并存，共同决定着中小城市功能提升的方向和路径（表 3-1）。

表 3-1　不同发展阶段都市圈内中小城市基础条件比较

发展阶段	人口及城镇化	基础设施	产业结构	核心城市影响	功能提升潜力
萌芽期	廉价劳动力丰富，城镇化率较低	基础设施非常落后	以第一、第二产业为主，产业定位不明晰	极化效应和扩散效应都较弱	很大
发育期	廉价劳动力丰富且以流出为主，城镇化速度一般	基础设施较为落后	专业化分工不突出，相对优势产业有前景	极化效应大于扩散效应	较大
成长期	人口有减少趋势，同时流向核心城市和其他城市	基础设施完善，交通较为发达	受核心城市产业影响并具备自身优势产业	极化效应明显，扩散效应一般	较小
成熟期	人口数量稳定或略有减少趋势，流动人口多且主要流向核心城市	交通设施完善，信息网络发达	以第二产业为主，第二、第三产业迅速增加	扩散效应大于极化效应	很小

（一）萌芽期都市圈

处于萌芽期的都市圈，城市数量较少且彼此的经济联系薄弱，没有形成完善的城市结构体系，核心城市的极化效应和扩散效应都不明显。中小城市交通等基础设施落后，第一产业比重较大，缺少与核心城市主导产业的配套与服务能力。萌芽期都市圈内中小城市没有参与到核心城市的产业链分工中，相当于处在封闭的发展空间，其功能提升首先要加强与核心城市的联系，通过改善交通等基础设施条件主动对接核心城市的产业转移，同时注意发挥自身特色产业优势。

（二）发育期都市圈

处于发育期的都市圈，中小城市虽然数量较多，但经济水平总体不高，部

分城市的自然资源充足、廉价劳动力资源丰富，经济发展的潜力相对较大，但是与核心城市联系并不紧密，且核心城市的极化效应明显远高于扩散效应，导致中小城市的资源要素向核心城市集聚，经济发展受到核心城市的抑制。发育期都市圈内中小城市以第一、第二产业为主，第一产业比重低于萌芽期都市圈，第三产业有所发展但技术水平依然落后。发育期都市圈内中小城市的专业化分工尚不突出，不具备形成相对优势产业的条件，但初步具备为核心城市产业提供配套的服务产业。其功能提升在于既要加强与核心城市的合作，利用核心城市的扩散效应，通过完善交通网络设施加强与其他城市之间的整合发展，增强自身影响力，又要充分发挥自身资源优势和区位优势，细化职能分工和培育优势产业，增强产业竞争力，与核心城市协同发展，推动都市圈进入更高的发展阶段。

（三）成长期都市圈

处于成长期的都市圈，城市数量进一步增多，城市功能和结构体系逐渐成形，中小城市的相对优势产业与核心城市产业形成协同效应（廉军伟，2016）。成长期都市圈内中小城市的基础设施和投资环境逐步改善，劳动力资源丰富，专业化生产潜力较大。不过，都市圈核心城市的极化效应仍然大于扩散效应，中小城市受到核心城市一定的抑制。成长期都市圈内中小城市功能提升的方向是充分利用都市圈内核心城市的扩散效应，创造良好的营商环境，吸引外资和优秀人才，积极发展优势产业，借助资源方面的优势和交通方面的便利，使自身迅速成长为副中心城市，推动都市圈向成熟阶段发展。

（四）成熟期都市圈

处于成熟期的都市圈，中小城市数量较多，自然资源相对丰富，交通、信息等基础设施较为完善，公共服务水平较高，有丰富的劳动力资源和强有力的政策支撑，投资环境较好、产业技术水平先进，受核心城市的扩散效应影响明显。不过，成熟期都市圈内中小城市往往在产业结构上相似，竞争较为激烈。对于成熟期都市圈内中小城市，功能提升路径往往是充分利用都市圈的正效应，抓住机遇快速发展，先引进来再走出去，推动都市圈演化为更高经济形态的城市群。

三、不同城市功能提升的条件

在都市圈范围内，中小城市受到一体化效应、核心城市辐射干预、资源禀赋的影响，形成了不同类型功能提升的独特条件。

（一）产业发展功能提升条件

都市圈内大城市通常具有人口规模和技术创新的优势，在信息、资金、人才和管理等方面都比中小城市更有效率和效益（张强和陈怀录，2010）。因此，大城市会对周边中小城市形成很强的虹吸效应，在大城市主导的产业领域，中小城市往往难以与之竞争。不过，都市圈产业一体化同时为中小城市依托自身比较优势、利用核心城市的辐射效应、整合都市圈资源要素发展特色产业创造了基础条件（杨勇，2013）。最根本的表现是，在都市圈范围内建立起不同城市错位发展的产业分工机制，打造从设计研发、制造生产到销售维护服务的完整的跨区域产业链。

中小城市产业发展的根本动力来自都市圈的产业一体化。第一，核心城市主导产业升级会带动相应配套产业的升级，而中小城市作为配套产业的主要载体，将有更多的机会接受核心城市的产业和功能溢出，借助其先进的人才技术提升产业发展功能。第二，中小城市同时也是核心城市产业转移的承载区，在核心城市需要疏解的超负荷产业以及与大城市功能定位不匹配的产业中，有相当一部分产业仍然能契合中小城市产业发展的需求。第三，中小城市可以集中有限的资源发展特色优势产业，与大城市已有产业形成协同效应，在都市圈产业链中占据重要位置，以提升城市产业发展的功能。

目前，我国中小城市产业配套设施较为落后，都市圈交通网络并不完善，各城市间公共服务存在差异。虽然大城市和中小城市都有产业一体化的需求，但都市圈却没有优良的产业协同环境，中小城市无法进行有效承接和发展。产业一体化需要地方政府建立有效的行政协调机制，打破区域壁垒，营造产业一体化的制度和法律环境，进而提升中小城市产业发展功能。

（二）吸纳就业功能提升条件

都市圈内中小城市吸纳就业功能提升包括创造更多的就业机会满足人口集聚带来的工作需求，以及改善就业质量和就业环境。中小城市吸纳就业离不开产业发展和公共服务质量的提升，产业发展是创造就业的原动力，而公共服务质量是巩固就业和提升就业质量的保障。第一，吸纳就业与产业发展的关系。大城市的产业转移会创造大量的就业岗位，尤其是机械、钢铁、轻纺化工等资本密集型产业和劳动密集型产业，但这些就业机会往往是大城市淘汰或疏解的工作岗位，部分产业甚至以牺牲生态环境为代价。它们在短期内能够增加经济总量、提高就业数量，但从长期来看无益于改善就业质量和环境以及巩固已吸纳的就业（蔡之兵，2017）。因此，实现高质量、可持续的就业吸纳，只能依赖为核心城市先进产业提供配套服务和发展自身特色产业两条途径。第二，吸纳就业与公共服务质量的关系。公共服务质量是吸纳就业的根本，对于都市圈内中小城市来说，产业发展和人口集聚只有在公共服务提升的前提下才会产生稳定和高质量的就业。优质的公共服务既可以吸引产业转移和产业发展，创造更多的就业机会以疏解人口集聚带来的就业压力，又可以为已就业人口提供良好的工作和生活环境，提高他们的就业满意度和舒适度。

因此，都市圈内中小城市吸纳就业建立在其他三大功能提升的基础上，人口集聚带来的就业压力可以由产业发展来消除，产业发展创造新的就业机会且通过公共服务的提升加以强化，中小城市四大功能在都市圈效应下形成互动和协同。

（三）公共服务功能提升条件

基本公共服务既包括公共服务的供给数量，也包括公共服务的效率和质量，中小城市对公共服务资源的配置与利用是影响其产业发展等其他功能的关键因素。从全国来看，由于政绩考核及 GDP 导向，存在“经济腿长、社会腿短”的现象；从都市圈层面来看，中小城市的公共服务功能偏弱。与产业发展功能提升相似，都市圈内中小城市的公共服务也要依托一体化效应。公共服务一体化在都市圈层面体现出三个趋势：一是公共服务设施布局的合理化，都市圈内各城市合理布局教育、医疗和文化等公共服务设施，使其基本满足不同类型城市的发展需求；二是公共服务设施使用的开放共享化，中小城市居民能够共享都市圈范围内大城市的所有服务设施；三是公共服务标准的统一化，即在都市圈范围内建立起统一的公共服务体系。

受经济、行政和历史等各种因素的影响，我国都市圈内公共服务资源分布很不均衡，大城市的公共服务资源丰富、公共服务体系相对完善，而中小城市在公共服务设施建设上普遍滞后，导致大城市与中小城市在公共服务方面存在较严重的分割现象。城市公共服务功能提升主要依赖当地政府的财政投入，我国中小城市受经济发展水平的限制，对公共服务的投入不足，再加上行政级别的劣势，导致公共服务资源远远少于大城市。同时，大城市基于自身利益和区域保护的考虑，通常不愿意主动共享优质公共服务资源，而在都市圈层面又缺乏统筹协调资源的机制。破解困境的方法是中小城市主动利用大城市闲置或不充分利用的公共服务资源，寻找与大城市的利益共同点，借助都市圈公共服务一体化机遇改善基础设施和服务质量。因此，中小城市应加强和大城市在公共服务方面的合作，打破行政和区域壁垒，建立都市圈公共服务供给均等化的保障机制，使得教育、医疗等资源要素在大中小城市能够自由充分流动。

（四）人口集聚功能提升条件

城市的人口集聚与城镇化关系密切。都市圈内中小城市人口集聚的主要途径有两个，即农村人口城镇化和大城市人口转移。可以说，中小城市既是核心城市过度集聚人口向外疏散的承接区，也是农村人口异地城镇化的集聚区，人口集聚的强度和速度主要取决于大城市人口向周边中小城市扩展与农村人口向中小城市集聚的双向互动过程（罗明义，1998）。第一，我国的城镇化仍在快速推进的过程中，未来新增城镇人口中很大一部分将会被中小城市吸纳。与大城市相比，中小城市的基础设施投入成本较低，交通和住房问题并不突出，这就为农村人口在城市集聚提供了有利条件。第二，都市圈内大城市往往因为过度开发而导致“大城市病”突出，过度的人口集聚超过城市资源环境承载力，迫使大城市人口向周边中小城市疏解，这种现象已经在京津都市圈和上海都市圈等都市圈出现。第三，中小城市的区位和资源优势允许发展冶金、机械、化工、建材和家电等劳动密集型产业及其相关配套产业，这些产业的转移和发展，也会强化中小城市人口集聚的功能。

人口集聚功能的提升条件大多较为被动，因为在传统城镇化过程中，中小城市自身开发强度较低，而核心城市又具备文化方面的绝对优势，导致中小城市无论是在人口规模上，还是在人口结构上，都始终无法与大城市竞争（钟笃粮和郑明媚，2012）。但是，随着人们收入水平的提高，对绿色舒适的生活和工作环境的需求与日俱增，而大城市的生态发展空间受限，这就为中小城市吸引高端人才创造了有利条件。在建设生态宜居城市方面，中小城市反而比大城市更有优势。因此，绿色发展、生态宜居是中小城市打破核心城市的虹吸效应，提升人口集聚功能的重要途径之一。

第五节　都市圈内中小城市功能提升的外部环境

都市圈内中小城市的功能提升，既取决于中小城市自身发展的基础条件，也受制于它们所处的外部环境，而这种外部环境在很大程度上取决于都市圈所处的时代特征和历史背景。从某种程度上讲，改革开放以来我国经济社会实质上是由工业化和城镇化共同推进的，在这一过程中市场和政府的力量发挥着巨大作用。

都市圈内中小城市的功能提升与其所处的工业化和城镇化阶段，以及市场和政府作用密切相关。工业化和城镇化是都市圈内中小城市功能提升的主要因素，决定了功能提升的速度和方向，而市场和政府作用则是中小城市功能提升的保障，影响着功能提升的质量和效益。在城市产业发展、吸纳就业、公共服务、人口集聚四大功能中，工业化直接带动产业发展，进而创造并吸纳就业。城镇化既表现为人口的集聚，也体现在公共服务数量和质量的提高。市场通过促进资源的优化配置和要素的自由流动来加快产业发展和人口集聚。政府通过制定法律法规为巩固就业和公共服务提供制度保障。以上四个因素相互影响和作用，在不同的阶段和水平下，对中小城市功能提升发挥着不同的作用（图 3-11）。

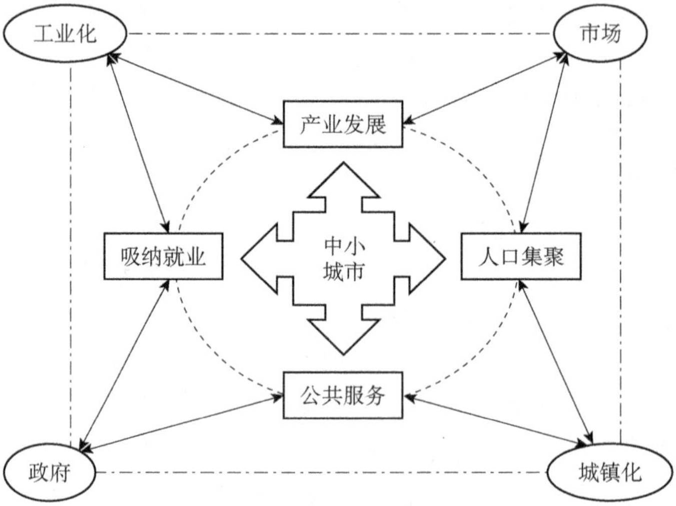

图 3-11　四大因素与中小城市功能提升的关系

一、工业化的影响

历史经验表明，都市圈伴随着工业化进程而产生、发展和成熟。根据钱纳里工业化阶段理论，可将工业化进程分为四个阶段，即工业化初期阶段、工业化中期阶段、工业化后期阶段和后工业化阶段。从时间上来看，都市圈通常形成于工业化中后期，成熟于工业化后期或后工业化时期。

工业化阶段理论核心是，工业化阶段以产业结构为基本特征，从一个发展阶段向更高阶段的跃进都是通过产业结构的转化来推动。工业化推动都市圈产业结构升级，而作为核心城市的大城市，其产业类型又决定着都市圈的产业特征。因此，工业化推动核心城市的产业升级，进而带动周边城市一体化发展成为都市圈演进的基本动力。可以说，都市圈的发展阶段和都市圈所处工业化阶段既存在时间上的契合，也存在机理上的耦合。

（一）工业化中期阶段

都市圈通常形成于工业化中期阶段。在这一阶段，核心城市的支柱产业重化工业高度发达，推动着萌芽期都市圈的高速增长。这些产业大部分属于资本密集型或劳动力密集型产业，对城市及其周边的资金和劳动力需求很大，因此核心城市的虹吸效应非常明显。由于中小城市和大城市的经济收入存在差距，更加剧了中小城市资源向核心城市的集聚。不过，从都市圈形成前相对封闭的经济系统到开始出现大规模的要素流动，虽然这种流动以单向为主，但中小城市和大城市之间的联系逐步密切，进而形成都市圈城市体系的基本结构。

（二）工业化后期阶段

工业化后期阶段都市圈功能体系基本形成，核心城市的第三产业迅速发展，以金融、信息和咨询等为代表的新兴服务业由平稳增长转入持续高速增长，并逐渐成为都市圈新的增长动力。核心城市的产业结构开始调整，第二产业比重持续减小，第三产业比重不断增加。此时，以钢铁、冶金、机械为代表的重化工业开始向核心城市以外寻求拓展空间。周边中小城市由于与核心城市已有密切的联系，具备地理上的区位优势，同时又形成了有层次的产业梯度，因此为重化工业的转移提供了良好条件。在这一阶段后期，核心城市的产业开始大规模转移，大部分由周边中小城市承接，都市圈要素流动由单向逐渐转变为双向，人口也随产业转移至中小城市，由此可进一步完善当地基础设施建设和公共服务。在大城市的辐射影响下，中小城市经济和功能都得到迅速发展和提升。

（三）后工业化阶段

后工业化阶段都市圈功能体系进一步完善，核心城市的主导产业以技术密集型和知识密集型产业为主，第三产业比重非常高。城市生活方式逐渐现代化和个性化，城市居民追求更高的生活品质，高档耐用消费品被推广普及。核心城市的改变影响辐射到中小城市功能的提升。在产业发展方面，核心城市的低端产业向外转移基本结束，产业升级成为主流，迫切需要新的产业配套，而中小城市经历了高速增长后需要更高质量的发展，两者同时出现产业协同的需求。

在人口集聚方面，由于“大城市病”和追求更高品质生活，部分大城市人口产生向中小城市转移的需求，但是中小城市的公共服务体系还没有提升到位，使得这样的需求被长期压制。同时，大城市对技术人才和高端人才的需求持续旺盛，导致中小城市的高技能人才大量流失，在人才结构改善方面中小城市面临严峻的压力。核心城市和中小城市的联系越发紧密，不仅包括经济方面的交流，还包括文化方面的交流，由此核心城市的生活品质和理念渗透到中小城市中，进而使得中小城市有了发展绿色产业和特色产业的环境与机遇，此时都市圈产业协同发展到更高阶段，中小城市的功能向更高水平持续提升。

二、城镇化的影响

城镇化通常伴随着工业化进程的推进，而都市圈则是城镇化发展到一定程度后形成的高级经济形态（高汝熹和阮红，1990）。诺瑟姆根据城镇化率将城镇化过程分为三个阶段，即城镇化初期阶段（城镇化率小于 30%）、城镇化中期阶段（城镇化率在 30%～70%）和城镇化后期阶段（城镇化率大于 70%）。后来学者采用四分法对其进行了改进，即城镇化率小于 20%时为城镇化初期阶段、城镇化率在 20%～50%为城镇化加速阶段、城镇化率在 50%～80%为城镇化减速阶段、城镇化率超过 80%为城镇化后期阶段（陈彦光和周一星，2005）。综合上述阶段划分，处于不同城镇化水平的都市圈，由于其城镇化机制动力不同，都市圈内城市结构和功能体系以及对中小城市功能提升的影响各有不同，下面分别进行阐述。

（一）城镇化初中期阶段

在城镇化初中期阶段，即城镇化率低于 50%时，城镇化的速度非常高，大量农村剩余劳动力同时向大城市和中小城市集聚。由于大城市的就业机会比中小城市多，基础设施和公共服务相对完善，导致大城市的集聚规模更大，对中小城市的优势也更加明显。不过，这一阶段的大城市整体发展水平都不太高，对中小城市的极化效应和扩散效应都较弱，核心城市和周边城市的经济社会联系不足，都市圈依然处于雏形和酝酿阶段。一般来说，都市圈形成于城镇化的中后期，即城镇化率在 50%以上。而我国都市圈的发展也符合这样的规律，即使是我国发育程度最低的南宁都市圈也是如此，2018 年南宁市的城镇化率达到 62.4%。

（二）城镇化中后期阶段

在城镇化进入中后期以后，经过多年的经济增长，中小城市数量明显增多，虽然城镇化的速度开始放缓，但都市圈的空间结构和城市体系基本确立，产业体系和功能格局也逐渐完善，都市圈已经形成并具有一体化效应。在这一阶段的初中期，农村人口的异地城镇化放缓，中小城市的人口开始向核心城市集聚。核心城市的极化效应逐渐增强，导致中小城市大量人口流入大城市，弱化了中小城市在产业发展、吸纳就业等方面的功能。在这一阶段的中后期，人口在大城市高度集聚，核心城市的极化效应也达到最高点，“大城市病”集中爆发，人口向外部疏解与扩散的需求不断增大，而中小城市的开发强度较低，人均占有土地面积较多，成为核心城市人口疏解的最佳承接区。随着核心城市人口和功能向周边城市扩散，中小城市获得发展的新机遇，人口再次集聚、数量不断增加，交通网络、公共设施和服务业同时得到很大的提升。

（三）城镇化后期阶段

当城镇化进入后期阶段，都市圈功能体系发展已较为成熟。城镇化率基本维持不变，核心城市和中小城市在人口流动上保持动态均衡。不过，由于产业和消费升级，核心城市的人口结构开始向高端化发展，扩散作用大于极化作用，中小城市受到的辐射带动作用更为明显，区域协同效应凸显，城镇生活质量不断改善，中小城市的功能也不断提升优化。

三、市场作用的影响

改革开放以来，我国城市发展的动力来源之一就是市场化改革。对于都市圈而言，市场作用是推动城市功能体系发展的主要力量。市场通过推动产业结构的调整、要素市场的流动以及城市功能的分工与合作，整合都市圈范围内的资源。市场化程度决定着都市圈内要素资源配置的合理性和高效性，而资源要素一体化流动是都市圈功能体系的根本，也是中小城市功能提升的关键。

（一）市场化对于中小城市的意义与作用

市场化程度是衡量都市圈成熟程度的重要指标。高度市场化对中小城市功能提升具有重要意义和作用。第一，高度市场化能够实现都市圈要素的自由流动与充分整合，资金、商品和信息等在大中小城市双向流动，有助于中小城市在更大范围内配置和利用资源。第二，高度市场化能够促进都市圈内主导产业选择机制更加完善，而产业一体化使得中小城市在选择特色产业和优势产业上更有空间。第三，高度市场化可以引导都市圈内产业空间合理布局，有助于中小城市发挥比较优势和区位优势，实现自身的规模经济和范围经济。

（二）中小城市市场化的动力

从全国来看，东部地区整体的市场化程度最高（表 3-2）。东部地区市场运行和保障机制较其他地区完善，因此东部地区都市圈内中小城市受到市场作用的积极影响也较大，其城市功能的整体水平高于其他地区。从都市圈的发展阶段来看，成熟期都市圈的市场化程度较高，中小城市借助市场力量能够获得更多的资源和要素，从而有利于提升其城市功能。由此可见，都市圈内中小城市的城市功能与都市圈的市场化程度呈正相关关系，市场机制的建立与完善推动着中小城市的功能提升。

表 3-2 2008～2016 年我国四大区域市场化指数

地区	2008 年	2010 年	2012 年	2014 年	2016 年
东部地区	6.84	7.11	7.92	8.49	8.67
中部地区	5.45	5.62	5.92	6.77	6.91
西部地区	4.30	3.94	4.32	4.84	6.53
东北地区	5.72	5.56	6.27	6.54	5.05
全国	5.48	5.44	5.98	6.56	6.72

资料来源：王小鲁等（2019）

虽然中小城市的政府架构比大城市简单，行政干预力量较弱，但由于都市圈仍然以行政配置为主要资源配置的手段，中小城市在都市圈内部始终处于劣势地位，面临被边缘化的风险。大城市凭借其较高的行政等级，出于维持自身核心优势和区域利益的目的，人为阻碍资源和要素流向中小城市，同时又倾向于动用行政权威攫取中小城市资源，阻碍中小城市的发展。此外，由于大城市对人才的虹吸效应，中小城市中熟悉市场原理和规则的人才较匮乏，市场机制的建立和完善缺乏人才方面的支撑，成为中小城市市场化进程中的短板。

（三）中小城市的市场化之路

国外都市圈和我国成熟都市圈经验表明，都市圈发展越成熟，市场化程度越高，中小城市从中的受益也越大。因此，在市场一体化趋势和行政体制干预并存的环境下，中小城市的市场化之路既要快速建立和完善自身市场机制，吸引优质的人力资源，又要充分发挥都市圈内部市场一体化的优势，同时还要尽量规避其在城市规模和城市级别的劣势。这就要求都市圈内中小城市充分发掘自身优势，找准产业的发展定位（王圣军，2007），依靠市场机制的相对高效和管理模式的相对灵活，充分盘活利用都市圈资源，提升城市功能。

四、政府作用的影响

在都市圈发展演变中，政府干预作为另一种配置资源要素的方式也是非常重要的。政府对都市圈经济的干预形式，初期表现为直接的行政指令，更高级和更有效的则是将政府的调控纳入法律的制度框架下，建立法治社会。

（一）政府干预对中小城市功能提升的必要性

都市圈跨行政区域的行政因素影响天然存在，再加上市场机制在某些情况下会失灵，这就需要政府发挥区域整合和协调作用（崔晶，2015）。我国都市圈内中小城市的市场体系和机制并不完善，核心城市的极化效应更易出现失灵现象，所以政府的适当干预很有必要。第一，政府参与能够更好地完善交通、信息网络等基础设施建设和教育、医疗等公共服务的供给。中小城市是都市圈基础设施和公共服务一体化潜在的受益者，如果没有政府干预，完全靠市场机制很难实现。第二，好的政府代表着社会的整体利益，是都市圈各主体如企业、居民的代言人，不会受到特殊利益群体的影响，能够从全局或者整体的视角设计和规划都市圈的发展。对于在都市圈功能体系中处于劣势和边缘地位的中小城市来说，政府主导更加公平和高效。例如，日本东京都市圈的发展与政府制定的五次首都圈规划密不可分（表 3-3）（王虎，2003）。第三，政府的干预更具有权威性，尤其是通过法律制度进行规范管理，平衡都市圈内各利益团体的诉求。在权威的法律法规框架下与大城市竞争合作，是都市圈中小城市与大城市最佳的博弈模式。

表 3-3 东京都市圈规划历程

年份	规划	内容	影响
1946	《东京都政要》和《战灾复兴城市规划》	首次提出建设卫星城设想；控制东京城市与卫星城市人口；建设连接东京与其他城市的交通网络	初步形成核心城市-绿化带-卫星城的空间模式；因预算紧张而导致项目滞后
1950	《首都建设法》	东京都建设与规划成为国家大事，受中央政府支持	1968 年规划权转交给地方政府
1955	《第一次首都圈基本规划》	确定 100km 同心圆模式；控制都市圈快速扩张；设置 5～10km 绿化带	卫星城建设不够完善，人口数量提前超出规划

续表

年份	规划	内容	影响
1968	《第二次首都圈基本规划》	打破消极控制大城市格局，促进卫星城和副中心地区发展；取消绿化带	推动大型交通网络建设；强调经济利益，产生严重公害问题
1976	《第三次首都圈基本规划》	选择性分散东京高级中枢管理功能，建设区域多中心城市复合体	形成多核型区域城市复合体格局
1986	《第四次首都圈基本规划》	强化国际金融和高层次中枢管理职能；提出发展副都心，承担中心区部分产业和政务功能	经济泡沫后中心区竞争力下降，首都圈中心空洞化
1999	《第五次首都圈基本规划》	建立分散型网络结构，完善环状区域交通系统	空间结构和产业布局基本形成

资料来源：冯奎和郑明媚（2013）

（二）政府干预对中小城市的负面效应

由于我国的法治化进程仍在推进中，不合理的政府干预可能会对都市圈内中小城市产生一些负面影响。第一，造成都市圈内城市严重的两极分化。大城市在人口规模上急剧膨胀，产生严重的“大城市病”，而中小城市却面临着产业和人口的同时萎缩。原因之一是政府干预对资源配置的扭曲，使得公共服务资源高度集中于大城市，对中小城市形成极强的极化效应。第二，造成都市圈内资源的浪费和低效率。一方面，维持政府功能需要消耗大量的资源，越是庞大的行政体系，对地方政府财政收入的消耗越高，而中小城市能够分配到的公共资源十分有限，对于提升城市公共服务功能来说很不利；另一方面，行政配置资源的效率远没有市场的效率高，如果政府没有将财政收入投入到产业发展和公共服务上，那么经济发展带来的财政收入增加也就无助于提升城市功能，再加上反馈和纠错机制不完善，更容易造成资源的错配和利用的低效率。

（三）更好地发挥政府在中小城市功能提升中的作用

政府的作用对于中小城市功能提升具有两面性。在资源配置方面，我国城市因行政级别的特殊属性而具有明显的等级差异，过度的行政调控反而会造成都市圈内中小城市和大城市产生两极分化（魏后凯，2014a）。因此，更好地发挥政府作用的立足点是促进都市圈内大城市和中小城市的协调发展。首先，从根本上改变资源配置的行政中心偏向，弱化行政等级的影响，以综合承载力作为城市规模控制的依据，以扩权为重点促进经济发展，推动城际发展机会平等和权益公平（魏后凯，2014b）。其次，必须将都市圈的管理纳入法治化轨道，通过健全法制来保障都市圈内中小城市和大城市协同发展。可以说，完善的法治体系既是克服都市圈内各城市间利益冲突的前提条件，也是解决各城市在企业引进和土地开发等方面恶性竞争问题的根本手段。作为都市圈弱势一方的中小城市，在统一完善的法律制度保护下，在公平和正义的环境下，才能够以平等的身份与大城市对话，并参与到都市圈功能体系的构建和完善中，进而提高其在都市圈内的作用和地位。

第四章

都市圈内中小城市功能提升的科学基础

城市功能是城市存在和发展的根本，通常情况下，现代化大城市具有多种功能，小城镇或不发达地区城镇功能则相对简单，随着社会、经济、自然条件的变化，城市功能也会发生相应的变化。城市功能包括产业发展、吸纳就业、公共服务和人口集聚功能，其中一项或几项功能得到提升，就意味着城市功能的提升。事实上，这些功能之间是相互作用和影响的，其中一项功能提升很可能带动其他功能随之提升。与一般的中小城市功能提升相比，都市圈内中小城市功能提升具有特殊性，这种特殊性体现在其处于都市圈的区域发展环境中。都市圈内的城市结构相对完整，拥有一个或一个以上经济势能强大的核心城市，核心城市周围还有一定数量的大中小城市，不同等级城市存在一定的梯度结构，相互之间联系密切（高汝熹和罗明义，1998）。都市圈内城市之间的紧密联系会对圈内中小城市的功能提升产生很大影响，尤其是核心城市具有的经济吸引能力和经济辐射能力产生的影响最大。与都市圈外中小城市相比，都市圈内中小城市具有率先实现功能提升的基础和条件。

第一节　都市圈内中小城市功能提升的重要意义

一、有利于提升都市圈的集聚效应和竞争力

从都市圈发展的角度来说，都市圈内中小城市功能提升，既可以解决核心城市因行政配置资源体制导致的城市蔓延，又可以增强中小城市的发展能力以

及它在都市圈中承担的专业化功能，从而形成内在联系紧密、分工明确、功能互补的都市圈城镇体系，推动整个都市圈竞争力大幅提升。受等级制行政配置资源体制的影响，城市资源配置不均衡，大量资源向直辖市、副省级城市、省会（首府）城市等大城市集聚，导致都市圈内城镇规模体系“两极分化”问题突出，核心城市规模膨胀，中小城市的数量与规模萎缩，城镇体系缺乏中小城市的有力支撑（魏后凯，2014b；国务院发展研究中心课题组，2014）。核心城市规模急剧膨胀导致城市空间“摊大饼式”蔓延，降低了产业和人口的集聚程度，从而进一步降低集聚和专业化分工带来的效率提升。城市蔓延还会引起交通拥堵加重、大气污染严重、生活质量下降、社会矛盾加剧等城市问题。因此，在市场机制主导下，通过政府合理引导把都市圈内核心城市的某些功能向中小城市疏解，不仅可以解决“大城市病”，而且有利于中小城市自身产业的发展。这样，在都市圈内部就可以充分发挥不同规模城市的优势，核心城市的综合功能不断得到强化，中小城市的专业化功能不断增强，最终形成联系更加紧密、分工更加明确、更具有集聚效应和竞争力的都市圈。

二、有利于推动我国城镇化发展战略

从全国城镇化发展角度来说，在都市圈作为我国城镇化主体形态的背景下，着力提升都市圈内中小城市的城市功能，对于积极推进城镇化进程、提高城镇化质量具有重要意义。自 1984 年国家确定“控制大城市规模、合理发展中等城市、积极发展小城市”的城市发展方针以来，直到 2000 年国家政策一直是严格控制大城市规模。但事与愿违，大城市规模始终没有得到控制，对中小城市和小城镇功能的培育也存在欠缺，导致中小城市和小城镇功能普遍弱化，城市建成区和镇区规模偏小，基础设施和公共服务落后，产业支撑缺乏。《中华人民共和国国民经济和社会发展第十个五年计划纲要》和《中华人民共和国国民经济和社会发展第十一个五年规划纲要》相继把推进城镇化提升为国家战略，把城市群（都市圈）作为推进城镇化的主体形态。目前，都市圈已经成为国家参与全球竞争和国际分工的全新地域单元，成为引领我国经济发展的重要增长极。未来 20 年，我国仍然处于快速城镇化阶段，每年约有 1300 万农村人口要转化为城镇人口，新增城镇人口将主要依靠都市圈吸纳，都市圈内新增的人口则需要核心城市与周边中小城市和小城镇共同吸纳。由此可见，提升都市圈内中小城市集聚人口、吸纳就业等城市功能，对于吸纳新增城镇人口、推动国家城镇化发展战略具有重要意义。

三、有利于提高我国城镇化质量

都市圈内中小城市功能提升还可以很好地解决我国的“半城镇化”问题，促进城乡统筹发展，提高城镇化质量。在城镇化快速发展的过程中，农村劳动力向非农部门快速转移，但转移农业人口市民化步伐却步履蹒跚，大量农民工在教育、就业、医疗、养老、保障性住房等方面未能享受与城镇居民同等的基本公共服务，出现了“人口城镇化”滞后于“土地城镇化”现象，属于典型的“不完全城镇化”。提升都市圈内中小城市产业发展、吸纳就业、公共服务和人口集聚功能，既可以吸引核心城市过多地转移农业人口，为他们提供就业岗位和良好的就业环境、完善的基本公共服务，又可以吸纳更多的农村剩余劳动力，实现城乡统筹和城乡一体化发展。一方面，中小城市支撑核心城市的发展；另一方面，中小城市分布广泛，更加接近农村、农业、农民，是农村剩余劳动力向核心城市转移的桥梁，是实现城乡统筹的关键环节。

第二节　市场经济体制下城市体系的演化

中心地理论是城市间相互作用理论的雏形，增长极理论为都市圈内城市间相互作用的研究奠定了基础，新经济地理理论最终形成利用扩散效应和极化效应研究城市间关系的理论体系（罗守贵和李文强，2012）。新经济地理模型充分考虑了要素流动障碍、消费者的多样化偏好和企业层面的规模收益递增，并由此解释城市体系的形成与演化机制（Fujita and Krugman，1995；Fujita and Mori，1997；Fujita et al.，1999a）。下面以新经济地理理论中的城市体系模型为基础，纳入劳动力流入成本，分析单纯经济市场体制下城市体系的演化。城市体系的形成和演化，伴随着不同规模城市的功能提升，当然也包括中小城市的功能提升。

一、基本假定

假设经济空间为线性连续结构，以中点为原点建立坐标轴（简称坐标为 r 的地区为 r 地区）（图 4-1），范围为 $-f$ 到 f，其中 f 点代表经济空间的边界。经济空间由两个城镇和农村区域构成，人口分布在长度为 $2f$ 的线段上。为了简化分析，假设两个城镇对称分布，与原点的距离均为 r_1，分别称两个城镇为城镇 1

和城镇−1，用下标 $c(c=1，-1)$ 表示与各城镇相关的变量，r_c 表示各城镇的坐标，其中 $r_{-1}=-r_1$；不考虑城镇的土地规模，假设城镇只是线性空间中的一个点，则农村地区的范围涵盖整个线性连续的经济空间。

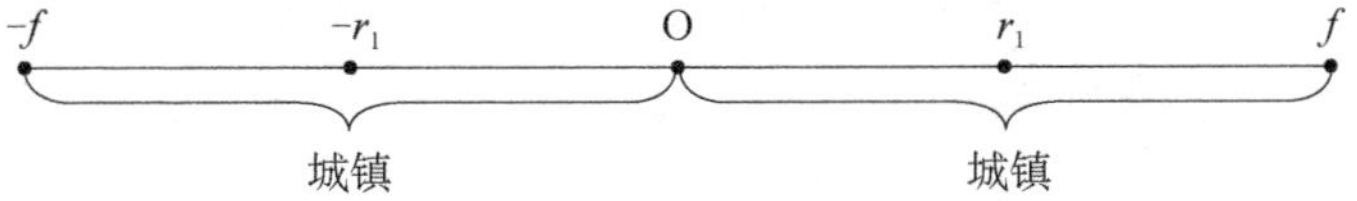

图 4-1　线性连续经济空间及城乡结构

假设所有人口均拥有同质劳动力，设总劳动力和两个城镇劳动力的数量分别为 L 和 L_c，那么 $(L_1+L_{-1})/L$ 就表示整个经济系统的城镇化率；r 地区的农业劳动力为 $L(r)$，农业劳动力总数为 $\int_{-f}^{f} L(r)\mathrm{d}r$。总劳动力等于城镇劳动力与农村劳动力的总和：

$$L = L_1 + L_{-1} + \int_{-f}^{f} L(r)\mathrm{d}r \qquad (4\text{-}1)$$

式（4-1）为劳动力条件。我国农业生产分散程度很高，因此为了简化模型的处理，假设农村人口和生产为连续分布。这里，f 代表了农村的耕地规模和经济空间的规模。与 Fujita 和 Krugman（1995）经典城市体系模型有所差异的是，本书假设经济空间的边界 f 是外生的，这与我国地少人多的实际情况相对应。

假设不存在失业，并且经济系统中只投入劳动力和土地两种生产要素，从事农产品和城市产品（服务）两类产业。农村为农业区，投入土地（耕地）和劳动力，采取规模收益递减技术生产同质的农产品；城镇只投入劳动力，采用规模收益递增技术生产具有差别化的城镇产品（服务）。城镇产品（服务）由城镇销往农村，农产品由农村销往城镇，所有的产品交易均存在交易成本。

二、消费者行为分析

假定所有消费者具有相同的偏好。消费者效用函数为双层效用函数——消费农产品和城镇产品（服务）的科布-道格拉斯型总效用函数，以及消费城镇产品（服务）组合的不变替代弹性效用函数：

$$U(r) = \mu \ln[C_M(r)] + (1-\mu)\ln[C_A(r)],\ C_M(r) = \left[\sum_{i=1}^{n}[c_i(r)]^{1-1/\sigma}\right]^{\frac{\sigma}{\sigma-1}} \qquad (4\text{-}2)$$

式中，$U(r)$表示 r 地区消费者的效用；$C_M(r)$表示 r 地区消费者对城镇产品（服务）组合的消费量；$C_A(r)$表示 r 地区消费者对农产品的消费量；μ、$1-\mu$ 分别表示消费者对城镇产品（服务）和农产品的支出份额，$\mu \in (0,1)$；$\sigma>1$ 表示任意两种城镇产品（服务）之间的替代弹性；n 为城镇产品（服务）的种类数；$c_i(r)$ 表示 r 地区消费者对第 i 种城镇产品（服务）的消费量。分别用 $w(r)$、$V(r)$表示 r 地区农业劳动力的名义收入水平和实际福利水平；用 w_c 和 V_c 表示城镇工业劳动力的名义收入水平和实际福利水平；分别用 $P_A(r)$、$p_i(r)$和 $P_M(r)$表示 r 地区的农产品、第 i 类城镇产品（服务）和城镇产品（服务）组合的价格。这样，就可以得到城镇居民和农村居民消费行为的预算约束：

$$P_A(r_c)C_A(r_c)+P_M(r_c)C_M(r_c)=w_M,\ P_M(r_c)C_M(r_c)=\sum_{i=1}^{n}p_i(r_c)c_i(r_c)$$
$$P_A(r)C_A(r)+P_M(r)C_M(r)=w(r),\ P_M(r)C_M(r)=\sum_{i=1}^{n}p_i(r)c_i(r) \tag{4-3}$$

在预算约束下最大化消费者效用，可以得到城镇居民和农村居民的实际福利水平（间接效用）：

$$V_c=\mu\ln\mu+(1-\mu)\ln(1-\mu)+\ln w_c-\mu\ln P_M(r_c)-(1-\mu)\ln P_A(r_c)$$
$$V(r)=\mu\ln\mu+(1-\mu)\ln(1-\mu)+\ln w(r)-\mu\ln P_M(r)-(1-\mu)\ln P_A(r) \tag{4-4}$$

其中，$[P_M(r)]^{1-\sigma}=\sum_{i=1}^{n}[p_i(r)]^{1-\sigma}$。

三、交易成本

城镇产品（服务）和农产品在两地之间销售均存在交易成本，采用冰山交易成本，分别用 τ_M 和 τ_A 表示单位距离城镇产品（服务）和农产品的损耗比例，$\tau_M,\tau_A\in(0,1)$。这就意味着，从城镇 c 出售一单位城镇产品（服务）到 r 地区，只剩下 $\mathrm{e}^{-\tau_M|r-r_c|}$ 单位，$1-\mathrm{e}^{-\tau_M|r-r_c|}$ 单位都在运输过程中“融化”了；而一单位农产品从 r 地区销售到城镇 c，只剩下 $\mathrm{e}^{-\tau_A|r-r_c|}$ 单位，$1-\mathrm{e}^{-\tau_A|r-r_c|}$ 单位在运输过程中[①]“融化了”。这样，就可以得到：

$$P_c(r)=\mathrm{e}^{-\tau_M|r-r_c|}P_c,\ P_A(r)=\mathrm{e}^{-\tau_A|r-r_c|}P_A(r_c) \tag{4-5}$$

四、农业部门

因为农业部门生产同质产品，所以可以把农产品在城镇 1 的销售价格作为计价标准，即假设 $P_A(r_1)=1$。用 $x_A(r)$ 表示 r 地区的农产品产量，由于农业生产

---

① 假设从 0 地区向外地运输商品，用 $M(r)$ 表示工业品在运输至 r 地区时的数量，并给定 $M(0)$，则有 $\mathrm{d}M(r)/\mathrm{d}r=-\tau_M M(r)\Rightarrow M(r)=\mathrm{e}^{-\tau M^r}M(0)$，同理有 $A(r)=\mathrm{e}^{-\tau A^r}A(0)$。

受限于土地，增加劳动力投入会提高农产品产量，但却会降低人均产量。也就是说，农业生产遵循边际生产力递减原则：$\mathrm{d}x_A(r)/\mathrm{d}L(r)>0$，$\mathrm{d}[x_A(r)/L(r)]/\mathrm{d}L(r)<0$，从而假设 $x_A(r)=a_A L^{\alpha}(r)$。其中，$\alpha\in[0,1)$ 为农业生产的规模弹性，代表农业生产的规模化程度，α 数值越大，则农业生产的规模化程度越高；$\alpha=0$ 意味着农产品产量完全由土地面积决定，与投入的劳动力数量无关；$\alpha\to 1$ 意味着农产品产量完全由劳动力数量决定，农业生产规模收益不变；α 较大的情况通常出现在耕地多而农业劳动力少的国家，如美国；α 较小的情况通常出现在耕地少而农业劳动力多的国家，如中国。a_A 为农业技术参数，代表除了劳动力投入以及农业规模经营程度以外的所有影响农产品产量的因素，包括农业生产的技术水平等。农产品的售价等于所投入劳动力的总收入，即 $P_A(r)x_A(r)=w(r)L(r)$，这样就可以得到农民的名义收入水平：

$$w(r)=a_A P_A(r)L^{\alpha-1}(r) \tag{4-6}$$

五、城镇部门

城镇部门为迪克西特-斯蒂格利茨（Dixit-Stiglitz，D-S）垄断竞争的市场结构，假定不存在企业之间的共谋以及范围经济，由于具有规模报酬递增技术，一种产品只由一个企业生产。假定每一个企业使用 F 单位劳动力作为固定投入，每单位产出需要 a_M 单位的劳动力作为可变投入。所有企业都具有相同的规模报酬递增生产技术，用 x_c 表示城镇 c 的单个企业的产出量，那么其成本函数可以表示为 $w_c(F+a_M x_c)$，则其利润函数可以表示为 $\pi_c=p_c x_c-w_c(F+a_M x_c)$。假设产品种类的数量充分多，可根据 $\mathrm{d}\pi_c/\mathrm{d}p_c$ 得到企业的最优定价为

$$p_c=\frac{w_c a_M}{1-1/\sigma} \tag{4-7}$$

假设企业进出市场不存在壁垒，因此超额利润为零，从而可以得到企业的产量 $x_c=\dfrac{(\sigma-1)F}{a_M}$，每个企业使用劳动力数量为 $F\sigma$，以及城镇产品（服务）的种类数：

$$n_c=\frac{L_c}{F\sigma},n=n_1+n_{-1} \tag{4-8}$$

假设城镇 c 的城镇产品（服务）销售到 r 地区的价格为 $p_c(r)$，那么 r 地区的城镇产品（服务）价格指数为

$$P_M(r)=\left\{[p_1(r)]^{1-\sigma}\frac{L_1}{F\sigma}+[p_{-1}(r)]^{1-\sigma}\frac{L_{-1}}{F\sigma}\right\}^{\frac{1}{1-\sigma}} \tag{4-9}$$

六、市场均衡

模型中不存在储蓄和税收，因此所有劳动者的收入就等于消费总支出。由于只有农产品和城镇产品（服务）两个市场，市场出清包括农产品市场出清和城镇产品（服务）市场出清。城镇产品（服务）和农产品市场出清由下式决定：

$$\frac{(w_c)^\sigma}{\mu}=\frac{w_cL_c}{[P_M(r_c)]^{1-\sigma}}+\frac{w_{-c}L_{-c}\mathrm{e}^{2(1-\sigma)\tau_Mr_1}}{[P_M(r_{-c})]^{1-\sigma}}+\int_{-f}^{f}\frac{w(r)L(r)\mathrm{e}^{(1-\sigma)\tau_M|r-r_c|}}{[P_M(r)]^{1-\sigma}}\mathrm{d}r \tag{4-10}$$

$$(1-\mu)(w_1L_1+w_{-1}L_{-1})=\mu\int_{-f}^{f}w(r)L(r)\mathrm{d}r \tag{4-11}$$

七、劳动力流动与城镇体系结构

在市场经济体制下，劳动力可以自由流动，既可以在城乡间流动，也可以在不同的城镇间流动，决定劳动力流动的主要因素是实际工资（收入）水平。劳动力的流动是有成本的，为了简化处理，用 $\lambda_c(0<\lambda_c\leqslant 1)$ 度量劳动力流入城镇 c 的成本，进而造成劳动力的福利损失，记为 $\ln\lambda_c$，用 V_c^λ 表示流入城镇 c 的劳动力的实际福利水平，从而有

$$V_c^\lambda=V_c+\ln\lambda_c \tag{4-12}$$

劳动力的（城乡之间和城镇之间）空间流动由实际福利水平的差异所决定。因此，劳动力的空间流动达到均衡的条件为

$$V(r)=V_c^\lambda \tag{4-13}$$

联立式（4-1）的人口条件、式（4-10）和式（4-11）的市场出清条件，以及式（4-13）的劳动力空间均衡条件，就可以得到 L_M、w_M 等。因为涉及复杂方程组的计算，无法得到解析解，所以需要采取数值模拟的方法，给参数赋值，以得到方程的数值解。取各参数分别为 $\sigma=5$、$\mu=0.6$、$\alpha=0.32$、$\tau_A=0.353$、$\tau_M=0.053$、$r_1=1$、$f=2$。

各城镇对称分布，即在劳动力流动成本相同的条件下，$\lambda_1=\lambda_{-1}=\lambda$，可以得到劳动力流动成本与城镇化率之间的关系。由图 4-2 可知，城镇化率随着劳动力流动成本的降低而提高。劳动力流动成本对于城镇化进程是一个巨大的障碍。

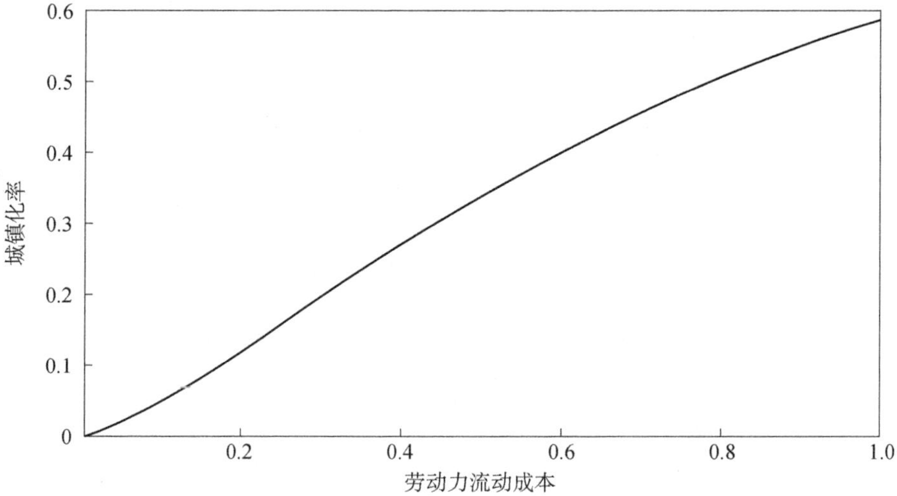

图 4-2　各城镇对称情况下劳动力流动成本与城镇化率之间的关系

各城镇不对称分布时，劳动力流动成本在各城镇间存在较大差异。整体而言，规模越大的城市外来劳动力流动的成本越高，其原因包括外来劳动力购房的压力以及人为的制度歧视等。固定其中一个城镇的劳动力流动成本，假设城镇-1 的劳动力流动成本 $\lambda_{-1} \equiv 0.5$ 。图 4-3 横轴表示城镇 1 的劳动力流动成本，纵轴表示城镇-1 与城镇 1 的人口规模之比。可以看到，随着城镇 1 劳动力流动成本的降低，城镇 1 的人口持续减少。其中，当 $\lambda_1 = 0.5$ 时，$L_{-1} / L_1 = 1$；当 $\lambda_1 = 0.6$ 时，$L_{-1} / L_1 \approx 1.54$；当 $\lambda_1 = 0.7$ 时，$L_{-1} / L_1 \approx 2.60$；当 $\lambda_1 = 0.8$ 时，$L_{-1} / L_1 \approx 6.47$；当 $\lambda_1 = 0.9$ 时，$L_{-1} / L_1 \approx 146.11$ 。可见，随着两个城镇劳动力流动成本差异的扩大，两个城镇的规模差异发生急剧变化，特别是当一个城镇的劳动力流动成本非常低时，相比于具有较高劳动力流动成本的城镇，该城镇的人口规模会变得相当小。

由此可以得到如下结论：由于城市的规模经济效应，劳动力流动成本对于城市吸引不仅没有抑制作用，反而会促进人口的流入；一个城市的劳动力流动成本越高（意味着该城市的规模经济效益越大），人口规模越大。换句话说，在市场力量（也包含人为的制度限制）下，会出现都市圈内部“大城市[①]过度膨胀、中小城市和小城镇相对衰落”的现象。出现这种情况是因为，大城市的规模效益和福利存在固化效应，无法向中小城市及乡村扩散，反而进一步吸引中小城市及乡村的劳动力向大城市及超大城市转移。

① 大城市包含当前经济社会语境中的特大城市和超大城市。

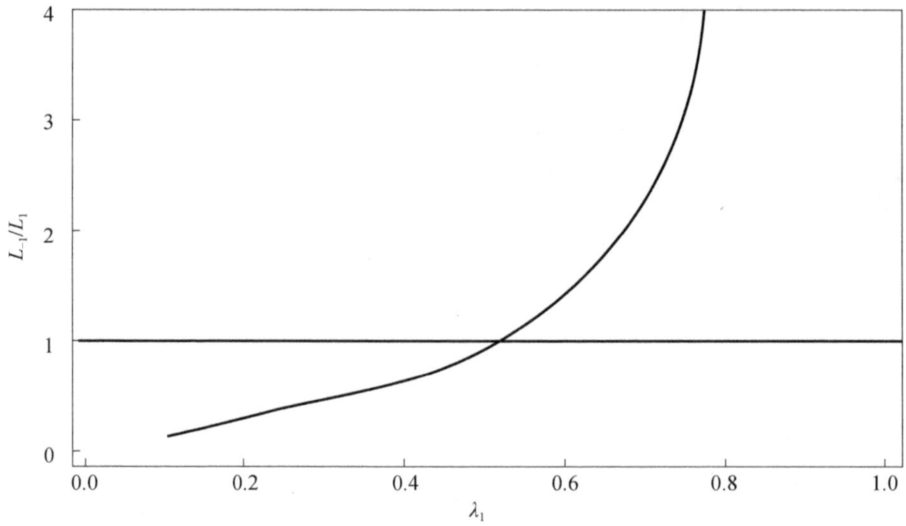

图 4-3 城镇规模差异与劳动力流动成本差异之间的关系

此外，还可以得到城镇之间的名义工资差异与劳动力流动成本差异之间的关系，图 4-4 横轴表示城镇 1 的劳动力流动成本，纵轴表示城镇-1 与城镇 1 的名义工资之比。其中，当 $\lambda_1 = 0.3$ 时，$w_{-1} / w_1 \approx 0.73$；当 $\lambda_1 = 0.4$ 时，$w_{-1} / w_1 \approx 0.88$；当 $\lambda_1 = 0.5$ 时，$w_{-1} / w_1 = 1$；当 $\lambda_1 = 0.6$ 时，$w_{-1} / w_1 \approx 1.08$；当 $\lambda_1 = 0.7$ 时，$w_{-1} / w_1 \approx 1.12$。可以看到，随着城镇 1 劳动力流动成本的降低，城镇 1 的名义工资也持续减少。故可以得到结论：劳动力流动成本越高的城市，名义工资水平越高；反之亦然。

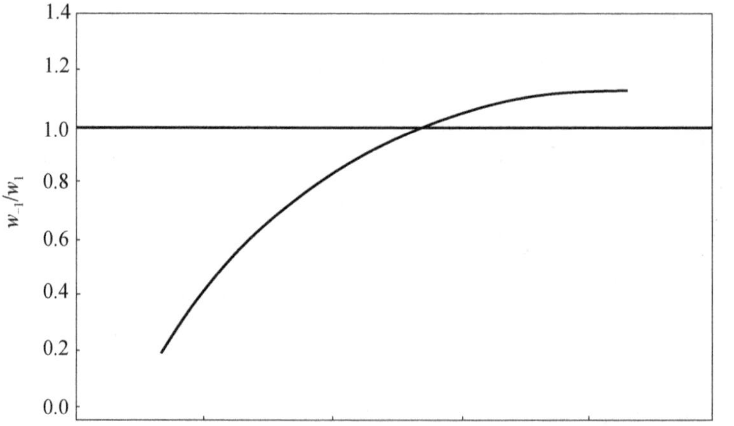

图 4-4 名义工资差异与劳动力流动成本差异之间的关系（λ_{-1}=0.5）

第三节　都市圈内中小城市功能提升的理论依据

都市圈产业分工合作理论、劳动力与人口迁移理论、政府管治理论、都市圈发展阶段理论共同为都市圈内中小城市功能提升提供了理论依据。都市圈产业分工合作理论是都市圈内中小城市产业发展和吸纳就业功能提升的基础；劳动力与人口迁移理论是都市圈内中小城市人口集聚功能提升的基础；政府管治理论为中小城市功能提升过程中政府作用的发挥提供依据；都市圈发展阶段理论表明，都市圈内中小城市功能的提升需在都市圈发展到一定阶段后才可以实现。

一、都市圈产业分工合作理论

市场机制下的区域产业分工合作理论源于 18 世纪英国经济学家亚当·斯密（Adam Smith）提出的绝对比较优势理论。亚当·斯密认为，两个具有不同绝对成本优势的地区应该分别专业化地生产自己占绝对优势的产品，然后进行交换，这样可以增进各自和整体的效益。因此，区域应该根据其绝对优势进行分工合作，促进区域经济发展。大卫·李嘉图（David Ricardo）发展了亚当·斯密的区域分工理论，认为两个具有相对优势的区域通过分工和交换同样可以获得贸易利益，比较优势成为区域产业分工的前提。瑞典经济学家赫克舍（Heckscher）与其学生俄林（Ohlin）则进一步强调区域比较优势取决于要素禀赋，提出了要素禀赋理论，强调不同产业的要素配置比例和要素禀赋决定了产业的区域分工。因此，劳动力相对充裕的地区，劳动密集型产品的生产成本相对低，而资本-技术相对密集的地区，资本-技术密集型产品的生产具有相对优势。建立在古典和新古典经济学假设前提下，企业通过市场这只“看不见的手”在区域之间配置资源，实现合理的区域产业分工，最大化地利用区域资源。

从新经济地理学角度来看，“新”体现为经济活动的空间结构是内生的（Fujita et al.，1999b；Krugman and Venables，1995；Puga，1999），即产业区位及其变化是一个内生过程。不同于传统贸易理论假定生产要素是不可流动的，新经济地理学把产业区位与要素（资本、劳动力和其他资源）的流动性整合起来，产业区位不再如传统贸易理论所言的为外生决定，也不同于原先的比较优势假设，而是将优势内生于企业与消费者的区位决策中（Combes et al.，2008）。新经济地理学认为，根植于规模经济的生产集中的力量和运输成本引起的生产分散的力量之间的互动，共同决定了产业区位（Krugman，1991）。另外，该理论特别强调生产的收益递增、集聚经济和累积循环过程对经济活动空间分布的影响。生产要素的不完全流动性、生产活动的不完全可分性、商品与服务的不完全流动性，使得企业生产具备规模报酬递增的特性，从而倾向于集聚到投入品供给和需求市场大的地区，而产业集聚的外部效应进一步促使企业集聚，进而导致该地区具备更好的发展条件，如此累积循环，形成产业分布的核心-边缘格局。由此，大市场的优势是内生的，专业化模式是经济活动空间集聚的结果。

区域间产业分工大致表现为以下变化过程：首先，产业间分工，即不同区域基于绝对优势或者比较优势发展不同的产业部门，进行专业化生产，这种专业化可称为部门专业化，它是经济发展早期阶段的产业分工形式。其次，产业内分工，即不同区域都在发展同一个产业部门，但其产品种类不同，这种专业化可称为产品专业化，产业内分工基于比较优势或者规模经济。再次，产业链分工，虽然很多地区都在生产同一产品，但是各个区域按照产业链的不同环节、工序甚至模块进行专业化分工，这种专业化称为功能专业化（表 4-1）（Duranton and Puga，2005）。随着全球化的发展，产业内贸易和公司内贸易成为重要的贸易形式，城市间产业分工开始向依托产业链的产品分工或产业内分工方向发展。城市按产业链的不同环节进行专业化分工，形成不同层次的区域产业链，城市间基于区域产业链的分工协作关系也强化了城市间的经济联系，进而促进都市圈一体化发展。在产业链分工中，生产过程被区分为不同的部分，为了降低成本，低等级的生产活动被外包到一定的区域，一些学者将其称为“价值链分割”（division of value chain）（Krugman and Venables，1995）、“生产分解”（disintegration of production）（Feenstra，1998）或“生产碎片化”（fragmentation of production）（Arndt and Kierzkowski，2001）。区域间的产业内或产品分工的基础是内部规模经济和外部规模经济，产业链的某个功能通常集中在规模经济显著的区域。

表 4-1　区域产业分工的基本类型和特点

产业分工类型	产业间分工	产业内分工	产业链分工
专业化形式	部门专业	产品专业	功能专业
分工特点	在不同产业之间进行	在同一产业不同产品之间进行	按产业链的不同环节、工序、模块进行
产业边界	清晰	较清晰	弱化
分工模式	以垂直分工为主	以水平分工为主	混合分工
空间分异	不同产业在空间上的分离	同一产业不同产品在空间上的分离	价值链的不同环节、工序、模块在空间上的分离
形成机理	地区比较优势或资源禀赋差异	产品差别、消费者偏好差别、需求的重叠、规模经济	资源禀赋和技术水平差异、规模经济、产业关联经济

资料来源：安树伟等（2019）

与一般的区域分工合作相比，都市圈内各城市进行产业分工合作的条件更为优越。首先，各城市自身资源禀赋、区位条件、市场规模及结构存在差异，具有产业分工的基础；其次，都市圈内城市之间距离较近、相互关系更为密切，不同能级城市的共同特征明显，具有产业合作的良好条件。都市圈内城市间产业分工合作体现在两方面：一是不同经济能级的城市通过生产要素重新配置提升和优化各自以及整个都市圈的产业结构；二是经济能级相近的城市之间通过资源互补提高产业专业化程度。通过分工合作，都市圈核心城市将实现从“工业型经济”向“服务型经济”的转型，产业逐步向辐射范围广泛、辐射能力较强的高级服务业和处于产业链顶端的高附加值制造业演化（李文强，2010）。制造业内部，从以原材料加工为主向以资本、技术密集型的化工、机械等重工业演化，并且逐渐占据产业链附加值最高的环节；企业内部，部分企业受核心城市承载力限制而仅将研发中心留在核心城市，把制造部门转移到副中心城市和一般城市；服务业从面向本地的服务业向具有更大辐射能力的区域性服务业演化，核心城市将成为整个都市圈的金融、物流和创新中心。都市圈内的副中心城市与核心城市在地缘上相近，部分产业对核心城市产业的依存度较高，配套性较强，总体上产业结构逐步向辐射范围不大、辐射能力中等的服务业和处于产业链中端过渡性质的制造业演化。都市圈内的一般城市在与核心城市、副中心城市的分工合作过程中，产业结构逐步朝面向本地的服务业和处于产业链末端的制造业演化。随着整个都市圈产业结构的不断优化升级，都市圈内各个城市的产业结构随之得到优化，产业发展功能得以提升。

二、劳动力与人口迁移理论

城市与产业的发展都离不开劳动力与人口的迁移变化，人口迁移理论研究人口迁移的原因及迁移方向，早期可以追溯到拉文斯坦（Ravenstein）的“人口迁移法则”。即在各种影响迁移的因素中，经济因素是吸引移民的最重要原因，由其他因素引起的迁移量较小；迁移以短距离迁移为主，长距离迁移是迁往大的工商业中心；相对于一个吸引移民的中心来说，移民人数与距离成反比，距离越近，迁入的移民越多，距离越远，迁入的移民越少；迁移常常是阶段性的，就一个城市来说，首先是其周围农村的人口迁入，然后距离较远的农村的移民又逐渐迁入城市周围的农村；由农村迁入城市的正向迁移流与逆向迁移流同时并存，但净人口迁移流通常是从农村流向城市，迁移到一个地区的移民，还存在反向迁移；城市人口的迁移活性比农村人口弱；交通、通信和技术的发展增加了迁移率。20 世纪 50 年代末，博格（Bogue）等提出了著名的“推拉”（push-pull）模型，解释了劳动力和人口迁移的动力机制。该模型认为，迁移由促使一个人离开某个地方的“推力”和吸引他到另一个地方的“拉力”两种力量引起。“推力”是指迁出地存在的消极因素，如当地的自然资源枯竭、农业生产成本增加、农村劳动力过剩导致失业上升、较低的经济收入水平等；“拉力”是指迁入地具有的吸引力，如较充足的就业机会、较高的工资收入、较好的生活水平以及较好的受教育机会、文化设施和交通条件等。泽林斯基（Zelinski）提出了“人口迁移转变假说”，他认为人口迁移和流动不仅与社会经济发展条件有关，还与人口出生率和死亡率的转变有着密切的关联，通过“出生率-死亡率-自然增长率”的模式将社会发展划分为不同阶段，每一阶段的人口迁移都具有不同的特征与规律。法国经济学家富拉斯蒂埃（Fourastie）认为，在产业分布结构中劳动力转移的主要原因是技术进步，并从理论上进行了补充与论证。托达罗（Todaro）认为，人口由农村向城市的迁移不仅取决于城乡实际收入的差异，还取决于在城市就业基础上的城乡预期收入差异，人口迁移是有预期的理性行为。劳动力流动的决策模型可以用简单的数学公式表示：

$$Z_0 = \sum_t \frac{E_0}{(1+r)^{t-A}};\ Z_1 = \sum_t \frac{E_1}{(1+r)^{t-A}} - C \tag{4-14}$$

式中，E 表示收益；C 表示成本；Z 表示净收益；A 表示年龄；r 表示主观贴现率，下标 0 和 1 分别表示劳动力不流动和流动时相应变量的取值；年龄 $A \leqslant t \leqslant$ 退休年龄，假如年龄为 23 岁，退休年龄为 60 岁，就是 $23 \leqslant t \leqslant 60$（陆铭和梁文泉，2017）。如果劳动力流动的净收益大于劳动力不流动的收益，那么理性的决策就是流动。在不同的劳动力流动问题中，决策主体的年龄、时间偏好、心理成本、职业特征等存在差异，使得模型中每一个变量都是不同的。

以上几种理论和模型可以在一定程度上解释我国的劳动力和人口迁移，但我国特殊的户籍制度，使得大量迁移人口仅仅完成了地域上的转移，未能享受与当地居民在就业、养老、医疗、子女教育、住房等方面的同等待遇，没有实现真正的身份转变，劳动力流动受到严重制约。1982～2016 年，我国迁移人口规模从 657 万人增加到 2.5 亿人，跨地区迁移人口占总人口的比重从 0.7%上升到 17.7%。人口迁移方向主要是从乡村向城镇的城乡间流动以及从中西部内陆地区向东部沿海地区的区域间流动（朱宇和林李月，2016），乡村向城镇的迁移人口占我国迁移人口的绝大多数，2010 年城镇之间的迁移人口占总迁移人口的比重为 18.0%，迁移人口向地级及以上城市尤其是向大城市及特大城市集聚的现象显著，小城镇主要在吸纳人口就近迁移方面发挥一定的作用（王宁，2016）。

目前，都市圈核心城市均为净迁入活跃型城市，其周边大中城市则为迁入和迁出平衡型城市[①]，但核心城市吸纳的人口和劳动力迁移更多地来自都市圈之外。以珠三角地区发育较为成熟的广州都市圈和深圳都市圈为例，城市规模作为影响都市圈内人口集聚能力的唯一显著因素，其对省外迁移人口的影响远远高于对省内市外迁移人口的影响[②]。都市圈内城市规模每增长100万人，省外迁移人口所占比重提高4.4个百分点，而省内市外迁移人口所占比重仅提高1.2个百分点（余吉祥等，2013）。在都市圈成为我国城镇化主体形态的背景下，随着城镇化水平的提高和户籍制度改革的深入推进，从乡村到城镇的劳动力和人口迁移将逐步减少，而都市圈内不同规模等级城市间的人口和劳动力流动将越来越频繁。

三、政府管治理论

新经济地理理论表明，在单纯的市场机制下，大城市规模经济的固化效应和吸引经济活动的黑洞效应，使得功能多且强的大城市功能不断强化，中小城市的功能反而相对弱化。所以，对政府而言，提升中小城市的功能，实质上是在遵循市场规律的情况下，通过完善城市的一般功能、强化特殊功能、疏解某些功能等提升中小城市居民的实际效用水平，而政府管治理论则为政府的这些行为提供依据。政府管治是指政府对公共事务进行管理，它掌舵（steering）但不划桨（rowing），不直接介入公共事务，介于负责统治的政治和负责具体事务的管理之间（毛寿龙和李梅，2000）。政府管治涉及的主要内容是政府应该做什么、政府应该怎样做、政府为谁生产等（乔林碧和王耀才，2002）。

（一）政府应该做什么

在私人部门，生产什么由人们的消费偏好决定，通过市场价格信号（货币选票）引导企业进行生产选择。而政府部门的生产选择要复杂得多。首先，不同主体的选择不同。政府内部经济主体有三类：①“非市场主体”部门，如国防；②“市场主体”部门，如一般的国有企业；③“准市场主体”部门，如教育。对于“非市场主体”部门，生产什么的问题完全由“公共选择”的结果决定；对于“市场主体”部门，生产什么的问题应该由市场价格信号决定；对于“准市场主体”部门，生产什么的问题由“公共选择”和市场价格信号共同决定。

---

① 净迁入活跃型城市的净迁移率大于0.1，且总迁移率大于0.1；平衡活跃型城市的净迁移率在−0.1～0.1，且总迁移率大于0.1。净迁移率= 净迁移量/城市常住人口，总迁移率=（迁入量+迁出量）/总人口（王宁，2016）。

② 因为广州都市圈和深圳都市圈内的城市均为省内的，所以对省外迁移人口的影响可等同于对都市圈外迁移人口的影响，对省内市外迁移人口的影响等同于对都市圈内迁移人口的影响。

在现实中，三种不同的部门可以有不同的融合方式，加上政府部门可以与私人部门结合，这些情况都增加了政府部门生产选择的复杂性。其次，不同产品的选择不同。政府部门生产的产品包括公共物品、准公共物品和市场产品[①]。不同产品的不同生产选择途径与不同生产主体的不同生产选择途径相似。

一般而言，私有市场对公共物品供给不足（胡欣和江小群，2005）。例如，城市的道路、公园绿地、自来水等均具有很强的非排他性或非竞争性，城市中的每个居民和厂商都能很容易地分享这些设施和服务。但如果由某个居民或者厂商以很大的投入来建造道路、绿地和自来水，其他居民和厂商就会以很低的成本分享，对建造者而言，投资效益极低。在比较利益面前，私人部门不会主动增加公共物品的供给。政府具有承担公共物品供应问题的巨大优势，可以通过市场的调控干预来鼓励和增加公共物品的供应，并通过税收使分享了公共物品的每个人为公共物品的增加提供补偿。当然，有时政府也可以通过补贴、税收优惠等政策，鼓励私人部门参与公共服务和公共产品的生产，以增加公共产品的供给。例如，鼓励建筑商投资旧城改造和低收入者公寓建设，对这些建筑商提供优惠贷款或给予税收减免。

（二）政府应该怎样做

在私人部门，怎样生产的问题是相互竞争的企业在利润最大化原则的驱动下，通过复杂的技术选择来确定的。政府部门的选择同样是复杂的。首先，政府部门必须选择生产主体。在西方市场经济国家，对于公共物品政府可以选择由政府的“非市场主体”部门生产，也可以选择由政府的“市场主体”部门生产，甚至可以由私人部门生产；对于准公共物品（如教育）也有类似的生产选择问题。有些公共物品或准公共物品为符合社会价值的原则必须由政府的“非市场主体”部门提供，如国防、公共安全和强制性义务教育。这种生产主体的选择同样可以极大地影响社会的整体经济效益。其次，政府部门必须选择生产技术。这里涉及政府部门或国有企业的效率与激励机制问题。一方面，政府部门提供的公共物品的价值由于缺乏市场价格而难以估计，尤其是政府部门提供的服务，很难估量其实际价值；另一方面，政府部门或国有企业的目标实际上是综合的，像私人企业那样用单一目标衡量是不准确的。这样，政府部门选择的生产技术或管理方式就不能保证是经济意义上最有效的。最重要，也是最复杂和难以处理的是激励机制问题。此外，政府部门还可间接影响私人部门生产

① 公共物品如国防、公共安全等，准公共物品如教育、公共交通等，市场产品如国有企业生产的各种产品等。

方式的选择。例如，通过税目和税率的价格变化影响私人企业生产方式的选择；通过制定劳动法、环境保护法、反托拉斯法等法规，制定产业政策，进行价格补贴等方式影响私人企业生产方式的选择。

（三）政府为谁生产

在西方经济学家看来，私人部门的收入分配由各生产要素的边际收益决定。各个经济主体的收入由他所提供的生产要素的价格（边际收益）和他所拥有的该要素的数量（资源禀赋）共同决定。政府部门的一个主要目标就是纠正私人部门的这一分配方式与社会公平原则之间存在的偏差。除此之外，政府部门生产的产品也存在合理分配问题。对于绝大多数公共物品来说，分配实际上是一个“公共选择”问题。原因在于，除了极少数公共物品（如国防和公共安全）可以绝对平等地消费外，大部分公共物品只是为一部分人提供便利，政府在决定这些公共物品生产的同时实际上也决定了其分配。政府部门生产的公共物品的分配除了遵循大多数人受益的原则外，主要受不同的利益集团所支配。由于公共物品的生产必须消耗社会资源，公共物品分配的不公意味着社会资源分配的不公，而公共物品的消费是不需要付出经济代价的。因此，从一定意义上说，从社会公平的原则来看，公共物品分配不公可能比私人部门收入分配不公的后果更为严重。此外，公共物品的消费是不需要付出经济代价的，这也可能导致对公共物品的滥用。

四、都市圈发展阶段理论

都市圈并不是一个静态的概念，而是一个不断演化的区域经济体。根据都市圈发育过程中首位城市（核心城市）的地位、首位城市与成员城市的关系、都市圈内部结构的变化等特征，国内外学者从不同的视角对都市圈的形成演化进行了阶段划分（表 4-2）。虽然学术界对都市圈阶段划分的视角不同，但都表明都市圈的发展必然是由低级到高级的逐步演进过程，内部城市之间的关系由松散的关联发展到紧密的联系（陈群元等，2009），都市圈形成过程伴随着其内部不同等级城市的功能提升。都市圈的不同阶段呈现出不同的发展特征，通过这些特征的量变与质变，都市圈逐步由低级阶段向高级阶段演进。本书第二章第二节将我国 24 个都市圈发展阶段划分为萌芽期、发育期、成长期、成熟期四个阶段。

表 4-2　国内外学者关于都市圈阶段的划分

学者	都市圈阶段划分
Gottman（1961）	孤立分散阶段、城市间弱联系阶段、大都市带的雏形阶段、大都市带的成熟阶段
Friedman（1964）	工业化以前的农业社会、工业化初期、工业化成熟期、工业化后期
张京祥（2000）	孤立城镇膨胀阶段、城市空间定向蔓生阶段、城市间的向心与离心扩展阶段、城市连绵区内的复合式扩展阶段
刘荣增（2003）	初级发展、过渡发展、相对成熟三个阶段
官卫华和姚士谋（2003）	初始、发育、稳定、成熟四个阶段
方创琳等（2005）	发育雏形阶段、发育成熟阶段、趋于鼎盛阶段、发育鼎盛阶段
陈群元等（2009）	雏形发育阶段、快速发育阶段、趋于成熟阶段、成熟发展阶段
罗守贵和李文强（2012）	结核期、整体集聚期、次中心形成期、成熟期四个阶段

第四节　国外都市圈内中小城市功能提升的事实依据与启示

整体上，国内都市圈内中小城市功能提升不足，发育较成熟的京津都市圈、上海都市圈、广州都市圈、深圳都市圈中，京津都市圈受特殊的政治体制影响，核心城市对周边区域的虹吸效应大于溢出效应，大城市与中小城市之间的协同发展格局尚未形成；上海都市圈在政府主导下采取一系列措施大力培育小城市发展；广州都市圈和深圳都市圈主要通过“专业镇经济”模式推动中小城市的经济发展和功能提升（冯奎和郑明媚，2013）。下面主要通过对国外发育成熟的都市圈内中小城市功能提升的事实进行描述，总结都市圈内中小城市功能提升的条件，为国内中小城市功能提升提供事实依据。国外发达国家的都市圈发展历程表明，随着都市圈的形成、不断发展并最终趋向成熟，都市圈内中小城市的功能不断得到提升。

一、事实依据

（一）伦敦都市圈

伦敦都市圈包括大伦敦地区及其附近的 11 个郡，总面积为 1.14 万 km^2。大伦敦地区由内伦敦和外伦敦组成，内伦敦是指伦敦金融城及内城区的 12 个区，外伦敦是指内伦敦外的 20 个市辖区。都市圈的发展大致经历了以下三个阶段。

第一阶段为核心城市成长阶段（1937 年之前）。都市圈的核心城市伦敦早在工业革命前就是英国的工业中心，凭借其工业中心的地位，伦敦人口经历了迅速的扩张过程，1500 年人口约 5 万人，1700 年增加到 58 万人左右，占全国总人口的比重也从 1650 年的 7.0%提高到 1700 年的 11.0%。工业革命爆发后，伦敦虽然并非工业革命的中心，但凭借其贸易中心与金融中心的地位，人口仍然迅速增加，1801 年人口增加到 101 万人，此后以年均 2.1%的速度增长，1939 年达到历史峰值 891 万人（王涛，2014a）。随着人口和产业不断集聚，伦敦得到了快速发展，同时也出现了城市人口拥挤、基础设施不足、住房条件恶化、工业发展用地紧缺等问题。

第二阶段为新城建设发展阶段（1937～1977 年）。为了克服大城市过度发展带来的各种危机，1937 年英国政府成立了巴罗委员会，该委员会于 1940 年提出“巴罗汇报”，建议疏散伦敦中心区的工业和人口。1944 年完成的《大伦敦地区空间战略规划》确定了新城建设的基本思路，即在距离伦敦中心半径约 48km 的范围内，由内向外依次建设内圈、近郊圈、绿带圈与外圈 4 个同心圈[①]，在外圈规划建设 8 个卫星城，以接纳从内圈疏散出来的工业和人口。整个都市圈的结构为单中心、同心圆封闭式系统，交通网络采取放射路与同心环路直交的连接方式。1946 年《新城法》通过后，新城建设运动正式开始，到 20 世纪 50 年代末共建了 8 个卫星城。为了实现城市内部生活和工作的平衡，新城千方百计地通过引进工业为当地居民提供工作岗位，并注意避免工业部门单一化，另外还为居民配备了完善的基本生活服务设施。60 年代中期，伦敦编制了《大伦敦发展规划》，该规划试图改变都市圈同心圆封闭布局模式，使城市沿着三条主要快速交通干线向外扩展形成长廊地带，在长廊终端分别建设三个具有“反磁力吸引中心”作用的城市，以期在更大地域范围内解决都市圈内经济、人口和城市的合理均衡发展问题。这三个城市即后来建成的距离伦敦中心 70～100km 的米尔顿·凯恩斯、南安普敦和朴次茅斯（章昌裕，2007a）。

第三阶段为旧城改建和保护阶段（1977 年之后）。在新城开发建设取得较快发展的过程中，伦敦内城出现了日益严重的衰落现象。20 世纪 70 年代，英国政府调整了疏散大城市及建设卫星城的有关政策，1978 年通过《内城法》，开始注重旧城建设与保护，1980 年宣布停止拨款建设新城。80 年代初期，伦敦开始实施产业结构调整战略，在向外转移传统制造业一般加工环节的同时，大力发展高端装备制造业、金融业以及与制造业相关联的生产性服务业。80 年代后期，

---

① 内圈是城市内环，包括伦敦郡和部分邻近地区，准备从这里疏散 100 万人口和工作岗位；第二圈是郊区圈，人口密度并不是很高，这里计划不再增加人口；第三圈是绿化带，宽约 16km，用来阻止伦敦扩散到 1939 年达到的边界；第四圈是乡村外环，用来接纳来自伦敦内环疏散出来的人口，规划设置 8 个卫星城。

伦敦的产业结构从以制造业为主转向以金融、贸易、旅游、生产性服务业等第三产业为主。20 世纪以后，创意产业的兴起与高速发展，又一次带动了伦敦都市圈产业结构的优化升级。

由此可见，伦敦都市圈内中小城市通过两种途径实现了功能提升：一是通过政府主导下的新城建设；二是通过市场机制发挥主要作用的都市圈产业结构升级过程。当然，都市圈内中小城市功能的提升离不开便捷的交通网络体系。

（二）巴黎国际都市圈

巴黎国际都市圈，狭义上泛指大巴黎地区，由巴黎市、上塞纳省、瓦勒德马恩省、塞纳-圣但尼省、塞纳-马恩省、伊夫林省、埃松省、瓦勒德瓦兹省组成，总面积约 1.2 万 km^2。广义上讲，巴黎国际都市圈涵盖了法国城市群、德国城市群、荷兰城市群和比利时城市群。本书所指巴黎国际都市圈为狭义上的大巴黎地区。

大巴黎地区的形成经历了从单中心结构密集发展到多中心结构的都市圈转换过程。20 世纪 60 年代以前，巴黎始终坚持单中心的发展模式。1789 年法国资产阶级大革命爆发，在大革命的推动下，法国的工业在巴黎得到初步发展，人口逐步向巴黎集中。工业革命以后，巴黎成为法国最重要、最完备且最集中的工业区之一。经济活动追求规模效益的内在冲动，吸引资本、劳动力等要素不断向核心城市巴黎集聚，使得巴黎中心的人口快速膨胀。第二次世界大战以后，由于巴黎具有经济基础好、技术雄厚、能源原料价格低廉、交通便利等优势，法国工业和人口进一步向巴黎集中。50 年代，法国 60%的汽车、电子、航空、机械、医药工业以及 50%的复印工业、相卡片工业集中在巴黎，1/3 的公司税额在巴黎征收，3/4 的研究活动在巴黎举行，1/3 的新兴工业基地在巴黎建设（冯奎和郑明媚，2013）。在核心城市不断集聚和膨胀的过程中，出现了交通瘫痪、地区发展不平衡、人口过度集中、地价大幅上涨、环境严重污染等诸多城市问题，这使得法国政府开始对大巴黎地区进行整体规划。

20 世纪 60 年代，大巴黎地区的发展有了战略性转变，巴黎市政府确定了多中心发展模式，使得该区域的发展扩散到整个大巴黎地区，而不是仅集中发展巴黎。首先，在巴黎周边建立远郊新城和近郊副中心，一方面承接巴黎市中心的人口扩散，另一方面吸收周边乡村人口的转移。最终确定的 5 个新城集中分布在巴黎周边 30～50km。在巴黎市中心和新城之间，距离市中心约 10km 的圈层上还建设了 9 个副中心，形成了若干具有相当水平的工业小区。新城是具有各种完善功能的独立城市，包含发展经济、居民生活所需的各种基础服务设施，依托各自独特的区位和要素禀赋形成了不同的城市格局。大巴黎地区中小城市与核心城市的联系主要通过快速、大容量的轨道交通实现，包括地铁、轻轨铁路和高速列车。其次，在工业方面实施了“工业分散”政策，严格限制工业向巴黎中心继续集中，重新调整了工业布局。对环境污染较小的生产时尚、异变产品的工业和手工业部门继续留在市区，传统的资本、劳动密集型工业部门，如汽车制造、食品加工、印刷出版、电力工业等被迫向郊区和新城转移。同时，政府还加强了巴黎市区管理、研发、营销等高级服务功能的集中。最后，政府不断加大对交通、综合娱乐、生活环境等各方面基础设施建设的投资力度，提高了整个大巴黎地区居民的生活质量。20 世纪末期，大巴黎地区已经完全由单中心城市转变成多中心的大都市区域。进入 21 世纪之后，法国政府继续依靠规划缓解核心城市的人口压力，使得大巴黎地区得以均衡发展。这一时期，大巴黎地区的多中心发展模式得到进一步确定，核心城市和中小城市都得到了充分发展，大巴黎地区的集聚效应使得其周边的大城市也得到了迅速发展。

巴黎国际都市圈内中小城市功能的提升，主要体现为新城的设立与发展。这些新城以原有的半城镇化区域为基础，通过发挥新建城市中心的极化作用，不仅吸引了大量核心城市疏散的人口和周边乡村地区的人口，还承接了核心城市的工业转移，与此同时，住宅、娱乐设施等也不断向此集聚。随着人口的增长和建筑密度的增加，半城镇化地区逐步演变为真正的城镇化地区，各种城市功能由此得到提升。

（三）纽约都市圈

纽约都市圈北起缅因州，南至弗吉尼亚州，跨越 10 个州，包括波士顿、纽约、费城、华盛顿四大核心城市，巴尔的摩等副中心城市以及围绕在这些城市周围的 40 个中小城市，总面积为 13.8 万 km^2。

纽约都市圈的形成主要经历以下四个阶段（章昌裕，2007b）。

第一阶段是城市孤立分散阶段（1870 年之前）。农业占据主导地位，城镇化处于起步阶段。随着城镇化进程的推进，经济和人口开始向城市集聚，但城市发展相对独立，与周边城市联系较少，小城市呈现松散分布的状态。

第二阶段是区域单中心城市体系形成阶段（1870～1920 年）。随着工业革命的推进和横贯大陆铁路网的建设，先进的工业化社会代替了落后的农业化社会，产业结构发生了巨大变化，城镇化进入以集聚为主的阶段，核心城市不断吸引周边中小城市的人口和产业向此集聚，城市规模急剧扩大。例如，纽约周边的长岛、扬克斯（Yonkers）、锡考克斯（Secaucus）等地区的大量劳动力流向纽约寻找更多的就业机会，同时也为纽约提供了大量的其他资源。

第三阶段是都市圈雏形的形成阶段（1921～1950 年）。这一阶段，美国经济社会发展进入工业化后期，核心城市规模不断扩大导致人口和经济活动向心集聚达到顶点，城市内部的土地、公共设施已经不能满足生产和生活所需，城市发展开始超越建成区的地域界线向周边郊区扩展，逐渐形成了大都市区。郊区在承接核心城市人口和产业转移的同时，在市场经济体制下又形成了新的经济体系，不仅很好地参与了核心城市的经济活动，还带动了周边中小城市的发展。该阶段，在原有单中心城市体系的基础上形成以纽约、费城为核心，囊括周边中小城市并向外辐射的城市发展轴线结构，被称为纽约都市圈的雏形。

第四阶段是都市圈的成熟阶段（1950 年以后）。随着科技的迅猛发展，交通和通信技术取得进步，核心城市产业结构不断升级换代，逐步转向以知识密集型产业为主，不同等级的城市之间通过发达的交通网络和通信网络联系更为紧密。核心城市周边条件优越的中小城市逐步被开发建设，人口和产业规模逐渐扩大，各种区域性基础设施日趋完善，导致大都市区的空间范围扩张，纽约都市圈从雏形走向成熟，并发展成为核心城市带动周边中小城市发展的区域经济一体化地区。由于汽车工业和石油工业的快速发展，核心城市与都市圈内其他区域的联系主要通过发达的高速公路网实现，主要交通工具为小汽车，纽约都市圈内以中心城市为核心的近郊和远郊小汽车使用率达 95%以上（张晓兰，2013）。

在纽约都市圈的雏形形成和成熟阶段，核心城市带动了周边中小城市的发展，中小城市首先接受了核心城市人口的转移，提升了人口集聚功能；接着承接了核心城市向外转移的传统制造业，产业发展功能和吸纳就业功能得到提升；紧接着中小城市开始建立大量购物中心，在提升商业功能的同时吸纳就业功能得到进一步提升。纽约都市圈内中小城市功能提升，在生产力发展、产业集聚与扩散效应、规划三方面因素作用下得以实现。生产力发展是城镇化和工业化的动力来源，也是都市圈内中小城市功能提升的根本推动力。交通和通信技术的进步以及交通工具的进步使得城市空间不断向外扩展，加强了核心城市与中小城市之间的联系，为人口和产业的集聚与扩散提供了通道。产业集聚与扩散是引起都市圈内中小城市功能提升的重要经济因素。纽约都市圈形成的早期，正是美国制造业得到空前发展的时期，在市场机制作用下制造业产业不断向核心城市集聚。随着产业和人口的不断集聚，核心城市出现交通拥挤、住房短缺、地价昂贵、环境污染等问题，发展传统制造业的成本越来越高，迫使大量制造业企业开始向郊区和周边中小城市扩散，同时迁移出去的还有许多高科技人才，由此中小城市功能得到一定程度的提升。核心城市向中小城市的产业扩散，不仅带动了周边中小城市的发展，还加快了自身产业结构向更高层次发展，从而进一步促进整个都市圈的经济发展、产业结构升级以及各种基础设施完善，都市圈内中小城市的功能也会得到进一步的提升。美国的经济发展是市场主导型的，因此市场机制在纽约都市圈的发展过程中发挥了至关重要的作用，城市规划主要是通过纽约区域规划协会完成的。该协会对纽约都市圈进行了三次重要规划：1921～1929 年第一次规划，目标是加快城区“再中心化”，为了给城市中心建设中央商务区腾出足够空间，将工业沿着交通枢纽“郊区化”布局，同时引导居民向周边地区扩散转移。第二次世界大战后，汽车普及引起都市圈向郊区低密度蔓延，1968 年纽约区域规划协会进行了第二次规划，强调都市圈的“再集聚”、旧城复兴等。1996 年第三次规划，制定了都市圈发展“经济”“环境”“平等”的“3E”标准，目的是提高都市圈的生活质量，实现可持续发展。由此可见，第一次规划对纽约都市圈内中小城市功能提升发挥了最直接的作用。

（四）东京大都市圈

东京大都市圈是指以东京为中心、半径 100km 范围内的地区，主要包括 1 都 7 县，即东京都、神奈川县、千叶县、埼玉县、茨城县、枥木县、群马县、山梨县，总面积为 3.64 万 km^2。20 世纪 60 年代以来，日本政府对东京大都市圈进行了五次基本规划，使得都市圈由“一级集中”逐渐演化成“多心多核”的发展格局，形成了三个圈层结构：一是核心区东京都；二是中间圈层埼玉县、神奈川县、千叶县；三是外围圈层，即茨城县、枥木县、群马县和山梨县。

作为一个中央集权国家，日本政府通过具有法律效力的城市规划对东京大都市圈的产业、人口空间布局进行了调控，在都市圈的形成和发展过程中发挥了重要作用（王涛，2014b）。东京始建于 1457 年，明治维新之前称为江户，1868 年明治维新开始后，江户改名为东京，成为日本的首都。随着日本工业革命的完成，大量人口、资本、企业向东京集中，东京逐渐发展成为政治和经济相结合的功能性城市，为后来大都市圈的形成奠定了基础。第二次世界大战结束后，东京遭到很大的破坏，但随着日本经济的恢复和发展，人口不断涌入东京，大量政府机构、公司总部、商业服务设施和工厂集聚，城市得到发展的同时拥堵问题变得十分突出。

为了缓解东京的人口和产业压力，限制城市无度扩张，1950 年东京成立了首都圈建设委员会，1958 年制定了《第一次首都圈建设规划》，该规划仿照 1944 年的《大伦敦规划》，以绿带限制城市发展边界。具体地，以东京都心 10～15km

区域为城市建成区，建成区外围 8～10km 规划为绿带，作为城市扩张的界限，绿带外围建设卫星城。以绿带限制城市蔓延的做法并没有发挥预期的作用，而且新建的卫星城只承担了居住功能，商贸、物流、工业功能仍受制于东京，这反而进一步加大了东京的负担。1968 年制定的《第二次首都圈建设规划》，将“1 都 7 县”作为东京都市圈的规划范围，提出通过将东京的部分功能分散到周边地区以缓解其压力。不再强调通过绿带限制城市的扩张，绿带逐渐被近郊整备地带取代，即在近郊预留足够的空地以备有序开发，同时在空地中保留大量的绿地。在外围的城市开发地区，继续建设卫星城的工业体系，完善城市的流通、教育等功能。为了疏散东京的城市功能，该时期修建了大量的铁路和公路，用以连接区域内的主要城市。但是由于东京城市发展处于极化阶段，大量产业和人口仍然向此集聚，疏解东京城市功能的目标没有实现，都市圈逐渐呈现“一极集中”的空间格局。为了解决东京过度发展导致的区域不平衡，1974 年日本成立了国土综合开发厅，1976 年出台了《第三次首都圈建设规划》，注重国土均衡发展，指出以“分散型网络结构”代替“一极集中”的大都市圈结构，重点促进商务核心城市横滨与川崎的发展，加强周边卫星城商业、文化、娱乐等设施建设，形成不依赖于核心城市的外围区域，减少对东京都心的过分依赖。1986 年制定的《第四次首都圈建设规划》提出发展副都心，都心将建设国际金融与高层管理中心，副都心分担都心部分产业和教育、政治、文化等城市功能，周边新城摆脱单一的居住功能，形成具有相对完善的商业、工业、教育和居住功能的独立城市。该时期东京大都市圈正处于扩张阶段，随着高速公路和轨道交通等基础设施的建设，都市圈内出现了明显的郊区化趋势，核心城市制造业开始往外转移，城市分工体系和功能定位逐步完善，城市间产业和经济关联度加强。20 世纪 90 年代起日本经济出现了衰退，东京大都市圈内都心地区空洞化问题显现，1999 年出台的《第五次首都圈建设规划》提出重振首都圈，建设“都心区-副都心-周边新城”的多核多圈层大都市圈结构。

东京大都市圈的发展历程表明，都市圈内中小城市的功能提升主要发生在《第三次首都圈建设规划》之后，提升途径则是建设具有产业和人口集聚功能、相对独立且与核心城市保持紧密联系的新城。紧邻都心区的新城，如新宿、池袋等地随着城市功能的提升逐渐发展为都市圈的核心区；位于东京近郊的新城，如多摩新城、八王子市等具有一定的产业功能，但更多地充当了东京的“睡城”，主要发挥人口集聚功能；位于东京周边各县的新城，部分城市自身具有雄厚的工商业基础，被纳入都市圈范围后功能进一步提升，部分城市主要用来承担东京某项产业功能的疏解，在接受产业疏解的过程中城市功能得到提升。

二、若干启示

从世界主要都市圈内中小城市功能提升的事实可以看出，都市圈内中小城市功能的提升建立在一定客观条件的基础上。只有具备了这些条件，都市圈核心城市与中小城市才能形成功能互补、分工合理、联系密切的一体化区域，才能实现都市圈整体经济实力的增强，中小城市功能才能不断得到提升。

首先，都市圈核心城市要在市场机制下得到充分发展，当其扩散效应大于极化效应时，才有可能带动周边中小城市发展，实现功能提升。伦敦都市圈大规模的新城开发建设，使得都市圈内中小城市功能得到提升，但1977年之后伦敦内城却出现了严重的衰落现象。东京首都圈建设委员会制定的《第一次首都圈建设规划》中，试图通过绿带限制城市发展边界，以此促进绿带外围卫星城的发展，然而绿带并没有发挥预期的作用，直到《第三次首都圈建设规划》之后，东京大都市圈内中小城市的功能才得到明显提升。

其次，中小城市自身需要具备一定的优势，如区位优势、自然环境或人文环境优势、产业优势、资源优势等。巴黎国际都市圈内的马恩拉瓦莱新城，该城市之所以成为都市圈内新城中发展最快且最成功的一个，源于其拥有区位、交通、环境等方面的优势。马恩拉瓦莱新城距离巴黎市中心最近，处于半城镇化郊区和传统农业地区的过渡地带，大量的农业生产用地为城市发展提供了丰富的储备空间；新城处在巴黎以东的交通要道上，是通往北欧和东欧的高速公路的交汇处，境内有多条公路、铁路穿行；区内地势平缓起伏，河流蜿蜒纵横，植被茂密，自然条件优越，景观特质明显，拥有大量的历史文化遗产。东京大都市圈内的横滨区位优势显著，毗邻东京，沿海而立，是东京连接日本南部城市的纽带和门户。

再次，中小城市与核心城市之间要有完备的交通设施相连接，交通设施既可以是快速、大容量的轨道交通设施，也可以是四通八达的高速公路网。伦敦都市圈内的交通网络实现了轨道交通与道路交通、地上交通与地下交通的完美结合，以伦敦为中心不断向外辐射的郊区铁路网络密度高、分布均匀，连接了几乎所有的主要市镇；除个别路段和桥梁、隧道外，四通八达的高速公路网络基本上不收取任何通行费用。巴黎国际都市圈内中小城市与核心城市的联系主要通过快速、大容量的轨道交通实现，包括地铁、轻轨铁路和高速列车。

最后，中小城市功能的提升离不开政府部门的科学规划和引导，必要时还需借助法律手段提供保障。例如，伦敦政府制定了《大伦敦发展规划》，并颁布了《新城法》；东京首都圈建设委员会制定了五次《首都圈建设规划》。

第五章

都市圈内中小城市功能提升的总体思路

从全国范围来看，我国已经进入都市圈化阶段，未来20年新增的城镇人口将主要靠都市圈吸纳，都市圈内新增的人口则需要由大中小城市和小城镇共同吸纳。都市圈要实现合理高效的发展，就必须实现大中小城市的协调发展。但是，我国都市圈内中小城市功能还存在许多薄弱环节，如基础设施建设还不够完善、公共服务供给短板较为明显等。我国都市圈内中小城市功能提升的总体思路是，以产（业）城（市）人（口）高效融合为重点，重点提升公共服务功能和人口集聚功能；以成长型都市圈为重点，分类提升不同发展阶段都市圈内中小城市功能；以内陆地区都市圈为重点，统筹提升“沿海-内陆-沿边”三大区域都市圈内中小城市功能；以产业协作为重点，构建都市圈新型产业分工格局；以市场化改革为重点，促进都市圈内要素自由流动。

第一节　重点提升公共服务功能和人口集聚功能

一、中小城市功能提升过程就是产（业）城（市）人（口）高效融合的过程

都市圈内中小城市功能提升的本质就是产（业）城（市）人（口）高效融合的过程。学术界对产城融合研究得比较多，一般认为产城融合是指在综合考虑产业空间布局、城市承载力和可持续发展的基础上，通过产业、城市、人口、民生的协调有序发展促进城市更新和城市服务水平完善，使产业发展符合城市

整体功能扩展，形成产业发展和城市功能优化良性互促与协同共进的科学动态过程。刘欣英（2017）对西安都市圈的研究表明，2016 年Ⅰ型小城市及Ⅱ型小城市的产城融合综合指数得分均在 33 分以下，产城融合状态较差，且与中等城市差距明显。产城人融合发展更加突出了人的因素，即城市发展和城市功能的提升，不仅包括产业发展，还包括城市公共服务功能的提升，通过城市公共服务功能的提升以集聚更多的人口。与产城融合相比，产城人融合发展从“土地城镇化”转向“人口城镇化”，从城乡分割、产城分离、职住失衡转向城乡一体、产城融合、职住便利，提高了城市发展的协调性与和谐度。中小城市的产城人互动程度低于大城市的平均水平（表 5-1）。

表 5-1　2011 年全国 287 个地级以上城市的产城人融合发展水平

城市类型	产城人三者互动程度
巨型城市	0.085 62
特大城市	0.088 85
大城市	0.077 00
中等城市	0.073 30
小城市	0.077 87

资料来源：李光辉（2014）

产业发展、吸纳就业、公共服务和人口集聚功能是城市功能不可分割、相互联系的四个组成部分。产业发展功能是城市功能体系的核心和根基，也是其他功能赖以存在和发展的前提。人口集聚推动产业快速发展，产业集聚的程度越高，经济越发达，必然能够吸引更多的人口涌入，进而拥有更强的人口集聚力量，在一定程度上有利于中小城市规模扩大及经济的快速发展。此外，产业规模的不断扩大，也需要相当规模的人口集聚来支撑。同时，产业集聚必然能够提供更多的就业机会，吸纳大批劳动力，带来人口的空间集中、集聚。人口集聚本身会创造新的就业机会，特别是容纳大量劳动力的生活服务业，如交通、通信、文化教育、医疗卫生、金融、物流、咨询等基础产业的新需求与发展，必须依靠人口向城市的集聚，形成达到规模经济的有效需求，进而促使公共服务功能的提升，而公共服务功能的提升又有利于进一步集聚更多的人口，从而形成良性循环。

二、我国都市圈内中小城市功能与特大城市、超大城市的差距仍然很大

从绝对数量来看，我国都市圈内中小城市的产业发展、吸纳就业、公共服务功能均在不断提升，但是各种功能在都市圈内所占比重是下降的。2006～2016

年，我国都市圈内大城市城区常住人口占都市圈的比重由71.1%增加至76.4%，而中小城市由28.9%降低至23.6%；大城市非农产业增加值占都市圈的比重由71.2%增加至74.2%，而中小城市由28.8%降低至25.8%。2006～2012年，大城市非农产业单位从业人员数占都市圈的比重由70.8%增加至73.0%，而中小城市由29.2%降低至27.0%；2013～2016年，大城市非农产业单位从业人员所占比重不断下降，由55.7%降至53.5%，中小城市由44.3%增加至46.6%[①]。与产业功能相比，中小城市人口集聚功能较差，这主要是由公共服务功能提升较慢引起的。事实上，我国都市圈内中小城市与特大城市、超大城市相比，2006～2012年，城市人均地方公共财政收入按城市规模大小依次递减，城市规模越小，人均地方公共财政收入越低，2016年Ⅱ型小城市人均地方公共财政收入为3131元，Ⅰ型小城市人均地方公共财政收入为5104元，分别仅相当于超大城市的11.8%和19.3%，特大城市的16.5%和27.0%（图5-1），由此直接导致不同规模城市提供公共服务的能力存在巨大差距。因此，都市圈内中小城市功能提升，要以产（业）城（市）人（口）高效融合为重点，重点提升公共服务功能和人口集聚功能。

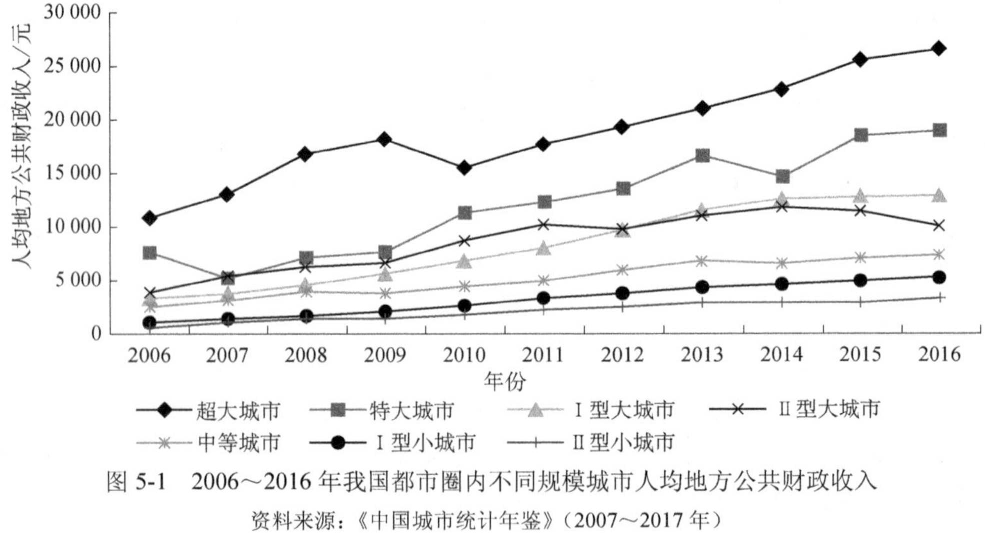

图5-1　2006～2016年我国都市圈内不同规模城市人均地方公共财政收入

资料来源：《中国城市统计年鉴》（2007～2017年）

三、以提升公共服务功能为重点，统筹提升都市圈内中小城市各项功能

如何做到让市民生活工作更加便利、精神生活更加丰富，是未来中小城市

① 2013年，我国劳动力就业统计口径发生变化。

提升公共服务功能的基本立足点。在我国由高增长阶段进入高质量发展阶段的背景下，改变政绩考核体系，对中小城市的考核由以经济增长为主逐步转向以各种公共服务为主。首先，应完善和提升中小城市基础设施。城市建设应统筹考虑主体功能定位、城市人口规模和建成区面积等多方面因素，严守城市增长边界，科学规划布局能源、交通、供排水、供热、污水和垃圾处理等基础设施建设。其次，要进一步强化公共服务供给，实现城市之间或内部的不同群体之间公共医疗卫生设施和服务标准的一致性。通过挖掘公办学校潜力，大力发展民办教育，确保随迁子女平等受教育的权利，全方位提高公共教育服务水平；以居住证为载体，建立与居住年限、参加社会保险年限等条件相挂钩的基本公共服务供给机制，提供阶梯式医疗、养老、就业扶持、社会保障、公共文化等各类基本公共服务，不断扩大公共服务覆盖范围，逐步实现与城市户口同等功能、同等权限（孙华臣和王安，2017）。最后，要进一步完善公共就业服务体系，提供统一的就业失业登记管理服务，全面实现就业服务标准统一化。缓解小城市劳动密集型产业较多带来的土地、原材料等资源要素价格上涨的压力，通过提升公共服务水平完善小城市功能，促进居住与服务的和谐（刘欣英，2017）。当都市圈内中小城市公共服务功能提升之后，人口集聚功能自然得到相应提升。

第二节　分类提升不同发展阶段都市圈的中小城市功能

我国 24 个都市圈，分别处于不同发展阶段。因此，处于不同发展阶段的都市圈特征不同（表 5-2），中小城市功能提升的重点也不同。

表 5-2　都市圈不同类型的特征

发展阶段	区位特征	核心城市	城市之间的关系	城市体系	空间结构
萌芽期	中西部地区和东北地区	一定的集聚作用，地位不稳定	联系较少，要素散布	不完善	中心地结构
发育期	中西部地区为主	集聚作用增强，地位基本稳定	较紧密，要素向核心城市集聚	不完善	中心地结构主导
成长期	东中部地区为主	一定的辐射带动作用，地位牢固	紧密，要素向核心城市进一步集聚	较完善	中心地结构与网络结构并存
成熟期	东部地区	辐射带动作用增强，地位牢固	最紧密，中心-外围城市要素双向流动	相对完善	网络结构

一、以公共服务功能为重点，提升成熟期都市圈内中小城市功能

我国处于成熟期的都市圈包括上海都市圈、京津都市圈、广州都市圈、深圳都市圈，共 4 个都市圈，地处京津冀、长三角和珠三角，是我国经济最发达的地区，也是我国参与国际竞争的重点区域。核心城市具有较强的辐射带动能力，要素配置、物质生产与产品流动高效而有序，空间结构呈网络状，城市体系相对完善。这类都市圈存在的主要问题是高质量的公共服务集中在核心城市，导致中小城市与核心城市的公共服务存在较大差距，人口和劳动力难以向中小城市转移，这就需要以公共服务为重点提升中小城市功能。一是尽快缩小与大城市的公共服务差距。公共服务与人民生活息息相关。要加大对中小城市公共服务供给的财政支持力度，推动公共服务在不同城区之间、城市与城市之间均等化。二是利用先进技术的创造力来服务环境保护，建设生态和谐宜居的中小城市。努力践行“绿水青山就是金山银山”的理念，坚持节约优先、保护优先、自然恢复为主的方针，走生产发展、生活富裕、生态良好的文明发展道路，构建美丽国土与理想城市格局。强化土地用途管制和空间开发管制，增加城市绿地和开敞空间，保护城市历史文脉，给自然生态留下休养生息的时间和空间。统筹兼顾、整体施策、多措并举，全方位、全地域、全过程地开展生态文明建设，健全土地、水、能源节约集约使用制度，大幅降低资源消耗强度，提高资源利用效率和效益，把保护与发展有机结合起来，减少和防止对生态系统的干扰和破坏。根据区域资源环境承载能力，实行更有针对性的产业准入和环境准入政策与标准。完善城镇污水和生活垃圾处理设施，形成绿色发展方式和生活方式，不断满足人民日益增长的优美生态环境需要，建设人与自然和谐共生的中小城市。三是大力提高成熟期都市圈各类城市的生活质量，生活质量不仅指物质和审美的环境，还包括更广的方面，如经济和政治的稳定、大都会气氛和文化生活方面的感受。“3M”①方面的成本降低，是城市在集聚中和谐发展的秘诀。生活质量的提高有助于吸引和挽留技能型国际移民②，清洁空气和舒适空间对城市居民健康尤为重要，要保证空气质量优良健康，大大减少污染物的排放量，使 $PM_{2.5}$ 达到并优于世界卫生组织环境质量标准，增强城市的舒适度。

处于成熟期的四个都市圈中，上海都市圈、广州都市圈、深圳都市圈城市之间的梯度落差相对较小，苏州的人均 GDP 甚至高于上海郊区，上海周边的嘉兴、南通、苏州、无锡、常州等城市制造业较为发达，早已实现了从区域性中

① 指时间（time）、粉尘（grime）、犯罪（crime）。
② 如专业技术人员、经理人、官员和外交家等。

心城市向区域功能城市的转型，与上海的服务业尤其是生产性服务业形成了很好的配套，形成区域内部这种差异化且相对较为水平的分工模式，核心城市与中小城市产业协作较为密切，整体竞争力也高。而京津都市圈最大的问题是周边中小城市与北京、天津巨大的发展差距，出现一种类似“悬崖”的发展梯度。由于与京津两大直辖市在集聚外部资源能力方面存在巨大差距，周边的河北各市在与京津的分工上只能采取以垂直分工为主的模式，导致河北产业长期处于价值链的低端环节，也很难积极有效地承接京津尤其是北京最新的科研成果孵化（安树伟等，2019）。通过京津冀协同发展，发挥京津双城的高端引领、辐射带动作用，沿主要轴线打造承接非首都功能疏解的载体和经济发展的增长极，提升交通沿线的区域性中心城市功能和培育一批中小城市，由此逐步推进区域经济结构优化，推动区域一体化交通网络逐步形成，改善京津都市圈生态环境质量，完善区域的协同发展机制，提升河北城市、产业的发展水平，进而缩小河北各市与京津两市的发展差距，促进整个京津都市圈地区公共服务均等化水平的提升。

二、以完善城市体系为重点，提升成长期都市圈内中小城市功能

我国处于成长期的都市圈包括杭州都市圈、南京都市圈、青岛都市圈、武汉都市圈、济南都市圈、成都都市圈、长株潭都市圈、厦门都市圈、郑州都市圈、重庆都市圈、沈阳都市圈，共 11 个都市圈，突出特征是核心城市太大与中小城市太多并存。一方面，核心城市已经出现了集聚不经济的现象，由此带来的“大城市病”等问题日渐严重；另一方面，中小城市发展面临着产业支撑乏力、吸纳就业能力不足、公共服务质量水平不高等问题。提升这类都市圈内中小城市功能的重点是促进部分中等城市尽快成长为大城市，以形成合理的城市体系，尽快进入成熟期都市圈。

一是加快发展公共交通网络。一方面，公共交通系统促进了都市圈内中小城市发展空间的扩展并改变着城市外部形态，对城市空间扩展具有指向性作用；另一方面，公共交通系统又直接改变着都市圈内中小城市的区位条件和作用范围，产生新的交通优势区位或新的城市功能区，进而改变原有的产业空间结构。交通网络的发展，会降低整个都市圈内的物流成本，并且通过发达畅通的交通网络，把整个都市圈紧密地连接在一起。我国连接核心城市和中小城市的方式以高速公路、地铁和郊区公交为主，而市郊铁路并没有得到很好的发展。在都市圈化的进程中，市郊铁路应该成为连接核心城市和中小城市最重要的一环，通过市郊铁路的连接，促进有条件的中等城市尽快成长为大城市。二是要进一

步深化改革，加快农业转移人口市民化的进程，促进转移人口公共服务均等化。让进城的农民能够市民化，并使愿意进城的人越来越多，这是提升中小城市人口集聚功能的必然要求。

三、以产业协作平台为重点，提升发育期都市圈内中小城市功能

我国处于发育期的都市圈包括昆明都市圈、西安都市圈、乌鲁木齐都市圈、长春都市圈、合肥都市圈、大连都市圈，共 6 个都市圈。这类都市圈的中小城市因自身产业结构单一、生产规模较小等问题，无法提供足够多的就业岗位。大量研究表明，都市圈内中小城市功能与核心城市距离存在负相关性，即城市功能较强的中小城市与核心城市的距离较近，城市功能较弱的中小城市与核心城市的距离较远，都市圈内中小城市功能的提升依赖于核心城市的扩散效应（闫程莉和安树伟，2014）。因此，都市圈内的中小城市要有效利用好大城市产业转移的机遇，做好承接产业转移的工作。各中小城市要立足自身发展特点，合理承接核心城市的转移产业，避免产业趋同化竞争，同时既要注重数量，又要注重质量，着眼技术进步和产业升级，防止淘汰的、污染严重的项目和企业转移到中小城市（辜胜阻和郑超，2013）。积极支持劳动密集型产业和“富民产业”发展，着力解决民生问题，支持和鼓励环境友好型产业和现代服务业发展，促进传统产业转型升级，不断提升产业附加值。都市圈内的中小城市在发展产业过程中，应紧密结合地方资源禀赋情况，大力发展地方特色产业，走差异化发展之路（李光辉，2014）。

都市圈内中小城市要吸纳足够多的、高质量的就业人口，关键在于是否能够提供足够多的就业岗位。因此，要科学把握产业生命周期理论，充分利用产业结构升级和空间梯度转移的过程，积极引导大城市的劳动密集型产业向中小城市适度转移，加强承接核心城市产业转移载体的统筹规划和布局，依托现有基础，科学规划、相对集中、功能有别、错位发展，以产业园区为重点打造一批承接产业转移平台。加强政府引导和支持，充分发挥市场机制作用，形成产业发展的有效载体，通过集聚效应和示范效应，推动区域内相关产业升级转移。与此同时，要不断完善促进产业转移的税收、信贷、投资、土地供应、人才等政策，确保都市圈内产业协作平台的高效运转。

四、以核心城市能级为重点，提升萌芽期都市圈内中小城市功能

都市圈内中小城市功能的提升，不仅依赖于自身发展，还依赖于大城市功

能的扩散效应。我国处于萌芽期的都市圈包括太原都市圈、哈尔滨都市圈、南宁都市圈，共 3 个都市圈，重要特征之一是核心城市能级偏低。都市圈内各城市都具有相互吸引、分工协作的趋势，但是在特定范围内，核心城市具有增长极作用，具有较强的带动辐射作用，其发展影响带动都市圈内的各城市，因此一些国家十分重视培育核心城市。在日本，新城的规模都不大，有的依托于老的街镇，有的在城际轨道沿线再开发。无数个中小城市沿着城际轨道发展起来，确实对中心城区的人口高度膨胀起到了重要的疏导作用，同时人口的迁移也促进了周边中小城市的发展（李铁和文辉，2014）。

对于萌芽期的都市圈而言，要促进大城市优先增长，集中力量建设都市圈核心城市，提高核心城市的辐射带动作用。要以市场为主导，减少人口流动的制度性约束，降低人口城镇化成本。要更加注重经济发展效益，大力提升生产效率，推动实现“精明增长”；更加注重产业结构优化升级，发展壮大新兴产业，优化提升传统产业，推动新旧动能转换接续，完善产业配套设施与配套环境；要积极吸引各类公司区域性总部及营销中心进入城市，使城市由工厂林立转变为公司林立（安树伟等，2018b）。加快以现代化为主要内容的城镇化，要强化城市功能，建设现代化的城市设施支撑体系，提高城市质量，从生产、生活、生态等方面出发全面提升城市发展质量，通过提高产业附加值和科技贡献率、优化产业结构提升产业质量，通过完善生活配套设施、增强消费型服务业提高生活质量，通过严格生态环境保护标准、加强环境综合整治和废弃物改善生态质量，进一步优化生产、生活、生态空间匹配，提升城市综合承载力；更加注重绿色发展，重点降低单位 GDP 能耗、主要污染物排放等；更加注重民生社会保障，通过构建多层次的公共服务体系，大力发展教育、卫生事业，在公共服务水平、民生保障水平和居民生活水平方面达到国内领先水平，充分满足广大人民对美好生活质量的需求。

第三节　统筹提升“沿海–内陆–沿边”三大区域都市圈内中小城市功能

中华人民共和国成立至 1978 年，我国生产力布局是以均衡布局为基本特征的。1978 年至“八五”计划时期，我国区域经济发展与政策是以东、中、西三大地带为代表的梯度发展阶段；“九五”计划时期是发生重大转变的时期，国家将区域协调发展提高到一个新的高度；1999 年以来是国家实施从东部率先、中部崛起、西部大开发、东北振兴为重点的，以“区域问题”为导向的区域协调发展阶段。在“一带一路”倡议背景下，我国区域格局的总体态势将是东西两翼带动中部崛起，从而形成海陆统筹、东西互济、面向全球的开放新格局。考虑到 2004 年以来我国制造业向中部地区集中的态势，以及我国客观存在的省际经济增长传递现象（安树伟和常瑞祥，2016），未来我国区域经济发展格局是面向全球的“沿海-内陆-沿边”全面开放格局①（安树伟，2018）。

一、沿海地区都市圈内中小城市功能提升

沿海地区包括沈阳都市圈、大连都市圈、京津都市圈、济南都市圈、青岛都市圈、上海都市圈、南京都市圈、杭州都市圈、厦门都市圈、广州都市圈、深圳都市圈，共 11 个都市圈，是我国都市圈发育水平最高的地区。四个成熟期都市圈均位于沿海地区，其余 7 个都市圈除大连都市圈外，均属于成长期都市圈。沿海地区是优化发展为主的区域，发展方向是依托“21 世纪海上丝绸之路”，全面提升对外开放水平，积极主动参与国际竞争。京津都市圈所在的京津冀，上海都市圈、南京都市圈、杭州都市圈所在的长江三角洲，广州都市圈和深圳都市圈所在的粤港澳大湾区，曾经支撑了我国经济四十年的高速增长。然而与都市圈发展的高级阶段——城市群，尤其是世界级城市群相比，发育仍不够充分，要以内涵式增长为主，加快改革开放，打造全球重要的现代服务业和先进制造业中心，推进都市圈的结构优化（安树伟和肖金成，2016）。沿海地区都市圈内中小城市功能提升，要抓住国家“一带一路”建设的机遇，加强上海、天津、宁波-舟山、广州、深圳、湛江、汕头、青岛、大连、厦门、泉州等沿海城市港口建设，强化上海、广州等国际枢纽机场功能。以扩大开放倒逼深层次改革，创新开放型经济体制机制，加大科技创新力度，形成参与和引领国际合作竞争新优势，成为“一带一路”建设，特别是“21 世纪海上丝绸之路”建设的排头兵和主力军（国家发展和改革委员会等，2015）。

二、内陆地区都市圈内中小城市功能提升

内陆地区包括太原都市圈、郑州都市圈、合肥都市圈、武汉都市圈、长株

① 沿海地区包括辽宁、北京、天津、河北、山东、江苏、上海、浙江、福建、广东、广西、海南，共 12 个省（自治区、直辖市）；内陆地区包括山西、河南、湖北、湖南、江西、安徽、陕西、甘肃、宁夏、青海、四川、重庆、贵州，共 13 个省（自治区、直辖市）；沿边地区包括吉林、黑龙江、内蒙古、新疆、西藏、云南，共 6 个省（自治区）。

潭都市圈、西安都市圈、成都都市圈、重庆都市圈，共 8 个都市圈。其中，郑州都市圈、武汉都市圈、长株潭都市圈、成都都市圈、重庆都市圈属于成长期都市圈，合肥都市圈、西安都市圈属于发育期都市圈，太原都市圈则属于萌芽期都市圈。近年来，这 5 个成长期都市圈增长势头迅猛，是支撑我国经济持续增长、到 2035 年国家基本实现社会主义现代化的重要战略区域。在沿海地区进入工业化的后期阶段之后，一些制造业就有可能加速向内陆地区转移。未来，内陆地区要以自身“做大做强”为主，提升都市圈核心城市功能，促进中等城市尽快成长为大城市，加快打造具有全球影响力的先进制造业基地和现代服务业基地。内陆地区并不意味着封闭，要重点打造重庆、成都、郑州、武汉、长沙、合肥等内陆开放型经济高地，创新加工贸易模式，深化与沿线国家的产业合作；郑州、西安等内陆城市加快建设航空港、国际陆港，加强内陆口岸与沿海、沿边口岸通关合作（国家发展和改革委员会等，2015），发展外向型经济，提高都市圈整体竞争力。

三、沿边地区都市圈内中小城市功能提升

目前，沿边地区共有南宁都市圈、昆明都市圈、乌鲁木齐都市圈、哈尔滨都市圈、长春都市圈 5 个都市圈，其中南宁都市圈、哈尔滨都市圈属于萌芽期都市圈，其余 3 个都市圈属于发育期都市圈，受各种条件限制都市圈发展总体滞后。但是，沿边地区战略地位十分突出，既是战略性资源富集区，全国重要的能源原材料、加工制造、农产品加工、文化旅游产业基地，也是我国对外开放的新门户，还是维护国家稳定、巩固民族团结、边疆安全的重要区域（安树伟和肖金成，2016）。这些区域更是 2035 年到 21 世纪中叶，把我国建成富强民主文明和谐美丽的社会主义现代化强国的主要支撑区域。近期要完善基础设施建设，推进市场化进程，积蓄能量，为 2035 年之后的快速发展奠定基础。沿边地区都市圈要进一步深化与周边国家的经贸合作，南宁都市圈要发挥广西与东盟国家陆海相邻的独特优势，加快北部湾经济区和珠江-西江经济带开放发展，构建面向东盟区域的国际通道，打造西南、中南地区开放发展新的战略支点，形成“21 世纪海上丝绸之路”与“丝绸之路经济带”有机衔接的重要门户；昆明都市圈发挥云南区位优势，推进与周边国家的国际运输通道建设，打造大湄公河次区域经济合作新高地，建设成为面向南亚、东南亚的辐射中心；乌鲁木齐都市圈要发挥新疆独特的区位优势和向西开放重要窗口作用，深化与中亚、南亚、西亚等的交流合作，形成“丝绸之路经济带”上重要的交通枢纽、商贸

物流和文化科教中心，打造“丝绸之路经济带”核心区；哈尔滨都市圈和长春都市圈要发挥连通俄罗斯、蒙古国的区位优势，完善黑龙江对俄罗斯铁路通道和区域铁路网，以及黑龙江、吉林与俄罗斯远东地区陆海联运合作，推进构建北京-莫斯科欧亚高速运输走廊，建设向北开放的重要窗口（国家发展和改革委员会等，2015）。

第四节　构建都市圈新型产业分工格局

都市圈的建立得益于其圈内各城市专业化的分工体系，都市圈内中小城市功能提升是一个系统性、层次性问题，与都市圈外的普通中小城市功能提升具有较大不同，因此要处理好都市圈核心城市与中小城市的关系。都市圈内的中小城市具有毗邻核心城市的地理优势，也具有不同等级城市承担与自身发展水平相匹配的都市圈产业链分工优势（蔡之兵，2017）。各城市在坚持产业多样化发展的基础上，主要通过水平分工和垂直分工，形成自己的优势产业。一个成熟的都市圈，不仅需要核心城市的辐射带动，还需要都市圈内不同等级城市的抱团发展，特别是中小城市的成长壮大，形成不同等级城市功能分工，实现都市圈发展的规模效益。受行政区划等的影响，我国都市圈缺乏整体性的协调规划，圈内城市各自为政、追求自身利益，导致都市圈整体发展的不经济性和不可持续性。都市圈产业分工格局的形成，关键点一是要提升核心城市的辐射带动能力；二是要提升中小城市的承接能力；三是要畅通核心城市与中小城市，以及中小城市之间的要素流通渠道。

一、提升核心城市的辐射带动能力

（一）促进核心城市的部分功能向中小城市转移

核心城市是所在都市圈发展水平和发展阶段最高的城市，随着核心城市发展水平的不断提高，在本地市场效应、价格指数效应与市场拥挤效应的相互作用下，核心城市的产业结构持续转型升级，会将传统产业和产业链低端环节向周边中小城市转移，为周边中小城市提供了加快产业集聚和经济发展的机会。核心城市也是所在都市圈中人口规模最大、收入水平最高的城市，为周边中小城市的工业品和农产品提供了广阔的消费市场。核心城市通过转型升级，工业发展趋向于高精尖制造和高技术装备制造，服务业尤其是金融、商务、科技、信息等生产性服务业快速发展，服务型经济特征越来越突出，一方面为周边中小城市提供高技术的机械装备产品，另一方面为周边中小城市产业发展提供生产性服务。例如，美国波士华都市圈的核心城市纽约，凭借其强大的经济总量和服务能力，以现代化的交通网络、互联网等载体向周边城市输出资本、信息、技术劳动力和游客等，带动了周边中小城市的发展；日本东京都市圈的核心城市东京，通过产业转移与周边中小城市形成了“总部-制造基地”的区域合作链条，并通过这一链条带动了周边中小城市的产业发展（冯奎和郑明媚，2013）。

（二）以减量发展提升核心城市的辐射能力

对于都市圈的核心城市而言，减量发展是一种通过控制城市发展边界，优化城市内部资源配置，疏解部分功能及改善城市生态环境来谋求城市可持续发展的理念，其本质在于必须在尽可能地减少消耗不可再生资源、传统粗放的生产要素和一般的自然资源的基础上构建新的发展模式（仇保兴和邓羽，2018）。从增量发展到减量发展需要经历以下三个阶段：①增量发展阶段（T_1之前），资源消费增长率大于经济增长率，随着经济的增长资源消费量呈增长态势；②相对减量发展阶段（T_1～T_2），虽然资源消费增长率低于经济增长率，甚至资源消费增长率为负数，但资源消费总量仍然呈增长态势；③绝对减量发展阶段（T_2之后），随着资源消费增长率的大幅度下降，虽然经济增长率仍然较高，但资源消费总量开始下降（图 5-2）。

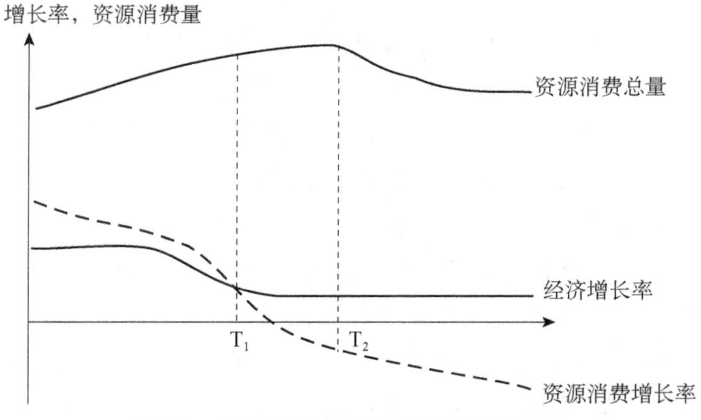

图 5-2　增量发展向减量发展转变示意图

核心城市减量发展的目的是实现更好的发展。减量发展并不代表不发展或者减缓发展，没有增长的减量只会导致城市的收缩和衰退，减量发展强调的是包括增长在内的全面发展，是从单一地追求速度和总量转向追求高效率和高质量的发展。在减量发展中，质量优先于速度，生态环境、历史文化、居民生活质量的提升，将同GDP增速并列成为评价发展的关键性指标。减量发展是“减”与“增”的动态均衡。核心城市减量发展的“减”，是做价值链上有比较优势的高端高效环节，放弃技术含量低、能耗高、污染重的加工组装环节。从价值链上来看，能源耗费和污染主要集中在加工、组装和围绕生产进行的运输环节，这些产业的制造环节已经实现标准化，不需要很多高技术，比拼的是劳动力成本和资金的密集程度，都市圈核心城市在这方面正在失去优势。对于缺乏技术门槛的低端环节，不管属于传统产业还是新兴产业，核心城市应该放弃一般的加工和组装环节，着重开拓产业链的上游和下游环节。核心城市减量发展的“增”，核心是推动管理和技术升级，用新组织生产方式和先进技术改造传统产业，从而提高产品竞争力和附加值，最终实现产业升级（肖林和周国平，2017）。因此，减量发展的基础是对存量的降低并予以控制，关键是培育经济发展新动能、新空间以及改善城市生态环境，提高已有资源的利用效率，使之更好地适应核心城市的功能定位，更好地发挥辐射带动作用。减量发展是减量的正负效应的权衡，将会带来一定的就业压力，提高居民生活成本，也有可能带来产业的空心化，其关键在于如何扩大减量的正效应，并处理好正负效应的关系，从而做出取舍（安树伟和孙文迁，2019）。

二、提升中小城市的承接能力

要逐步提升中小城市资源要素吸纳能力，都市圈需要具备完善的城市规模等级体系，层次分明，各规模等级城市之间保持金字塔结构的比例关系，城市之间没有断层，这样上一层城市的职能作用就能通过城市网络依次有序地逐级扩散到下一层城市，从而产生很高的都市圈能级效应（肖金成等，2004）。中小城市作为城市规模等级体系的一个重要节点，必须具备与其城市规模等级相匹配的产业承接能力，能够迅速有效地承接到上一层城市的产业转移（彼得·尼茨坎普，2001）。例如，上海都市圈保持了适度的产业梯度落差，沪苏浙之间分工明确，功能分工无论是产业转移，还是产业链协作都开展得较为顺利，已经形成了上海为核心，苏州、无锡为副中心，常州、南通、嘉兴等一批次级中心城市，辐射带动常熟、张家港、昆山、太仓等周边中小城市分工明确、定位分明的城市体系，促进中小城市释放出经济发展的强大动力（罗守贵和李文强，2012）。提升中小城市的承接能力，必须促进市场在资源配置中起决定性作用和更好发挥政府作用并重，积极优化营商环境，坚决破除一切不合时宜的思想观念和体制机制弊端，激发和保护企业家精神，完善基础设施配套，提升公共服务水平，创造促进发展的良好环境。

三、畅通要素流通渠道

世界都市圈发展经验表明，区域内功能一体化以及各级中心城市的有效合作，均离不开发达的交通网络。交通运输系统是保障都市圈经济、社会有机综合体正常运转的基础条件。结构完善、内外通达、运力强大的综合交通系统是都市圈城市间高效运行的必要条件，也是其内部整合、外部交往的有力保障。核心城市与中小城市间的要素流通渠道要保持畅通。都市圈内交通运输、信息等基础设施的高度发达、制度政策的有机统一，构成了都市圈空间结构的骨架。空间骨架能够将大中小城市串联在一起，可在一定程度上加强城市间的经济联系，促进产业顺畅转移和要素自由流动（陆大道等，2003），表现为在各个层次城市之间的人流、物流、资金流、信息流等多种形态的集聚与辐射，都市圈核心城市的辐射带动效应才能够更顺畅、更快速地逐级流动到周边中小城市。只有这样，企业才能找到最佳的生产区位，要素才能流动到生产效率最高的地方，中小城市才能在都市圈功能分工中找到发展机遇，并通过承担与自身地位相匹配的都市圈分工实现中小城市经济发展与功能提升。按照区域经济一体化的要求，构建以轨道交通为骨干的多节点、网格化、全覆盖的交通网络，提升交通运输组织和服务现代化水平，建立统一开放的区域交通格局。通过建设高效密集轨道交通网和便捷畅通的高速公路、高速铁路、城际铁路、通用航空等立体交通网络，进一步缩短大城市、中等城市和小城市的通勤时间和通勤成本，促进人口、产业、资金等生产要素能够在都市圈内快速、有效、便捷地流动。例如，广州都市圈的建设，受益于归属广东省政府统一管辖，制度和政策基本统一，其交通运行效率高，初步形成以广州为中心，面向珠三角乃至全国的铁路、公路、水运、民航等多种运输方式相衔接的综合化立体交通，在此基础上形成了以清远、江门、中山等中小城市为代表的特色产业集群，城市经济发展和城市功能居全国前列（李继东，2008）。

四、形成都市圈新型产业分工格局

都市圈内各城市应根据比较优势，合理布局城市功能，实现产业错位发展，进而提升整个都市圈的国际竞争力。随着产业分工由部门之间分工逐步过渡到部门内分工和产业链分工，产业分工按照从总部、研发、设计、原材料采购、零件生产、装配、成品储运、市场营销到售后服务，每一个环节都可以选择在不同地区进行投资。一般而言，核心城市拥有大量的资本、劳动力、技术等生产要素，具有超强的集聚能力，应着重发展公司总部、研发、设计、培训及营销、批发零售、商标广告管理、售后服务等环节，由此形成两头粗、中间细的哑铃形结构；大城市郊区和其他大中城市侧重发展高技术和先进制造业，由此形成两头小、中间大的菱形结构；而周边其他城市和小城镇则承担一般性制造业和零部件生产等，由此形成中间粗、两头细的棒形结构（图 5-3）。通过发达的交通网络激活核心城市周边中小城市活力，最终形成都市圈新型的产业分工格局。在这种都市圈新型产业分工格局下，核心城市因公司总部、研发和设计中心、营运中心等的集聚而逐步发展成为管理控制中心，而都市圈内中小城市的生产制造功能逐步强化，从而可以有效提高整个都市圈的产业竞争力。

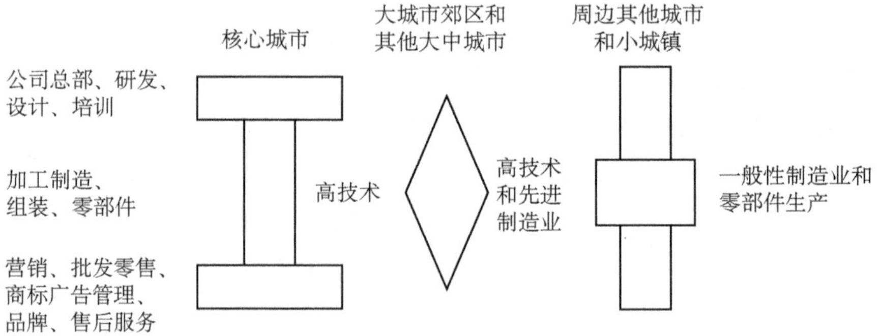

图 5-3 都市圈产业协作的产业链分工模式

资料来源：魏后凯（2007），作者略有修改

第五节 促进都市圈内要素的自由流动

在都市圈经济发展过程中，都市圈的管理一方面要靠政府机制的推动作用；另一方面要靠市场机制的自发作用。都市圈经济发展依靠政府与市场同时发挥作用，并在都市圈的发展中互相协调，只有这样才能确保都市圈经济健康有序地发展。市场通过破除行政管辖界限和地域分割，推动生产要素在都市圈内自由流动。政府通过制定法律体系、规划方案、政策扶持等手段，在都市圈经济发展中发挥了巨大作用。尤其是在都市圈发展的初期，政府拥有资源分配、要素流动等的调配权。因此，不断完善政府的管理体制是促进都市圈协调发展的

一个重要环节。政府在我国都市圈发展过程中发挥了主导作用，这与当前我国行政体制有关。从长远来看，政府主导的都市圈发展不能有效解决社会分工和资源合理配置等问题，导致圈内各城市的不平衡发展。因此，应该选择政府与市场相结合的发展模式，这样不仅有利于加强城市间的合作、建立统一市场，还有利于市场经济体制的发挥，促进都市圈经济快速发展。

一、尊重客观规律，消除人口向大城市集中的制度性障碍

人口向大城市集聚是世界主要国家①的城镇化规律。1950～2010 年世界主要国家的城镇化率由不到 30%提升到 56.72%；与此同时，世界主要国家小城市人口比重稳定降低，由 81%下降到 55%（丁成日，2015）。1950～2010 年，世界最大城市人口超过 500 万人的国家和 100 万人口规模城市超过 5 个的国家，小城市人口所占比重呈大幅下降，最大城市人口所占比重呈上升趋势（表 5-3）。这说明，在城镇化过程中世界大城市的人口占总人口的比重呈上升态势，而小城市人口占总人口的比重呈下降态势。

表 5-3　1950～2010 年世界主要国家城镇化主要指标　（%）

项目	年份	小城市人口所占比重	最大城市人口所占比重	城镇化率
所有国家	1950	81	29	29.58
	2010	55	27	56.72
最大城市人口超过 500 万人的国家（28 个）	1950	71	23	35.10
	2010	49	25	64.94
100 万人口规模城市超过 5 个的国家（18 个）	1950	68	18	39.63
	2010	47	19	70.50

资料来源：丁成日（2015）

在城镇化过程中，不同城市的人口也存在向大城市集聚的趋势。1900～1980 年，全世界 50 万人以下城市人口占城市总人口的比重由 76.4%下降到 57.2%，人口在小城市的集聚程度呈下降趋势；50 万人以上城市人口占城市总人口的比重均呈现不同程度的上升趋势。在 50 万人以上城市中，城市人口增长率由高到低分别是 500 万人以上城市、250 万人以上城市、100 万人以上城市和 50 万人以上城市（表 5-4）。这充分表明，在城镇化进程中城市人口规模越大，对人口的集聚能力越强；人口向大城市集聚的速度快于向中小城市集聚的速度。

---

① 主要国家是指国家人口不少于 700 万人；全国最大城市人口不少于 100 万人。2010 年，全球共有 84 个主要国家（不包括中国）。

表 5-4　1900～1980 年世界大城市人口增长情况

类型		1900 年	1950 年	1970 年	1980 年	1980 年是 1900 年的倍数	1900～1980 年年均增长率/%
世界总人口/万人		165 000	250 800	361 040	437 410	2.65	1.23
世界城市总人口/万人		22 000	72 400	125 000	180 600	8.21	2.67
50 万人以上城市	总人口/万人	5 200	25 700	56 300	77 300	14.87	3.43
	占世界总人口的比重/%	3.2	10.2	15.6	17.7	—	—
	占城市总人口的比重/%	23.6	35.5	45.0	42.8		
100 万人以上城市	总人口/万人	2 700	18 400	43 300	59 900	22.19	3.95
	占世界总人口的比重/%	1.6	7.3	12.0	13.7	—	—
	占城市总人口的比重/%	12.3	25.4	34.6	33.2		
250 万人以上城市	总人口/万人	1 500	9 700	25 700	35 900	23.93	4.05
	占世界总人口的比重/%	0.9	3.9	7.1	8.2	—	—
	占城市总人口的比重/%	6.8	13.4	20.6	19.9		
500 万人以上城市	总人口/万人	700	5 700	16 600	22 500	32.14	4.43
	占世界总人口的比重/%	0.4	2.3	4.6	5.1	—	—
	占城市总人口的比重/%	3.2	7.9	13.3	12.5		
50 万人以下城市	总人口/万人	16 800	46 700	68 700	103 300	6.15	2.30
	占世界总人口的比重/%	10.2	18.6	19.0	23.6	—	—
	占城市总人口的比重/%	76.4	64.5	55.0	57.2		

资料来源：安树伟等（2017）

即使在我国现行的人口制度下，人口向大城市集聚也是我国城镇化的普遍特征。1992～2010 年，全国 50 万人以下的小城市人口占总人口的比重下降了 10.41 个百分点，50 万～100 万人的中等城市人口占总人口的比重下降了 8.55 个百分点，100 万～200 万人的大城市人口占总人口的比重下降了 1.66 个百分点。与此同时，200 万～800 万人的大城市人口占总人口的比重上升了 8.23 个百分点，800 万人以上的大城市人口占总人口的比重从无增加到 12.39%（表 5-5）。由此可见，我国城镇化进程中大城市对人口的集聚作用远远强于中小城市。

表 5-5　1992～2010 年我国不同规模城市人口分布变化趋势　（%）

城市人口规模	1992 年	1995 年	2000 年	2005 年	2009 年	2010 年
50 万人以下	15.59	13.35	10.54	6.75	5.46	5.18
50 万～100 万人	28.86	25.94	26.31	21.70	20.12	20.31
100 万～200 万人	30.55	35.25	32.77	28.58	28.98	28.89
200 万～800 万人	25.00	21.90	20.24	31.31	33.00	33.23
800 万人以上	—	3.36	10.14	11.66	12.44	12.39

资料来源：魏后凯（2014c）

城镇化的国际经验和国内实践表明，城市人口的增长有其内在规律，很少受到政策和规划左右。大城市对人口的集聚作用显著高于中小城市，特大城市对人口的集聚作用明显高于一般大城市，人口向大城市集聚是城镇化的普遍规律。然而《国家新型城镇化规划（2014—2020年）》提出的政策仍然是全面放开建制镇和小城市落户限制，有序放开城区人口在50万～100万人的城市落户限制，合理放开城区人口在100万～300万人的大城市落户限制，合理确定城区人口在300万～500万人的大城市落户条件，严格控制城区人口在500万人以上的特大城市人口规模。这与农民工的迁移意愿有较大差距（图5-4），由此导致城市规模越大，农民工对所在城市的归属感越弱（表5-6）。

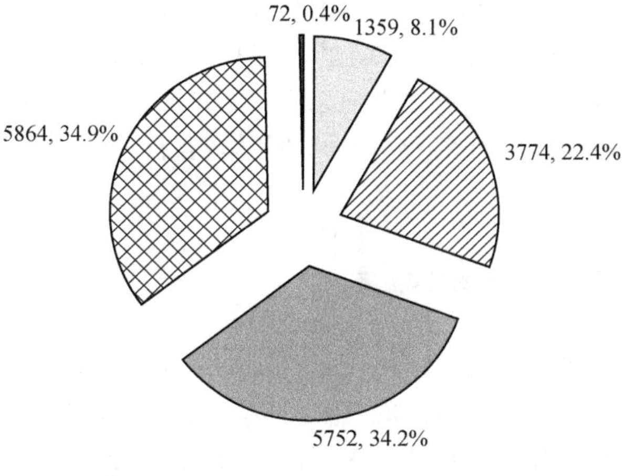

图5-4　2014年我国外出农民工流向地区分布及构成（万人）

资料来源：国家统计局（2015）

表5-6　2016年和2017年进城农民工对所在城市的归属感　（%）

城市类型	认为是本地人的农民工比重		对本地生活非常适应的农民工比重	
	2016年	2017年	2016年	2017年
大于500万人城市	15.3	18.7	12.1	14.3
300万～500万人城市	23.9	25.3	14.6	17.5
100万～300万人城市	39.2	43.1	16.1	19.7
50万～100万人城市	46.7	48.7	18.1	20.1
50万人以下城市和建制镇	63.0	63.2	21.0	23.0
城市和建制镇合计	35.6	38.0	16.0	18.4

资料来源：国家统计局（2018）

因此，在我国新型城镇化进程中，依然要以市场为主导，减少对人口自由流动的制度约束，降低人口城镇化的制度壁垒和成本，对于特（超）大城市限制人口的强制性规划和政策应该谨慎应用，这对于我国科学合理地推进新型城镇化具有重要的意义。解决“大城市病”问题宜疏不宜堵，政府应在大城市内部均衡提供优质的基础设施和公共服务，缓解中心城区人口过度集聚，提高城市的环境承载力。在交通方面，大城市内部交通应进一步加密地铁线路，缩短通勤时间，完善城际交通，打造快速交通圈。在医疗、教育方面，在城市内部均衡配置医疗和教育资源，合理增加医院和学校的供给，逐步实现大城市内部公共服务的均等化。为了促进大中小城市和小城镇的协调发展，政府应着眼于提升中小城市的公共服务功能，提升中小城市的服务配套措施，增强中小城市的人口吸引力，扮演好“政府搭台，市场唱戏”的角色。要按照“统一户籍、普惠权利、区别对待、逐步推进”的思路，加快推进户籍制度及相关配套制度改革，弱化户籍制度对中小城市新型城镇化的制约，为积极稳妥推进新型城镇化扫清制度障碍。

二、提高经济的市场化程度

2018 年，美国传统基金会（Heritage Foundation）发布了《2018 年全球经济自由度指数》报告，中国香港以 90.2 分的平均分连续 24 年蝉联经济自由度指数榜首，紧随其后的分别是新加坡（88.8 分）、新西兰（84.2 分）、瑞士（81.7 分）和澳大利亚（80.9 分）；中国（不含港澳台地区，下同）的经济自由度各指标的平均得分为 57.8 分，在参与排名的 179 个国家和地区中名列第 110 位，仍然属于不太自由的经济体。经济自由度得分最高组国家，也拥有最高的人均收入水平；随后逐步递减，降至最低得分组，人均收入水平也最低。就中国而言，以市场化指数衡量经济自由度，经济自由度与区域发展水平呈明显的正相关关系（图 5-5）。

因此，要通过加强产权保护和减少规制来提高经济自由度，充分发挥市场在资源配置中的决定性作用，大幅减少政府对资源的直接配置，实现资源配置依据市场规则、市场价格、市场竞争实现效益最大化和效率最优化。把政府的主要精力用于加强和优化公共服务、保障公平竞争、加强市场监管、维护市场秩序、实现可持续发展、促进共同富裕、弥补市场失灵方面，着重解决好收入分配、教育、就业、社会保障、医疗、住房、生态环境、食品药品安全、安全生产等关系群众切身利益的问题。

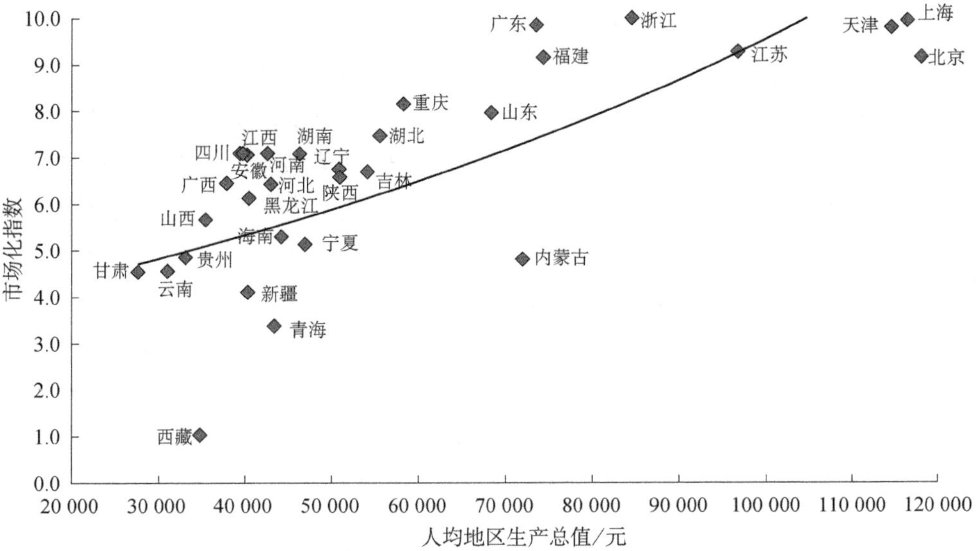

图 5-5　2016 年中国各地人均地区生产总值和市场化指数

三、建设开放和高效的政府

在高质量发展背景下，都市圈内各级政府必须进一步推进改革开放，进一步理顺政府与企业、政府与社会、政府与市场之间的关系，充分发挥政府“掌舵”而不是“划桨”的作用，形成与高质量发展相适应的市场环境和体制环境。加大营商环境改革力度，提升开办企业便利度、办理建筑许可便利度、跨境贸易便利度等。深化行政审批制度改革，最大限度地减少审批事项，创新审批服务方式，全面清理涉及审批的法律、法规、规章，对经济性事务实行“原则自由、例外审批”，对社会性事务实行“最小限度保留”，最大限度地减少审批事项。改变“重审批、轻监管”的状况，积极探索建立与国际高标准投资和贸易规则体系对接的行政管理体系，实现工作重心从前置性审批向“事中事后监管”的转移（周振华，2009）。

尊重市场规律，运用市场机制，切实推行“法无禁止即可为”的原则，激发市场主体活力，鼓励和扶持公民、法人和其他组织积极开展创新活动。提高行政透明度，完善投资者权益有效保障机制，实现各类投资主体的公平竞争。继续完善负面清单管理模式，逐步形成与国际接轨的外商投资管理制度（上海市人民政府发展研究中心，2016a）。逐步改变熟人社会、关系社会的文化传统，逐步确立规则意识，加快城市法治体系和社会信用体系建设，引导居民形成自觉守法的规则意识，培育“办事依法、遇事找法、解决问题用法、化解矛盾靠法”的城市法治文化，建立有效的法律监督体系，确保政府严格依法决策、各类公职人员认真履行法定职责、执法机关严格规范文明执法（上海市人民政府发展研究中心，2016b），使司法成为公平正义的主渠道，努力让人民群众在每一个司法案件中感受公平正义。加快推进信用信息体系建设，完善信用信息的记录、整合和应用，为守信激励和失信惩戒机制奠定基础；政府要认真履约和兑现依法做出的各项承诺和签订的各类合同，充分发挥诚实守信的示范作用（上海市人民政府发展研究中心，2016a）。

第六章
都市圈内中小城市功能提升机理

目前，对都市圈内中小城市功能提升的机理尚未形成系统的理论解释框架，现有文献的研究存在两方面局限：一是研究范围侧重于广义上的中小城市，并未对都市圈内的中小城市与都市圈外的中小城市进行科学划分和区别性研究，因为都市圈内外的城市功能提升的机理并不相同；二是研究视角主要着眼于城市单一功能与某一产业二者互动关系的研究。这种单一的分析视角对城市功能提升在研究方法上简便易行，但由于缺乏全局思考，得出的结论具有一定的局限性。在我国大力推进都市圈发展的背景下，本章着眼于都市圈内部中小城市功能提升，挖掘都市圈内部中小城市功能提升的动力；分析各项功能之间相互作用的机理，运用相关理论，科学解释都市圈内中小城市功能提升的机理，以促进都市圈内中小城市步入高质量发展阶段。

第一节　都市圈内中小城市功能提升的阶段性

都市圈的产生是核心城市与其他城市相互合作作用的结果，核心城市与其他城市之间的合作使得区域内城市间的联系逐渐增强，为都市圈的产生创造了条件。而都市圈的发展是核心城市在自身发展壮大的基础上，与其他城市合作逐步形成完善的城市体系和分工体系的过程。都市圈内各城市间通过更紧密的产业和交通联系，形成一体化发展格局（王方华和陈宏民，2007）。在都市圈的不同发展阶段，中小城市功能提升的外部环境不同。本章将都市圈演进阶段划分为各城市竞争发展阶段、都市圈培育阶段、都市圈发展与扩张阶段、都市圈向城市群演化阶段。现将各阶段的主要特征分述如下。

一、各城市竞争发展阶段

各城市规模较小，基础设施建设较差，城镇化水平较低，经济结构较为简单，各个城市之间由于缺乏现代化的联系方式，经济联系和社会交往较少，呈现独立的发展态势，都市圈整体发展十分缓慢。城市体系极不完善，仅有一个准核心城市且集聚作用有限，各城市孤立发展，准核心城市主要通过利用自身优势，吸引周边资源和要素，以促进自身的成长和壮大（王娟，2012）。这样的竞争与发展将导致各个中小城市产业结构趋同。因此，在这一阶段的后期，会呈现出各个城市竞争发展的区域发展格局。实质上，正是这种竞争发展为都市圈的培育奠定了物质基础。处于这一阶段的都市圈内中小城市受限于自身经济体量的局限，往往不具备吸引多元要素的条件，而是借助自身特色的要素资源促进城市功能的提升。

二、都市圈培育阶段

在工业化和城镇化快速发展时期，各种因素和多种推动力共同作用，各个城市快速发展，随着核心城市发展和各个城市之间大型交通通信基础设施的建成，都市圈的空间结构基本形成，主要特征初步显现。这一阶段，城镇化水平快速提高，核心城市的集聚功能强化且扩散功能日益明显，城市数量不断增加，城市之间开始加强分工协作关系，基础设施建设强力推进，城市体系加快发育但仍不完善，我国大部分都市圈都处于这一发展阶段。处于这一阶段的都市圈内的中小城市，一方面要通过自身的发展来提高其实力，另一方面要发挥核心城市的辐射带动作用。

首先，核心城市的产生是都市圈初步形成的主要推动力。在地理区位、自然条件、经济基础、政治资源等方面更具优势和成长潜力的城市，在区域竞争中将获得更多的资源，其城市规模和竞争力遥遥领先于周边中小城市。当城市规模的首位地位确立后，城市的产业结构就会在外在竞争压力和内在发展动力的双重作用下不断升级。而这种升级又必然使城市的经济功能趋于外溢，进而辐射到其他城市。当这种辐射越来越明显时，各个城市之间的联系和互补性会逐渐增加，原有的城市竞争格局逐渐演变为竞争与互补并存的新局面。从空间结构来看，随着首位城市的经济功能外溢，辐射能力日益增强，首位城市就会成为整个辐射范围内的核心，核心城市与辐射范围内的其他城市共同成长为都市圈的雏形。

其次，大型交通通信基础设施是都市圈形成的必要条件。发达的交通干线是核心城市成长和产生极化效应的重要条件，也是核心城市经济外溢和功能辐射的必要通道。核心城市辐射范围的扩展就是通过主要交通线路向外延伸。发达的交通干线把核心城市与其他中小城市逐步联系到一起，最终形成都市圈。通信网络的日益发达也会增加各城市之间的联系。

三、都市圈发展与扩张阶段

在都市圈空间结构基本形成的基础上，都市圈发展主要表现为内部发展和外部扩张。内部发展是指都市圈内部城镇化水平提高，城镇体系发育趋于完善，核心城市的集聚和扩散功能同样明显，基础设施建设朝网络化方向发展，生产要素自由流动，城市之间的分工协作日趋合理，都市圈发展趋于一体化。外部扩张是指都市圈的规模和地域范围不断扩大，城镇数量继续增加，区域空间结构日趋合理和内部通联网络日益发达。因此，在生产规模和需求规模不断扩大、社会交往日益频繁、经济联系日益紧密态势的推动下，核心城市和核心圈的功能辐射范围不断扩大，进而有更多的互补性城市纳入都市圈的空间范围，基本形成大、中、小城市协调发展的格局。这一阶段，都市圈在区域发展中的作用和影响显著增强，都市圈以区域竞争为主转变为区域竞争与区域协调的互动。处于这一阶段的都市圈内的中小城市，一方面要接受大城市功能的扩散与转移，另一方面各个城市之间要加强分工协作来提升其功能。

四、都市圈向城市群演化阶段

都市圈城镇化水平较高，基础设施建设的一体化和网络化特征明显，城市之间形成了合理的产业分工协作关系，各城市发展相对稳定。随着都市圈综合交通走廊的发展以及城市等级体系的出现，都市圈内城市间的联系已经不能满足都市圈整体发展的要求，需要在更大的空间背景下发展都市圈与外部的社会经济联系，这种网络化的发展联系成为推动都市圈向城市群演化发展的主要动力。在这一阶段，都市圈以创新驱动发展为主，创新包括技术创新、产业创新和制度创新；通过创新使都市圈各种生产要素得到优化配置。都市圈内的各城市具有一定的创新能力，但从世界主要都市圈发展的一般规律来看，核心城市具有强大的创新能力和创新潜力，与全球发达地区有着更通达、更集中的信息等资源联系，聚集着大量的人才、技术、资金等创新发展要素，既是技术创新和产业创新的先导，也是都市圈制度创新的推动者和组织者，推动了都市圈产业结构的优化升级。核心城市的创新通常是对原有优势的发展，是原有核心作用的强化，使得核心城市与整个都市圈在更大规模和更高层次上实现互补合作。正是因为具有突出的创新实力，核心城市才得以维持其核心地位，增强其竞争优势和辐射功能，不断扩大其辐射半径，使得更多的空间实体与其连为一体（张颢瀚和张超，2006），在该阶段的中后期，都市圈已显露出大都市带、大都市连绵区、城市群的形态。处于这一阶段的都市圈内部大中小城市协调发展，进而促进整个都市圈城市功能的提升与发展。目前，发展较成熟的长三角城市群是由上海都市圈、南京都市圈、杭州都市圈演化耦合形成的；珠三角城市群是由广州都市圈、深圳都市圈演化耦合形成的。

第二节　都市圈内中小城市功能提升的理论分析

中小城市功能提升是在现有的资源、社会、经济和技术条件下，依据城市功能演化发展的客观规律，调整中小城市功能的结构，优化调整原有功能中不合理的部分。功能提升的实质是中小城市功能层次的提高和能效的增强，内部各功能要素在功能强度、广度上的提升，要素之间相互协调实现中小城市多元化发展，进而实现功能体系综合运行效率的倍增（肖艳华，2013）。都市圈内中小城市功能提升，本质上是在都市圈一体化过程中实现中小城市产城人的融合。都市圈一体化的核心是都市圈内城市之间形成有效的产业分工与协作关系网络，产城人融合要求形成“城市-产业-人口”一体化体系。都市圈内中小城市功能提升，既受到都市圈一体化过程中各城市之间内外效应的影响，也受到城市内部一体化体系中各因素的驱动与交互影响。

一、理论假设

（一）都市圈一体化的核心是各城市之间形成有效的产业分工与协作关系网络

假设都市圈内各城市在一体化的前提下，都具有相互吸引和分工协作的趋势，但是在特定范围内，核心城市具有增长极的作用，具有较强的辐射带动能力。都市圈内中小城市不仅受到核心城市的强劲辐射，还受到区域内其他城市的发展带动，在都市圈内城市的交叉重叠辐射下，中小城市快速发展。都市圈作为一个整体，都市圈内城市之间存在分工协作与互补的关系，在发展中进一步增强都市圈的集聚效应和整体竞争力，可促进都市圈内中小城市功能的提升。

（二）产城人融合的实质是“城市-产业-人口”形成一体化体系

假设产城人融合的经济空间由城市、产业、消费者三部分组成，其中城市的管理者为城市政府，政府是整个城市治理及提供城市居民秩序化服务的城市管理机关，具有相应的公共服务供给、权力执行、社会管理及制度安排等功能；产业部门为企业的集合，城市经济的主体是第二产业和第三产业，消费者、企业及政府都需要产业部门生产的差异化产品与服务；城市的主要消费群体是城市居民，这些消费者构成消费者的集合，在消费者偏好不变的情况下，既消费产业部门生产的产品与服务，也为产业部门和政府部门提供劳动力。城市与产业融合发展的本质是更好地完善城市公共服务功能、升级优化产业以及满足人的各种物质与精神需求。

二、假设条件

（一）生产要素具有流动性与选择性

假定短期内生产要素在城市内是可以流动的，长期可以在都市圈内自由流动，城市内的文化与生态环境一致，由于城市之间存在差异，其结果是各城市在技术创新与市场环境的影响下，选择具有要素禀赋优势的产业。

都市圈的发展要经历内部要素流动“集聚—扩散—双向流动”的过程。城镇化初期以集聚作用为主，外向的分散作用处于次要地位。随着城镇化的发展，在技术和空间环境容量的影响下，集聚作用将会由强变弱，而分散作用由弱变强，逐步超过集聚作用（图 6-1）。核心城市的主导产业会带动周边中小城市配套产业的发展，如劳动密集型产业、资源密集型产业的外溢，推动周围中小城市的工业发展；核心城市为中小城市提供信息、技术、市场、金融、咨询等服务，降低中小企业的生产成本，提高生产效率。因此，与其地理位置毗邻的中小城市是享受核心城市积极外部效应的直接受益者①。

① 前提是中小城市与核心城市不存在巨大的经济、社会发展落差，核心城市向周边中小城市输出要素可比跨区域输出要素带来更大的收益。

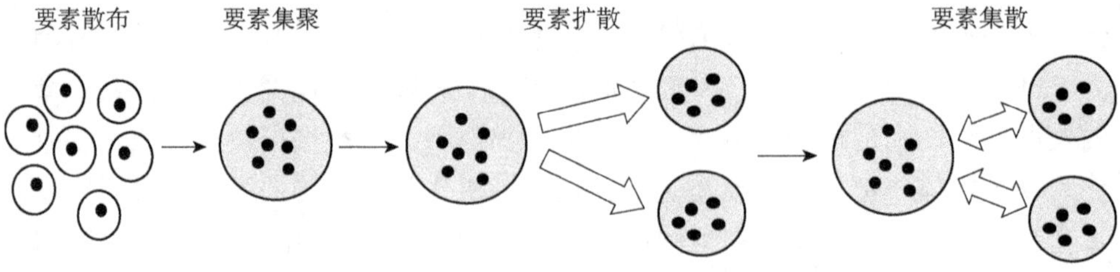

图 6-1　都市圈要素流动的演化过程

（二）消费的凯恩斯假定

假定消费者的消费满足凯恩斯消费理论模型，消费总量主要取决于国民收入总量，其线性函数表述形式为

$$C=a+bY \tag{6-1}$$

式中，C 表示消费；Y 表示国民收入；a 表示自发消费，b 表示边际消费倾向，且 $a>0$，$0<b<1$。

（三）都市圈内中小城市功能提升的影响因素正向递减假定

都市圈内中小城市功能提升受到都市圈发育程度、产业发展、城市升级、联动因素及其他因素的影响，对此加以一般描述：

$$M = f(G, I, C, F, O) \tag{6-2}$$

式中，M 表示城市功能；G 表示都市圈发育程度；I 表示产业发展；C 表示城市升级；F 表示联动因素；O 表示其他因素。

这里假定式（6-2）满足如下性质：对每一方面水平因素的改善会带来城市功能的正向提高，且其正向作用的边际量是递减的。

三、目标函数

都市圈内中小城市功能提升体现在个体与整体目标上，通过消费者效用目标、企业生产目标、城市福利目标，最终体现出城市功能提升的目标，形成城市区域分工合理、产业发展优化升级、居民消费水平提高、资源有效配置、生态环境改善、城市福利整体提升等居民、产业、城市和谐发展的格局。

（一）消费者效用目标函数

消费者作为城市经济体的重要组成部分，其效用大小是衡量消费者满意程度的目标基础。消费者效用函数通常用消费者消费的商品和服务之间的数量组合关系，体现消费者在消费时获得的效用大小，可用来衡量消费者从既定消费的商品和服务中获得的满意程度，具体的消费者效用目标函数为

$$U = P^{a} S^{(1-a)} \tag{6-3}$$

式中，U 表示城市消费者集合效用；P 表示消费的农产品及工业品组合；S 表示消费的服务品组合；a 为常数（$0<a<1$），表示在全部消费支出中农产品与工业品所占比重，$1-a$ 表示在全部消费支出中服务品所占比重。

（二）企业生产目标函数

企业是城市产业的基本组成单元，是城市经济发展的基础，其函数表达的是生产过程中投入的生产要素与总产出之间的关系式，采用科布-道格拉斯函数，具体表达为

$$Q = AK^{\beta} L^{1-\beta} \tag{6-4}$$

式中，Q 表示城市产业的总产出；A 表示全要素生产率；K 表示资本；L 表示劳动力；β 是常数（$0<\beta<1$），表示资本要素在总产量中所占比重，$1-\beta$ 表示劳动要素在总产量中所占比重。

（三）城市福利目标函数

城市社会福利可以表现为城市所有消费者效用与企业生产者利润组合，采用贝努利-纳什福利函数，具体表达为

$$W=U_i U_j \tag{6-5}$$

式中，W 表示城市社会总福利；U_i 表示城市消费者效用福利；U_j 表示城市企业生产利润福利，假定 $i+j$ 是城市全部人口，消费者和生产者的福利分配越不平等，社会福利就会越小；反之，社会福利就会越大。

（四）城市功能提升目标函数

通过对城市经济体中独立主体目标函数的确立，可以得出以追求目标利益最大化为原则的单个经济主体的经济福利，但这并不代表城市经济体的综合利益最大化。都市圈内中小城市功能提升应该在都市圈一体化的过程中进行综合考量，而都市圈的发育程度直接影响到产业和城市发展，因此要考察都市圈内中小城市功能提升函数的主要变量，包括产业发展、城市发展、联动因素。这里，可借鉴物理学中的耦合概念与耦合模型，得到产业、城市、联动关系三方

相互作用的城市功能提升模型：

$$M=\left[(I\times C\times F)/(I+C+F)\right]^{1/k} \tag{6-6}$$

式中，M 表示城市功能提升的目标值；I 表示产业发展；C 表示城市发展；F 表示联动因素；k 为调节系数，一般 $1<k<5$。产业发展、城市发展、联动因素三因素既有独立性，也相互影响，共同作用于城市功能的提升。

根据供给-需求理论，当需求等于供给时达到市场均衡，由此给出城市功能提升目标函数的约束方程为 $D=S=Q=AK^{\beta}L^{1-\beta}$ 。假设以生产资本品的产业发展 I 代替资本 K，以具有人口特征的城市发展 C 代替劳动力 L，以联动因素 F 代替全要素生产率 A，则约束方程可改写为 $D=FI^{\beta}C^{1-\beta}$，那么城市功能提升目标函数最大化的均衡条件可由拉格朗日法得出。相应的拉格朗日函数为

$$L(I,C,F,\lambda)=M(I,C,F)+\lambda(D-FI^{\beta}C^{1-\beta}) \tag{6-7}$$

式中，λ 为拉格朗日乘数，城市功能提升的目标值 M 最大化的一阶条件为

$$\frac{\partial L}{\partial I}=M_I-\lambda\beta FI^{\beta-1}C^{1-\beta}=0 \tag{6-8}$$

$$\frac{\partial L}{\partial C}=M_C-\lambda(1-\beta)FI^{\beta}C^{-\beta}=0 \tag{6-9}$$

$$\frac{\partial L}{\partial F}=M_F-\lambda I^{\beta}C^{1-\beta}=0 \tag{6-10}$$

式中，$M_I=\dfrac{\partial M}{\partial I}$，$M_C=\dfrac{\partial M}{\partial C}$，$M_F=\dfrac{\partial M}{\partial F}$。

由式（6-8）～式（6-10）可得城市功能提升的目标值 M 最大化的必要条件为

$$\frac{M_I}{\beta FI^{\beta-1}C^{1-\beta}}=\frac{M_C}{(1-\beta)FI^{\beta}C^{-\beta}}=\frac{M_F}{I^{\beta}C^{1-\beta}} \tag{6-11}$$

化简式（6-11）得

$$\frac{M_I}{\beta/I}=\frac{M_C}{(1-\beta)/C}=\frac{M_F}{1/F} \tag{6-12}$$

式（6-12）是城市功能提升目标函数最大化的均衡条件。该均衡条件反映出城市功能提升不是由一个因素推动的，而是由多个因素之间的均衡发展促进的。

第三节　都市圈产业协作及演化的动力机制

都市圈发育程度对其内中小城市的影响突出表现为产业协作。都市圈产业

协作方式及其演化，是都市圈内部、外部各种力量相互作用的反映，各种动力在相互作用之后的复合力体现为都市圈内部城市间的功能与分工变化。都市圈产业协作体系是由产业分工主导下的自组织（内生），以及外部环境、政策、规划调控下的他组织（外生）共同作用的结果。但是，内生的自组织和外生的他组织并非彼此孤立，而是相互影响、相互作用，从而推动都市圈产业协作。其中，都市圈产业协作及其演化的内生机制在于集聚与扩散效应，外生动力因素主要包括全球化、生产方式与组织转变、区域政策与规划、信息技术进步、产业升级与结构演进、交通发展与一体化等方面（图 6-2 和图 6-3）。

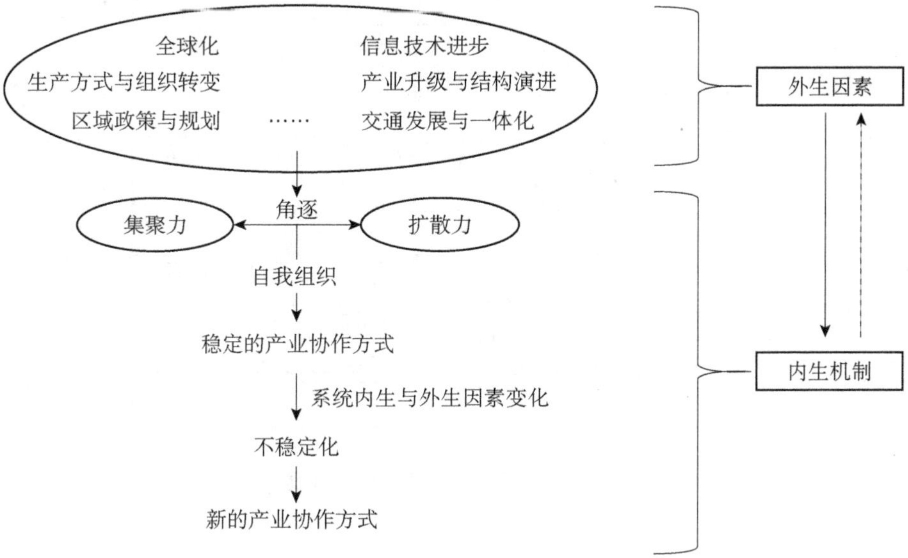

图 6-2　都市圈产业协作及其演化动力机制分析框架

资料来源：安树伟等（2019）

一、都市圈产业协作内生机制——集聚与扩散效应

都市圈的本质是集聚经济，是由专业化城市和多样性城市组成的城市体系，是介于市场与企业之间的一个中间性网络组织。经济集聚的正外部性、负外部性的动态演化，促使不同特征的产业部门、生产环节在都市圈内不断调整空间分布。都市圈形成的根本动力在于核心城市和周边地区两种异质空间在相邻条件下的相互作用，这种作用以“流”的形式表现为各种要素和经济活动在空间上的集聚与扩散（胡序威等，2000）。集聚与扩散是都市圈地域结构形成与演化的重要动力机制，这一机制也密切了城市之间的联系（朱英明，2005）。

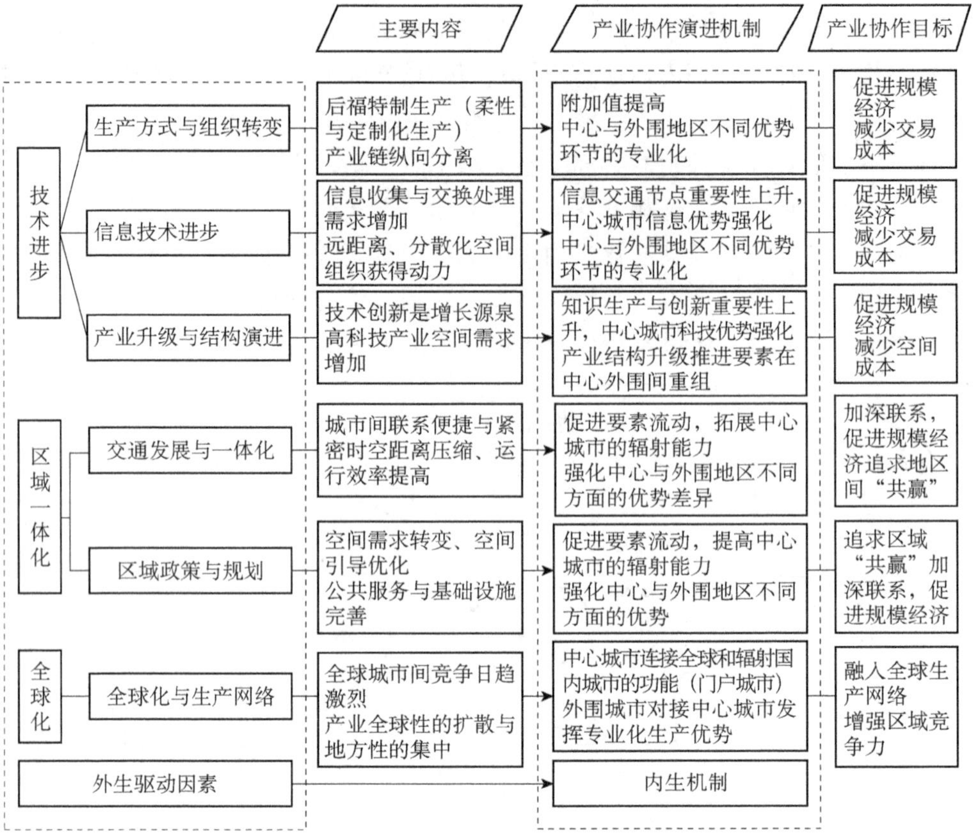

图 6-3 都市圈产业协作及其演化动力机制解析

资料来源：安树伟等（2019）

集聚与扩散是集聚经济与空间成本之间权衡的结果，都市圈形成与演化的内在动力来源于对集聚经济效益的追求。产业的发展有赖于集聚经济，这是因为产业在空间上的集聚可以获取一种因共享区位而使相邻企业之间相互产生的外部性，包括降低交易费用、实现规模经济、培训劳动力、创新及扩散等。交易成本对企业之间的经济联系与有效协作具有重要影响。企业之间日益错综复杂的联系，不仅使企业之间的交易成本构成越来越复杂，而且还需把具有复杂联系的空间成本考虑在内。在传统的区位论中，企业联系的成本主要表现为交通成本，但根据交易成本学说，不同的分工形态会导致企业间出现不同形式和特点的交易活动，跨越空间距离造成的交通成本只是其中的一个组成部分。这里的联系成本是包含空间含义的，正因为生产活动在空间上的分离，才会产生联系，所以联系成本是与生产活动相联系的空间费用。联系传输的可以是信息流，也可以是物质流，即通常所说的运输成本。交易成本与企业的包括地租在内的要素投入成本共同组成了空间成本。空间成本是产业区位选择的决定因素之一。

产业对集聚经济的追求使得生产要素和经济活动不断向城市集聚，最终导致城市规模的扩大和空间范围的扩张。当城市规模达到一定程度时，它对周边地区的辐射和影响力逐步增强。同时，在城市内部，高密度集聚和空间有限性之间的矛盾会带来集聚不经济或者空间成本上升①，导致竞争力下降，核心城市与外围地区间的集聚力与扩散力的对比发生变化，进而促使部分经济活动和人口分散到周围地区。核心城市通过产品输出、技术转让和产业空间重组，将一部分生产要素和经济活动向外疏散，这种疏散保证了城市本身规模的适度和产业结构的优化。在空间上，核心城市的扩散表现为城市向外蔓延，在蔓延过程中核心城市带动了周边地区的发展，并与次一级的中心城市融合形成更大一级的都市组团，因此扩散的结果往往是在更大的空间尺度上实现集聚。集聚与扩散两种力量的互动，最终推动都市圈内产业协作，并推动都市圈空间形态变化与生产空间组织的优化。

都市圈内各城市之间的空间联系主要表现为一种经济联系。都市圈培育初期，在区位条件较优的地区迅速发展起来的准核心城市，作为区域经济发展的增长极，快速吸引着周边地区的劳动力、人才和资本等生产要素，并在极化效应的推动下迅速成长。当核心城市增长到一定规模时，过度集中引发的各种城市问题开始出现，如城市地价高涨、生态环境恶化和基础设施供给能力不足等。随着经济活动过密和城市空间有限性之间矛盾的加剧，城市经济活动面临着在空间上的重新配置。核心城市开始在优化自身产业结构的同时，通过经济协作、技术扩散和企业搬迁，将一部分生产要素和经济活动向周边中小城市疏散。适当的空间扩散缓解了核心城市的发展压力，同时也有利于整合和更为充分地利用中小城市的资源，实现都市圈整体功能的提升。

总而言之，基于都市圈产业协作的都市圈内中小城市功能提升的内部机制和演进逻辑如下：①基于集聚经济与空间成本的权衡，在微观的区域空间中形成以产业分工为主的专业化功能分工。②在中观的区域空间中形成特定的产业集群，其成员企业既可能包括上游的原材料、机械设备、零部件和生产服务等投入供应商，也可能包括下游的销售商及其客户网络，并从侧面延伸到互补产品的制造商、基础设施供应商等，还可能包括行业协会、金融部门以及科研、教育培训机构等知识信息生产机构。③在更大的区域空间中形成较为完整的地方化生产网络或地方生产系统，即都市圈功能分工网络，都市圈向外部市场输

① 如环境问题、地价上涨、劳动力成本上升等。

出产品，而这些产品的生产又是由区域内不同等级的城市分工协作完成的。在城市功能分工的基础上，中小城市与核心城市、中小城市之间形成越来越广泛的空间集聚与空间分工联系，中小城市在功能分工中扮演着不可或缺的角色，从而获得更大的发展机会。

二、技术进步与都市圈产业协作的变化

随着科学技术的不断演进与发展，都市圈各类经济活动面临着再区位的过程，而技术在再区位过程中往往扮演着介质或者触媒的角色。与此同时，中小城市在再区位调整过程中迎来了经济发展和功能提升的新机遇。

（一）生产方式与组织转变

技术进步逐步推进生产组织方式的转变，主体趋势体现为从纵向一体组织方式转变为纵向分离，实现不同生产层次和链条细分与重组，制造加工、技术研发、管理决策、销售服务、原材料采购等环节独立运作。由于分工的深化，整体经济运行中将产生越来越复杂的专业化环节，产业间分工扩大逐步演变为产业内分工裂变。而都市圈作为产业链分工的主要空间载体，其中的核心城市与外围城市在不同部门与生产环节上的不同优势，使得专业化部门与环节表现出一定层次的空间形态，从而给中小城市带来更多的发展机遇。

对都市圈而言，管理、决策等功能将更有可能向核心城市集聚，初级原材料加工将可能转移到成本更低、工业化进程较慢的中小城市。模块化的生产和管理使得劳动过程空间分离成为可能，不同性质的劳动过程开始基于分工收益和空间成本的比较寻找最适区位。常规性生产环节可以集聚于核心城市远郊的工业园区，以较低的空间成本享受内部规模经济的好处；也可以在中小城市集聚，形成新的产业空间。

（二）信息技术进步

信息技术进步有助于降低经济主体之间的联系成本，促使企业更有可能将生产环节分离并分别布局到不同区位，从而在更大程度上将区位优势和某些因素更好地结合起来。信息与网络通信技术在全世界范围普及，导致世界范围内信息收集与交换处理需求骤然增加，生产链条中管理与决策功能进一步向核心城市集中。信息技术与新型交通一起推动地方空间（如城市）向流动空间的空间转变（Castells，1996），极大地推动了人口，尤其是信息的地区间流动，进一

步重新塑造了核心城市与外围地区的优势，且核心城市仍继续保持提供需要面对面交流的商品和服务的优势。与此同时，相对核心城市而言，中小城市具有更低的空间成本。日益下降的交通和通信成本与新的信息集聚经济一起，重构了先前的中心-外围关系，低等级的服务功能趋向于分散，并在城市等级体系的更低层次（中小城市）重新集中。这些新的城市区域通过各种活动的集聚而获得集聚经济，集聚在一个中心复合体中发生，该复合体具有不同的功能等级，导致通过多种渠道传递的信息流不断增长。

现代信息技术的迅猛发展带来了服务技术标准化，进而导致市场交易成本不断下降、企业内部结构单元分解、非核心业务（后台服务）的去中心化，使企业更专注于提升核心竞争力所需要的由“面对面”产生的知识、信息和创新环境，而知识、信息和创新环境则需要更高的联系成本。服务业的模块化，使得服务业在微观上具有“离心化”的力量，进而推动服务业的区位由核心城市向中小城市扩散。

创新是都市圈城市功能提升的内在推动力。如果没有持续的创新，城市功能的优化升级就无法向更高级别阶段演化。在都市圈城市功能提升的过程中，创新推动了城市间产业结构的共同演化。创新的重要作用在于当核心城市的已有优势已经发挥到最大限度进入衰退阶段时，核心城市拥有一种自我发展的能力，在将衰退的优势通过扩散效应转移到其他城市时，为自身进一步发展的优势创造条件——新一轮的创新。中小城市通过吸收核心城市的创新外溢效应，孕育基于自身资源禀赋的内在创新。创新机制通过集聚与扩散效应推动整个都市圈城市功能向更高级、更合理的方向演化。

（三）产业升级与结构演进

产业结构升级是城市功能提升在社会经济系统运动上的外在表现，是城市区域空间结构演化的直接动力。产业经济增长的速度、规模、方式直接影响着都市圈生产空间组织的方式、演进速度等，进而对不同等级城市产业布局产生重要影响。

科技与产业结构演进包括新经济与产业结构调整、尖端技术与科学进步。在新经济形态的带动下，都市圈的产业结构陆续发生转变，产业向高技术、精细化与特色化发展，产业内部更加丰富完善；产业集群化态势不断突出，技术创新持续重塑都市圈的功能空间和结构要素；传统产业升级换代，新兴产业日益兴起，高科技产业空间急剧扩大，推动生产、生活、服务要素在都市圈不同等级城市大规模流动和重组，都市圈内中小城市与核心城市的功能分工不断细化。

三、区域一体化与都市圈产业协作变化

（一）都市圈交通发展与一体化

都市圈产业协作的主要影响因素是空间地域的联系与作用程度，其在很大程度上取决于该地域的空间可达性。在交通技术不断创新以及都市圈交通一体化的背景下，空间可达性逐步改善。都市圈交通发展与一体化诱导人口、工业向更广阔的空间范围扩展。城市间更便捷的交通联系强化了集聚经济，促进城市间互补的、专门化的功能发展。一体化的交通发展以及交通基础设施水平的提高，使得都市圈内部实现了城市间的有效连接，降低了人流、物流、信息流成本，加快了城市之间、企业之间的要素流动，满足了资源的共享、知识的扩散和产业链上的相互需求，降低了交易成本，提高了交易效率，从而推动和完善了不同等级城市功能分工。

（二）区域政策与规划促进都市圈一体化发展

现阶段，都市圈内部依然存在较为严重的行政壁垒、产业同构、恶性竞争等问题。这些问题的存在并不是缺乏区域合作文件和合作组织，而是现有的合作文件和合作组织尚未上升到制度层面（上海财经大学区域经济研究中心，2012）。区域一体化的制度安排改善了中小城市所在都市圈的整体宏观环境。体制性障碍的突破弱化了区域分割，获得更多利益成为区域政府间合作的主要推动力。中小城市制度与创新机制的建立，应积极探索新形势下都市圈管理新模式，坚持政府引导，多方参与，以市场为基础，以企业为主体，通过制度安排实现中小城市与核心城市的良性互动，实现都市圈内部中小城市整体功能的提升。都市圈一体化发展，有利于打破地区分割和行政垄断，鼓励要素自由流动，能充分发挥市场在资源配置中的决定性作用，逐步形成统一的土地、资本、技术、劳动力等生产要素市场和完善的中间产品及终端产品市场，市场范围从单一城市扩大到都市圈及其周边区域，市场范围的扩大又要求更广阔的规模经济和范围经济，从而不断推动不同等级城市功能分工的深化。通过打破都市圈体制障碍，推动一体化区域规划的编制，明确各地产业发展方向和空间布局，实行产业导向和空间导向的“双重调控”，按照产业链分工和发挥比较优势原则，根据要素禀赋条件推动城市之间部门、产品和功能的错位发展，实现城市间的功能分工与整合。

四、全球化引导都市圈内部产业协作

经济全球化和跨国公司的迅速崛起是当今世界经济发展的两大特征，深刻

改变着世界城市体系格局，是都市圈形成的重要因素（袁瑞娟和宁越敏，1999）。在当前全球化发展日益深化的条件下，新的国际劳动分工引导城市经济结构不断调整，并推动全球生产网络中不同价值链区段实现地方集聚、区域分散和区域生产空间重组。其实质是产业的全球性扩散与地方性集中相结合，经济活动进一步集中在以都市圈为核心的区域空间，并构建了一个内部垂直分工和水平分工并存的功能性城市网络。该功能性城市网络更加突出核心城市与周边地区的功能组合关系，是全球化发展与地方响应的空间生产结果。在经济全球化背景下，过去依靠传统资源、单兵作战的城市竞争思维方式将面临极大挑战，仅依赖本土市场支持的城市也将日益衰落。

在全球化与信息化背景下，都市圈内部大城市及其中小城市不再是单一经济中心与发展腹地关系，而是演化成更加具有网络化特征的一体化模式（Kloosterman and Musterd，2001）。具体表现为城镇间的通勤联系频繁，城镇空间结构逐渐转向以功能单元为基础的节点网络化结构，以等级规模为标准的垂直联系逐渐削弱，城镇间水平联系大大增强，“优势资源”逐步转变为向各类“优势地区”集中，从而带动新一批“优势节点”的诞生。20 世纪 90 年代之后，发达国家都市区大多经历了从原来偏于“刚性”的核心城市支配地位向“柔和”的城市间协作关系转变的过程。外围中小城市依托分工细化逐渐形成不同类型、特色鲜明的功能节点，分担部分核心城市的区域职能，是整个都市区参与全球竞争和对外交流的不可替代的载体（图 6-4）。

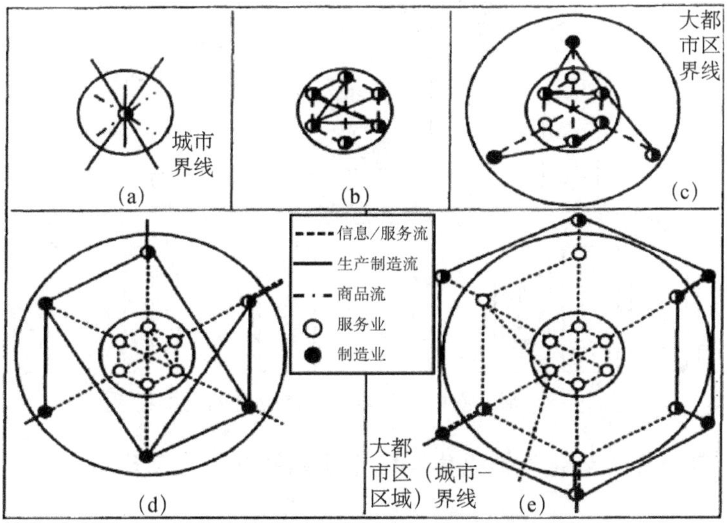

图 6-4　都市圈空间组织与产业分工的演变

资料来源：宁越敏和石崧（2011）

第四节　都市圈内中小城市功能提升的动力来源与耦合机制

都市圈内中小城市功能提升的机制原理，是指各种因素驱动与作用在整个结构体系的协调运行原理，主要包括都市圈内中小城市功能提升的动力来源与耦合机制，动力机制反映各影响因素对功能提升的动力推动过程，而此动力驱动作用也会对功能提升及各因素产生交互强化作用。

一、动力来源

城市功能包括产业发展功能、吸纳就业功能、公共服务功能、人口集聚功能。在此，构建树形城市功能提升的动力机制系统（图 6-5），反映在各种因素的交错影响下产生的驱动力，驱使各项功能自我强化与相互联系，以各因素形成的动力推动城市整体功能的提升，如同树的根、茎、叶具有的吸收、疏导、转化等功能一样，可体现出城市功能提升的驱动力与状态水平。

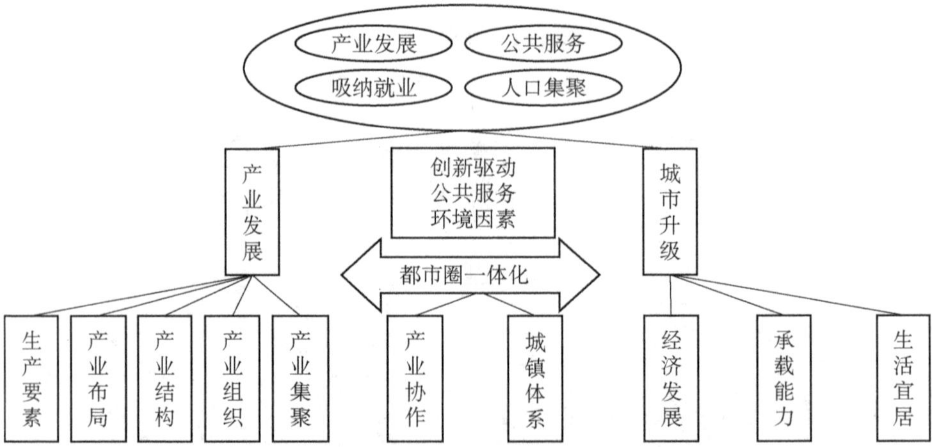

图 6-5　都市圈内中小城市功能提升的动力机制

（一）都市圈一体化发展是中小城市功能提升的外部环境

都市圈的产生是核心城市与其他城市相互合作的结果，核心城市与其他城市之间的合作使得区域内城市间的联系逐渐增强，为都市圈的产生创造了条件。

而都市圈的发展是核心城市在自身发展壮大的基础上，与其他成员城市合作逐步形成完善的城市体系和分工体系的过程。随着都市圈成为参与区域竞争的主要单元，其内的中小城市承接核心城市要素资源的趋势也越来越明显，直接表现为都市圈内不同等级城市分工日渐清晰，专业化程度越来越高。

首先，完善的城镇体系有助于城市功能的疏散与转移。克里斯塔勒的中心地理论表明，城市体系的组织遵循一定规律：等级越高的城市规模越大，数量越少，同级城市之间的距离越远，所供给商品和服务的种类越齐全。即城市体系的构建与城市功能有着密切联系，等级越高，城市功能越齐全，在一定的空间尺度下，相应的城市功能需求应该由相应规模等级的城市来满足。城市功能提升的过程是城市在一定的城市体系中获得“空间晋升”的过程，通过竞争与淘汰机制，中小城市需要不断完善城市功能，吸引更多要素集聚，以期在城市体系中获得一个较高的能量等级。超大城市和特大城市需要在追求更高目标的发展过程中，适度疏散非核心功能，该疏散过程需要一个向下的传导机制，即遵循超大城市—特大城市—大城市—中小城市的空间位序，这样中小城市功能的提升就获得了两方面的动力：一是自身的发展，二是更高等级城市功能的疏散与转移。前者是根本动力，后者是牵引力。但是，一旦城市等级体系出现断层，这种传导机制就会受到破坏，既不利于超大城市的发展，也不利于中小城市的功能完善。

其次，合理的区域分工与贸易是城市功能提升的推动力。都市圈是一个开放系统，只有区域与区域进行交流才能体现出都市圈功能（陆大道等，2003）。都市圈的一体化发展，使各个城市之间的人流、物流、资金流等生产要素在各个城市之间更好地流动。都市圈内各城市间的合作，可以降低成本，扩大经济规模，优化各种资源在城市间的流动和配置，有效地提高整个都市圈的总体实力，使都市圈内各个城市之间的分工协作关系更加紧密。通过强化都市圈产业分工的耦合效应，引导生产力布局优化和生产部门错位协同发展，促进大中小城市之间实现全产业链式、水平和垂直分工融为一体的精细分工与合作，推动产业集群化发展，形成一批专业化功能城市，进而增强中小城市的产业发展功能。通过发挥都市圈要素流动的融合效应，打破行政壁垒，建立区域一体化的要素市场，促进城际间要素有规律地、高效率地互为扩散和渗透，切实提高资源配置效率，提升中小城市的公共服务功能。通过发挥都市圈成长过程中城市增长的共生效应，优化生产、生活、生态空间结构，形成以核心城市为引领的城镇等级规模体系，实现都市圈内部各城市共生、共长、共同繁荣，增强中小城市的人口集聚功能。在知识经济时代，尤其要重视都市圈高级化发展中知识积累的柔性效应作用，加强城市间人才交流和知识积累，加速技术进步和管理创新进程，加快促进要素流动从“有形”到“无形”转变，实现要素流动成本最小化和要素配置效益最大化，引导都市圈区域统筹经济、社会、人口、资源、环境协调发展，高标准地承载人口发展，不断提升都市圈的整体功能。

魏后凯（2007）认为，当前中国已进入都市圈群体竞争的时代，某个企业或产业链的某一个环节具有竞争力并不代表都市圈产业链具有竞争力，如何构建新型分工与合作机制，形成都市圈产业链整体优势，是提升都市圈整体竞争力的重要途径。目前，在中国一些经济发达地区，区域分工已开始出现从传统的部门间分工到部门内分工，再到产业链分工转变的趋势。

都市圈产业区域分工大体经历了部门专业化、产品专业化和功能专业化三个阶段（Duranton and Puga，2002）。不过，都市圈产业协作方式并不会表现为完全的产业间分工、产业内分工与产业链分工的绝对模式，更多的是三者的综合体现。实际上，随着都市圈的日益发展，产业协作方式更多地表现出产业链分工模式。总体而言，城市间产业流逐渐强化、城市网络逐渐形成，核心城市逐渐形成以技术密集型制造业、高端服务业等为代表的多样性产业，中小城市的产业发展也经历了由多样性到专业化再到二者并存或交替主导的过程。

都市圈内中小城市受到的外部力量主要来自区内的核心城市。由于城际梯度差异的存在，都市圈内中小城市势必受到核心城市的经济影响。中小城市外部经济要素流入是指周边资金、技术、信息、人才等生产要素的投入乃至企业的迁入，这是中小城市经济发展的重要动力，促进和推动着都市圈内中小城市的产业发展。除了自身产业积累外，外来资源的引入也是促使都市圈内中小城市发展的重要原因之一。一些中小城市凭借自身的地理优势和良好的环境吸引外来生产要素大量涌入。外来生产要素的集聚既促进了中小城市的产业发展，增加了就业机会，加速了农业劳动力向非农业劳动力的转变，同时也推动了中小城市公共服务的提升，为中小城市整体功能的提升提供了硬件支持（张平，2009）。

都市圈内各城市在一体化的前提下，都具有相互吸引和分工协作的趋势。但是，在特定范围内，核心城市具有增长极的作用，具有较强的辐射带动作用。都市圈内中小城市不仅受到核心城市的强劲辐射，还受到区域内其他城市的发展带动，在都市圈内城市的交叉重叠辐射下中小城市快速发展。都市圈作为一个整体，其内的城市存在分工协作与优势互补的关系，在发展中进一步增强了都市圈的集聚效应和整体竞争力，进而促进都市圈内中小城市功能的提升。

（二）产业发展是城市功能提升的原动力

产业发展既是城市的支撑力量，也是城市未来发展的方向。产业发展是以城市资源禀赋和比较优势积淀为基础的演变与升级，是促进城市发展的重要因素与动力源。城市功能受到产业结构变迁的直接影响，且其间接影响也在城市资源的合理利用与城市生态环境的改善中得以体现。同时，产业发展对城市产业布局与城市整体建设提出新要求，在产业组织生产社会化的规模调整过程中，加强产业之间的有机联系，促进城市和区域的经济发展。

另外，产业发展也推动着城市的现代化进程，产业结构的优化升级可以改变城市经济的外延式粗放发展方式，促使城市经济健康发展，确保产业与城市同步发展（柯善咨和赵曜，2014）。产业以水平与垂直的空间联系影响着城市的分工与合作，表现为城市经济在农业、工业、服务业之间形成产业链，推动着城市经济的进一步发展。

为了进一步描述产业发展对城市功能提升的动力影响，下面借助城市功能提升目标函数 $M=\left[(I\times C\times F)/(I+C+F)\right]^{1/k}$ 来分析，假定 k=1，如果产业发展变动为 ΔI，则

$$\Delta M=\frac{(I+\Delta I)\times C\times F}{I+\Delta I+C+F}-\frac{I\times C\times F}{I+C+F}=\frac{\Delta I\times C\times F(C+F)}{(I+\Delta I+C+F)(I+C+F)} \tag{6-13}$$

产业发展边际贡献为

$$\frac{\Delta M}{\Delta I}=\frac{C\times F(C+F)}{(I+\Delta I+C+F)(I+C+F)} \tag{6-14}$$

设城市中工业及服务业劳动份额分别为 N_{i}、N_{s}，S_{i}、S_{s} 分别表示工业及服务业工资率，则城市产业总收入可以表示为

$$Y_{\mathrm{I}}=N_{\mathrm{i}}S_{\mathrm{i}}+N_{\mathrm{s}}S_{\mathrm{s}} \tag{6-15}$$

在城市功能提升工资率均衡与最大产业收入的要求下，产业发展的均衡条件可以表示为

$$\frac{Y_{\mathrm{i}}}{Y_{\mathrm{s}}}=\frac{N_{\mathrm{s}}}{N_{\mathrm{i}}} \tag{6-16}$$

式中，Y_{i}、Y_{s} 分别表示工业及服务业的边际收入率，即单位工资率变动下产业收入变动比率。

可见，城市功能提升的目标值受到产业发展变动的直接影响，而产业发展又受到工资率与就业份额的影响。这主要是因为：一方面，工资率变动改变了产业的新旧更替，激励着产品创新，而产品创新活动又会推动产业发生演进；

另一方面，产业就业份额的改变会直接影响产业结构的变迁，进而又会影响产业组织与集聚的转换，推进产业自身发展与优化，最终影响城市整体功能。

（三）城市升级是城市功能提升的动力保障

城市升级在经济发展、承载能力、生活宜居意义上是城市功能提升的动力保障。城市提供的各种物质产品与服务，是城市功能提升的物质保障，也是城市与产业自我发展的动力保障。经济发展水平体现了一个城市的经济实力，对技术进步和政府财政收入具有重要作用。城市的生活宜居度体现在多个方面，在此主要以消费来体现。企业生产的最终目的是服务消费者，消费需求是生产最终的需求，消费需求的升级将促进消费品产业升级；同时，企业也要把握市场变动趋势创造新供给，不断适应与满足消费新需求，形成城市功能提升的动力保障。城市的承载能力要和城市的经济与生活水平协调发展，才能促使城市功能提升。

城市升级对城市功能提升的动力保障可通过边际贡献率来反映，由此得到城市升级边际贡献为

$$\frac{\Delta M_C}{\Delta C}=\frac{I\times F(I+F)}{(I+\Delta C+C+F)(I+C+F)} \tag{6-17}$$

同时，可以得到城市升级优化的均衡条件为

$$\frac{W_{\mathrm{i}}}{P_{\mathrm{i}}}=\frac{W_{\mathrm{s}}}{P_{\mathrm{s}}} \tag{6-18}$$

式中，W_{i}、W_{s}分别表示工业、服务业的边际福利，即单位产品变动下福利水平的变动比率；P_{i}、P_{s}分别表示工业、服务业的价格水平。可见，城市功能提升的目标值受到城市升级的直接影响，而城市升级又受到产品数量与价格变动的影响，这主要是因为：城市升级在数量与质量上的变动，有利于增进城市总体经济福利，通过城市经济发展、承载力提升，宜居度提升，促进城市升级；同时，产品数量与价格的变动成为影响消费者和生产者福利的重要信号，并在逐渐发现与纠错过程中改善消费与投资环境，提高市场资源配置效率，为城市功能提升提供相应的保障。

（四）联动因素是城市功能提升的动力基础

联动因素是城市功能提升的动力基础，由此可得联动因素边际贡献为

$$\frac{\Delta M_F}{\Delta F}=\frac{I\times C(I+C)}{(I+\Delta C+C+F)(I+C+F)} \tag{6-19}$$

同时，可得联动因素优化的均衡条件为[①]

$$\frac{U_n}{P_n}=\frac{U_r}{P_r} \tag{6-20}$$

式中，U_n、U_r分别表示消费者在生活必需品、房地产产品的边际效用，即单位产品变动下效用水平的变动比率；P_n、P_r分别表示生活必需品、房地产产品的价格水平。不难发现，城市功能的提升受到变动的联动因素的直接影响，而联动因素主要通过科技创新、公共服务、环境因素等具体途径，改善人口与居住的协调发展，成为城市功能提升的动力基础。

第一，科技创新是推动产业发展的动力。科技创新通过科学发明、知识创新、技术创新、科技扩散与引进等路径，在城市和区域范围形成科技增长极，降低产业部门的生产成本，提高劳动生产率和经济效益，促进产业更新换代。科技创新推动了技术集聚、人才集聚及产业集聚（王缉慈等，2001）。第二，公共服务是沟通城市与产业发展的纽带。公共服务通过持续向城市各方主体提供便捷的交通基础设施、优质的教育、医疗卫生、就业服务、社会保障等公共产品和公共服务，有效地联系起人口、城市、产业，进而促进城市有序发展。公共服务通过满足“人”的生存、生活及发展等社会性的直接需求，成为产业与城市协调发展的互动支撑。第三，环境因素对城市功能提升有促进作用。市场环境、文化环境、生态环境等各类环境因素对城市的资源配置和产业发展都有直接影响，各方环境越好，越会吸引资金、人才和产业的集聚，带动产业结构的升级与产业组织规模效益的提高，进而促进城市功能的提升。

二、城市功能提升的耦合机制

城市功能提升的耦合机制是指各因素之间的相互作用及反作用机制（图 6-6）。各因素之间的相互作用可以体现为产业发展、城市升级、联动因素及其他因素相互之间的影响与作用，反作用体现为城市功能提升对各个因素的影响。

（一）产业发展和城市升级是城市功能提升的基础条件

资源的合理开发与利用、要素的有效配置与提升，可推动产业发展与城市升级。自然资源、劳动力、资本等生产要素的变化，以及产业结构的变迁、产业组织的优化等因素的变化，既会影响城市经济发展与生活水平，也会影响生

① 联动因素是产业与城市互动的桥梁，通过互动促进城市整体功能提升，表现为人居效用的提高，所以本书选取生活必需品和房地产产品衡量人居效用。

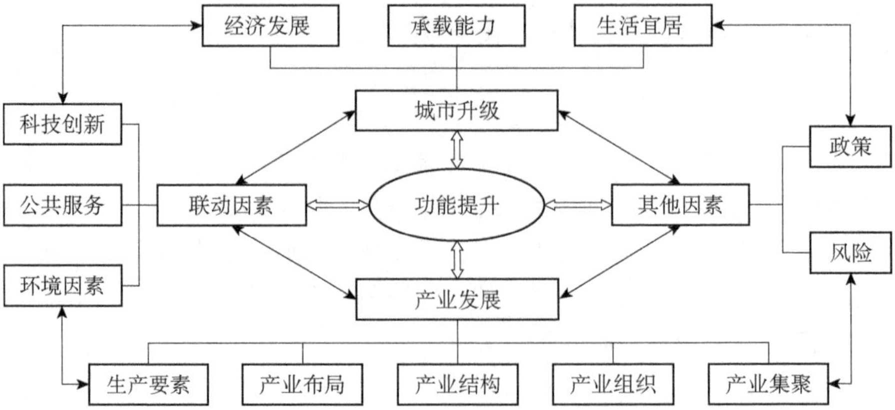

图 6-6　城市功能提升的耦合机制

态环境、文化环境、市场环境、公共服务及政策与风险的变动，进而对城市功能提升产生影响。产业发展可以带动城市经济实力的增强，进而吸引更多的要素资源进入城市推动城市规模的扩大；城市发展水平反过来也会影响产业结构的升级、产业布局的合理分布与产业组织的规模效应；产业发展与城市发展水平也直接影响着科技创新、公共服务、环境因素等联动因素的变化。

（二）联动因素影响产业发展和城市发展

首先，科技创新对于劳动力成本越来越高、资本越来越复杂多变的产业发展有着直接影响，在产业发展越来越强调效率化、柔性化、资本化、现代化的过程中，科技创新形成的各种方便的网络化交易方式可以降低成本，使越来越注重生产者和消费者直接对接的各产业得以迅速发展，增加了产业与城市的竞争力。其次，便捷的交通基础设施和良好的公共物品与服务，促进了产业升级和城市升级。最后，市场环境、文化环境、生态环境等各种环境因素，会直接或间接地对各生产要素、产业结构进行重新调整和再升级，表现为企业为了降低交易和生产成本、保持产品优势和增强企业竞争力，会进行如劳动力培训、资本运营、科技创新与引进等活动，进而促使产业结构升级优化，带动城市系统不断进行自我调整以适应外部环境的变化。

（三）政策机遇及偶发风险影响各个因素变化

政策机遇及偶发风险的出现也会影响各个因素本身的变化，同时机遇与风险也是可以相互转化的。例如，日本在能源资源上的劣势风险，最终给日本带来了节约能源的产业快速升级，助其走出资源稀缺困境，同时还影响到产业的竞争优势。风险危机在健全的经济体系中往往可以成为转机，促进技术进步、公共服务和各种环境的变化，影响生产要素合理配置和产业发展，进而影响区域经济协调发展。机遇与风险不仅是关键因素变化产生的结果，还影响城市与产业的升级及技术进步等。

（四）城市功能提升反作用于各个影响因素

在各种要素通过内外力影响城市功能提升的同时，城市功能提升的反作用力也会对各影响因素发生作用。良好的产业–城市互动关系有利于自然生态与经济社会环境的改善，有利于城市承载能力基础上的合理规划，有利于遵循共生理念的产业升级与城市的逐步改善，有利于科学技术的创新。同时，产（业）城（市）人（口）的有机融合，以及公共服务的进一步提升，可有效保障城市产业的有序发展，降低风险出现的可能性，确保城市与产业健康协调发展。

三、中小城市内部各项功能的互动

中小城市内部各项功能是相互联系、相互影响的，各项功能之间的协调度影响并决定着中小城市整体功能的提升。任何一项功能出现问题，都会影响其他功能（图 6-7）。产业发展功能是城市功能体系的核心和根基，也是其他功能赖以存在和发展的前提。吸纳就业功能是城市健康发展的保障，为居民提供就业和稳定的收入。公共服务功能是基础功能，为城市的居民、外来劳动力提供各项基本公共服务，关系着城镇化的质量。人口集聚功能是城市功能的建设目标和方向，人口集聚为城市发展提供支撑，是中小城市未来发展的趋势。这四项功能是城市应具备的功能，其中任何一项功能如果脱离了其他功能的支持与配合，就会削弱其自身作用的发挥。即城市功能不是简单地加总，而是作为一个有机整体发挥作用，产生一种大于各功能之和的整体功能。各功能要素的发挥影响整体功能的发挥，因此各功能要素必须形成相互促进、紧密结合的合理结构，通过功能体系发挥整体作用。人口进入城市，必须通过城市的产业发展、吸纳就业、公共服务、人口集聚功能的有机结合，共同解决人口在城镇的就业、生活、医疗、养老及文化需求等，才能实现居民真正的安居乐业。

城市发展要以产业发展为支撑，实现产业发展、城镇建设与人口集聚相融，才是城镇化的根本。随着产业发展，人口集聚会增多，城市的商机随之显现，城市也就更有活力。一方面，有了产业才能创造出就业机会，有了充分的就业机会和稳定的生活来源，外来人口才能乐业，乐业之后才能有实现安居的可能；

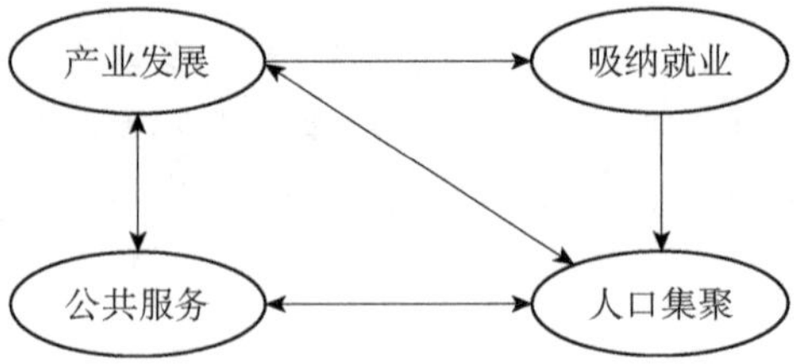

图 6-7 城市功能相互作用机理

另一方面，只有产业兴旺了，才能更好地解决城镇化中人的问题。要确保人在城市中享受到较为优质的教育、医疗、文化、社会保障等公共服务，这最终依赖于产业发展的支撑。

人口集聚可以推动产业发展，而产业发展又可以反作用于人口集聚，从而形成集聚经济。人口集聚对经济集聚的促进作用存在一个临界值，也就是说，并不是一味地提高人口集聚程度就可以获得更高水平的经济集聚，当人口集聚对经济集聚的促进作用达到最高点时，再推进人口集聚就不能有效地提高经济集聚水平，甚至会导致经济集聚效益的下降。这也正好验证了对城市规模应该具备适度人口规模的猜想，只有将人口密度控制在合理的范围内，才能对城市经济起促进作用，这一观点与现实中的状况也是相符的。同时，这一结论对我国的城镇化进程也是一个启示，即超大规模的城市虽然可以更多地吸纳人口获得各种人口效益，但当城市超负荷地承载过多人口时，这种人口效益对城市经济的提升存在局限性，有可能产生诸多环境、交通、治安等负外部性方面的问题，使经济聚集效益不增反降（韦柳河，2013）。

提高公共物品供给水平可以改善居民生活质量，提高居民生活水平，进一步增加城市对外来人口的集聚能力，而人口的集聚又给城市带来更多劳动力，进而促进城市经济的发展。因此，政府提高公共产品供给水平将得到一个双赢的结局，不仅可支持民生建设、改善人民生活、提升城市的公共服务功能，还可提高人口集聚能力，吸引外来人口集聚特别是人才集聚，促进经济发展。

第七章 都市圈内中小城市功能提升模式

近年来，我国都市圈内中小城市功能提升出现了不少成功的案例，如以产业协作推动的上海都市圈昆山、以旅游带动的京津都市圈秦皇岛、建设生态文明的广州都市圈清远、以老工业基地改造为重点的成都都市圈江油、与核心城市一体化发展的西安都市圈咸阳等。本章采用典型模式分析法，结合实践梳理我国都市圈内中小城市功能提升的典型模式，并比较其异同，最后提出都市圈内中小城市功能提升的若干思考。

第一节　都市圈内中小城市功能提升的模式选择

一、都市圈内不同等级城市的职能配置

都市圈内不同规模城市组成的城市体系类似一个金字塔形状（图 7-1），其中的核心城市处于金字塔顶端，具有综合性的城市职能，在都市圈内起主导作用，承担全球性或国家性职能，产业发展以总部经济、研发、创意等产业为主；往下是副中心城市，与核心城市一样，均是大城市，在都市圈内起主导作用，也可能依附于核心城市，承担国家性或区域性职能，产业发展以高新技术和先进制造为主；再往下则是依附于大城市的中等城市和小城市，它们通常只承担地区性职能，产业发展以先进制造、一般性制造和零部件加工为主（表 7-1）。

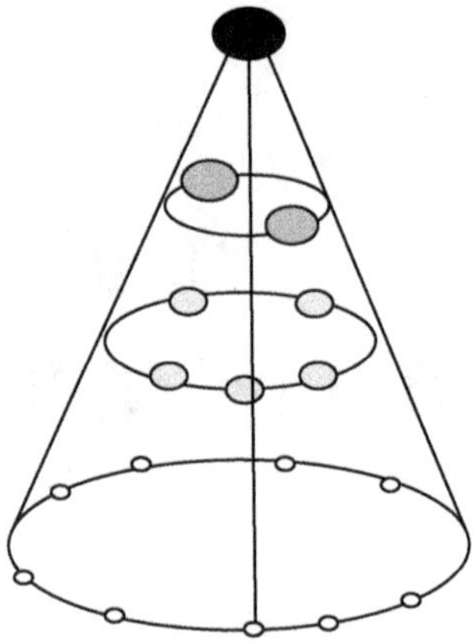

图 7-1　都市圈内不同规模城市等级结构图

表 7-1　都市圈内不同规模城市的职能配置

项目	大城市		中小城市	
	核心城市	副中心城市	中等城市	小城市
等级结构	主导作用	既相对独立又有依附性	依附	依附
职能范围	全球性或国家性职能	国家性或区域性职能	地区性职能	地区性职能
支柱产业	总部经济、研发、创意产业	高新技术、先进制造	先进制造	一般性制造、零部件加工
关系形态	中心型或网络型的城市体系			

二、都市圈内各等级城市之间的关系

都市圈内不同规模的城市在竞合发展过程中，逐步形成产业分工合理、经济联系紧密的相互依托的网络关系，使都市圈具有更加丰富的多样性、更大的创造性和更持久的竞争力，以此支撑区域经济社会的健康发展，并提升国家的国际竞争力和影响力。根据不同都市圈内城市的空间形态、等级结构等，可将都市圈内城市体系划分为中心型城市体系和网络型城市体系（表 7-2）。其中，核心城市在都市圈形成过程中发挥着主导和引领作用，究其原因：一是核心城市通常具有区位优势，交通发达；二是核心城市具有资源优势，不仅有自然资源，还有政治资源，是首都、省会（自治区首府）所在地；三是核心城市有一定的产业基础和人口规模，因为人口多、市场大、基础设施完善，比中小城市有更多的机会。在都市圈内部，城市和城市形成了互补关系，核心城市的功能不断升级给中小城市带来了机遇。在都市圈发展到一定阶段后，大城市的一些功能会疏解出来，大城市周边的中小城市可以结合原有的产业基础和资源优势，发展有竞争优势的产业。

表 7-2　都市圈内中心型城市体系与网络型城市体系比较

项目	中心型城市体系	网络型城市体系
空间形态	中心形态	节点形态
对规模的依赖	依赖规模	不依赖（局部）城市规模
等级结构	有主从关系	有弹性与互补性
综合性	生产、服务单一	生产与服务多元
联系方式	纵向联系	横向联系
要素流动	单向	双向
关键要素	仰赖交通成本	信息占主导地位
新空间拓展	四处无序发展	空间有导向发展

资料来源：Batten（1995）

无论是哪种类型的城市体系，都市圈内中小城市功能提升模式都必须结合都市圈核心城市、副中心城市、中小城市的特点及联系程度。一是所在区域的特点，如在行政主导的区域，极化效应较强，可能会出现“大树底下不长草”的问题，如京津都市圈内的廊坊；而在市场主导的区域，往往会加快扩散效应，形成“大树底下好乘凉”的现象。二是大城市扩散的特点，如有些大城市是以工业向外扩张为主，有些则是以消费向外扩张为主，还有的是市区人口转移。以工业为主的大城市要做好工业园区，以便承接产业的转移；以消费为主的大城市要做好休闲旅游特色产业；以承接人口为主的大城市要做好基础设施和公共服务设施。三是中小城市自身的特点，如中小城市产业承接能力、自身资源禀赋、在都市圈中承担的职能等。中小城市产业承接能力强，要和核心城市主动对接，承接核心城市的产业转移，与核心城市形成产业协作关系；中小城市本身旅游资源较好，可以考虑发展旅游业，以旅游业带动相关产业发展；若中小城市作为核心城市的后花园、核心城市的水源地，可以考虑做好生态保护；若中小城市属于老工业基地，可以根据自身的产业基础，做好产业转型升级；若中小城市与核心城市具有一体化的历史渊源、文化基础和地缘亲缘脉络，可以考虑与核心城市一体化发展。

三、都市圈内中小城市功能提升模式划分

依据都市圈内核心城市的发育程度、中小城市的特点，以及中小城市和核心城市联系的紧密程度，选择并确定中小城市功能提升的模式。目前，我国 24 个都市圈内中小城市功能提升模式大体可以归纳为产业协作推动模式、旅游带动模式、建设生态文明模式、老工业基地改造模式、与核心城市一体化发展模

式。这五种模式都是都市圈内中小城市发展的重要方面，其分析视角、基本内涵、实现路径存在较大差异，但它们在许多方面又具有一定的交叉和融合，并非完全独立（表 7-3）。

表 7-3 都市圈内中小城市功能提升的五种典型模式

模式类型	典型城市	分析视角	基本内涵	实现路径	都市圈
产业协作推动	昆山	产业协作	加强都市圈产业协作	产业转移	上海都市圈
旅游带动	秦皇岛	旅游业	良好的旅游资源	发展特色旅游	京津都市圈
建设生态文明	清远	生态环境	建设生态田园城市	生态补偿	广州都市圈
老工业基地改造	江油	产业转型	推动资源型产业转型	延长产业链、培育接续替代产业	成都都市圈
与核心城市一体化发展	咸阳	一体化	同城化、一体化发展	共建新区	西安都市圈

第二节 以产业协作推动的上海都市圈昆山模式

都市圈产业协作是处于共同区域空间内的不同地区之间，为了追求共同利益而进行的专业化分工与合作，通过生产要素的流动，促进城市之间产业合理分工，最终实现区域一体化、资源整合优化并提升整体竞争力，进而促进城市功能的提升。

一、产业协作推动模式的基本特点

都市圈内有效的产业协作往往具备以下特征：从产业经济学视角来看，都市圈内各城市依据自身优势条件进行产业分工与交易，形成若干专业化城市和多样化城市组成的城市体系；从新制度经济学视角来看，都市圈是一种交易规制结构，具有典型网络产业组织特征，能够有效降低内部交易成本，使都市圈内的企业可以获得圈外企业没有的竞争优势。但在这一模式下，中小城市要具备优越的区位条件、良好的产业基础、广阔的土地和丰富的自然资源等优势。

（一）核心城市充分发挥辐射带动作用

按照增长极理论，核心城市通过乘数效应、涓滴效应等不断地向外层影响并逐步推移，区域中的各种产业将以中心城市为增长极建起区域经济发展的产业部门区（崔功豪等，2006）。核心城市作为都市圈的经济、文化、信息等活动的集聚核心，通过物质循环、能量流动、信息交流、空间融合等方式，推动核心城市的物质与能量向周边中小城市扩展。从城市的中心性作用出发，高层次的核心城市是都市圈发展中最活跃的原动力和增长极，承担着整个系统的创新和引擎功能，辐射带动周边中小城市发展。

（二）交通等基础设施的一体化

破解行政壁垒和制度障碍，促进生产要素自由流动，建立健全协同发展的体制机制，形成区域一体化发展新格局。着眼于都市圈空间布局，按照区域经济一体化的要求，构建以轨道交通为骨干的多节点、网格化、全覆盖的交通网络，提升交通运输组织和服务的现代化水平，形成统一开放的区域交通格局，促进人口、产业、资金等生产要素在都市圈内快速、有效、便捷地流动，为加强都市圈内城市间产业协作提供支撑。都市圈空间结构演化是由市场主导的过程，但在现实的市场经济中还无法排除政府的作用。政府通过都市圈内统一的交通等基础设施建设，保证各种生产要素的合理流动，使城市区域经济保持常态运行，从而对都市圈空间结构与产业协作演化产生重大影响，促使都市圈空间结构发生重组。都市圈交通等基础设施的区域一体化，使区域内的要素转移更加顺畅，都市圈空间单元间的生产要素优化配置得以顺利进行，加速空间协调发展。产业与基础设施网络等在城市区域内部地域空间上实现合理配置，进而促进都市圈空间布局的优化调整（刘艳军等，2006）。

（三）政府间合作协调机制的完善与区域政策一体化

都市圈内单个城市在制定发展战略和从事市场经济活动时，往往缺乏兼顾区域整体发展利益的动力和能力，因此在一些涉及区域公共利益和整体发展的领域，往往需要通过更高层面的协调来促成区域整体利益最大化。在市场之外的区域协调机构负责处理都市圈内单凭市场行为难以实现的区域发展目标，它们以法律形式明确规定其地位和职责权限，包括建立区域统计信息平台、制定区域发展规划、实施区域大型基础设施项目等。在都市圈产业发展中，政府合作是为了追求共赢，是基于规模经济提升增长能力以及避免未来投资和发展的不确定性的政策选择（Sassen，2001）。随着产品或功能专业化的发展，有意识地拓宽和加深区域内城市间的经济关系，将促进规模经济和范围经济，提升区域经济竞争力。

（四）中小城市具备较强的产业承接能力

中小城市制度环境良好，具备有效的市场经济体制、作用有限且有效的政府。资源配置基本上可以依据市场规则、市场价格、市场竞争实现效益最大化和效率最优化。政府把主要精力集中在加强和优化公共服务、保障公平竞争、加强市场监管、维护市场秩序、弥补市场失灵等方面。都市圈内核心城市与中小城市形成要素资源自由流动、产业分工互补、城市功能相互配套对接的一体化发展新格局。中小城市具备较强的产业承接能力，并通过打造产业发展平台，改善投资环境，促进产业集聚。

二、昆山模式概况

昆山的改革发展史是一部对接和融入上海的发展史。昆山的发展起步于苏南模式，20 世纪 80 年代昆山充分发挥区位优势，“东依上海，西托三线”，让上海的企业来搞联营，把大城市转到山里的“三线”军工企业再引过来，大力开展横向经济联合，发展乡镇工业，孕育了农业向工业转型；发展于上海产业转移，由于有乡镇企业基础，乡镇企业产供销依赖上海工厂，与上海紧密联系，上海调整产业结构，有相当一批工厂落户昆山；得益于招商引资，90 年代中后期，世界发达国家和地区发生产业转移，日资、港资、台资落户昆山，第一产业基本退出，第二产业全面发展。目前，昆山依托自身特有的优势，全面接轨上海，促进了自身经济和上海都市圈的发展。昆山是上海产业转移的主要基地，甚至是核心承接地，该区域集中了大量来自上海的产业，拥有良好的产业基础。

（一）依托优势积极承接上海产业转移

昆山距离上海较近，距上海虹桥国际机场仅 50 多千米，地理位置优越。与上海相比，昆山的优势是土地成本和劳动力价格较低，并依托上海的资金、技术、人才等优势发展经济。借助中国（上海）自由贸易试验区服务业开放和总部集聚优势，围绕智能装备制造、新能源、新材料、集成电路等重点培育的高端制造业，加强与中国（上海）自由贸易试验区跨国公司资本、技术、管理等对接，扩大先进装备及前沿技术进口，完善战略性新兴产业价值链。与中国（上海）自由贸易试验区探索联动联营模式，推动在昆山设立高端消费品保税展示交易中心、进口商品直销中心等。

（二）与科创资源对口对接

昆山积极与上海科研平台、上海创新主体对接，探索离地飞地式创新合作，加快推进人才引进交流。例如，昆山加快一站式科创服务中心建设，积极与上海推进科技创新中心建设办公室、上海共性技术研发转化平台、国际技术交易市场、国家技术转移东部中心等的合作。科技创新的关键在于科技成果转化，由于上海嘉定区具备成果转化的基础条件，昆山积极与位于嘉定区的中国科学院上海光学精密机械研究所、中国科学院上海微系统与信息技术研究所、上海市计算技术研究所、中国科学院电动汽车研发中心等一大批国家级科研院所合作，大力引进上海高层次人才。

（三）产业要素协同融合

按照“主动融合、对接服务，资源共享、共赢发展”的理念，昆山加强产业平台深度对接，跨越承接新兴产业资源，深化会展、商务、旅游、文化、体育联动，吸引上海外迁项目，提高产业关联度。昆山经济技术开发区作为全市经济发展龙头，侧重接轨上海自由贸易港，争取中国（上海）自由贸易试验区及松江和金桥的集成电路（integrated circuit，IC）设计、新能源汽车等产业转移；昆山国家高新技术产业开发区作为苏南国家自主创新示范区主阵地，侧重接轨上海市科技创业中心、上海张江国家自主创新示范区，深度挖掘上海高校、科研院所产学研产业化成果；江苏省花桥经济开发区作为对接上海的桥头堡，侧重接轨虹桥国际商务区和嘉定安亭国际汽车城，实施“双城共建、双桥联动”策略。

三、昆山模式实现路径

昆山西依历史文化名城苏州，东靠国际大都市上海。1984 年，昆山明确了“要发展、靠上海”的发展战略，并因此赢得了宝贵的发展机遇。昆山位于上海都市圈中，特殊的区位条件为昆山城市功能提升带来了良好机遇。

（一）核心城市辐射带动

在一定的时空条件下，都市圈核心城市以其集聚经济优势和比较利益，促使区域内物质、能量、人口、资金的集聚，并通过乘数效应不断增强内聚力；向外扩散的辐射力也随着内聚力的增强而增强。在这种集聚和扩散的共同作用下，一方面，核心城市规模得以扩大；另一方面，核心城市与周围城镇的联系得以加强。都市圈内城市产业协作的关键在于具有可持续支撑力的经济中心城市，经济中心城市承担着整个系统的创新和引擎功能。上海作为都市圈的知识生产核心与增长极，通过乘数效应、涓滴效应不断地向外层影响并逐步推移，促使上海与昆山进行产业协作。

（二）多种形式的产业协作载体

在都市圈核心城市扩散效应的作用下，核心城市和外围城市开始建立产业协作的网络联系，核心城市周边的城市将率先进行对接和协作。如果核心城市周边的城市缺乏良好的产业配套能力和有效的协作载体，企业可能会跨都市圈进行产业转移和分工，因此有效的产业协作载体尤为重要。目前，昆山有 1 个国家级经济技术开发区（昆山经济技术开发区）、1 个国家级高新区（昆山国家高新技术产业开发区）和 1 个国家级综合保税区（昆山综合保税区），还有 2 个江苏省级园区（江苏省花桥经济开发区、江苏省昆山旅游度假区），这些大平台是昆山产业发展的重要载体。

（三）有效的区域合作与利益协调机制

都市圈通常涉及多个独立的行政区，地方政府在制定政策时往往把其他利益主体和整个区域的利益，作为影响自己利益实现的因素来考虑，而不会把其他主体的利益和更大区域整体利益作为行动目标，这种行政管理的边界限制与都市圈产业协作之间的矛盾，要求必须设置区域合作协调机构，通过跨区域的协调来解决。都市圈产业协作中利益协调机制的设计通常包括制度化的利益协调机制和非制度化的利益协调机制，制度化的利益协调机制通常有较紧密的组织和契约，而非制度化的利益协调机制则采取较松散的组织形式，且缺乏法律效力。至于究竟采取哪一种方式，还应根据区域具体情况组合设计，上海都市圈产业协作中利益协调机制的设计，充分体现了制度化的特征（安树伟等，2019）。

（四）通过市场机制实现有效的经济联系

任何一个跨区域的产业协作不管初始状态如何，政府干预主要是提供稳定的制度框架（包括环境法律规制），同时增加基础设施和公共产品供给，产业协作的具体方式则由市场结构和促进竞争决定。改革开放后，长三角的产业协作除了继承计划时期的产业分工合作关系外，重点是通过改革开放释放体制活力，使地区之间重建固有的经济联系，并根据不同区域特点形成了温州模式、苏南模式等。但是一旦制度框架搭建完成，则必须通过发挥市场机制的作用来促进产业之间的分工协作，上海都市圈产业协作的昆山模式实践为此提供了有力的证据。

（五）完善的基础设施网络

产业与基础设施网络等在都市圈内部地域空间上的合理配置，能够促进都市圈空间布局的优化调整。同时，交通线路的开辟与建设往往成为拓展城市发展新空间的伸展轴，是城市空间扩展的牵引力，对城市空间扩展具有指向作用。在都市圈内部，完善的基础设施网络能够优化生产要素的空间集聚，并提高要素空间流动和集聚的外部经济性以及研发创新的效率，进而推动区域内产业协作。昆山积极推进城际轨道交通对接，推进昆山、上海两地公路交通对接和两地信息网络对接。例如，加快苏州市域轨道交通 S1 线与上海地铁 M11 线对接，构建东西向轨道主骨架；重点打通锦淀公路与崧泽大道、锦商公路与金商公路、沿沪大道与胜利路、曙光路与复兴路、外青松公路、集善路与青赵公路 6 条沪昆（山）邻界地区道路瓶颈。

四、昆山模式局限及未来方向

（一）昆山模式局限

（1）产业结构失衡

2000～2011 年，昆山第二产业占 GDP 的比重一直在 60%以上；2012～2016 年，第二产业占 GDP 的比重依然在 50%以上，形成了以第二产业为主导的产业结构[①]。第二产业又主要依赖外资驱动，由于外资企业与本地经济、社会联系相对较少，第二产业发展对生产性服务业需求小、层次低，不利于第二产业和第三产业的融合发展，导致第三产业比重偏低，产业结构出现一定的失衡。

（2）产业层次低

从产业在国际产业链中的位置来看，目前昆山产业绝大部分处于制造加工环节，基本上没有前向的研发设计、过程管理等环节以及后向的供应链设计、发布展示、营销宣传等。"微笑曲线"已经展示了一个产品的利润在各个环节的分配比例，制造加工环节是薄利环节，昆山却付出了大量宝贵的土地资源。

（3）对富民强市的带动作用不足

昆山以外资为主、出口引领的发展模式，导致经济发展成果转为居民财富的效率较低，表现为人均收入的增长速度落后于经济总量的增长速度。居民收入水平不高造成消费能力有限，使得需求带动经济发展的贡献较小。

---

① 根据相关年份《昆山统计年鉴》测算。

（二）未来方向

（1）整合城市空间

昆山产业用地的无序、快速蔓延，除了逼近城市土地资源承载极限外，也对城市生活空间的拓展产生了阻碍。面对被工业园区包围的现状，生活空间只能寻求穿插式的发展，并且与产业空间相互制约。因此，整合城市空间，对产业布局进行调整，可为城市其他功能的拓展提供空间，进而在整个城市实现各项功能布局的合理优化。

（2）产业优化升级

以节约资源、降低能耗、减少排放、促进就业、提升效益、自主创新为导向，促进产业转型发展。除了制造业本身的价值提升、产业链延伸外，还需要大力发展高端生产性服务业和现代的生活性服务业。未来，昆山现代服务业对GDP与就业的贡献应不断攀升，逐步形成以服务业为主的产业结构，先进制造业的创新能力与综合实力应不断增强，农业应以市场为引导向现代化、特色化、高效益发展，最终形成三次产业融合互动的发展态势。

第三节　以旅游带动的京津都市圈秦皇岛模式

旅游带动模式是基于自身的旅游资源优势，配套改善基础设施，提升公共服务，大力发展旅游业，并带动与旅游业相关的产业发展，进而促进城市功能提升。

一、旅游带动模式的基本特点

旅游产业综合性强、关联度大，广泛渗透到农业、工业、生态、海洋等领域，属于劳动密集型产业，对社会的就业带动力强；旅游产业为绿色产业，对资源的破坏程度小，对经济持续发展带动力强。此外，旅游产业价值效应大，以旅游来释放地区经济活力和吸引力，是实现可持续发展的重要措施；可以转变经济发展方式，提升城市品牌，释放旅游生态效益；不仅可以拉动传统产业的旅游消费，还可以拉动国际金融、文化产业等新兴产业的发展，是现代服务业发展中至关重要的一个方面。旅游产业要以良好的基础设施建设为基础，以深厚的文化底蕴为灵魂，以优美的自然环境为依托，通过发展旅游业带动与旅游相关的产业发展，进而配套提升公共服务水平。但旅游产业对自然与人文景观的丰裕程度要求严格，受国内外客源市场竞争和季节性影响较大，直接面向消费市场，企业间缺乏有效的约束力。旅游驱动城市功能提升，需要打破原有的依托丰富的自然景观、完善的交通网络、优越的城市建设等传统旅游模式，打造旅游综合体[①]等新业态，培育旅游产业集群，进而提升城市功能。

二、秦皇岛模式概况

秦皇岛城市发展经历了三个阶段：①1949～1965 年，因港而生、依港而起的城市；②1966～1986 年，以工业、商贸为主导的城市；③1987 年至今，以旅游业为主的滨海城市。在工业增长乏力、环境问题严峻的背景下，秦皇岛逐渐从“工业立市”转变为“旅游立市”，适应了现代消费、休闲旅游的理念。在不同阶段，旅游产业侧重点有所不同，改革开放前主要为“事业接待型”，2003 年左右发展为“市场型”，2006 年左右为“休闲化升级”，2010 年左右成为“战略性支柱产业”。秦皇岛城市功能提升主要依托自身丰富的旅游资源，将自然风光与传统文化、海洋文化融为一体，大力发展旅游业，基本形成了三种综合体。

（一）依托自然资源的旅游综合体

秦皇岛拥有丰富的海、沙、湖、鸟、山、石等自然资源，有山海关、北戴河、南戴河等独树一帜的风光，旅游吸引力强，能够辐射带动相关旅游产业的发展。秦皇岛将这些旅游资源规划整合，突出特色，已建成山海关风景区、北戴河海滨风景区、南戴河旅游度假区、角山长城景区、长寿山风景区、燕塞湖风景区、联峰山公园、老虎石海上公园、天马湖风景区等，旨在为需求不同的游客提供不同的风景。

（二）依托人文资源的旅游综合体

秦皇岛经过长久历史的洗礼，沉淀了丰富的历史文化与人文风情，包括以秦始皇求仙入海处为代表的祈福文化；以山海关老龙头为代表的长城文化；以北戴河名人别墅为代表的世界建筑文化；以秦皇岛奥林匹克公园、秦皇岛奥林匹克体育中心为代表的体育文化等。秦皇岛将历史人文与旅游相结合，以文化

① 旅游综合体，即以旅游者为主要服务主体，以参观、游览、度假等旅游活动为核心，提供餐饮、购物、运动、会展、保健等中心特色突出、整体要素有机结合的多种功能的旅游服务和产品的系统空间结构模式。

活动为载体，每年举办山海关长城文化节、望海大会、重阳登高节、荷花节等节庆活动；以文化体验为引领，修建孟姜女庙、秦始皇求仙入海处等景点，供游客切身感受文化魅力，以此吸引游客去体验、消费，带动了餐饮、娱乐、酒店、博物馆等产业的协调发展，使城市文化功能得以优化和提升，相关文化产业、现代服务业、现代农业等也因旅游业的发展而受益。

（三）依托海洋资源的旅游综合体

秦皇岛有丰富的海洋文化，具备实施海洋公园类探险、游乐类项目的基础。秦皇岛主要旅游综合体有：一是南戴河国际娱乐中心，主要包括海洋乐园，建有以林中观鸟、海边捉蟹等为特色的生态游项目和 40 余种大型机械娱乐项目；仙螺岛，依托民间传说构思立意而建；海上乐园，集海滨自然景观与功能齐全的戏水设施于一体。二是山海关乐岛海洋公园，以蓝天、碧海、金沙为依托，集观赏娱乐、休闲享受、动态刺激及科普教育于一体，以海底观光、水上娱乐和大型海洋动物展示为主题的高档次环保生态型城市海滨公园。三是秦皇岛新澳海底世界，集科普教育、观赏娱乐于一体，以展示海洋生物为主的大型综合性展馆。四是翡翠岛生态游乐园，是一座由黄色细沙和绿色植被相间构成的半岛，有罕见的海洋大漠风光。

三、秦皇岛模式实现路径

（一）资源优势推动

秦皇岛素有“京津后花园”之称，在自然资源、历史文化古迹、人文风俗等方面具有发展旅游业的先天优势。秦皇岛有 40 多个独具魅力的旅游区，可满足不同旅游者的消费，每个风景区各具特色，如北戴河是世界四大观鸟胜地之一，南戴河因黄金海岸而得名，昌黎有罕见的海洋大漠风光，万里长城横亘全境等。同时，秦皇岛盛产虾蟹等海产品，以及葡萄、樱桃、苹果等农产品，为旅游业的发展锦上添花。

（二）政策引导

2009 年 12 月，《国务院关于加快发展旅游业的意见》提出把旅游业培育成国民经济的战略性支柱产业和人民群众更加满意的现代服务业，旅游业开始成为国家支持发展的战略性产业。2009 年秦皇岛确立“旅游立市”战略，2010 年先后被列为首批全国现代服务业和旅游综合改革试点城市。“十二五”期间，秦皇岛旅游业快速升级、迅速增长，成长为京津冀最具特色的海滨旅游度假胜地，城市功能逐步得到提升。

（三）基础设施建设

秦皇岛在港口、机场、铁路、公路、高速公路，水、电、气、通信等基础设施，以及投资政策、机构建设和服务等投资环境方面建设日趋完善。在交通方面，开通了秦皇岛到北京的动车组列车和俄罗斯航班；在旅游设施方面，加大对旅游栈道、旅游厕所、旅游标识等旅游要素的投入力度，完善游客服务中心，提升景区生态保护规模，为秦皇岛旅游业跨越式发展奠定了基础。

（四）产业转型升级

1949～1966 年，秦皇岛的产业结构为“一三二”的产业结构，1967～1978 年演变为“二三一”的产业结构，1979～2016 年调整为“三二一”的产业结构。在调整产业结构、转变经济增长方式的过程中，秦皇岛的城市功能随之提升。第二产业的发展提升了秦皇岛的产业发展能力，而旅游业的发展使秦皇岛的城市服务日渐完善，休闲能力日渐增强。

四、秦皇岛模式局限及未来方向

（一）秦皇岛模式局限

（1）经济发展总体水平较低

以旅游驱动模式为主的秦皇岛，第二产业发展不足，经济发展总体水平相对落后。2005 年以来，秦皇岛 GDP 在河北各地级市中一直处于倒数第一、第二的位置，2016 年秦皇岛 GDP 为 1349.35 亿元，仅为河北的 4.21%①，这与秦皇岛沿海港口城市的地理位置和发展条件并不相称。

（2）旅游综合体模式投资大、见效慢

旅游综合体的规划、开发、建设是一个宏大的工程，需要合理的规划、大量的资金、创新的理念等，投入大、回报期长，容易半途而废。秦皇岛依靠自然资源的旅游综合体建设停留在表面，依靠人文资源的旅游综合体建设还不成熟，依靠海洋资源的旅游综合体模式尚处于起步阶段，旅游景区之间联系松散，同质化的旅游建筑较多，重要的旅游景点人口拥挤、次级景点无人问津现象突出，旅游综合体整体层次较低、品质较差，旅游业发展大格局尚未形成。

① 根据相关年份《河北经济年鉴》测算。

（3）季节性影响下的旅游产业融合度较低

秦皇岛旅游产业多集中于观光型、娱乐型、大众消费型，缺乏会展会议、特色购物、高端度假等设施，旅游产业链较短；旅游产品同质化、低端化问题突出。从产业来看，与旅游业相关的交通运输、住宿、餐饮等传统服务业发展较好，高端旅游业、金融业、商务等现代服务业发展水平较低；此外，旅游与农业、养老、文化、体育、科技等行业的融合不足，未能和旅游业形成良好的互动，加剧了旅游产业季节性问题。秦皇岛旅游季节性明显，5～10 月为旺季，产品与服务供不应求，到了淡季则冷冷清清。

（4）港口利用不足

秦皇岛港是世界第一大能源输出港，是我国“北煤南运”大通道的主要枢纽。正是这种服务于国家对煤炭资源保障的定位，使得秦皇岛港的硬件设施大多服务于煤炭物流，导致港口功能单一；加上秦皇岛工业以农副产品加工和科技含量低的工业为主，制造业基础薄弱，缺乏有效支撑港口经济发展的大型企业和支柱产业，进口需求不大，使得秦皇岛港的商贸功能偏弱。在港口建设方面，市场化程度较低，金融、保险、现代物流的建设与国内其他港口城市相比还存在较大差距。

（二）未来方向

（1）拓展旅游业发展的潜力

加强旅游配套设施建设，改善旅游资源环境，充分发挥秦皇岛旅游资源的优势。在旅游发展方式上，由单纯依靠景点旅游向全域旅游转变，尽快实现从单一的观光游向观光游、休闲游、康养游“三位一体”转变，实现从“旅游城市”向“城市旅游”[①]的历史性跨越。秦皇岛应做好“城市旅游”文章，打造一批具有城市文化感召力、城市旅游竞争力的传统街区，在旅游精细化上做文章，提升城市品质。

（2）发展港口经济

秦皇岛拥有海岸线 162.7km，海域面积为 1805km^2，发展港口经济具有得天独厚的优势（马骥飞，2018）。利用港口发展港口经济，带动临港产业，实现港产城融合发展。整合港口资源，推动港口转型升级，发展旅游港带动相关产业，争取自由贸易试验区政策，让港口真正成为拉动秦皇岛经济的引擎。

① “旅游城市”，就是以旅游业为支柱产业的城市；“城市旅游”，就是要把整座城市打造成中外游客称赞的巨型旅游产品（赵清元，2018）。

（3）构建现代产业新体系

强化“产业为基、绿色转型、项目引领”的发展理念，立足现有基础，发挥比较优势，深入实施“互联网+”行动计划，围绕建设“一都三区一枢纽”[①]，以培育产业竞争新优势为重点，着力降低生产要素成本，推进优势产业品牌化、传统产业高端化、新兴产业集群化，为提升经济发展质量和效益提供强有力的产业支撑。

（4）积极融入京津

加快融入京津步伐，积极利用北京和天津的资源，以求取得更快的发展。一是推进北京、天津、秦皇岛之间的交通连接，打通（北）京（天）津秦（皇岛）之间的要素流通通道，以便承接京津两市的扩散产业和享受京津优质服务；二是完善产业发展的互补机制，秦皇岛地处京津都市圈，必须在京津都市圈中寻找产业生存的空间，以便形成既借助京津又服务京津的开放性产业链。

第四节　建设生态文明的广州都市圈清远模式

生态文明模式旨在以生态文明建设为重，发展生态型产业，提供宜居的环境，吸引人口集聚，进而促进城市功能的提升。

一、生态文明模式的基本特点

面对资源约束趋紧、环境污染严重、生态体系退化等严峻形势，我国必须树立顺应自然、尊重自然、保护自然等生态文明理念，走绿色发展之路。目前，我国生态文明模式逐渐形成了三种模式：①以生态省建设为重点的模式，旨在形成“生态省-生态市-生态县-生态乡镇-生态村”体系，如海南省；②以区域发展战略为重点的模式，主要集中在经济发展相对滞后、自然环境相对脆弱的中西部地区，如贵州省；③依托“两型社会”建设综合配套改革试验区推进生态文明建设模式，主要将生态文明建设与新型工业化、新型城镇化相融合，如武汉都市圈、长株潭都市圈（黄勤，2012）。面对资源浪费、水体污染、大气污染、食品污染、沙漠化等生态现状，生态文明建设显得尤为重要，其对经济的带动能力成效较缓慢，但从长久来看却是经济持续发展的强大动力。

---

① “一都三区一枢纽”是指国际滨海休闲度假之都、国家生态文明示范区、京津冀融合创新先行区、现代服务业和战略性新兴产业引领区、东北亚物流枢纽。

二、清远模式概况

清远位于珠三角北部，地域辽阔、资源丰富，温泉、漂流、生态景观、农产品广受珠三角地区消费者的青睐。但是，在过去的二三十年中，这些资源没有得到很好的利用，自身定位不明晰，长期发展的产业都是一些低端的高耗能产业，如废旧金属拆解行业、陶瓷加工行业等，既污染环境，又没给当地创造高税收。长期以来，清远十分重视生态保护和环境整治，全面实施蓝天工程和碧水工程，采取了一系列保护和改善生态环境的重大举措，在经济社会快速发展的同时，生态环境得到了有效改善。

（一）打造绿色农产品供应基地

在“生态立市”的要求下，传统农业逐渐向生态农业、绿色农业方向转变。清远利用紧邻珠三角城市群、交通便利、优质农产品资源丰富的优势，加快发展现代农业，深入实施“三品”（品种、品质、品牌）工程，打造有机食品、绿色食品和无公害农产品品牌。培育发展大食品产业，引进和培育农产品深加工项目，发展农产品网上交易、连锁分销和农民网店，提高农产品附加值；建设现代农业产业带、产业示范园，发展都市农业、城郊农业、基地农业，与珠三角城市合作建设直供农产品渠道，打造面向消费者、终端市场和高端客户的现代特色农业基地。

（二）打造旅游休闲胜地

清远以山清水秀的原生态环境而闻名，尤其是清远的北部地区，被广东省确定为生态发展区，其功能定位是“全省重要的生态屏障、重要的水源涵养区、重要的生态旅游示范区、人与自然和谐相处的示范区”。而且，清远水陆交通便利，最北端距广州约 200km，是珠三角“两小时生活圈”的重要组成部分。清远依托自身优势，打造特色旅游品牌，形成了“山水观光、山地度假、体育探险、历史文化、生态旅游”大旅游格局，成为粤港澳大湾区游客青睐的旅游休闲胜地。

三、清远模式实现路径

（一）实施生态文明战略

清远坚持生态文明建设，打造清远模式。完善生态补偿等配套政策，在保护中加快发展。强化水、大气、土壤等污染防治，推进北江等跨界流域河流的水资源保护及污染治理，保护好连江等重点水域。加快创建国家环境保护模范城市，推进生态城市、生态镇、生态村建设。把生态资源作为核心竞争力，正确处理好保护与开发的关系，在资源环境可承载的前提下，探索将生态优势转化为经济优势的途径，发展适合本地实际的产业。以“低碳、生态、绿色”为核心进行产业重构，大力发展休闲观光产业、现代服务业、高新技术产业等。

（二）发挥科技支撑作用

清远在经济发展中积极发挥科技支撑作用，一是积极开展工业节能降耗科技创新工程和污染防治。加强传统再生金属、陶瓷、水泥、碳酸钙、硅灰石等行业龙头企业与中南大学、北京科技大学、华南理工大学等高校院所的产学研合作，建立研发中心，共同攻克行业关键共性技术，促进了节能减排新技术、新产品和新装备的研发、科技成果的快速转化，为生态文明建设提供了有效的科技支撑。二是推广应用生态农业循环种养技术。例如，广东天农食品有限公司引导农户走“农牧结合、种养结合”的立体农业之路，利用果场（林场）天然的虫蛹、腐殖质、籽实饲养肉鸡，鸡粪回收发酵后作为优质有机肥直接施用于林木，形成了良好的生态农业循环；英德市德丰农牧发展有限公司以沼气发电和有机肥制造为纽带的“养殖—沼气、有机肥—种植”的循环种养模式，基本解决了种养殖场电力和肥料的需求，实现了种养殖废弃物的“零排放、零污染、零浪费”。

（三）积极探索生态环境保护制度

清远积极探索生态环境保护制度，一是逐步健全自然资源管理制度，基本实现了集体土地资源产权全覆盖，矿产资源管理逐步完善，水资源管理逐步加强，森林资源产权基本明晰。二是有效保护和改善了生态环境，划定生态保护红线，切实加强生态环境保护；制定主体功能区配套政策，保障主体功能区规划有效实施；开展环境整治，增强可持续发展能力；积极争取上级支持，将清远“三连一阳”地区纳入国家重点生态功能区。三是建立了生态保护补偿制度，出台了《清远市主体功能区财政政策实施办法》。这些机制的建立对保护生态、促进清远南北区域协调发展起到了很大作用。四是健全了生态环境管理机制，在主要污染物总量减排、重金属减排等方面，初步形成了“政府负责、环保部门综合管理、有关部门协调配合”的机制。

四、清远模式局限及未来方向

（一）清远模式局限

（1）经济整体规模不大

近年来，虽然清远的经济总量不断增长，但在广州都市圈范围内来说，经济发展仍然处于缓慢落后状态。2016 年，清远城区常住人口为 79.03 万人，占广州都市圈的 2.71%；而地区生产总值为 742.39 亿元，仅占广州都市圈的 1.61%[①]。

（2）传统的旅游模式制约生态旅游的发展

清远生态旅游的开发尚处于初期阶段，旅游市场不规范，存在乱搭乱建破坏旅游资源的现象；旅游人才的培养和引进机制不健全，缺乏专业人员；旅游宣传力度不够，以政府宣传为主，未充分利用文化营销和网络营销等新型销售模式；此外，游客以短途观光游为主，且多为中青年，对其他产业的带动性较弱。

（二）未来方向

（1）以生态文明推动产业转型

依托清远生态优势，树立“环境立市”理念，以科技创新为抓手，重点抓好资源节约和生态环境保护，实现绿色循环低碳发展。以拓展生态农业为基础，以生态工业为重点，以生态旅游为主要方向，以创建国家森林城市和国家级生态建设示范区为目标，大力发展生态产业，实施森林碳汇工程，增加森林碳汇，走生态文明建设与经济发展互促共赢之路。

（2）以生态文明统筹城乡发展

在优化结构、提高效益、降低消耗、保护环境的基础上，支持重点开发区域优化发展环境，增强产业配套能力，推进新型工业化和新型城镇化融合发展。

第五节　以老工业基地改造为重点的成都都市圈江油模式

产业是经济发展的基础，老工业基地改造模式的重点是推动资源型产业转型升级，通过延长产业链，培育接续替代产业，优化产业结构，进而促进城市功能的提升。

---

① 根据《清远统计年鉴 2017》和《广东统计年鉴 2017》测算。

一、老工业基地改造模式的基本特点

老工业基地[①]的基本单元是老工业城市，我国老工业城市众多，全国共有 120 个，分布在 27 个省（自治区、直辖市），其中 24 个都市圈内就有 50 个老工业城市。但随着社会经济的发展，老工业基地的劣势日渐凸显，出现了产业结构偏重、产业科技含量低、工业企业布局不合理、环境污染严重等问题，城市功能逐渐衰退。在这一矛盾下，2003 年国家提出振兴东北地区等老工业基地战略，经过十多年的提升改造取得了较显著成效；2013 年国务院发布的《全国老工业基地调整改造规划（2013—2022 年）》，提出要以新型工业化和新型城镇化为引领，把再造产业竞争新优势、全面提升城市综合功能作为主攻方向，深入实施全国老工业基地调整改造，建设国家重要的新型产业基地和区域经济发展的重要增长极（安树伟和张双悦，2019）。

老工业基地弊端日渐凸显，但长期积累的人口、产业等优势，是城市发展的重要基础。老工业基地改造的核心是让老工业区通过调整改造，进行城市功能再造，完善城市社会功能，同时丰富城市旅游、文化、生态、休闲等职能。我国老工业基地改造主要依靠国家力量，从财税、产业、投资、土地等方面对纳入调整改造规划的城市给予政策支持，通过制定产业规划、优化产业布局、建设工业园区等，提升城市的产业发展功能，激发城市新活力。

二、江油模式概况

江油位于成都都市圈北端，是“三线”建设的老工业城市和国家重要的国防军工、能源、冶金、建材基地，工业一直是其立市之本和内生动力，江油的发展经历了以下四个阶段：①1949～1978 年，以农业为主的新兴城市，产业结构为“一二三”型；②1979～2000 年，“工业兴市”阶段，逐步建立了冶金、能源、机械、建材、化工、纺织、食品等门类的工业体系，同时建立了众多大中型企业和科研机构；③2001～2008 年，“工业城市+旅游城市”阶段，1995～2001 年江油钢铁工业下滑，2002 年江油提出“旅游立市”，但旅游业发展并不景气；④2009 年至今，“新型工业江油”阶段，江油借助汶川地震灾后五年重建与国家老工业区改造，大力实施企业、产业、园区“三倍增计划”，将“工业立市”转变为“工业强市”。

---

① 指“一五”、“二五”和“三线”建设时期，由国家布局建设、以重工业骨干企业为依托集聚形成的工业基地。

江油在发展过程中也出现了一些问题：①江油的传统工业是按照“靠山、隐蔽、分散”的原则进行设计和建造的，产业布局较为分散，如攀钢集团江油长城特殊钢有限公司就有四个生产区；②受制于市场竞争、产业政策、金融税收政策、体制机制等多重制约，老工业企业经营发展困难，增长乏力；③产业结构相对较重，以冶金机械、建材等高耗能、高污染传统重工业为主，科技含量低，自主创新能力不足，核心竞争力差。传统的工业大市并非工业强市，这些迫使江油实施老工业基地改造、转型升级、提质增效、发展绿色经济。江油老工业基地调整改造包括企业搬迁改造、市政基础设施建设、生态环境治理、棚户区改造、工业遗产保护五方面内容。

（一）制定合理的产业规划

合理的空间布局是城市功能提升的载体，科学规划是城市功能提升的前提。江油打破原有空间布局，按照“东工（业）西居（住）、产城融合、集约高效、功能提升”的策略对城市布局进行调整；将乡镇按照产业优势分为工业主导、农业主导、综合发展、生态保护四类，针对性地提出发展战略；在改造传统工业的同时，江油注重城市社会职能的培育，完善公共服务设施，大力发展现代服务业。围绕全面建设“诗意中国 • 李白故里 • 美丽江油”的目标，加快以人为本、形态适宜、产城融合、宜居宜业的新型城镇化进程；加快从冶金机械向高端装备制造、新能源新材料、现代医药、绿色食品转变；加快建设江油工业园区、发展文化农业旅游生态产业区；加强城乡基础设施建设、生态保护，吸纳人才，提升发展保障能力。

（二）优化产业布局

江油老工业基地调整改造以工业园区、产业结构为主，注重以人为本，产城融合，实现工业区和生活区的有机结合和有效分离。江油老工业基地调整改造立足城市整体发展，制定发展规划，大幅度调整产业布局，将大力发展传统工业转移到大力发展高端装备制造业和文化旅游产业。

（三）注重工业园区建设和改造

在园区建设方面，江油按照工业园区与城市一体化发展的要求，制定高起点的规划；整合企业、产业、园区资源，完善基础设施；培育特色产业，促进产业集聚发展。构建“1+N”园中园格局，以工业园区为主，建设现代生物医药产业园、电子信息和光电产业园、煤电一体循环经济产业园等；集中打造李白文化产业园、中国百合花国际博览园（李伟等，2015）。在园区改造方面，更加注重环境保护、节能减排和产业多元化；建立了节能减排长效机制，实施脱硫脱硝设施增容改造项目；2014 年，关停破坏生态环境的企业达到 101 家，实施小流域水环境整治，打造城市水系、修建城市绿道。

三、江油模式实现路径

（一）政策引导

政策支持与引导是城市功能提升的有力保障。2008 年汶川地震后，江油被纳入汶川重建规划体系，明确要求要扶持江油建设成为拥有 50 万人口的中等城市，并在金融、财政、对口援建、居民安居政策等方面给予支持。江油制定了一系列招商引资优惠政策，在税收方面，根据纳税额确定税收地方财政留成部分返还比例；在融资方面，对入住企业优先提供担保服务与产业发展基金支持。此外，在收费、租金、要素保障等方面均有优惠。政策引导为江油经济注入活力，加快了江油城市发展步伐，城市功能逐步得到提升。

（二）优化调整产业结构

加快建设特钢新城、大力发展先进装备制造业、促进材料产业向制造业转变、推动制造业和服务业融合发展，努力实现重工业与轻工业均衡发展。第一，积极精准招商，2014 年引进的 28 个重点项目中，食品医药类 5 个、电子信息类 5 个、高端装备制造 5 个、新能源新材料 5 个，战略性新兴产业项目占项目引进数的 70%（李伟等，2015）。第二，实施项目带动战略，承接、建设了一批优质项目，围绕特钢上下游产业、石材产业、能源产业积极开展项目投资、开放合作、产业发展等活动，推进攀钢集团江油长城特殊钢有限公司新区、绵阳江油四川矿山机器（集团）有限责任公司重装基地、神华巴蜀江油国家煤炭应急储备基地等项目。

（三）调整产品结构

江油积极调整产品结构，增加产品和服务的附加值，满足消费升级的需求；加快淘汰落后产能，实现产业转型升级。第一，引进先进技术与装备，淘汰落后产能，将其与产品升级、流程再造、品牌建设有机结合，有效提升企业竞争力。第二，培育可持续发展的循环产业链条，实现横向与纵向合作。例如，引进汽车零部件生产、医疗器械制造等行业的优势企业以延长产业链，并充分利用特钢材料优势，开拓与日用消费品相关的高端产品市场。第三，引进先进的管理人才和技术人才，推动产品创新。

四、江油模式局限及未来方向

（一）江油模式局限

（1）经济增长依然乏力

2002～2016 年，江油地区生产总值总体处于上升趋势；但从增速来看，2008 年增速为负值，2008 年以前呈上升态势，2008 年以后增速一直呈逐年降低态势（图 7-2）。

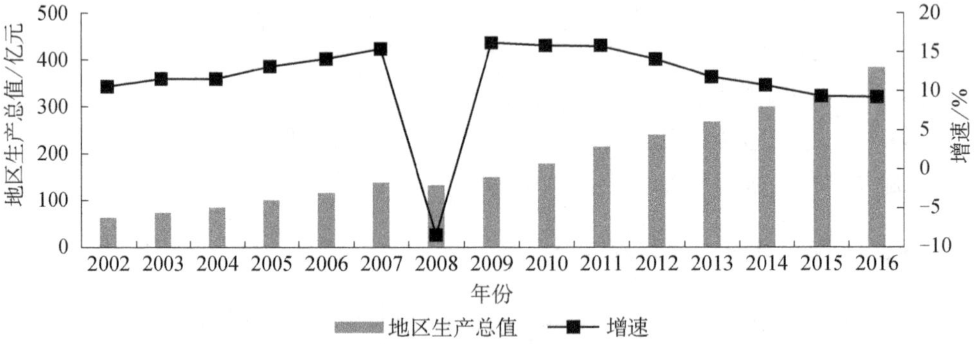

图 7-2 2002～2016 年江油地区生产总值与增速

资料来源：《江油市国民经济和社会发展统计公报》（2002～2016 年）

（2）工业结构性矛盾突出、改造压力大

国家“三线”建设形成的冶金、建材、机械等传统产业，既是江油工业的主导产业，又是产业结构升级的沉重包袱。三大主导产业是高能耗、高污染、低附加值的产业，粗放型增长特点明显，“三高两低”[①]问题较突出，多数生产装备水平落后，产品技术含量低，产业集中度低，节能减排任务十分艰巨，调整改造和优化升级压力十分巨大。

（3）国有企业比重高、改造难度大

由于江油大部分国有企业始建于 20 世纪五六十年代，装备技术水平落后，加上未进行技术改造，生产效率低且成本高，国有企业改革有待深化。虽然部分企业进行了股份制改革和社会职能剥离，但企业改制过程中遗留的职工养老、医疗、住房等历史问题还未得到根本解决。人均产能不足、人才流失严重、人

① 高投入、高消耗、高污染、低水平、低效益。

员结构不合理。2014 年，攀钢集团江油长城特殊钢有限公司在岗职工达 12 000 多人，而年产量只有 50 多万 t[①]，人均钢产量小、生产效率低。此外，生产管理骨干、生产操作工人和技术人员流失严重，从事公辅配套和常规性、普通工作的员工偏多，使得企业发展受到严重制约。

（二）未来方向

（1）加快产业转型升级

大力发展先进制造业和现代服务业，推进农业现代化，促进生产性服务业与工业融合发展。重塑老工业基地传统优势，再造产业发展新动能，全面提升老工业基地产业综合竞争力。按照“产城融合、集约高效、功能提升”策略，对老工业区进行改造，积极培育现代物流、商贸金融、商务办公等现代服务业，完善公共服务设施，推动老工业基地调整改造升级。

（2）全面提升城市功能

统筹老工业城市的老工业区改造和新区建设，优化城市内部空间布局，加强市政公共设施建设，完善城市功能，增强老工业基地的辐射带动作用。按照《江油市城市总体规划（2014—2030）》和《江油市土地利用总体规划（2006—2020 年）》的要求，推进城区老工业区综合改造，科学利用存量建设用地，优化调整用地结构和空间布局。加强市政公共设施建设，增强基本公共服务支撑能力。统筹城市布局调整和产业集聚发展，科学开展新城区建设。统筹规划新城区生产、生活和公共服务区域，强化生产生活配套能力建设，形成方便生产、适宜生活、生态和谐的现代化城市功能组团。加强新老城区在人口分布、产业发展、公共设施配套等方面的衔接，实现功能互补、合理分工。引导老城区的企业向产业园区转移，促进土地节约集约利用和产业集聚发展。

（3）推动城乡协调发展

建立健全以城带乡、以工促农的体制机制，促进公共资源在城乡之间均衡配置、生产要素在城乡之间自由流动，充分发挥老工业城市调整改造对周边地区经济社会发展的引领带动作用，形成新型工业化、信息化、新型城镇化、农业现代化相互促进的格局。推进城乡基础设施建设和社会事业协调发展，逐步建立城乡统一的公共服务体系。推进城乡产业协调发展，支持劳动密集型产业和地方特色产业发展。

---

① 2015 年作者在江油市调研时江油市发展和改革局提供的数据。

（4）促进绿色发展

大力推进节能减排，集约利用资源，保护和改善生态环境，建设资源节约型、环境友好型城市。

第六节 与核心城市一体化发展的西安都市圈咸阳模式

与核心城市一体化发展有利于整合区域内的各种资源要素，优化产业分工和城镇布局，促进区域经济社会快速发展，进而带动中小城市功能提升。

一、与核心城市一体化发展模式的基本特点

区域一体化发展包含空间区域、行政区域和经济区域三种内涵，其中空间区域主要是指城市建成区及相邻区域；行政区域主要是指区域作为行政实体，所覆盖的行政管辖区域及其在这一区域内的行政行为和活动；经济区域是指在社会生活、经济活动中所组成的经济地域单元。区域空间是载体，行政是手段，发挥最大的经济和社会效益是目的。从这个角度来说，区域一体化就是将特征区域内各种相互关联的要素进行有规律、有目的的重新组合，从而形成结构合理、功能明确、运作有序的整体系统的过程。在区域一体化快速发展时期，关键就是要重组区域空间、行政及经济地域。空间一体化是形式，行政一体化是本质，经济一体化是目的。

（一）空间邻近

空间邻近是一体化发展具备的地理条件。一体化发展意味着城市之间日益密切的社会联系，催生了大规模的交通、通信等基础设施建设，并有效缩短了城市间的出行时间和沟通费用，降低了设施的开发成本。城市间大量基础设施集中发展，将相邻城市的建设连接在一起，形成一体化发展空间。城市间的空间邻近和相向发展，有助于降低基础设施建设的投入，吸引较大的出行人流、货流，以利于大运量公共交通对区域内城市空间格局与社会经济活动时空分布的引导。

（二）基础设施一体化

在区域一体化发展中，公共基础设施建设是区域经济社会发展的重要组成

部分，是区域实现现代化的重要途径。基础设施建设主要是加快两类“道路”建设：一是有形“道路”，即交通网络；二是无形“道路”，即信息网络。建设城市间的快速交通网络，实现交通一体化；建设与国际接轨的信息化网络，促进区域信息一体化。

（三）产业分工与合作

产业是区域发展的基础，产业优势互补是区域一体化发展的动力和要求。一体化发展要求立足核心城市与周边中小城市共赢，错位发展。工业化造成了生产在城市中的集中，促成了资金、劳动力、资源、技术等在有限空间的高度组合，并形成了区域核心城市。随着核心城市劳动力、资金、技术等方面效率的不断提高，逐步形成具有更高收益的产业形态，原有产业则向核心城市以外的区域发展，并依照产业分工和价值链合作，形成区域内统一的地域生产组织。区域内不同城市生产、消费着不同的原料、产品和服务，形成了彼此互补的市场和服务输入、输出地，进而形成整个区域的各类生产、生活用地与设施布局。

二、咸阳模式概况

陕西两大古都西安和咸阳直线距离仅为25km，两市在历史上关联度很高，经济、科技、教育、文化、艺术等方面的交流与合作从未间断，人们的生活习惯、文化传统、价值观念和民风民俗相同，具有实现一体化的历史渊源、文化基础和地缘亲缘优势。西咸经济一体化以咸阳市区和西安未央区为重点，先期启动，连接两市城区，逐步带动两市周边县（区）的发展。从2003年开始，分三个阶段实施西咸经济一体化战略。第一阶段（2003～2005年），重点围绕“八同”[①]突出抓好基础设施建设、生态环境建设，加快推进城市一体化进程，夯实经济一体化的基础；第二阶段（2006～2010年），重点围绕经济一体化，突出整合两市优势资源和推进产业结构优化升级，加快高新技术、商贸、旅游和制造业基地等一批重大项目建设步伐；第三阶段（2011年至今），以西咸新区为抓手推动西安、咸阳一体化发展。

（一）借力西安

充分发挥西安的辐射带动作用，有针对性地引进一批高新技术企业，主动做好与西安科研院所的对接工作，积极促进科技成果在咸阳转化。将西安高校、

① 指规划同筹、交通同网、信息同享、市场同体、产业同布、科教同兴、旅游同线、环境同治。

科研优势转化为科技成果，应用于产业，造福于人民。利用大项目带动优势，做好配套服务工作，促进“大众创业、万众创新”；利用核心城市带动作用，加快咸阳电子信息产业快速发展，不断提高科技含量，保持国际市场竞争优势。

（二）以西咸新区为抓手

西咸新区是经国务院批准设立的首个以创新城市发展方式为主题的国家级新区，位于陕西省西安市和咸阳市建成区之间，区域范围涉及西安、咸阳两市所辖 7 县（区）23 个乡镇和街道办事处，规划控制面积为 $882km^2$。2014 年 2 月，国家发展和改革委员会印发《陕西西咸新区总体方案》，通过设立西咸新区把西安、咸阳联为一体，加快推进西咸一体化。西咸新区是关中–天水经济区的核心区域，区位优势明显、经济基础良好、教育科技人才汇集、历史文化底蕴深厚、自然生态环境较好，具备加快发展的条件和实力。西咸新区建设突出“核心板块支撑、快捷交通连接、优美小镇点缀、都市农业衬托”，实现现代田园城市的发展目标。西咸新区规划建设沣东、沣西、空港、秦汉、泾河五个新城，形成五个核心板块。五个组团发挥各自的优势错位发展，形成各自的特色产业。西咸新区各组团不仅是产业开发区，还是以产业为基础，建设以人为本各具特色的新城。通过把西咸新区建成现代田园城市，改善大西安的城市面貌。2018 年，西咸新区以建设大西安新中心为引领，抓重点、破难题、补短板，经济呈现高速度增长、高质量发展态势，地区生产总值比上年增长 13.3%，增速领跑全省，新增长极带动效应日渐明显。

（三）产业一体化发展

西咸产业一体化的发展战略，是以高新技术产业为龙头，以先进制造业为支柱，以现代服务业和现代农业为支撑，培育优势产业集群，优化产业空间布局，提高产业集中度，把一体化发展区建设成为国内领先的研发创新基地，在国际上有影响力的先进制造业基地与先进文化产业基地。在产业布局方面，重点产业园区依托现有的 5 个国家级、8 个省级产业园区，整合西咸主城区之间现有的产业园和产业集中区，形成分工合理、联系紧密的布局结构。沣渭新区、泾渭工业园、空港产业园、渭河西咸段生态景观带是西咸一体化发展的重点区域。

三、咸阳模式实现路径

2002 年 12 月，陕西两大城市西安和咸阳签订了《西安—咸阳经济一体化协议书》。双方在确定经济社会发展战略、编制城市总体规划、安排基础设施建设、布局主导作用等方面，积极沟通、协商和衔接。按照规划同筹、交通同网、信息同享、市场同体、产业同布、科教同兴、旅游同线、环境同治的基本思路，逐步实现城市一体化、经济一体化、交通一体化和环保一体化。其中，规划同筹、交通同网、信息同享、产业同布是西咸一体化的基础。

（一）规划同筹

西安、咸阳两市统一划分城市功能区，跨越行政界限，统筹规划建设，共同确定两市接壤地域的功能定位，实现规划同图。《陕西西咸新区总体方案》就是规划同筹的重要体现。

（二）交通同网

首先，公路交通同步规划，同步建设。2005 年，国省道实现全面高标准对接，县乡公路和城市道路贯通取得阶段性进展。2010 年，城市道路和县乡公路实现全面对接。着眼两市城区互联互通，统一考虑轨道交通建设。打破部门、行业垄断和地区封锁，互相开放道路运输市场。其次，312 国道西安咸阳段的拓宽对接，实现了两市生活性主干道的对接。一方面，使得咸阳市民可以更多地享受西安便利的现代服务业；另一方面，也为西安产业向咸阳梯度转移提供了便利。

（三）信息同享

打破行政区划，建成跨地区的本地电话网，实现咸阳电话与西安并网运营。加快两市政府信息系统建设，实现两市政务资源和政府公众信息网上直通。建立统一的软件平台和数据库，实现两市社会保障信息系统对接和信息网络一体化。2010 年，两市城市公安交通指挥中心实现报警联动、计算机信息共享、交通图像信息共享、交通流量信息共享、地理信息共享、通信指挥联动。

（四）产业同布

依据协调发展和优势互补的原则，优化生产力布局。西安重点发展高新技术、航空航天、机械装备、商贸、旅游等，对机械、建材、纺织等传统产业，使其退出核心城市，向西转移。咸阳重点发展电子信息制造、医药保健、食品加工、纺织和能源化工工业，加快实现由一般加工业向以高新技术为先导的新型制造业转变，积极发展一大批对经济增长有重大带动作用的高新技术制造业，使之成为西安高新技术产业的现代制造业基地、重大装备工业的配套基地、商贸旅游的延伸地和农副产品生产加工供应基地。

四、咸阳模式局限及未来方向

（一）咸阳模式局限

（1）重复建设问题严重

资源禀赋的空间差异是经济一体化的必要条件，但是西安和咸阳在资源禀赋的互补方面存在明显不足，更多的是同构。就土地资源而言，西安除了鄠邑区、蓝田县、周至县外还有较广阔的区域发展空间。西安和咸阳在资源方面互补性的缺乏，不仅不能有效地实现两地之间的分工，以凸显各自的比较优势，而且加剧了双方的恶性竞争和重复建设。两市许多基础性产业存在雷同，在某种程度上制约了地区经济的发展。

（2）较大的梯度制约经济发展

咸阳城市功能提升主要靠西咸经济一体化发展，但咸阳与西安在配套设施、科学技术、信息网络、产业发展等方面存在明显差距，阻碍着西咸之间的产业协作。同时，西安和咸阳都处于极化阶段，但实力差距较大，极有可能形成削弱低梯度地区、增强高梯度地区的回程效应。此外，在西安和咸阳实现各自独立的经济、财政目标的刺激下，无序的竞争，甚至恶性的抢夺依然存在，极大地影响了彼此的协作和经济一体化进程（林建中等，2010）。

（3）优势企业亟待培育

咸阳的企业规模较小，现有的管理方式又不能满足现代化管理的要求；企业的创新能力不强，企业的科研人员比重较小；企业生产的产品附加值低，不能满足人们对高新产品的要求；咸阳缺少国内、国际品牌产品，多数企业仅满足现状，缺乏竞争意识。

（二）未来方向

（1）深入推进西咸一体化

充分发挥咸阳的综合优势，加强与西安都市圈内各城市全方位、多层次、宽领域的联合与协作，打通交通通道，扫除有关体制障碍，促进区域内商品和生产要素的自由流动，将资源争夺转变为资源共享，将产业竞争转变为有效的产业分工和合作，从而实现资源优化配置，大幅提高区域内的生产效率（张立勇，2007）。

（2）条件成熟时将咸阳整体并入西安

通过深度整合，实现行政区划的调整或合并，将咸阳整体并入西安，大幅提升西安都市圈要素集聚、城市管理水平，改善西安都市圈辐射功能、基础设施。

第七节　典型模式评价与思考

一、典型模式评价

（一）都市圈内中小城市功能不同程度提升

1. 产业发展功能

发展产业是城市的重要功能之一。从非农产业增加值来看，2010～2016 年，五个典型城市非农产业增加值都呈现不同程度的上升，其中以产业协作推动的昆山总量最高、增幅最大（图 7-3）。从非农产业增加值所占比重的变化情况来看，以旅游带动为特色的秦皇岛波动幅度最大，其次是以生态文明为特色的清远，而昆山、江油、咸阳变动不大（图 7-4），说明产业协作推动模式有利于产业发展功能的提升。以老工业基地改造为特色的江油非农产业增加值较低，稳中有进，说明老工业基地调整缓慢；咸阳非农产业增加值增幅仅次于昆山，主要由于西咸新区的建立带动了咸阳产业的发展。

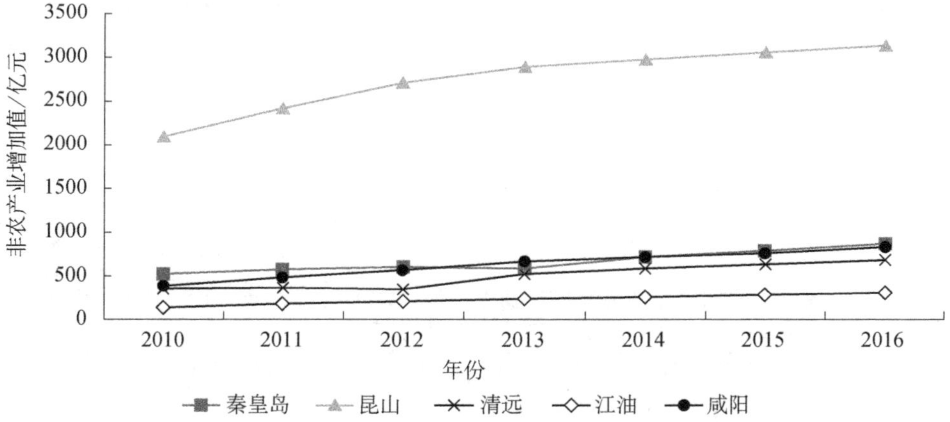

图 7-3　2010～2016 年五个典型城市非农产业增加值

资料来源：《中国城市统计年鉴》（2011～2017 年）

2. 吸纳就业功能

在此，将第二产业和第三产业单位从业人员综合起来，考察五个典型都市圈非农产业吸纳就业情况。由于 2013 年就业人员统计口径发生了变化，分别分析 2006～2012 年和 2013～2016 年都市圈内中小城市吸纳就业功能的变化情况。

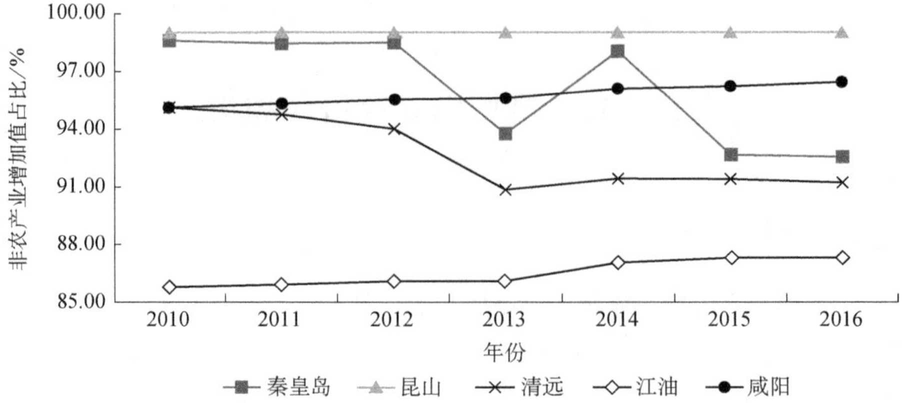

图 7-4 2010～2016 年五个典型城市非农产业增加值比重

资料来源：《中国城市统计年鉴》（2011～2017 年）

2006～2012 年，秦皇岛、昆山、咸阳、清远的非农产业单位从业人员呈波动上升态势，而江油非农产业单位从业人员略有波动，但变化不大。2013～2016 年，以产业协作推动为特色的昆山吸纳就业人员最多，波动幅度较大的是秦皇岛和江油，而咸阳吸纳就业人员略有下降，昆山和清远吸纳就业人员变化不大（图 7-5）。这说明，昆山通过产业的发展带来了更多工作岗位。

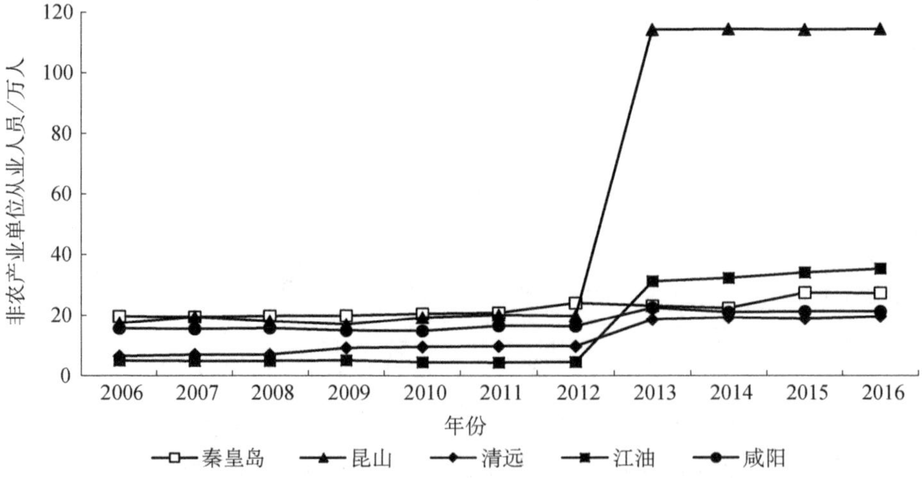

图 7-5 2006～2016 年五个典型城市非农产业单位从业人员变化

资料来源：《中国城市统计年鉴》（2011～2017 年）

3. 公共服务功能

2010～2016 年，以产业协作为特色的昆山人均地方公共财政收入最高，远远高于其他四个城市，说明产业的发展一般会带来财政收入的增加；昆山和江油人均地方公共财政收入均呈不断增长态势，秦皇岛和清远人均地方公共财政收入呈波动式上升态势，说明昆山和江油的产业发展较稳定，而秦皇岛和清远可能是由于旅游业受季节性波动的影响；2010～2013 年，咸阳人均地方公共财政收入呈增长态势，从 2014 年开始大幅度下降，可能与西咸新区划归西安管理有关（图 7-6）。

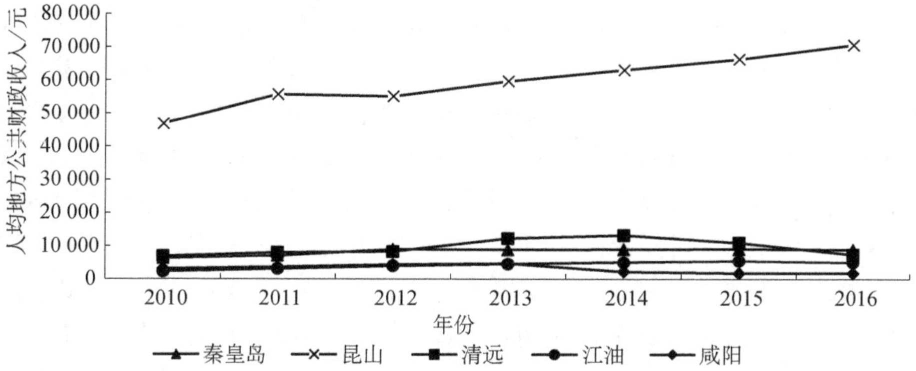

图 7-6　2010～2016 年五个典型城市人均地方公共财政收入

资料来源：《中国城市统计年鉴》（2011～2017 年）

4. 人口集聚功能

集聚人口是中小城市的重要功能之一，从侧面反映了一个城市的吸引力和人口承载力。2010 年以来，五个典型城市的城区人口都呈现出不同程度的增加，其中以生态文明为特色的清远人口增长最多，其次是咸阳、秦皇岛、昆山，而增长最慢的则是以老工业基地改造为特色的江油（图 7-7）。需要说明的是，清远、秦皇岛和江油人口的增长更多的是由行政区划调整引起的，咸阳人口的增长是由西咸新区的设立引起的，昆山人口增长则是由产业发展带动的。

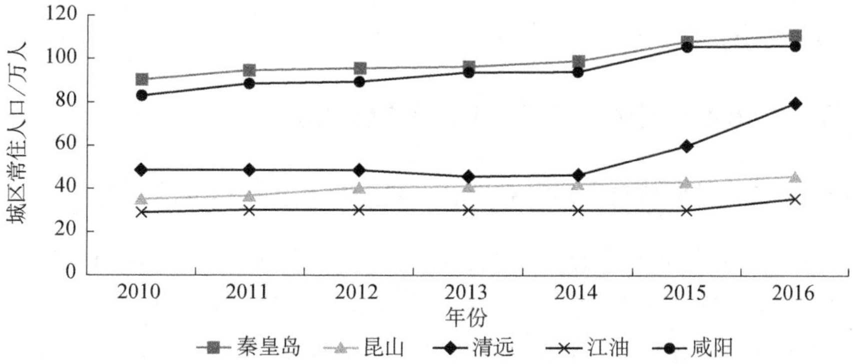

图 7-7　2010～2016 年五个典型城市城区人口规模

资料来源：《中国城市建设统计年鉴》（2010～2016 年）

（二）都市圈内中小城市功能提升典型模式比较

以上五种都市圈内中小城市功能提升的模式，既有共同点，又有不同之处。其共同点表现在以下几个方面：①各城市均立足自身资源禀赋和产业优势，积极培育了优势产业。例如，昆山充分发挥区位优势，全面接轨上海，与上海进行产业协作；而秦皇岛则依托其旅游资源，大力发展旅游业及其相关产业。②注重创新驱动、科技引领作用。五个城市都注重创新，以创新助推产业结构的优化升级。③加大基础设施建设，逐渐完善功能支持体系。城市运转需要配套的基础设施，上述五个城市在发展过程中，都注重基础设施的建设及公共服务的完善。④加强生态环境保护。秦皇岛节能减排有序推进，加快城市绿化工程，严格控制水污染。昆山积极推动区域生态协调保育，强化区域环境协同治理，完善两地环保合作机制，如对接上海吴淞江区域生态廊道、嘉（定）青（浦）生态走廊，实现沪昆（山）区域廊道绿道无缝衔接；积极参与环淀山湖生态圈治理，落实《淀山湖岸线利用管理规划》，共同推动淀山湖大堤连通工程等。

五种模式的不同之处主要表现在城市功能提升的侧重点不同。昆山侧重承接上海的产业转移，全面接轨上海，从而促进自身经济的发展。秦皇岛侧重发展旅游业，旅游产业综合性强，关联度高，旅游消费不仅可以直接拉动交通、食宿、商业等传统产业的发展，还可以有效拉动金融、物流、文娱、现代服务业等产业的发展；但以旅游驱动模式为主的秦皇岛，第二产业发展不足，经济发展总体水平相对落后。清远生态效益显著，积极发展生态农业、生态工业、生态旅游；但清远经济整体规模不大，传统的旅游模式制约着生态旅游的发展。江油以老工业基地改造为主，经济快速发展，工业稳定增长，园区效应凸显；但老工业基地城市导致经济增长乏力，工业结构性矛盾突出、改造压力大，国有企业成分重、改造难度大。咸阳则是通过与西安共建西咸新区，以西咸新区为抓手推动西咸一体化，带动相关产业的发展，从而较快提升城市功能。

二、都市圈内中小城市功能提升模式的思考

（一）市场导向与政府引导相结合是中小城市功能提升的前提

市场导向是自下而上的，制度引导是自上而下的，市场与政府相互促进。无论是政府推动实现市场导向，还是基于市场进行的经济、社会、文化一体化，都离不开政府的支持，西咸一体化就是市场导向与政府引导相结合的范例。中小城市功能提升要完善政府和市场相协调机制，发挥政府的宏观调控作用，适

当放权让利；培育市场的主导作用，释放市场活力。政府通过提高政务处理水平、完善基础设施建设、合理制定区域发展规划等措施，提高城市的科学决策水平、科学管理水平、驾驭可控资源的能力，从而外在地促进城市功能的提升和优化。市场机制是影响一个地区发展的基础性机制，市场通过“看不见的手”推动公共服务和公共产品的社会化与市场化，调节区域资源配置、激发竞争活力，从而自发地促进城市功能提升。

（二）产业多元化发展是中小城市功能提升的根本

产业是城市发展的核心动力，产业发展与城市功能相互促进。上述五种典型模式表明，中小城市功能依靠其优势产业的发展而提升，但存在城市功能单一的现象，产业多元化发展机制不健全。产业多元化发展是提升中小城市功能的重要途径。第一，稳固优势产业。中小城市要根据自身的区位条件、资源环境、发展历史、产业基础等选择优势产业，并在政策上给予一定倾斜，做好产业园区建设与提升配套服务，延伸产业链条，形成集聚效应。第二，培育现代产业。提升传统农业，实现三次产业融合发展；在发展传统工业的基础上，根据自身条件发展高端装备制造业、节能环保产业、高科技产业、新能源新材料产业等现代产业，提高产品附加值；大力发展金融业、商务服务业、休闲旅游业、咨询服务等现代服务业。第三，调整、优化产业结构，实现第二产业和第三产业的融合发展。

（三）创新是中小城市功能提升的主要动力

由于和大城市之间存在发展梯度，中小城市在人才、技术、资金等方面较薄弱，都市圈内中小城市功能提升离不开人才创新、科技创新和金融创新等。

在人才创新方面，将“产学研”相结合，培育专业实践型人才，如成立开放的项目指导中心和就业培训中心，一方面针对优势产业培育专业型人才，另一方面解决城市就业压力，激发人才的创造力。改善人才引进和管理模式，加强理论与实践相结合的复合型人才的引进，积极制定吸纳、鼓励人才的良好政策。

在科技创新方面，首先，积极促进科技成果的转化，企业应建立专门的机构确保科技创新的开展；政府可以设立专项基金或建立专门计划鼓励企业创新，奖励有重大科技创新成果的企业，并积极促进科技创新成果的转化。其次，加强与都市圈内核心城市的技术交流，扩大科技的辐射范围，增强科技的辐射能力。再次，加强科技创新在中小城市的支撑作用，以开放的态度引进新的科学技术产品和人才，促进本地区科技产品走出去。最后，积极培育科技创新型企业，强化科技人员的培训、转移和组合，特别注重科技创新与其他功能的组合结构优化，实现科技创新与其他城市功能的互动（胡晓辉和杜德斌，2011）。

在金融创新方面，第一，强化金融环境建设，引进担保公司、租赁公司、农村信用合作社、股份制银行在中小城市开设网点，加强金融监管，为中小城市发展提供良好、稳定、便捷的金融市场。第二，加强对政府资金项目使用的监管，调整政府投入资金的项目比例和力度，将公共财政投入城市建设中最需要的部分，加强对投入项目的核查和审计，提高财政资金利用率。第三，加强融资平台建设，建立多元化的资金供给模式，引导与鼓励社会资本和民间资本进入经营性基础设施建设领域，积极参与城市建设。第四，鼓励企业实现金融创新。促进工业企业与金融机构合作，支持企业通过上市融资、发行债券等，不断拓宽融资渠道；鼓励有条件的企业设立财务公司，增强资本运营能力，吸收各种形式的社会资金。

（四）人口、资源、环境和经济协调发展是中小城市功能提升的重要方面

我国都市圈内核心城市经济发展和人口、资源、环境的矛盾已经非常突出，都市圈内中小城市功能提升必须走人口、资源、环境和经济协调发展之路。第一，推动区域生态合作治理，统一制定区域性的生态政策和生态文明建设规划，探索建立区域生态环境资源价格制度（黄勤，2012）。第二，建立健全生态补偿机制，对都市圈内的自然保护区、饮用水资源保护区、生态涵养地等区域，以及由于生态保护而经济发展受限的区域，给予生态补偿并对其实行转移支付，同时对损害生态环境的活动收取相应费用，用于补偿人们的损失和生态建设。第三，根据城市的环境承载力和发展潜力优化城市功能，按照优化开发区、重点开发区、限制开发区和禁止开发区的不同要求，明确不同区域的功能定位，制定相应的政策；在城市绿化、景观带建设、废弃物处理等方面加强力度，提升城市人口集聚功能；培育生态产业，实现对资源的循环利用。

第八章

都市圈内中小城市功能提升路径

都市圈内中小城市功能提升对于推进我国新型城镇化具有重要意义，因此都市圈内中小城市功能提升路径是需要关注的重点。本章基于区域经济和城市经济学理论，结合我国的国情和实践，对都市圈内中小城市功能提升路径进行系统研究，以更好地探索城市功能提升的客观规律。

第一节　分析框架

在城市不断发展的过程中，驱动城市功能发育和提升的一切经济、社会、文化等因素都是影响城市功能提升的要素（孙志刚，1998）。考虑到要素的复杂性，有必要对城市功能提升路径进行提炼归纳，形成比较科学的系统的结构体系。在此，基于城市、区域经济基本原理并结合动力学理论，将城市功能提升路径体系概括为动力来源、提升重点、时序安排、政策手段四个方面。

首先，明确城市功能提升的动力来源，即探究支撑城市功能不断完善的核心要素资源包括哪些，这是中小城市功能提升研究的理论基础和逻辑起点。其次，进一步明确城市功能提升的重点，找准城市功能提升的方向，将有限的资源优先配置到城市功能提升的关键环节。再次，明确城市功能提升的时序安排，分阶段、有重点地提升某类功能，最大限度地实现资源优化配置和利用效率最大化。最后，合理借助政府政策手段，弥补市场调节中小城市的固有缺陷，利用“看得见的手”弥补城市功能提升的短板，实现城市功能全面提升（图 8-1）。

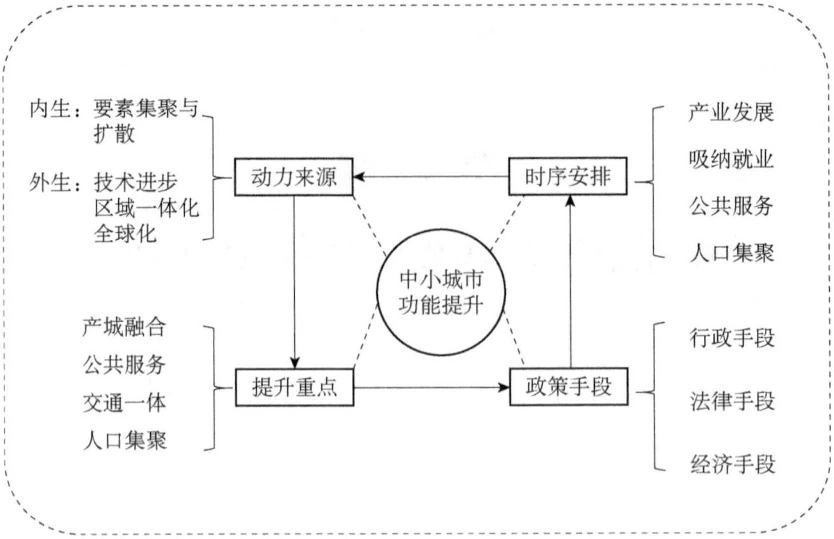

图 8-1 都市圈内中小城市功能提升路径分析框架

动力来源、提升重点、时序安排、政策手段这四个方面构成了都市圈内中小城市功能提升路径体系分析的完整框架。它们彼此之间存在较强的逻辑关系，其中最关键的是理清动力来源和提升重点之间的逻辑关系。

第二节 动力来源

都市圈内中小城市功能提升的动力来源在逻辑上决定了其功能提升的重点环节。都市圈内中小城市功能提升是都市圈内部、外部各种力量相互作用的反应，各种动力源在相互作用之后的复合力体现为都市圈内中小城市间的功能定位与分工。完整意义上的都市圈功能定位与分工是由产业分工主导下的自组织（内生），以及外部环境、政策、规划调控下的他组织（外生）共同作用的结果。其中，都市圈内中小城市功能提升的机制在于集聚与扩散效应，外生动力因素包括组织转变、科技进步、产业结构升级、制度与规划引导等方面。

一、内生因素

要素集聚与扩散会给都市圈带来产城融合、人口集聚、公共服务、交通一体的良好机遇。

首先，从集聚与扩散的理论基础来看，城市经济活动面临着在空间上的重新配置（Hazel，1972；王缉慈等，2001）。在都市圈发展初期，区位条件较优的核心城市作为区域经济发展的增长极，快速地吸引着周边地区的劳动力、人才和资本等生产要素，并在极化效应的推动下迅速成长。当核心城市增长到一定规模时，过度集中引发的各种城市问题开始出现，如地价高涨、环境恶化和基础设施供给能力不足等。随着经济活动过密和城市空间有限性之间矛盾的加剧，城市经济活动面临着在空间上的重新分配（Gideon，1978；丁成日，2008；丁成日和宋彦，2009）。核心城市开始在优化自身产业结构的同时，通过经济协作、技术扩散和企业搬迁，将一部分生产要素和经济活动向外（中小城市）疏散。适当的空间扩散缓解了核心城市的发展压力，同时也有利于整合和更为充分地利用中小城市的资源，实现都市圈整体功能的提升。

其次，从都市圈城市分工角度来看，中小城市承担着产业分工的使命。都市圈内中小城市功能提升的内部机制和演进逻辑可以分为三个层次：都市圈在微观的空间区位形成以产业分工为主的专业化功能分工，在中观的空间区域中形成特定的产业集群[①]，在更大的区域空间中形成较为完整的都市圈功能分工网络。在城市功能分工的基础上，中小城市与核心城市、中小城市之间形成越来越紧密的空间集聚与空间分工联系，其在功能分工中扮演着不可或缺的角色，从而获得更大的发展机会。这些发展机会主要表现为中小城市产业的发展，随着其在产业分工中的地位逐渐稳定，经济发展的稳态逐步增强，进而带来人口的集聚。

最后，从都市圈要素流向角度来看，中小城市有机会获得更多的要素资源。随着中小城市逐步融入都市圈一体化，中小城市会比之前获得更多的资源，特别是在基本公共服务方面的要素投入，会逐渐缩小与核心城市公共服务水平的差距，并逐步实现基本公共服务均等化（李国平等，2017）。在城市交通方面，中小城市的交通网络也会逐步纳入都市圈整体的通勤结构中，成为都市圈交通网络中的一环，为都市圈大中小城市的居民提供便捷的城市交通。

二、外生因素

技术进步、区域一体化、全球化直接影响着都市圈内中小城市的产城融合、人口集聚、公共服务、交通一体等方面。第六章第三节已经详尽分析了技术进步、区域一体化、全球化对中小城市功能提升的影响，这里不再赘述，仅对区域一体化进行补充分析。一方面，在交通技术不断创新以及都市圈内部交通统

① 包括投入供应商、制造商、销售商及其客户网络、知识信息生产机构。

一规划的背景下，交通一体化逐步推进。都市圈交通发展与一体化带动人口、工业向更广阔的空间范围扩展，促进了城市间互补的、专门化的功能发展。一体化的交通发展以及交通基础设施水平的提高，推动了都市圈内部实现广大区域的有效连接，降低了人流、物流和信息流的成本，加快了城市之间、企业之间的要素流动，满足了资源共享、知识扩散和产业链上的相互需求，降低了交易成本，从而推动和完善了不同等级城市功能分工与产城融合。另一方面，区域一体化的制度安排改善了都市圈的整体宏观环境（Maurice and Winters，2004）。都市圈一体化通过制度安排实现中小城市与核心城市的良性互动，逐步形成统一的土地、资本、技术、劳动力等生产要素市场以及完善的中间产品和终端产品市场，从而推动不同等级城市功能分工的深化。通过打破都市圈体制障碍，推动一体化区域规划的编制，明确各地产业发展方向和空间布局，根据要素禀赋条件推动城市之间部门、产品和功能的错位发展，实现城市间“产城融合、人口集聚、公共服务、交通一体”的目标（上海财经大学区域经济研究中心，2012）。

在都市圈内中小城市功能提升过程中，要科学地处理与核心城市的关系，在提升自身承接能力的基础上，打通与核心城市的要素流通通道，促进核心城市更好地发挥辐射带动作用。中小城市往往在都市圈内部相当于一个联系“节点”角色，发挥好中小城市的节点作用是其功能提升的关键（胡序威等，2000）。发挥节点作用，既需要核心城市扩大辐射能力，也需要保证核心城市向外辐射的通达性，同时还需要增强中小城市自身的吸纳能力（图 8-2）。因此，都市圈内中小城市功能提升需要建立在“核心城市加强功能辐射、中小城市增强要素吸纳能力、畅通两者间要素流通渠道”的基础上。基于此，本节提出了“增强核心城市的溢出效应，改善中小城市与核心城市的交通联系，提高中小城市的承接能力，加快农业转移人口市民化”四个功能提升重点。

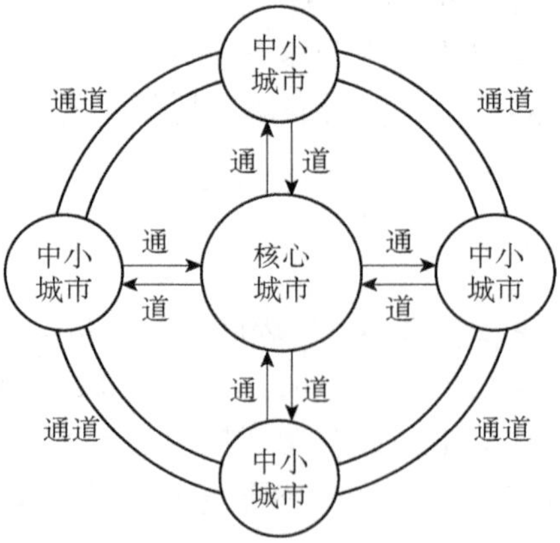

图 8-2　都市圈内中小城市功能提升与核心城市的互动关系

第三节　提 升 重 点

一、增强核心城市的溢出效应

都市圈内中小城市功能提升需要借助核心城市的溢出效应。核心城市的溢出效应主要源于核心城市自身结构优化、科技进步推动，同时还受到规模效益消失、土地价格上涨、生活费用攀升等的影响（杨勇，2013）。当经济发展到一定阶段，核心城市的扩散是不以人的意志为转移的客观规律。其扩散的主要形式有周边扩散、等级扩散、跳跃式扩散、点轴式扩散等。虽然事实上核心城市的扩散并不采取单一的某种形式，往往呈现混合式扩散，但近年来常见和主要的扩散形式还是点轴式扩散，即由核心城市沿主要交通干道向外延伸，形成若干扩散式轴线或产业轴带。

现有研究主要从要素、空间、产业三个层面对核心城市溢出效应的表现形式进行分析（图 8-3）。一是核心城市的溢出效应主要体现在物质流通、人口流动、信息传播、技术协作等方面；二是在核心城市产业发展不断调整与升级的同时，伴随着产业的转移；三是核心城市由于要素和产业的扩散而出现经济、人口在中小城市的空间集聚，促进中小城市功能提升。可见，产业扩散是核心城市溢出效应的主要承载体。

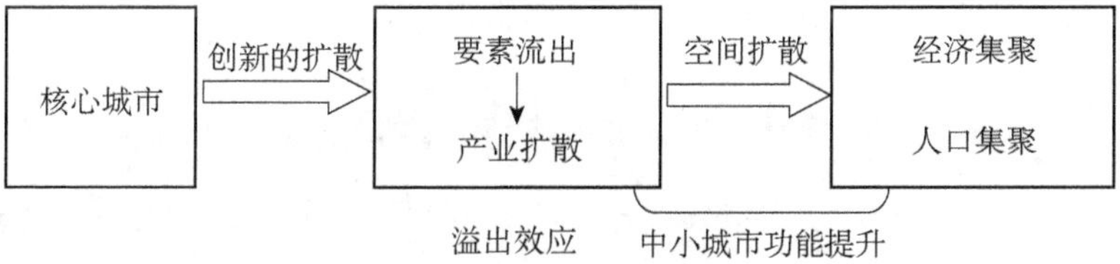

图 8-3　核心城市溢出效应与中小城市功能提升关系

基于核心城市在都市圈发展中所起的决定性作用，应努力提升核心城市的辐射带动能力。注重从产业链、产品和要素市场、营商环境、政府服务效率等方面，提高核心城市产业链分工、市场成熟度和经济开发度，增强其对中小城市的辐射带动能力。在中小城市各种要素资源的配置上，进一步消除阻碍都市圈内部要素自由流动的城乡二元体制，促进生产要素由核心城市向中小城市自由流动，推动城乡经济社会一体化发展（陈昌智，2017）。

（一）促进资本配置向中小城市溢出

在资本支持方面，中小城市与核心城市相比存在较大差距。应进一步健全中小城市农村金融组织体系，形成商业性、政策性、合作性、其他性质金融组织的合理分工，特别是要形成支持、符合中小城市经济发展的多种所有制金融组织体系。中小城市的农业人口较多，应充分发挥村镇银行、资金互助组织和小额信贷机构在中小城市产业功能提升方面的作用。强化政策性、商业性金融机构对中小城市的支农作用，扩大政策性金融支农的服务范围，稳步推进金融产品和服务的创新，为中小城市特别是乡村地区提供方便快捷的服务。遵循金融服务实体经济的原则，将互联网金融、第三方支付、金融与贸易租赁等新兴金融服务与传统金融服务相结合，提高金融资源在区域内的配置效率，助力中小城市特色产业和实体经济快速发展。

（二）推动科技要素向中小城市溢出

随着经济全球化和知识经济的不断发展，创新驱动已经取代要素驱动、投资驱动，成为都市圈增强竞争力、促进区域经济增长的主要驱动力。核心城市的科技溢出效应，对都市圈协调发展，特别是中小城市的发展壮大具有显著影响（陈秀山和陈斐，2013）。应鼓励建立不同等级城市间创新合作平台，扩大核心城市科技创新的正向溢出效应，如建立跨城市间信息、数据共享等大数据交流平台，激发城市间创新合作，提升中小城市的科技创新转化能力；优化创新要素的空间配置，改善中小城市整体创新环境，引导创新资源向远离创新核心区的中小城市转移，帮助中小城市提升创新发展功能。

专栏 8-1　京津冀协同发展促进京津都市圈城市功能提升

近年来，北京积极践行相关理念，非首都功能疏解有力、有序、有效推进，在交通、生态、产业三个重点领域启动实施了一批重大项目，取得了良好效果。与此同时，京津都市圈受益于京津冀协同发展，都市圈整体城市功能得到显著提升。

1）北京、天津积极对河北进行产业输出，促进区域产业转型升级。加快河北曹妃甸协同发展示范区建设，加快首钢京唐钢铁联合有限责任公司二期、金隅·曹妃甸协同发展示范产业园等项目建设，力争 2020 年实现竣工投产；完善天津滨海-中关村科技园管理委员会共建共管机制，加速创新要素和产业资源集聚；加快推进京津合作示范区、滦南（北京）大健康产业园等一批重大产业合作项目。北京通过这一批批产业项目将资本与科技资源向天津、河北转移，加快形成“京津研发、河北转化”的创新协作新模式。

2）北京、天津积极对河北进行资本与技术输出，推动区域科技实力整体提升。近年来，河北累计安排资金1亿元，与科学技术部和京津两市联合设立规模10亿元的“国投京津冀科技成果转化创业投资基金”，支持开展大气污染防治、渤海粮仓、新能源汽车等技术研发和成果应用，联手申报国家科技重大专项。借力京津科技和金融资源，河北与京津合作共建保定中关村创业大街、北大中电石家庄科技园等一批“双创”（大众创业、万众创新）示范平台，合作发布河北首个“双创地图”，合作开展京津创业导师河北行等系列活动，带动京津科技人才落户、科研成果落地。截至2016年底，河北共与京津合作共建各类科技园区55个、创新基地62个。2017年，河北累计吸纳京津技术交易额164亿元，较2013年增加了三倍多。

依托京津都市圈北京、天津等核心城市的资本和技术输出，河北的科技实力稳步增强，京津都市圈已经成为较成熟的“高层次科技创新人才、国内外高端研发机构和世界知名高水平大学集聚地、全球创新资本汇聚区”，河北也形成了多层次、多渠道、多方式的国内外科技合作和交流格局，整个京津都市圈的城市功能，特别是产业和创新功能得到提升。

资料来源：整理自京津冀协同发展专题，网址为 http：//www.beijing.gov.cn/ywdt/zwzt/jjjyth/

二、改善中小城市与核心城市的交通联系

都市圈交通系统包括公路、铁路、航空、水运等交通方式。不同的交通方式有其优缺点，适合不同的人群出行，各类交通方式之间需要有机衔接、统筹考虑、合理分工。

（一）城市快速交通

随着经济社会的不断发展，快速交通系统已经逐渐成为都市圈交通运输的首选。作为服务大众的公共交通系统，快速交通系统体现了资源节约、环境友好的特点，适应都市圈可持续发展的需要，能够有效减少城市道路上运行的车辆数量，保证城市交通运输的高效率。快速交通特别是大容量的公共交通、轨道交通，具有低能耗的特点，在土地占用、能源消耗、空气质量、客运质量等方面都达到了更加高效的水平，是城市可持续发展的基础与保障（表8-1）。

表 8-1　都市圈主要城市交通方式的技术经济指标比较

类型	单向车道输送能力/（万人/h）	运行速度/（km/h）	能源消耗/[kcal/（人·km）]	造价/（亿元/km）	单位投资/［元/（人·km）］
地铁	4～6	40～50	80	4～6	1.5～1.7
轻轨	1.5～3	30～40	100	1～1.5	0.8～1.1
有轨电车	1～1.5	20～30	70	0.8～1	1～1.25
城市铁路	3～5	40～60	40	1～1.5	0.5～0.7
公共汽车	0.7～0.8	15～60	170	—	—
小汽车	0.25～0.3	40	680	—	—
摩托车	—	30	356	—	—
自行车	—	12	15.2	—	—
步行	—	4～5	78.3	—	—

资料来源：上海财经大学区域经济研究中心（2012）

注：1kcal=4186.8J

都市圈是一个区域内部人口密集，各种经济、政治、文化等活动交流频繁的特定空间区域，都市圈内部的交通需求表现为集中、密度较大的特征。与常规公交系统相比，地铁、轻轨等具有容量大、速度快、准点率高、舒适便捷等特点，更符合都市圈城市交通的发展规律（表 8-2)。这类交通方式不仅可以缓解人口密集、车辆众多导致的交通拥堵，还可以扩大本地区城市居民的出行范围，缩短出行距离，提高出行效率。

表 8-2　城市公共交通系统分类

分类标准	类型	内容
速度	快速交通系统	包括地铁、轻轨等轨道交通系统
	地面常规交通系统	包括公共汽车、电车、其他车辆混行的低速交通系统
运营方式	道路交通系统	包括地面常规公交、快速公交等方式
	轨道交通系统	包括地铁、城市快速铁路、轻轨、独轨等方式
容量	大容量公交系统	单向运送能力≥3 万人/h
	中容量公交系统	单向运送能力 1 万～3 万人/h
	小容量公交系统	单向运送能力≤1 万人/h

资料来源：上海财经大学区域经济研究中心（2012）

（二）城际快速交通

城际快速交通包括城际轨道交通、高速公路、航空三种方式。其中，城际轨道交通主要承担着都市圈不同等级城市间的客流运输任务，满足城际间中短距离的出行需求。一般在都市圈主要的客流集散地设立换乘点，通过灵活的交通运输组织方式为城市间提供高效便捷的客流服务。发展城际轨道对于解决都市圈内部交通通达性问题、加强都市圈城市经济联系具有非常重要的意义。发达国家成熟都市圈的经验已经表明，形成配套合理、快速畅通的综合交通运输系统，是都市圈一体化发展和城市功能提升的纽带。都市圈内部以高速公路、高速铁路、城际快轨相组合的立体化交通网络，是促进都市圈整体城市功能提升和一体化发展的基础。同时，快速的城际交通网络反过来可促进都市圈内城市间的相互融合和发展，有利于提升节点城市的区位优势（表 8-3）。

表 8-3　世界发达都市圈交通功能提升的发展模式

项目	纽约都市圈	芝加哥都市圈	巴黎都市圈	伦敦都市圈	东京都市圈
地域范围	纽约市及纽约联合大都市标准统计区	芝加哥市及芝加哥联合大都市标准统计区	巴黎市及近郊三省、远郊四省	伦敦中心城、内外伦敦、伦敦大都市区	东京中心区、中心城、近郊和远郊区
交通特点	发达的公路和轨道交通网络。机动车保有量高，核心城市公共交通分担率高，郊区较低	发达的公路和轨道交通网络。机动车保有量高，核心城市公共交通分担率高，郊区较低	发达的公路和轨道交通网络。机动车保有量高，核心城市公共交通分担率高	发达的公路和轨道交通网络。机动车保有量高，公共交通分担率高，郊区较低	发达的公路和轨道交通网络。公共交通分担率高
中心区	轨道交通四通八达	轨道交通四通八达	轨道交通四通八达，注重非机动车使用	轨道交通四通八达	轨道交通四通八达
郊区	市郊铁路、P+R*设施	市郊铁路、P+R设施	市郊铁路、P+R设施	市郊铁路、P+R设施	市郊铁路、P+R设施
城际交通方式	高速公路为主，轨道交通为辅	高速公路为主，轨道交通为辅	高速铁路为主	高速铁路与轨道交通并重	高速铁路与轨道交通并重

资料来源：上海财经大学区域经济研究中心（2012）

*P+R，即 Park and Ride，一般指公共交通+私家车这种交通模式

（三）城市与城际交通的内外整合

道路交通系统是都市圈内一切实物流动的重要载体，是引导和促进都市圈经济和社会持续发展的主要动力。改善中小城市与核心城市的交通联系是指促进交通各子系统之间以及与外部因素的高度协调，具体表现在交通系统内部整合和外部关联两个方面。

内部整合包括设施平衡、运行协调、管理统一三个层次，即以枢纽建设为纲，发挥交通设施的整体效益；以换乘服务为中心，促进各种方式协调运行、合理分工和紧密衔接；充分发挥政府、市场和公众的组合优势。外部关联是指充分重视交通与城市功能提升的相互作用，促使硬件、软件、组件三方面紧密结合。其中，硬件是指轨道、道路、停车场和枢纽站等交通设施的组合；软件是指公共交通、个体交通和货运交通等组成城市交通的多种运行方式；组件是

指规划、投资、建设运营、收费、定价、体制与法治等综合管理手段。一体化交通主要表现在交通体系内部的充分整合，包括交通基础设施的平衡、交通运行的协同、交通运行水平与交通设施水平相一致。一体化交通以满足人的交通需求为出发点，以快速大容量交通为运输主体，采用广泛的交通信息技术，为都市圈内大中小城市间居民提供便捷宜人的城市交通活动空间（图 8-4）。

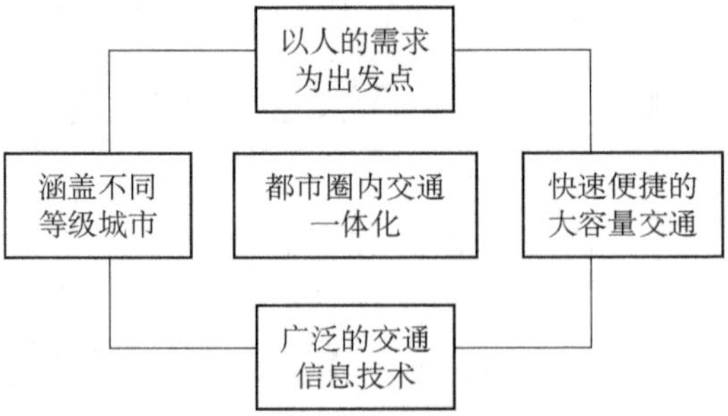

图 8-4 都市圈内不同等级城市交通一体化

专栏 8-2 杭州都市圈构建交通设施一体化，打造智慧交通升级版

杭州都市圈是我国都市圈交通一体化的先行者，“十二五”以来，杭州都市圈综合交通一体化深入推进，成功打造了现代版智慧交通。

1）区域综合交通规划全面实施。都市圈成立统一的交通专业委员会，编制了《杭州都市经济圈综合交通规划》，提出了建设“突出一主五轴，加强三副一环七带，构建四大系统”，实现“一个半小时交通圈”和一体化管理的综合交通体系目标。此外，根据中共浙江省委、浙江省人民政府发展“两港经济”的总体要求，都市圈交通专业委员会还牵头开展了《杭州空港综合交通枢纽规划》编制工作，为发挥杭州萧山国际机场对都市圈及周边区域的集聚与辐射作用提供了重要依据。

2）区域重点交通项目协同推进。杭州都市圈数百项交通重点建设项目得到了有序推进，一大批交通重大项目相继建成并投入运营，都市圈综合交通路网体系得到不断完善。2007 年 12 月，杭甬运河改造工程基本完成，将京杭运河从杭州经绍兴向东延伸了近 240km；一个月后，连接沪浙两省市的杭浦高速建成通车；2010 年 2 月，连接杭州、湖州、嘉兴三地，对接上海的申嘉（兴）湖（州）杭（州）高速公路全线通车。2012 年 11 月，杭州地铁 1 号线开通运营，其线网体系未来还将延伸至湖州、嘉兴、绍兴等多个地区；同期，杭州萧山国际机场二期扩建工程完工，成为中国四大航空口岸之一。2013 年 7 月，汇集沪（上海）昆（明）、杭（州）宁（南京）、杭（州）甬（宁波）、杭（州）黄（山）、商（丘）合（肥）杭（州）等铁路专线和地铁、城市公交、水上巴士等多种交通方式及配套服务设施于一体，可实现立体无缝交通换乘的新杭州东站正式启用。连贯都市圈四市的杭州都市高速公路（杭州绕城高速公路西复线）、京杭运河（浙江段）三级航道整治等都市圈跨区域重大交通项目有序推进。都市圈已经实现了“市市通高铁、县县通高速、镇镇通干线、村村通班车”的目标，有力促进了都市圈经济社会发展。

此外，在区域交通运输服务、区域交通沟通机制方面，杭州都市圈在治理城市交通拥堵、加强物流运输管理、公共交通信息共享、出租汽车管理与改革等方面也都实现了紧密合作。

资料来源：程鹏宇（2015）

三、提高中小城市的承接能力

中小城市作为都市圈城市规模等级体系的一个关键节点，必须具备承接上一层级城市产业转移的能力，拥有能够承接上一层级城市产业转移的平台，迅速、有效地承接上一层级城市的产业转移。

（一）提升都市圈内中小城市的产城融合水平

产城融合水平是体现中小城市承接能力的重要指标，决定着中小城市产业发展和承接能力的高低。产城融合具体是指在综合考虑城市承载力、产业空间结构、可持续发展的基础上，通过城市与产业的有序发展驱动城市更新，提升城市服务水平，形成城市功能优化与产业发展协同共进、良性互动的动态过程。产业与城市的融合主要体现在布局和功能的统一、城市和产业的共生、居住和就业的融合、生产和服务的互动、经济和环境的协调等方面。产城融合的基本要求是产业与城市的优化融合，破除产城分离壁垒，在产业发展与城市功能上达到无缝对接，在时空组合上实现立体整合，以达到“以产促城、以城兴产、产城融合”的目的（陈运平和黄小勇，2016）。

从产城融合水平来看，中小城市的产城融合度低于大城市的平均水平（李光辉，2014）。学术界对影响产城融合的因素进行了比较全面的分析，主要集中于产业生产要素、经济实力、城镇化水平和发展环境四个方面。产业生产要素包括自然资源、资本、劳动力等因素；经济实力包括经济产出、产业结构、科技创新等因素；城镇化水平包括生活水平、公共服务等因素；发展环境包括制度环境、文化环境、生态环境、风险环境等因素（刘欣英，2016）。都市圈内中小城市功能提升也应该着手于这些影响因素，结合本区域都市圈的发展需要，加强内外联通，做好核心城市和大城市的产业配套；科学规划城市功能，强化城市功能系统建设，合理确定城市规模；通过规划引导、市场运作，把都市圈内中小城市培育成为文化旅游、特色资源加工、商贸物流等专业化城市。

与产城分离相比，产城融合具有更高效的生产生活效率，各个城市产业与环境条件各不相同，需要因地制宜地予以解决。从难易程度来看，中小城市产城融合目标更容易实现。中小城市比核心城市更容易在城市规划中正确处理职住空间布局的问题。中小城市建成区面积较小，区域利益主体参与人较少，各主体之间利益博弈与核心城市相比较弱，在新型城镇化的背景下更容易通过顶层设计，从城市总体规划到控制性详细规划，从战略规划、空间规划、专项规划到实际运行、操作，更好地实现产城融合发展。需要强调的是，都市圈内中小城市的产城融合是一个系统性问题，要将其融入整个都市圈中进行科学考虑，将城市建设、城市运营和城市管理做到高度融合；根据自身的要素资源禀赋和特色产业情况，实现特色产业和城市功能提升有机结合。

（二）把特色小镇作为提升中小城市承接能力的集成平台

2016 年 7 月，住房和城乡建设部、国家发展和改革委员会、财政部联合发布《关于开展特色小镇培育工作的通知》，提出到 2020 年培育 1000 个左右特色小镇，特色小镇建设加快推进。目前，我国大部分中小城市社会服务功能欠账较多，作为都市圈新型城镇化建设的重要载体，今后应将特色小城镇作为承接产业转移的重要切入点。

国内成效明显的特色小镇的建设经验，首先要通过产业集聚人口，然后政府对集聚的人口配套相应的公共服务，进而推动小镇经济良性循环。因此，在未来的发展中各类小镇应因地制宜，突出特色。首先，要打造小镇的特色风貌，注重培育特色产业。要以产业集群为抓手，结合自身在都市圈的定位，打造具有清晰产业导向和特色鲜明的产业特色小镇；注重历史文化保护传承和风貌塑造，通过资本力量扩大影响力，打造文化产业小镇；依托自然生态环境，结合郊野公园、生态廊道建设，打造以生态为特色的小镇。其次，要完善特色小镇社会服务功能的顶层设计。借鉴国内发展成熟的特色小镇经验，制定符合实际情况的服务功能提升纲领，有计划、有步骤地完善相关功能。最后，要培育小镇建设的多元主体。加强政府、企业、非政府组织、个人之间的协同合作，进一步转变政府职能，通过政府购买社会服务的方式提供公共服务，同时加强对其他主体的监督；鼓励社会力量进入公共服务领域，推广“政企合作、政社互动”，通过优惠的政策吸引全社会资本参与特色小镇建设。最终，通过特色小镇建设增强中小城市的承接能力。

专栏 8-3　桐乡市以打造特色小镇为载体，提升承接上海都市圈产业转移能力

桐乡市是上海都市圈的 12 个Ⅰ型小城市之一。近年来，桐乡市按照“产业兴镇、品质立镇、创新活镇”的总体思路，以特色小镇培育创建为载体，补齐区域经济发展短板，产业承接能力获得明显提升。

1）规划先行，传统与现代相结合。结合桐乡市产业、人文、区位优势等特点，聚焦毛衫、皮草、旅游等优势特色产业和都市圈内部互联网经济新兴产业，规划建设桐乡毛衫时尚小镇、乌镇互联网小镇、崇福时尚皮草小镇、高桥健康智慧小镇等一批特色小镇，做到在巩固自身传统产业发展的同时，提升其承接互联网经济发展的实力。

2）市场主导，打造产业合作平台。创新“筑巢引凤”激励机制和“腾笼换鸟”倒逼机制，加快特色产业提升，将毛衫、皮草等传统产业赋予现代时尚元素，培育壮大时尚产业。搭建新兴产业培育引进平台，引进中国平安保险（集团）股份有限公司，并投资 170 亿元打造辐射上海都市圈的综合性养生养老社区，大力发展健康服务产业。以世界互联网大会永久落户乌镇为契机，合作建设乌镇省级互联网创新发展试验区，打造互联网产业领域的中国“达沃斯”。

3）产城融合，提升小镇整体环境。完善交通基础设施平台，启动实施乌镇大道、临杭大道等市域主干道项目，打造全市半小时交通圈；加快城镇有机更新，按照“世界眼光、现代理念”，加大资金投入，实施镇区景区化改造，提升城镇形象和品位；加快宽带网络等通信基础设施扩容提升，推进无线城市建设，基本实现城乡公共场所无线 Wi-Fi 全覆盖；强势推进生态环境整治，全面实施与区域河道水质、森林绿化水平挂钩的财政奖惩机制，加快推进城乡水电气供应及污水、生活垃圾处理一体化；提倡绿色出行，崇福、濮院、乌镇均建成全市联网的公共自行车服务系统，投运车辆达 2300 辆，加快新能源汽车推广布点；加快智慧城镇建设，完善智慧旅游、智慧交通、智慧城管、智慧政务等系统建设运行，进一步方便企业和群众。

4）制度创新，发挥体制机制优势。完善协调机制，统筹特色小镇创建工作，建立统计监测工作制度，及时掌握建设进展情况，从制度层面保障特色小

镇的创建和推进；完善项目推进机制，针对特色小镇项目引进、项目审批、项目服务等方面，专门成立工作组，实行重点推荐、优先审批，加快小镇项目落地建设；完善要素保障机制，从土地、资金、人才等方面，强化特色小镇建设要素保障。

资料来源：中小城市综合改革试点经验案例之五——浙江省桐乡市以特色小镇为载体促进产城融合发展［EB/OL］. https://www.ndrc.gov.cn/fggz/tzgg/dfggjx/201808/t20180821_1022181.html［2019-12-04］

（三）将专业化产业合作平台作为提升中小城市承接能力的重要途径

与大城市相比，都市圈内中小城市在资本、技术、公共服务等方面存在一定差距。因此，应将资源以“平台合作”的方式进行对接，集中力量对产业平台进行升级，搭建中小城市承接产业转移的集中区域。与此同时，坚持都市圈内部产业转移与转型升级同步推进，促进产业要素在中小城市合理重组、高效流动、有机衔接，共建一批特色化产业合作平台，推动产业链梯次布局（张晋晋和安树伟，2017）。通过合力共建一批现代制造业承接平台、加快推进一批服务业承接平台、联动发展一批现代农业合作平台等方式，进一步提升都市圈内中小城市的成果转化能力；加强对产业转移重点承接平台及转移项目的统筹管理，积极探索有利于产业落地和互利共赢的模式，促进产业在都市圈内中小城市发展。

四、加快农业转移人口市民化

重点解决新型城镇化中的农业转移人口市民化问题。农业转移人口往往难以在高房价、高物价的大城市立足，中小城市才是他们既能离开农村、享受现代生活，又能支付生活成本的理想之地。中小城市住房、出行等生活成本相对较低，生活节奏、生活方式、风俗习惯等与农村地区更加接近，农业转移人口更容易在小城市获得基本的社保、医疗、教育、保障性住房等公共服务，农业人口也愿意选择落户到与原居住地距离较近的中小城市，且中小城市在户籍制度改革和公共服务均等化方面较容易取得突破（辜胜阻等，2016）。农业转移人口市民化不能仅凭一张户籍，其内涵是继续实现农业转移人口与市民人口的公共服务均等化。促进农业转移人口在中小城市享受平等的公共服务，有利于稳步推进农民工的市民化，促进进城人口实现从农业向非农产业的职业转变。促进农业转移人口公共服务均等化，对于真正实现中小城市功能提升的意义和作用，绝不亚于核心城市的产业疏解，在一定意义上决定着中小城市功能能否实现提升。

促进基本公共服务共建共享，是城市功能提升的本质要求。党的十九大报告明确指出必须坚定不移贯彻创新、协调、绿色、开放、共享的发展理念，加快推进基本公共服务均等化。长期以来，都市圈内部面临着公共服务总体供给不足、分布不均衡等严重问题，中小城市与核心城市（大城市）存在较大差距。为解决上述问题，一方面要增加都市圈内部公共服务的供给总量，另一方面要调整公共服务的分布格局，使公共服务配置更加均衡。公共服务配置的第一责任主体是各级政府，要加强都市圈内部各级城市间关于公共服务的协调力度，推进都市圈内中小城市与大城市在劳动报酬、劳动保护、子女教育、医疗服务、社会保障等基本公共服务和公共产品方面的均等化，使基本公共服务逐步由户籍人口向常住人口全覆盖。将城市公共服务发展水平、居民幸福指数等纳入中小城市政府绩效考核标准，不断提高公共服务质量，提高居民的归属感、幸福感。

加大对农业转移人口在中小城市就业的支持力度。尝试在都市圈内部推进统一规范的城乡社会保障制度，中央和都市圈内部各财政部门要配合人力资源和社会保障等有关部门做好“将持有居住证人口纳入城镇社会保障体系和城乡社会保障制度衔接”等工作。国家和都市圈内部各财政部门在安排就业专项资金时，要充分考虑农业转移人口就业问题，将城镇常住人口和城镇新增就业人口作为分配因素，并赋予适当权重。中小城市财政部门要统筹上级转移支付和自有财力，支持进城落户农业转移人口中的失业人员进行失业登记，并享受职业指导、介绍、培训、技能鉴定等公共就业服务和扶持政策。尝试建立都市圈农业转移人口市民化奖励机制，考虑农业转移人口的具体情况，对吸纳农业转移人口市民化工作做出较大贡献的中小城市进行财政奖励，增强中小城市的财政保障能力，鼓励农村人口向都市圈中小城市有序转移。

维护好进入中小城市落户的农民土地承包权、宅基地使用权和集体收益分配权。都市圈内各级地方政府不能强行要求进城落户农民转让其在农村的土地承包权、宅基地使用权、集体收益分配权，或将其作为进城落户条件。尝试以都市圈为试点，通过健全农村产权流转交易市场，逐步建立进城落户农民在农村的相关权益退出机制，积极引导和支持进城落户农民依法自愿有偿转让相关权益，促进相关权益的实现和维护，多渠道筹集资金，支持进城落户农民在城镇居住、创业和投资，解除农村人口向都市圈内中小城市转移的后顾之忧[①]。

---

① 国务院印发《关于实施支持农业转移人口市民化若干财政政策的通知》[EB/OL]. http://www.gov.cn/xinwen/2016-08/05/content_5097864.htm [2020-02-12].

专栏 8-4　重庆市推动农业转移人口市民化，助推都市圈一体化发展

2015 年，重庆市户籍人口 3372 万人，常住人口 3017 万人，按户籍人口和常住人口统计的城镇化率分别为 44.6%和 60.9%，均高于全国 5 个百分点左右。从人口的转移情况来看，结构基本合理，已落户的 436.6 万人中，农民工及其家属 360 万人，占比为 82.5%。重庆市推动农业转移人口市民化主要解决了以下三个问题：一是人往哪里去的问题；二是人进城后的保障问题；三是如何在土地、财政等方面形成良好的制度安排，促进农业转移人口市民化的问题。

1）人口空间分布格局与功能区域发展战略相匹配。重庆市将市域范围划分为五大功能区域。其中，都市功能核心区、都市功能拓展区、城市发展新区共同构成重庆大都市区，推动人口和产业集聚，成为国家中心城市、成渝城市群的核心载体；渝东北生态涵养发展区和渝东南生态保护发展区坚持“面上保护、点上开发”，推动人口有序减载；加快渝东北生态涵养发展区、渝东南生态保护发展区人口向城市发展新区、都市功能拓展区转移。促进人口合理分布，使产业发展、城乡结构与资源环境相协调，实现城市整体功能最大化的战略目标。

2）解决农业转移人口的后顾之忧。一是坚持就业为前提，推动不同功能区差异化落户，配套建设外来农业转移人口融入导向机制。二是探索建立农业转移人口基本公共服务全覆盖。以实现城乡转移人口和当地居民基本公共服务均等化为目标，改革新农合参保机制，推进城镇基本公共服务由主要面向本地户籍居民向面向常住人口转变，推动基本公共服务平等、全面惠及全市居民。三是维护农业转移人口的资产权益，进一步加强宅基地规划控制，开展宅基地确权登记、流转交易，保障农民财产性收益。加快农村集体产权制度改革，积极引导农村居民新建新型经济组织，委托第三方对其资产进行科学管理、保值增值，化解村民财产权益流转障碍，消除农民进城的后顾之忧。

3）相关配套政策措施要跟上。建立了财政转移支付与农业转移人口市民化挂钩机制、人地挂钩的规划计划管理机制、农业转移人口市民化成本合理分担机制，在政策上进行细化和完善，强化了对具体工作的指导，推动农业转移人口市民化顺利进行，最终实现都市圈城乡一体化发展。

资料来源：新型城镇化系列典型经验（农业转移人口市民化案例）——重庆市推进农业转移人口市民案例［EB/OL］. https://www.ndrc.gov.cn/xxgk/zcfb/tz/201612/t20161219_962819.html［2019-12-04］

第四节　时序安排

都市圈内中小城市功能提升需要投入大量的资源要素，在现阶段中小城市要素集聚能力较弱的约束下，同时提升产业发展、吸纳就业、公共服务、人口集聚四项功能可能在实践中有一定难度，同时“均衡发力”有可能会导致“均衡落后”的结果。因此，都市圈内中小城市功能提升的这四个方面的时间顺序是什么，应该按照什么标准进行安排，是需要妥善解决的问题。

一、时序安排的内涵

“时序安排”的概念主要产生和发展于城市规划领域，是开展城市规划、旅游规划、土地开发、交通建设过程中非常关键的一项任务。无论是从大尺度的城市规划，还是对某一项目的开发建设，任何建设活动的顺利实施都需要开发时序的科学规划与决策，时序安排是功能提升前期战略规划的重要环节，是科学决策的重要组成部分（茅芜，1998；赵和生，2011）。中小城市功能提升的时序安排，是指为了保证都市圈内中小城市功能整体提升，对其进行有效的计划和控制，根据实际需要对各项分功能做出先后顺序安排。在中小城市功能提升过程中需要理清各部分之间的内在关系，将有限的资源在各部分进行高效、均衡调配，促进都市圈内中小城市整体功能的提升。

二、时序安排的依据

按照系统动力论的基本理论，本书将“最优协同、相互联动”视为都市圈内中小城市功能提升时序安排的基本原则。

（一）时序安排的原则

中小城市内部各项功能相互联系、相互影响，它们之间的协调度影响并决定着中小城市整体功能的提升。系统动力论指出，各子系统是相互联系、密切相关的统一整体，任何一项功能出问题，都会影响其他功能的发挥。从提升都市圈内中小城市整体功能目标的角度出发，最合理的时序安排就是使各部分功能间协同效应最大、相互联动最优。合理的时序安排，有助于更好地发挥功能各部分间的协同作用，使各功能以最佳的开发时机更好地实现自身功能提升，同时带动其他功能的完善，进而提升都市圈内中小城市整体功能的效用和价值。

根据产业和经济循环理论，现阶段城市功能大致可以分为两个阶段（杨勇，2013）。一是产业循环阶段。城市经济功能居于所有城市功能的核心地位，它不仅是城市形成和存在的前提，也是其他所有城市功能的前提。从内容上来看，城市经济功能可分为生产、贸易、金融、物流等产业门类，这些城市产业作为城市经济功能的载体，对城市整体功能和其他功能完善具有基础性决定作用。因此，首先应该提升都市圈内中小城市的产业功能。二是产业和社会双循环阶段。这一阶段的标志是增加就业和公共服务等社会综合服务功能的提升。城市发展从单一的产业功能向综合服务功能转变，不仅重视城市经济的发展，还重视社会问题的解决和人居环境的提升。这一阶段的功能提升将物质循环和社会循环进行有机结合，将产业、人力资本和社会统筹纳入功能提升的范畴。在这两个阶段的基础上，随着城市产业的不断升级、就业能力逐步增强、公共服务稳步提升，自然会带来人口在城市的空间集聚。

（二）各项功能的互动协同

城市发展要以产业发展为支撑，这是城市功能提升的核心和根基。第一，产业发展与城市功能提升存在共生关系。一方面，城市功能分工演进依托于产业形态，产业结构的优化升级往往带来城市功能的提升；另一方面，城市功能定位决定产业定位，城市功能分工演进的趋势影响产业发展的方向。都市圈一体化发展的本质就是都市圈内城市之间形成有效的产业分工与协作关系网络，实现由产业间分工到产业内分工、产业链分工的过程。都市圈所处的产业分工阶段，决定了整体经济发展水平和整体竞争力。在都市圈内部，每个城市不太可能以纯粹的垂直分工或水平分工形式参与都市圈产业分工，通常都在不同程度上也参与产业链分工。第二，产业发展更为其他城市功能，特别是就业机会的提升奠定基础。从产业和经济循环理论来看，产业发展必定会带来就业机会的增加，吸纳就业功能将获得直接提升。

吸纳就业功能是实现人口集聚功能的必要条件。在就业与人口集聚的关系方面，现有研究已达成一定共识，即就业岗位是获得个人收入的重要前提，就业岗位充足是一个地区吸引外来人口的核心竞争力（李国平等，2017）。对于城镇地区而言，广泛的就业市场强化了城镇地区吸附人口的能力，这种促进作用不仅体现在城镇地区的正式就业岗位方面，还体现在非正规就业岗位方面，非正规就业岗位使外来人口的谋生方式更加多元化。在城镇化的中期阶段，中小城市就业岗位的增加会吸引劳动力集聚。产业基础设施所创造的就业岗位会吸引劳动力的集聚，有助于增加中小城市的人口规模。同时，中小城市就业岗位的增加会进一步促进基础设施和公共服务的提升，带动更多劳动力的涌入。因此，中小城市就业岗位越多，人口集聚的规模就越大。

公共服务功能提升是实现人口集聚和城市整体功能提升的关键与核心要素。在中小城市发展的初级阶段，即中小城市规模较小时，人口集聚的主要动力来自产业发展所带来的就业岗位和就业机会的增加，在这一阶段保产业发展和经济增长就是保就业，大量的产业投资机会能够增加大量的就业机会，并带动人口集聚。但随着中小城市规模的逐步扩大，都市圈一体化程度提高，经济发展趋向稳态，人口的集聚更加关注中小城市的公共服务水平，就业岗位的作用将有所降低，而以教育、医疗为主的公共服务对中小城市的人口集聚作用更加凸显。因此，公共服务功能提升是都市圈内中小城市功能实现从第一阶段向第二阶段过渡、中小城市人口可持续集聚的关键。

人口集聚功能是城市功能的建设目标和方向。无论是产业发展、吸纳就业，还是公共服务功能的提升，最终目标都是实现人口在都市圈内中小城市的稳定集聚，进而形成城市功能提升过程的一个完整循环（图 8-5）。

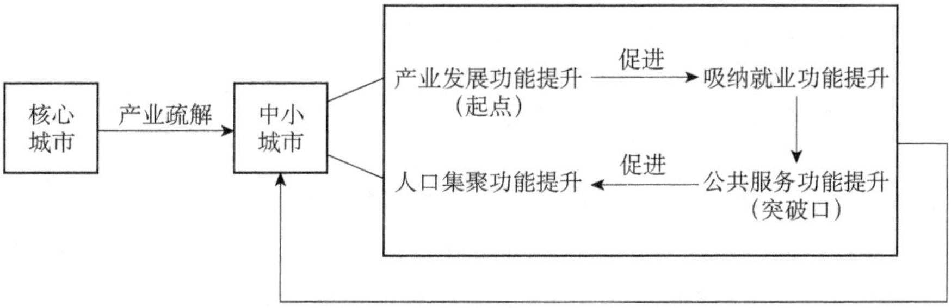

图 8-5　都市圈内中小城市功能提升的时序安排

因此，结合产业和经济循环理论、人口集聚推拉理论和都市圈中小城市的实际情况，按照“最优协同、相互联动”“先易后难、科学有序、联动推进”的要求，产业发展功能是影响都市圈内中小城市功能提升最直接的因素，也是其他功能提升的基础；在核心城市，产业会在一定程度上产生本地市场效应和竞争效应，当集聚不经济超过集聚经济带来的正外部性时，产业才会从核心城市向外围城市或周边城市转移扩散。在中小城市承接产业转移和产业发展的同时，中小城市吸纳就业能力随之增强，吸纳就业功能逐步得到提升。中小城市政府再以提升公共服务为主要突破口，完善公共服务水平，提升中小城市公共服务功能，从而将就业人口转化为常住人口或户籍人口，最终实现人口集聚，提升人口集聚功能。

第五节 政 策 手 段

都市圈内中小城市功能提升的根本动力是市场机制，但市场本身存在缺陷，使其在进行资源配置时有时并不能达到最优，即市场失灵。都市圈作为一个紧密联系的统一体，依靠市场的力量虽然可以促进都市圈经济整体的发展，但同时也会加剧都市圈内不同等级城市之间经济社会的不平衡发展。现阶段，都市圈内部核心城市或大城市对中小城市的极化效应比较明显，对中小城市的资源要素，特别是劳动力资源、资金、技术形成较强的吸引力（安树伟，2007）。为避免在城镇化进程中出现中小城市与核心城市差距进一步加大的问题，促进中小城市与大城市协同发展，政府需要进行必要的、多重手段的调控，为实现特定的经济发展目标进行有目的的干预，为都市圈内中小城市功能提升创造一个良好的发展环境。功能提升需要借助合理的政策手段和方式（工具）来实现，中小城市功能提升的手段包括经济手段、法律手段和行政手段。

一、提升手段的基本分类及内涵

市场失灵的客观存在，需要政府合理的政策手段加以完善。新古典经济理论认为，每个人是理性人，以追求利益最大化为目标，这种行为在自由交换的市场条件下可以达到资源优化配置的市场均衡状态，从城市功能提升的角度来说，即各地区工资水平均衡和充分就业。但事实上，这种理论是建立在市场完全竞争、完全信息和生产要素自由流动的假设条件基础上。单靠市场运作无法保持区域间的均衡发展。因此，新古典经济理论之后，许多中西方学者根据非均衡增长理论，指出地区经济差异是经济增长不可避免的产物，主张通过政府力量缩小地区差距，特别是当极化效应强于涓滴效应时。政策手段是政府力量实施的重要途径，政府调控经济的手段主要有经济手段、法律手段、行政手段三种类型，三者在执行主体、表现形式、特点、主要内容、作用机制等方面都存在差别（表 8-4）。

表 8-4　城市功能提升的主要手段

手段类型	执行主体	表现形式	特点	主要内容	作用机制
经济手段	立法机关和行政机关	货币政策、财政政策、税收政策	利益性、间接性、多样性，提出措施较迅速，但实施效果需要较长时间的等待	通过价格、税收、利率等杠杆调节地区关系，制定财政、投资、金融等方面的政策	不直接作用于调节对象，主要通过市场机制起作用
法律手段	立法机关、司法机关和行政机关	法律条文	规范性、强制性、稳定性	通过出台法律条文进行相关方面的调整	通过立法、执法、行政机关三者参与经济和社会发展
行政手段	行政机关	行政命令、行政文件、行政会议等	权威性、强制性、垂直性	国家各类规划（计划）、行政领导会议、行政命令	通过行政命令、行政决议等政府活动引导资源要素重新配置

资料来源：安树伟和刘晓蓉（2010）

经济手段是指利用价格、税收、利率等杠杆间接调节地区关系，直接制定财政、投资、金融等方面的区域差别政策或倾斜政策；法律手段是指通过立法形式对区域经济活动实施强制调控；行政手段主要以政府的行政命令、行政文件、行政会议的方式出现。在经济调控活动中，运用区域政策手段和工具必须从中小城市功能提升的客观出发，对某种政策手段的选择应尽可能地考虑功效性、效率性、可操作性、公众参与度，并且手段的使用要考虑到社会成本的承担以及实施效果的优劣。这三种政策手段在实施效果上存在较大差别（表 8-5）。

表 8-5　政策手段实施效果比较

效果	行政手段	经济手段	法律手段
时效性	强	较强	弱
稳定性	弱	较强	强
公众参与度	低	较高	高
短期成本	低	较低	高
长期成本	高	较高	低
实施效果	差	较好	好

资料来源：安树伟和刘晓蓉（2010）

二、现行城市功能提升手段存在的问题

我国现行城市功能提升手段中法律手段使用频率最低，造成政策缺乏稳定性。改革开放 40 多年来，我国的法治建设发生了巨大变化，但涉及区域经济发

展、区域开发和都市圈发展方面的决策没有相应的法律依据作为支撑，造成政府官员的自由裁量权过大。与大城市相比，中小城市法治观念整体上更加落后，运用法律手段对中小城市经济社会发展进行管控的观念更加淡薄，无法给市场参与的主体（企业、个人）提供稳定的、可预期的宏观和微观环境，长期来看不利于城市功能的稳步提升。

现行的政策手段以行政手段为主，造成了低效率的资源配置。行政手段主要以行政命令、文件和会议为表现形式，这种干预通常会造成政府与市场的边界不清，影响经济发展的微观基础，特别是民间经济发展活力的释放（钟昌标，2016）。在都市圈内中小城市功能提升过程中，一方面，存在都市圈内部市场本身不统一、缺乏统一监管、不同地方各自为政的行政干预等问题；另一方面，市场参与者公平竞争的环境没有完全建立，政府干预和行政命令还客观存在，市场主体对未来有时缺乏清晰的预期。在这种情形下，不论是政府或是企业都难以客观理性地参与都市圈一体化发展，影响了资源在都市圈内的高效配置。

现行的经济手段实施力度有限，往往受制于行政因素的影响而收效甚微。在中小城市功能提升过程中，经济手段是指政府及相关部门运用经济政策，如财政、税收等政策对城市运行进行经济干预，其本质是运用经济杠杆对市场主体进行间接性干预，通过对经济利益的调整影响城市经济社会活动的运行，具有指导性、规划性、契约性的特征，见效本就缓慢。在都市圈内部，与大城市相比，中小城市的行政力量更加突出，政府运用行政力量对经济手段进行干预的力量强大，使得经济手段在执行过程中无法达到最优运行，严重影响了经济手段配置资源的科学性和高效性。在这种情况下，经济手段对企业、个人等市场主体的间接干预变成了直接干预，既破坏了市场秩序，还影响了企业、个人等微观主体参与经济活动的积极性。

此外，各种手段缺乏系统性也是现阶段都市圈内中小城市功能提升的一大缺陷。当前，我国市场经济还不是很完善，需要政府采取一定程度的政策手段进行干预。但是，政府的政策手段往往仅针对某一特定对象和特定情形，未能周密地考虑全局因素，对于其引发的一系列影响未做出充分的估计和预案。都市圈内不同等级城市是一个系统整体，牵一发而动全身，一项片面的政策很可能会影响整个都市圈的正常运行（蔡之兵，2017）。只针对某一城市功能提升而出台的孤立性政策，有可能会给其他功能提升带来消极影响。因此，优化这类缺乏系统性的政策手段，是亟待解决的一个重要问题。

三、完善城市功能提升手段

（一）经济手段

促进都市圈内中小城市功能提升的经济手段，主要包括在这些地区坚持以区域优惠为主的财税政策，发挥中小城市财税优惠的优势，引导人、财、物等资源向中小城市合理流动等。

在财政政策方面，都市圈内中小城市功能提升可将转移支付、投资基金、奖励补贴等作为着力点。在转移支付方面，一是可以提高中小城市增值税的增量返还比例，缓解地方财政紧张状况；将中小城市国有企业缴纳的增值税按一定比例以补贴形式返还给当地，用于企业配套服务设施建设和主导产业扶持，增强中小城市的集聚能力。二是要增强对中小城市的专项转移支付，用于改善其交通、通信、能源开发等基础性投资。在财政投融资方面，要通过加大投资力度，建立产业投资基金，促进科技成果转化，加大对新兴产业的扶持。在奖励补贴方面，要对中小城市基础设施投资建设提供适当的补贴，尤其要对到这些地方投资的、创造就业机会的企业给予一定奖励（李抗，2009）。

在税收政策方面，都市圈内中小城市可试行适度轻税负的税收政策，主要包括产业引导、吸引投资、吸引人才和保护环境四方面。在产业引导方面，与核心城市不同的是，都市圈内中小城市产业政策重心在于基础设施、交通运输、邮电通信、能源和原材料工业等，为鼓励其发展，除所得税优惠外还可辅以其他优惠政策。例如，继续免征固定资产投资方向调节税等；对基础产业、高新技术产业所需设备给予进口优惠。在吸引投资方面，对投资中小城市的企业在一定期限减征一定比例的企业所得税，适当提高企业折旧额或折旧率，提升企业在中小城市的竞争能力，从而抓住都市圈核心城市产业向外转移的机遇，发挥中小城市土地、劳动力、电力等资源优势，将中小城市建设成为核心城市制造业转移的基地。在吸引人才方面，鼓励核心城市向中小城市流动，制定相应的税收优惠政策，在征收个人所得税时，提高费用扣除额和起征点，对高学历人员给予一定补贴，对技术成果转让和技术服务按一定比例减免征收等。在保护环境方面，对在区域规划中被列为环境保护的项目、当地资源优势和特色加工项目、高科技项目，以及对发展循环经济、节能减排效果明显的龙头企业给予适当税收优惠，筑牢都市圈环境保护的屏障。

（二）行政手段

由于现行行政体制存在“地方领导”是对“上级领导”负责而不是完全对

“公众负责”，可能给长期的经济社会发展带来较多的负面作用。因此，在中小城市功能提升过程中，必须要逐步消除核心城市与中小城市之间的行政壁垒，对都市圈内部的政府职能进行全新探索。从要素价格形成机制入手，减少行政干预导致的要素过度集中在核心城市，缓解都市圈核心城市的“拥挤病”和中小城市的“凋敝病”。一是降低中小城市的市场进入成本和交易成本，增强中小城市的竞争能力，降低资源要素进入中小城市的行政壁垒导致的摩擦成本，增强区域市场整合效应；二是加强中小城市的吸引投资能力，鼓励金融创新和民间资本流动，加强中小城市与核心城市的金融合作；三是消除户籍、就业、社会保障、土地制度等方面对中小城市的行政限制。

都市圈内中小城市功能的提升不同于其他中小城市，一个重要的原因是其发展与核心城市的要素流动密切相关，与都市圈一体化紧密相连。因此，要以项目合作为突破口，打破都市圈内部核心城市与中小城市之间的行政壁垒。通过与核心城市进行实实在在的项目合作，借“合作之力”打破壁垒，逐步实现以市场为导向，发展企业主体间的自我联合。

地方政府应该努力创建公平竞争的政策环境。现阶段，政府行政手段影响着市场运行的格局，行政权力可能会长期扭曲和分割都市圈内部的有限市场。为此，政府首先需要提供公平的市场环境，可以利用政府行政手段对政府自身进行改革，特别是在出台相关政策时，要考虑清楚相关政策带来的双重影响，利用好政府的行政手段。中小城市的发展缺少自由竞争和公平竞争的条件，一些产业联盟和国有企业往往借助产业政策手段，扭曲市场资源配置，导致中小城市无法通过竞争获得充分的资源配置。因此，都市圈内中小城市功能提升必须先利用行政手段对政府自身进行改革，建设统一的市场，提升中小城市市场运行效率，为中小城市功能提升提供公平的政策环境。

将企业作为推进中小城市功能提升的主体。与政府主导推进城市功能提升不同，企业跨地区发展将自动产生城市功能提升和发展的内生效应，政府一般为其提供外部环境。政府推进都市圈内中小城市功能提升的主要手段和工具是跨区域的基础设施建设，以及在体制机制环境方面打破影响区域间生产要素自由流动和优化配置的障碍。考虑到部分基础设施的建设仍然需要以企业为主体，不论是中央政府，还是地方政府，在制定推进都市圈一体化发展计划时，都要摆正自身与市场、与企业的关系，使企业作为利益主体就合作过程进行讨价还价，让企业真正成为一体化发展的主角，政府则尽量作为合作的搭台人，否则很难达到实质性提升效果（刘欣英，2016）。

（三）法律手段

谋划出台都市圈融合发展的相关法律法规和条例，是促进都市圈内中小城市功能提升的法律手段。该类法律法规和条例的出台旨在从都市圈全局出发，既要充分发挥核心城市的辐射带动作用，也要发挥中小城市的自我提升作用。要以推进市场一体化为宗旨，在清除都市圈生产要素向中小城市流动的障碍、搭建资源与要素流动平台、加强都市圈基础设施共建共享等方面完善立法基础。加强促进都市圈融合发展、一体化发展的法律性和科学性，以全局和协作观念推动中小城市自身发展能力的提高。在市场准入机制方面，保证中小城市与核心城市享有公平的市场准入机制，让中小城市有机会与核心城市协同发展。根据地方实际，利用法律手段赋予中小城市管理者更多权限自由①。与此同时，对中小城市行政人员的编制、经费进行严格控制，以构建一套效率高、成本低的新型管理模式。

第六节 路径完善

按照“科学有序、联动推进”的标准，在促进中小城市功能提升时，应该按照“产业发展、吸纳就业、公共服务、人口集聚”的顺序，科学有序地促进城市功能提升。

一、推动产业发展

城市功能提升演进与产业发展存在共生关系。随着城市经济的不断发展，城市功能分工逐步细化，核心城市一般以附加值高的服务业经济为主，中小城市以制造业经济为主。大量研究表明，大城市能够更好地集聚知识等创新要素，支撑高新技术产业集群的发展，中小城市和小城镇受到资源禀赋的限制，较多聚集的是劳动密集型产业（郑恒和张国平，2007）。陈建军等（2011）认为，资本、技术密集型产业的区位选择更多地收敛于城镇化集聚，而传统的劳动密集型产业则偏好于地方化集聚。核心城市将部分制造业向周边城市有序转移，一方面可以为其他行业的发展释放资源空间，另一方面当核心城市不具比较优势

① 这里指的权限自由并不是要增强中小城市管理者对经济的行政干预，而是指改变传统的“上下对齐”模式，将管理权限下放，赋予中小城市更多立法权。

的制造业转移到其他城市后，会带动其他城市对核心城市的信息咨询、技术研发、资金融通、法律会计等专业服务需求，这会进一步促进核心城市管理和服务中心职能的发展，有利于核心城市和周边城市进一步发挥各自比较优势，从而提高整个都市圈的经济效率。

（一）积极承接都市圈内核心城市的制造业转移

都市圈内中小城市与一般中小城市最显著的不同点是：都市圈内中小城市可借助核心城市产业转移的外力作用提升自身产业实力（图 8-6）。核心城市在城市功能定位方面更加突出的是服务功能，淡化生产功能，重点发展金融咨询、信息服务等生产性服务业。中小城市承接核心城市疏解的生产性制造业，既可缓解要素过度集聚给核心城市带来的负面影响，又可弥补中小城市缺乏产业基础的不足，从而促进中小城市产业功能提升。在发展相对成熟的都市圈，中小城市承接核心城市制造业转移已经在稳步推进，并取得了一定成效。与此同时，中小城市应积极发展服务“三农”的第三产业。要针对都市圈内中小城市紧邻传统农业区域的特点，注重乡土文化的挖掘、保护和传承，利用具有优势的历史文化发展相关文化旅游产业，大力促进三次产业的融合，使中小城市成为三次产业融合的主要基地、连接大城市与美丽乡村的桥梁，成为农村人口向城市梯度转移的重要梯级。近年来，沧州抓住北京非首都功能疏解的机遇，积极承接产业转移，并取得了显著成效。在承接制造业产业转移方面，沧州积极承接北京的制造业功能，推动汽车、生物医药、服装服饰三大产业成功落户沧州，截至 2018 年 9 月，12 家北京现代配套企业落户北京现代沧州工厂，零部件、物流、对外出口产业日益繁荣，千亿级汽车产业集群正在形成。在生物医药方面，北京・沧州渤海新区生物医药产业园作为河北承接北京医药产业的唯一园区，开创了跨区域管理体制创新的先河，2018 年为沧州一次性带来 270 亿元投资。

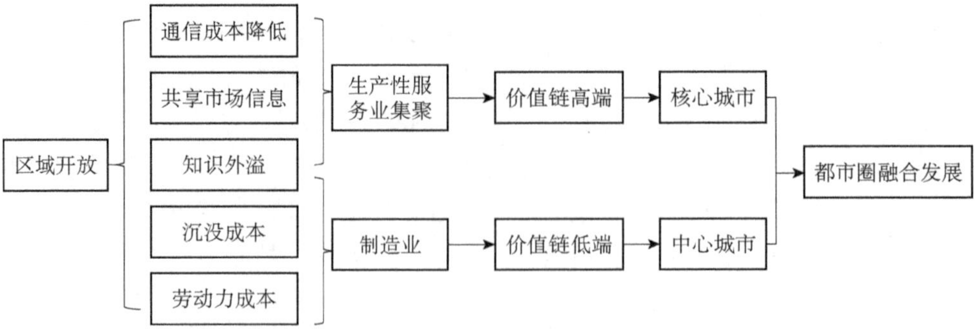

图 8-6　都市圈内中小城市承接产业转移的路径

在服装服饰方面，沧州明珠商贸城已通过承接北京大红门服装产业，具备了服装设计—生产—批发零售—包装物流的全产业链生产功能。

（二）大力培育和发展民营经济

针对中小城市规模“中小”的特点，大力培育和发展民营经济，提高民营经济的比重，充分发挥民营经济能创造较多就业机会、集聚人口的作用。民营经济以三倍于国民经济的增长速度为经济社会发展贡献了强大的力量，吸收了全社会 2/3 以上的就业人群，创造了我国商品市场 75%的新产品、65%的发明创新（李成刚，2018）。在都市圈内中小城市经济社会发展过程中，要充分发挥民营经济自主性强、创新性活跃的特征，鼓励其在化解中小城市产能过剩，实行企业兼并重组，加快产业转型升级，以及发展共享经济、数字经济、绿色经济等新兴产业方面发挥更加重要的作用。可以借鉴杭州都市圈义乌模式，充分发挥民营企业在中小城市功能提升中的作用，从城市战略定位、规划设计、市政建设、土地管理、商业运营、旅游营销等方面进行综合式开发，打造产业发展的民营力量。

（三）增强不同等级城市的产业关联度

增强城市间产业关联度的关键是要实现都市圈内产业融合发展。一方面，产业融合发展要依托深入的分工协作形成城市和区域特色，形成都市圈集群优势。在都市圈内部，产业集群大致可分为两种类型：大中小企业共生型和小企业群生型。前者是指不同规模企业形成的综合体，既有规模较大、创新能力较强的大企业，也有一批进行专业化生产和配套服务的中小企业，两者有机形成大中小企业共生互助的产业群落，如京津都市圈中北京与邻近的河北各市、上海都市圈中上海与邻近的江苏各市的不同等级产业分工；后者则是由众多中小企业按照专业化分工，共同形成一个互动互补、竞争力较强的产业群落，如广州都市圈、深圳都市圈、杭州都市圈以众多中小企业产业分工为主形成强大的产业集群。另一方面，产业融合发展需要对都市圈内部的产业分工进行合理的空间调整和重新布局，强化各城市间的产业联系、带动区域生产要素的自由流动。可以借鉴广州都市圈中的专业镇分工模式，适时对产业结构进行“腾笼换鸟”式升级，形成不同等级城市产业链上下游联动机制。

（四）加快特色小镇特色产业发展

特色小镇是都市圈内中小城市功能提升的重要载体。一是要基于资源禀赋打造特色产业。特色小镇都有其自身的历史传统，这些传统是小镇特色的一部分，在特色小镇建设过程中应充分利用这些传统产业打造特色产业，尽量避免另起炉灶，凭空从别的地区移植一个产业过来。二是要培育壮大特色产业，特色产业的培育重点要体现差异化。差异化是指与其他都市圈其他城市之间存在较为明显的差异，产业具有明显的属地特征。特色产业的培育需要提供一定的政策支持，一般而言，在产业发展初期由于市场尚未培育成型，企业的竞争力较弱，需要出台相关的产业支持政策。从各地区的实践来看，产业扶持政策主要包括土地、税收、政策性资金扶持等。同时，还应注重特色产业的宣传与推广，强化特色产业与小镇之间的联系，增加可识别度。在这方面，昆明都市圈特色小镇打造已成为推进产业转型升级和培育经济发展新动能的主要推手。昆明在特色小镇建设过程中，聚焦木雕、扎染、紫陶、银器、玉石、刺绣、花卉等传统特色产业优势，推动传统特色产业焕发生机，同时政府在建设用地、财税支持、融资渠道方面给予充足保障（云南省人民政府，2017）。现阶段，昆明市呈贡区斗南花卉小镇、嵩明县嘉丽泽高原体育运动小镇已经建设成为全国知名的特色小镇。

二、扩大就业机会

就业机会是获得个人收入的前提，就业岗位的充足会促进一个地区吸引外来人口，提升人口集聚的核心竞争力。对于中小城市而言，广泛的就业机会既能增强中小城市对农村转移劳动力的吸附作用，也能加快核心城市的辐射扩散作用（郭小燕，2014）。李国平等（2017）的研究表明，我国县域小城镇就业岗位对常住人口集聚具有正向显著影响，县域小城镇就业岗位数量每增长 1.0%，其常住人口将增长约 0.6%[①]。因此，都市圈内中小城市功能的提升离不开中小城市就业机会的增加。

（一）扩大农村人口在都市圈内中小城市的就业机会

国家统计局（2014）发布的《2013 年农民工监测调查报告》显示，我国举家外出的农民工为 3375 万人，占外出农民工总数的 20.7%，农民工的这种“候鸟式”流动，使得农民工的家庭生活中心依然在农村。以农民工群体为例，2015 年跨省流动农民工 80%流入了地级以上大中城市，省内流动农民工 54.6%流入

① 这里的县域小城镇包含常住人口小于 20 万人的小城市，因此可以用来证明小城市就业对促进人口集聚有正向作用。

了地级以上大中城市（国家统计局，2016）。我国绝大部分外出人口来自西部地区，中西部地区的跨区域农村劳动人口流动使得区域之间的发展更加不平衡（表 8-6）。但近几年，农村外出务工人口开始逐步向原居住地转移，农民工回流趋势明显。都市圈内中小城市作为城市与乡村的中间桥梁，理应成为承接劳动力回流的主要承载地。因此，需进一步完善都市圈内中小城市的产业基础，增加就业机会，实现农民工就地就业，避免不合理的劳动力转移带来沉重的社会代价；依托核心城市建立完善的创业扶持政策，构建农民工就业培训体系，提升转移人口劳动技能，缩小大城市与中小城市之间的公共服务差距。

表 8-6 我国东中西三大地区城市分布与人口流动

项目		东部地区		中部地区		西部地区	
		数量/个	比重/%	数量/个	比重/%	数量/个	比重/%
城市分布	特大城市	54	8.2	38	5.8	30	4.6
	大城市	40	6.1	47	7.2	31	4.7
	中小城市	169	25.8	141	21.5	105	16.1
	城市群数量*/个	6		2		2	
人口流动	外出农民工比重/%	31.5		36.7		31.8	
	本地农民工比重/%	60.8		22.9		16.3	
	外出农民工地域分布（输入地）比重/%	64.7		17.9		17.4	

资料来源：辜胜阻等（2014）、国家统计局（2014）

* 十大城市群是指比较成熟的京津冀、长三角、珠三角、山东半岛、辽中南、中原、长江中游、海峡西岸、成渝、关中城市群

（二）增强农业转移人口稳定就业的机会和就业能力

都市圈内中小城市人口集聚往往更多地吸引来自周边农村人口的就业定居，这就需要避免发生农业转移人口没有稳定就业机会而引发社会不稳定的问题。都市圈内中小城市与核心城市地理位置毗邻、文化相近、交通便利、人文交往密切，具有天然的“干中学”优势（许学强等，2009）。融入都市圈内的中小城市要学习大城市先进的社会管理经验，一是要建立更加完善的创业扶持政策体系，深入学习大城市在创业融资体系、产业服务体系方面的成功经验，营造具有自身特色的创业环境，吸引有眼界、有技术、有一定资本的农业转移人口在中小城市创业，解决更多人的就业问题。二是要建立农业转移人口职业培训体系，提升这类人口稳定就业和融入城市社会的能力。调查显示，我国农民工中只具有初中文化程度的群体占农民工总人口的 61%，没有接受农业和非农业职业技能培训的人口比例为 68.8%，文化程度低、缺乏必要的劳动技能是制约农民工稳定就业和薪酬提升的重要因素（辜胜阻等，2014）。因此，应依靠都

市圈整体的教育资源，集中政府和社会力量建立涵盖职业培训、岗前培训、远程教育、社区教育、夜校教育等的全方位职业培训体系，以帮助农民工更好地融入城市生活。

（三）以新型工业化为动力，稳步提升都市圈内中小城市人口吸纳能力

从我国改革开放40多年来的经济发展历程来看，以高资源消耗、高环境污染和低经济效益为主要特征的工业化模式，已经不能适应新时代我国经济社会可持续发展的需要。从国际经验来看，发达国家再工业化进程伴随着就业规模的增加（张建华和洪银兴，2007）。对于我国中小城市而言，走新型工业化道路提升人口就业能力，一是同步推进新型工业化与新型城镇化，促进人口增长与工业化发展基本同步，坚持城乡一体化发展，在工业化水平提升的同时稳步推进就业水平的提升，走出一条工业与农业、城市与农村、市民与农民协调发展的道路；二是以信息化带动工业化，通过对传统工业的信息化改造实现跨越式发展，充分发挥服务业尤其是现代服务业在扩大就业方面的积极效应（潘华，2015a）。青岛都市圈的平度市在解决中小城市就业机会方面进行的综合改革试验，被国家发展和改革委员会确定为全国中小城市综合改革的典型案例。平度市以农业现代化为目标，将农民创业与科技、人才相结合，打造“农创平度”模式，增加中小城市就业机会。平度市立足种业基础，建立院士工作站、专家工作团队、种业科技博览馆、便民综合服务中心等创业孵化平台，为各类农业创客提供技术指导；千方百计地提升农业现代化水平，积极培育新型职业农民170 000余人，为农民创业就业提供智力支撑；积极推动19个地理标志农产品进入与欧盟的互认名录，扩大优质农产品出口，增加农民就业收入（青岛市发展和改革委员会，2018）。昆明市呈贡区在探索中小城市失地农民创业就业方面也做出了积极探索（云南省人民政府，2017）。

三、提升公共服务水平

提升中小城市公共服务水平，是实现都市圈内中小城市功能提升的关键。没有完善的公共服务，城市功能的提升就不可能持续，也不可能真正实现人口集聚的最终目标。

（一）完善基础交通设施建设

建设布局协调、衔接顺畅、智能化、数字化的交通网络系统，应当是都市

圈建设的共同目标。高起点、高标准地推进城际交通、轨道交通、高速公路，对于进一步密切周边各城市与核心城市之间的联系具有重要意义。

1. 制定都市圈一体化交通发展规划

都市圈的交通规划要跳出以核心城市为重点，各自为政的交通框架。要立足城市圈一体化发展的高度，制定都市圈内部交通发展规划，做好都市圈内各城市之间交通规划的衔接，统筹都市圈内铁路、水运、公路、航空等多种运输方式的规划和衔接，实现规划标准、建设模式、完成时间、运营机制的统一。第一，在都市圈内部尝试建立区域交通综合规划协调委员会，该委员会由各城市交通主管部门组成，负责对都市圈交通网络规划和项目建设的优先次序做出决定；第二，加大对中小城市交通的投资和建设力度，有效疏散核心城市部分功能，优化城市空间布局，抑制“摊大饼”式无序蔓延，缓解城市交通拥堵，使资金、人才、信息等生产要素向沿线节点城市有效流动，从而促进各节点城市产业结构的调整和经济发展方式的转变。

2. 构建快捷高效、功能互补的立体化交通基础设施网络

世界都市圈发展的经验表明，形成合理配套、快速畅通的综合交通运输系统，是都市圈发展的纽带和高效运行的基础，尤其是不同城市之间发展以城市铁路、高速公路和支线航空为组合的立体交通网络，能够推动城市之间的相互融合、产业的合理分工和经济社会的发展（杨红新，2012）。为增强中小城市与核心城市之间的联系，需要完善城际公共交通的建设，有条件的都市圈还可以加强城际轨道和航空通道建设，并与城市公共交通之间进行无缝连接。构建核心城市与中小城市之间由国家高速公路、地方高速公路和一级公路组成的高等级公路网络，发挥高速公路灵活、方便的优势。搭建好中小城市之间的公共交通和高速交通，提升中小城市之间的交通通达性。加强基础交通建设，使中小城市的交通和都市圈的整体交通融为一体，要素可以更加便捷地流向中小城市。

3. 提升中小城市的节点交通地位

在强化核心城市综合交通枢纽的同时，要加快中小城市作为节点型综合交通枢纽的建设。要强化核心城市与中小城市之间、中小城市之间的城际交通有机衔接，不断增强各等级城市之间的关联性和互动性，形成“一主多副”的交通网络格局，增强中小城市在都市圈交通网络中的支撑作用，从而带动要素资源向中小城市集聚（中国城市经济学会中小城市经济发展委员会和《中国中小城市发展报告》编纂委员会，2015，2016）。加大中小城市内部核心交通枢纽与公共交通、私人机动车系统的无缝连接，进一步缓解中小城市交通秩序混乱、

换乘时间较长、最后一千米出行困难的问题，从根本上提高中小城市的出行效率。在这方面，成熟期都市圈已经取得了一定成效，成长期、发育期、萌芽期都市圈还有很大的提升空间。

（二）建立覆盖不同等级收入人群的住房供应体系

保障中小城市居民的住房需求，需要构建“高端靠市场、中端靠调节、低端靠保障”的多层次住房保障供给体系（辜胜阻等，2014）。一是要完善住房租赁市场建设，逐步建立“租购并举”的租房市场，提高对中低收入人群的租房补贴，满足其住房需求；二是要增加中低端市场的房屋供给，增加中小套型商品房的供应，降低“自住型”住房售价，鼓励政府和企业共同开发“共有产权住房”，满足中小城市中低收入人群的住房需求；三是要加大对城镇棚户区和城中村改造的政策支持力度，汇集政府、企业和个人的力量解决城市内部居住方式的二元结构问题；四是要多渠道扩容保障房建设资金，切实解决保障房建设中的资金短缺、效率低下问题。

有效解决新进入城市居民的居住问题。解决中小城市新进入居民住房难、生活质量低的问题，最重要的是要通过市场为主、政府为辅的方式，调控土地和住宅的价格水平，使其上涨的速度低于中小城市新进入居民收入的增长速度，调控房价收入比。政府除了对地价和房价进行控制外，对于进入城市中的少部分无力购买住宅的人群，要增加财政投入，将其纳入城市住房保障体系（包括廉租房、公租房）和援助范围。为此，一是扩大建设廉租房、公租房、安置房的供给规模；二是对于购买城市经济适用房、限价房的落户中小城市的农民工，政府应给予一定的政策优惠和财政援助，如降低首付款比例、延长还款期、契税和利率优惠等。

谨防房地产泡沫向都市圈内中小城市蔓延。都市圈内中小城市往往是都市圈的广阔腹地，也是都市圈向外扩展的重要承载地，在现阶段也是房地产泡沫蔓延的重点区域。要防止都市圈内中小城市房价过快增长，造成房价虚高、过度超前于房价与经济社会水平。现阶段，都市圈内中小城市已经存在一定的房地产库存积压。库存压力较大的城市多集中在中西部、东北及其他经济欠发达地区的中小城市，这主要与这些中小城市过度投资但人口、资源却向都市圈核心城市集聚有关（表 8-7）。而且，中小城市居住用地量的增长率远大于人口的增长率（图 8-7），通过都市圈内中小城市的房地产供给侧结构性改革，缓解库存压力，也是中小城市功能提升过程中需要特别注意的一个问题。

表 8-7　2015 年一二三线城市典型城市商铺市场平均空置率

城市类型	城市名	空置率/%	城市类型	城市名	空置率/%
一线城市	北京	5.1	二线城市	厦门	5.6
	上海	12.4		天津	7.6
	广州	8.8		沈阳	18.5
	深圳	7.2		大连	11.0
	平均	8.0		青岛	9.7
二线城市	南京	4.1		成都	8.1
	杭州	8.8		平均	21.0
	苏州	10.8	三线城市平均		28.0
	武汉	7.6			

资料来源：任泽平（2017）

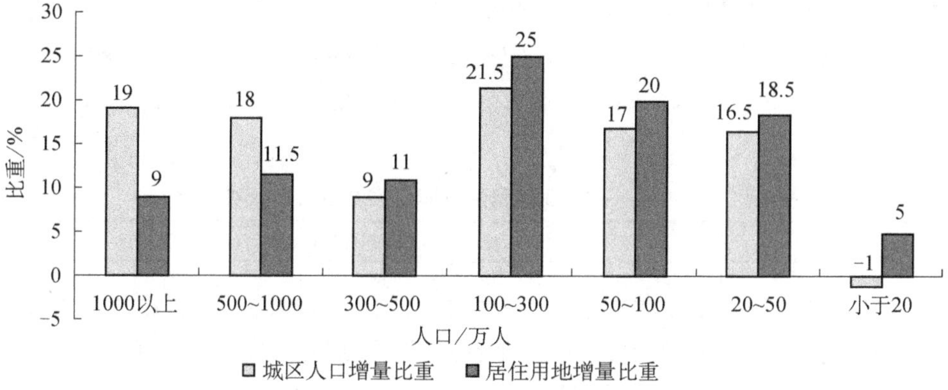

图 8-7　2006～2014 年我国不同等级城市新增人口与新增居住用地比重

资料来源：根据《中国城市建设统计年鉴》（2006～2014 年）整理计算

（三）推进医疗、教育等基本公共服务均等化

都市圈内中小城市应努力提升医疗卫生、公共教育方面的均等化程度，在广度和深度两方面做足文章。一是在广度上，以居住证为载体，为所有居民提供基本公共服务，解决暂不具备落户条件或者不愿意落户的非户籍常住人口的基本公共服务保障问题，特别是农业转移人口的公共服务均等化问题。二是在深度上，提高中小城市政府财政支出在公共服务供给方面的比例，积极发挥社会资本在城市公共服务供给方面的作用，努力提升公共服务质量和效率，缩小与核心城市公共服务供给的差距。现阶段，不论是成熟期都市圈，还是其他发展阶段的都市圈，在推进中小城市与核心城市医疗、教育均等化方面都存在较大差距，公共服务差距严重阻碍了都市圈一体化发展。京津都市圈、上海都市

圈已经逐步在探索一体化的公共服务，但成效并不显著，推进基本公共服务一体化依然任重而道远。

四、促进人口合理集聚

合理调整都市圈内核心城市与中小城市的人口关系，避免出现人口两极分化。在我国现行的体制下，人口向大城市集聚是我国城镇化的基本规律（表 8-8）。城镇化在增加社会财富的同时，也产生了比较严重的大城市“膨胀病”和中小城市、乡村的“凋敝症”，甚至导致城市马太效应。都市圈的发展离不开中小城市的支撑，主要是指都市圈的发展离不开中小城市为核心城市提供劳动力、产品、资源，也离不开中小城市为核心城市提供绿色生态的空间支撑。在国家大力实施乡村振兴战略的背景下，都市圈内中小城市合理地增强人口集聚能力，为实现乡村振兴提供了重要抓手，中小城市人口集聚功能的提升和乡村“产业兴旺、生态宜居、乡风文明、治理有效、生活富裕”目标的实现异曲同工、一脉相承。

表 8-8　1992～2010 年我国不同规模城市人口分布变化

城市人口规模/万人	城市人口比重/%					
	1992 年	1995 年	2000 年	2005 年	2009 年	2010 年
<50	15.59	13.35	10.54	6.75	5.46	5.18
50～100	28.86	25.94	26.31	21.70	20.12	20.31
100～200	30.55	35.25	32.77	28.58	28.98	28.89
200～800	25.00	21.90	20.24	31.31	33.00	33.23
>800	—	3.56	10.14	11.66	12.44	12.39

资料来源：安树伟等（2017）

都市圈内中小城市人口集聚功能的提升是以产业发展、吸纳就业、公共服务这三个城市功能为前提，这里不再赘述。下面主要从城市环境、城市品牌、农民工归属等方面进行分析。

（一）提升中小城市环境的生态宜居性

都市圈内中小城市没有核心（大）城市完善的产业基础，在产业综合竞争力方面无法和大城市相媲美，但是中小城市有较好的自然环境基础，在环境治理方面成本较低、难度较小。提升中小城市的生态环境对吸引大城市人口向中小城市的集聚具有内在吸引力。首先，将具备条件的中小城市融入都市圈内部进行“生态文明的现代化中小城市”建设，从整体布局角度，适度超前制定城市发展规划，协调好发展空间布局和景观体系，要依托自然景观设计好城市轴线，使中小城市形成城市空间、交通、景观等轮廓鲜明、错落有致的分布格局。都市圈内中小城市应有意识地避免走大城市无限扩张的发展模式，打造人与自然和谐共生的宜居城市。其次，要尊重自然，构筑和谐舒适的人居环境。在中小城市的经济社会发展中要始终坚持以人为本，做好山水文章，实现人与自然的和谐共生。在此基础上，精心打造城市景观，彰显城市形象。依据中小城市发展实际，合理确定城市边界，严格落实永久性基本农田保护和生态红线规定，合理确定不同类型的土地开发利用容积率等规范性要求，建设紧凑型城市，确保城市建设用地的高效使用。最后，重视环境保护设施建设。虽然中小城市有比大城市更优良的环境基础，但是长期以来中小城市的环境保护设施建设往往被选择性忽视。按照《国家新型城镇化规划（2014—2020年）》提出的目标，到2020年城市污水处理率达到95%、城市生活垃圾无害化处理率达到95%，中小城市在“十三五”期间必须实现污水处理设施和垃圾处理设施的全覆盖。

（二）提升中小城市特色化品牌建设能力

要认真总结城市发展的历史和经济发展阶段的特点，客观分析其在都市圈内部具有哪些资源禀赋优势，从而培育优势品牌。都市圈内中小城市特色化品牌建设的突破点是要在一定时期内，立足都市圈整体环境，找出能够推动城市发展、具有较大市场前景，并具有特色优势的“创新点”。要坚持市场化的原则，按照市场经济规律，选择有竞争优势的产业或产品项目，形成都市圈内各中小城市各具特色、互相渗透、各扬所长的特色化品牌。

（三）增强中小城市农业转移人口的归属感和获得感

中小城市的农业转移人口市民化既要经历生活空间转移、户籍身份转化和就业状态转变，还要实现价值理念、工作思维和生活习惯的转型升级。在此过程中，关键是要通过促进就业营造持续发展、共建共享的良好环境，实现社会认可和价值认同，最终真正融入城市。一是既要强化产业就业支撑，确保产业、就业与人口规模协调一致，形成有产业—有就业—有人气的良性循环，提升城镇对人口集聚的承载力和支撑产业发展的配套服务能力；二是要拓宽就业创业空间，从增强素质、促进创业等角度入手，克服农民工受教育程度较低、技能培训缺乏等问题，拓宽农民工就业渠道（孙华臣和王安，2017）。充分发挥政策设计的“助推器”和“压舱石”作用，综合运用多重激励政策，构建合理有效的农民工市民化成本分担机制，这是都市圈内中小城市提升人口集聚功能并持续发展的关键。

五、分类引导中小城市功能提升

不同发展阶段的都市圈所面临的问题各有不同，因此需要解决的矛盾存在差异，提升路径也应有所侧重。根据上面提出的“推动就业发展，扩大就业机会，提升公共服务水平，促进人口合理集聚”的具体路径，并结合各类都市圈当前的发展阶段，不同发展阶段的都市圈在路径完善方面应基于当前的发展水平，因地制宜、有所重点地推进中小城市功能提升（表 8-9）。

表 8-9　分类引导不同发展阶段的都市圈内中小城市功能提升

都市圈类型	发展特征	发展重点	提升路径的着力点
萌芽期都市圈	核心城市辐射能力弱，不同等级城市间相互孤立	增强核心城市发展水平	①促进核心城市优先增长，集中力量建设都市圈核心城市； ②逐步提高核心城市的辐射带动作用
发育期都市圈	核心城市辐射功能较弱，城市体系在形成阶段，中小城市各类功能发展水平较低	增强核心城市辐射能力，大力扩大中小城市就业机会	①增强核心城市能级； ②以新型工业化和农业现代化，扩大中小城市就业机会
成长期都市圈	核心城市开始出现集聚不经济的现象，“大城市病”问题显现，同城化开始起步，中小城市各类功能逐步提升	增强核心城市辐射能力，大力推动都市圈产业发展	①大力发展都市圈交通； ②通过产业平台和特色小镇积极承接都市圈内核心城市的制造业转移，增强产业关联度等
成熟期都市圈	核心城市具有较强的辐射带动能力，要素与产品有序流动，空间结构呈网络状，城市体系相对完善	推动都市圈公共服务一体化	①完善都市圈一体化交通设施； ②推进教育、医疗、住房体系均等化、同城化； ③建立协同治理新机制等

第九章

京津都市圈中小城市功能提升[①]

京津都市圈的范围包括北京和天津 2 个直辖市，唐山、廊坊、保定、张家口、承德、沧州和秦皇岛 7 个地级市，其中有遵化、迁安、霸州、三河、涿州、定州、安国、高碑店、泊头、任丘、黄骅和河间 12 个县级市，共 118 个县（区）。以北京和天津为中心的京津都市圈是全国综合实力最强和最具发展活力的区域之一。尽管国家一直要求控制大城市规模，但实际上大城市仍然存在过度膨胀，各种“城市病”日益突出；而对中小城市和小城镇功能的培育不足，导致中小城市和小城镇功能普遍弱化，城市建成区和镇区规模偏小、基础设施和公共服务落后、产业支撑缺乏，在京津都市圈内部就突出表现为“大城市过度膨胀、中小城市和小城镇相对衰落”并存。在当前京津都市圈膨胀的状态下，提升中小城市功能，一方面能缓解核心城市过度膨胀造成的压力；另一方面能推动中小城市自身经济的快速发展。因此，对京津都市圈中小城市的产业发展、吸纳就业、公共服务和人口集聚功能进行科学测度和分类，提出不同类型中小城市功能提升的重点，对于促进京津都市圈的健康发展，着力提高城镇化质量，治理日益严重的环境污染，促进农村转移人口市民化等具有重要的意义和价值。

关于城市规模等级的确定，国内学术界多数使用地级市市辖区和县级市全部人口来衡量，其缺陷是不能真正反映城市规模的大小。下面使用能够真正反映城市规模大小的城区常住人口（包括城区人口和城区暂住人口）来衡量城市规模等级，具体根据第二章第三节相关内容确定。城区人口和城区暂住人口数据根据历年《中国城市建设统计年鉴》整理得到。本章的中小城市包括中等城市和小城市。

---

① 本章部分内容发表于《改革与战略》2014 年第 4 期，参见闫程莉和安树伟（2014）。

第一节　中小城市在京津都市圈内的地位与作用

京津都市圈内中小城市与大城市、特大城市、超大城市相比，人口压力相对较小，是目前解决大城市空间蔓延的关键，中小城市功能提升是促进京津都市圈健康持续发展的保障。

一、中小城市在京津都市圈内的地位

2006～2016年，京津都市圈Ⅱ型小城市由9个减少到6个，Ⅰ型小城市由5个增加到6个，中等城市有3个，Ⅱ型大城市由2个增加到4个，特大城市有1个（即天津），超大城市有1个（即北京）①（表9-1）。

表9-1　2006～2016年京津都市圈不同人口规模城市数量情况（单位：个）

年份	小城市		中等城市	大城市		特大城市	超大城市
	Ⅱ型	Ⅰ型		Ⅱ型	Ⅰ型		
2006	9	5	3	2	0	1	1
2007	7	7	3	2	0	1	1
2008	7	6	4	2	0	1	1
2009	7	5	5	2	0	1	1
2010	7	5	5	2	0	1	1
2011	6	6	5	2	0	1	1
2012	6	6	5	2	0	1	1
2013	6	6	5	2	0	1	1
2014	6	6	5	2	0	1	1
2015	6	6	4	3	0	1	1
2016	6	6	3	4	0	1	1

资料来源：根据《中国城市建设统计年鉴》（2006～2016年）整理计算

截至2016年底，京津都市圈中小城市数量占城市总数的71.4%，直接影响和覆盖的行政区面积达13931km^2，占京津都市圈城市行政区面积的24.9%；总人口达1072.5万人，占京津都市圈城市总人口的24.4%。2016年，京津都市圈中小城市及其影响和覆盖的区域，非农产业增加值为5999.8亿元，占京津都市圈城市非农产业增加值总量的10.9%；地方公共财政收入达447.0亿元，占京津

① 因京津都市圈缺乏Ⅰ型大城市，本章后面不再讨论Ⅰ型大城市。

都市圈城市地方公共财政收入的 5.1%[①]。京津都市圈中小城市与大城市、特大城市和超大城市相比覆盖范围广，人口压力相对较小，城市功能较弱，是城市功能提升的关键所在。大城市功能的提升往往需要中小城市为之服务，中小城市功能的提升也有赖于大城市对其的扩散效应。因此，中小城市将成为京津都市圈提高城镇化质量，提升城市功能的主战场。

二、中小城市在京津都市圈内的作用

城市发展带动了整个经济社会发展，城市建设成为现代化建设的重要引擎。近年来，京津都市圈大城市快速发展的同时也产生了一系列问题，这些问题的解决离不开京津都市圈中小城市的发展。京津都市圈中小城市将为大城市的发展提供人口和产业的承载空间，缓解核心城市发展压力，实现京津都市圈产业结构升级。作为城市和乡村的联系环节，中小城市的发展将会促进京津都市圈城乡一体化发展，实现农村转移人口市民化，推动京津都市圈的综合经济快速发展。

（一）有利于缓解核心城市过度膨胀造成的压力

发展中小城市，提升中小城市的人口集聚功能是我国均衡城镇化战略的重要组成部分。2016 年，京津都市圈中小城市的建成区人口密度为 0.75 万人/km^2，大城市为 0.85 万人/km^2，特大城市为 0.93 万人/km^2，超大城市为 1.32 万人/km^2[②]。与大城市、特大城市和超大城市相比，中小城市人口压力相对较小，不仅可以吸纳京津都市圈过度膨胀的人口，也可以为居民提供相对较为丰富的物质供给和完善的基础设施，中小城市的居民也可以感受便捷舒适、丰富多彩的物质和文化生活。同时，由于城市规模相对较小，中小城市发展过程中的社会问题和环境问题相对简单，现代城市规划和管理的技术、方法容易应对。

（二）有利于京津都市圈实现产业结构的升级换代

首先，随着经济形势的变化，产业结构调整已经成为各地经济发展的重要任务，京津都市圈也不例外。京津都市圈内各地经济发展水平不同，产业结构层次各异。从京津都市圈内总的产业梯度来看，大城市、特大城市和超大城市

① 行政区面积：地级市为市辖区的面积，县级市为全市的面积；总人口：地级市为市辖区人口，县级市为全市人口；非农产业增加值：地级市为市辖区非农产业增加值，县级市为全市非农产业增加值；地方公共财政收入：地级市为市辖区财政收入，县级市为全市财政收入。

② 根据《中国城市建设统计年鉴 2016》整理计算。

处于高梯度地位，中小城市相对处于低梯度地位。北京的产业发展，无论是经济规模，还是产业层次，在京津都市圈乃至全国都处于领先地位。核心城市北京、天津与周边广大的腹地城市、县城和农村地区，要充分利用各自的优势，实现要素的双向流动。周边中小城市要积极地、有选择地吸收大城市向外转移的劳动密集型、资本密集型，甚至大城市不再具有优势的技术密集型产业，充分发挥中小城市劳动力、自然资源丰富的优势，根据生产要素禀赋和产业基础比较优势，走劳动密集型、资本密集型和技术密集型产业协调发展的道路，借助大城市转移过来的产业提升产业结构水平，增强产业的竞争力，实现京津都市圈产业结构转型升级。

其次，北京的城市功能疏解主要是通过产业调整推动核心城市人口分散，伴随着产业在周边区域的承接，就业人口将在周边区域逐步聚集，以产业为载体的城市规模将扩大。因此，实现北京核心城市功能的有效疏解，需从核心城市产业升级转移与周边城市产业承接建设两方面着手，鼓励就业人口从核心城市向周边城市转移。核心城市转移部分传统产业至周边城市，有利于发挥中心区域经济的辐射带动作用，带动周边城镇合作发展，推动京津冀协调发展，拓展首都经济社会发展的空间。

（三）有利于促进京津都市圈城乡融合发展

中小城市是城市与乡村联系的重要环节，是城乡统筹发展的战略支点。中小城市的发展水平和辐射能力，直接决定和制约着乡村的发展能力与发展速度。从这个意义上来说，城乡融合发展就必须重视中小城市的发展，并在增强中小城市实力的基础上，通过交通、通信等基础设施建设以及社保、医疗等公共服务均等化，提高城乡融合程度。与广州都市圈和上海都市圈相比，京津都市圈被众多欠发达的中小城市包围，加快京津都市圈中小城市的发展，有利于加快京津都市圈城乡融合发展。

（四）有利于促进京津都市圈农村转移人口市民化

推进农业转移人口市民化，是现阶段国家新型城镇化的客观要求。十八大报告明确提出，加快改革户籍制度，有序推进农业转移人口市民化，努力实现城镇基本公共服务常住人口全覆盖。2013 年中央经济工作会议又进一步提出，要把有序推进农业转移人口市民化作为重要任务抓实抓好。从人口转移角度来说，一般而言人口转移首先是迁入小城镇，然后由小城镇迁入小城市、由小城市迁入中等城市、由中等城市迁入大城市。有序推进农业转移人口市民化，需要依托大中小城市和小城镇共同吸纳转移人口。从京津都市圈来看，大城市的“城市病”日益凸显，其资源和环境承载能力有限。中小城市吸纳人口能力较强，将成为吸纳农业转移劳动力的重要载体。因此，应积极发展中小城市和小城镇，努力完善中小城市和小城镇的基本功能，加大基础设施和公共服务设施建设的投入力度，促进农民梯次转移并最终市民化。

（五）中小城市是京津都市圈经济发展的重要力量

一个大城市的发展，往往需要数个甚至更多的中小城市为之服务，京津都市圈内北京和天津周边众多的中小城市，可以作为配套基地和服务基地发挥作用，推动京津冀国民经济的发展。近年来，全国有许多中小城市抓住大城市、特大城市和超大城市产业转移的机遇，因地制宜发展，发展速度已超过全国平均水平，涌现出昆山、海城、慈溪、迁安等一批“明星”城市（中国城市经济学会中小城市经济发展委员会和《中国中小城市发展报告》编纂委员会，2013）。此外，中小城市还可以发挥“船小好调头”的优势，受经济危机冲击更小，在一定程度上可以发挥国民经济稳定器的作用。无论是从京津都市圈中小城市的数量来看，还是从中小城市所占行政区面积来看，中小城市在京津都市圈内都发挥着重要作用，中小城市将成为京津都市圈内推动经济发展的重要力量。

第二节　京津都市圈中小城市功能现状与问题

本章论述的城市功能包括产业发展、吸纳就业、公共服务和人口集聚功能。对于产业发展功能，地级市用市辖区第二、第三产业增加值来测度，县级市用全市第二、第三产业增加值来测度；对于吸纳就业功能，地级市用市辖区第二、第三产业单位从业人员来测度，县级市用全市第二、第三产业单位从业人员来测度；对于公共服务功能，地级市用市辖区地方公共财政收入、万人拥有医院（卫生院）床位数、万人拥有医生数、万人拥有普通中学学校数、普通中学师生比和小学师生比来描述现状，县级市用全市地方公共财政收入、万人拥有医院（卫生院）床位数、万人拥有医生数、万人拥有普通中学学校数、普通中学师生比和小学师生比来描述现状；对于人口集聚功能，用城区常住人口来测度。

一、中小城市功能现状

总体来说，京津都市圈内中小城市功能较弱，提升幅度缓慢。与其他规模等级的城市相比，2006～2016 年京津都市圈中小城市产业发展功能和人口集聚功能有所降低，吸纳就业功能不足，公共服务功能落后。

（一）产业发展功能降低

2006～2016 年，京津都市圈Ⅱ型小城市和中等城市的非农产业增加值占全部城市的比重分别由 7.40%和 4.44%下降到 2.37%和 3.43%，Ⅰ型小城市由 4.95%上升到 5.14%（表 9-2）；Ⅱ型小城市、Ⅰ型小城市和中等城市平均非农产业增加值年均增长率分别为 5.36%、11.74%和 10.47%，均低于特大城市和超大城市的年均增长率（表 9-3）。

表 9-2　2006～2016 年京津都市圈不同规模城市非农产业增加值及比重

年份	项目	超大城市	特大城市	Ⅱ型大城市	中等城市	小城市	
						Ⅰ型	Ⅱ型
2006	增加值/亿元	7 658.49	3 953.23	1 403.48	694.34	774.01	1 157.82
	比重/%	48.96	25.28	8.97	4.44	4.95	7.40
2007	增加值/亿元	9 125.65	4 621.37	1 567.95	819.52	1 468.08	834.31
	比重/%	49.50	25.07	8.50	4.44	7.96	4.53
2008	增加值/亿元	10 235.32	5 829.20	2 105.80	1 163.79	1 519.13	1 008.21
	比重/%	46.82	26.67	9.63	5.32	6.95	4.61
2009	增加值/亿元	11 877.42	6 954.32	2 301.67	1 537.29	1 282.66	1 012.35
	比重/%	47.57	27.86	9.22	6.16	5.14	4.05
2010	增加值/亿元	13 804.30	8 473.27	2 700.27	1 813.81	1 645.47	1 184.54
	比重/%	46.60	28.61	9.12	6.12	5.55	4.00
2011	增加值/亿元	15 905.16	10 393.12	3 315.01	2 114.05	2 384.75	920.31
	比重/%	45.40	29.67	9.46	6.03	6.81	2.63
2012	增加值/亿元	17 495.44	11 806.76	3 570.45	2 291.92	2 620.46	1 032.39
	比重/%	45.07	30.42	9.20	5.90	6.75	2.66
2013	增加值/亿元	19 080.60	13 036.12	3 092.15	2 381.42	2 839.19	1 120.68
	比重/%	45.92	31.38	7.44	5.73	6.83	2.70
2014	增加值/亿元	20 886.71	14 173.74	3 554.44	2 694.12	2 925.84	1 129.28
	比重/%	46.04	31.24	7.84	5.94	6.45	2.49
2015	增加值/亿元	22 874.20	16 328.15	4 710.78	2 180.86	2 770.01	1 170.37
	比重/%	45.72	32.63	9.41	4.36	5.54	2.34
2016	增加值/亿元	25 538.22	17 665.40	5 663.47	1 879.73	2 818.97	1 301.14
	比重/%	46.54	32.20	10.32	3.43	5.14	2.37

资料来源：根据《中国城市统计年鉴》（2007～2017 年）、《中国区域经济统计年鉴》（2007～2014 年）整理计算

表 9-3　2006～2016 年京津都市圈不同规模城市平均非农产业增加值

年份	平均非农产业增加值/亿元					
	超大城市	特大城市	II 型大城市	中等城市	小城市	
					I 型	II 型
2006	7 658.49	3 953.23	701.74	231.45	154.80	128.65
2007	9 125.65	4 621.37	783.98	273.17	209.73	119.19
2008	10 235.32	5 829.20	1 052.90	290.95	253.19	144.03
2009	11 877.42	6 954.32	1 150.83	307.46	256.53	144.62
2010	13 804.30	8 473.27	1 350.14	362.76	329.09	169.22
2011	15 905.16	10 393.12	1 657.51	422.81	397.46	153.38
2012	17 495.44	11 806.76	1 785.23	458.38	436.74	172.06
2013	19 080.60	13 036.12	1 546.07	476.28	473.20	186.78
2014	20 886.71	14 173.74	1 777.22	538.82	487.64	188.21
2015	22 874.20	16 328.15	1 570.26	545.21	461.67	195.06
2016	25 538.22	17 665.40	1 415.87	626.58	469.83	216.86
年均增长率/%	12.80	16.15	7.27	10.47	11.74	5.36

资料来源：根据《中国城市统计年鉴》（2007～2017 年）、《中国区域经济统计年鉴》（2007～2014 年）整理计算

（二）吸纳就业功能不足

由于 2013 年就业人员统计口径发生了变化，因此分别分析 2006～2012 年和 2013～2016 年京津都市圈中小城市吸纳就业功能的变化情况。2006～2012 年，京津都市圈 II 型小城市和 I 型小城市非农产业单位从业人员占全部城市非农产业单位从业人员的比重分别由 3.00%、4.36%下降到 1.45%、3.95%，中等城市由 5.61%上升到 7.26%，中小城市由 12.97%下降到 12.66%；2013～2016 年，II 型小城市、I 型小城市和中等城市非农产业单位从业人员占全部城市非农产业单位从业人员的比重分别由 9.49%、13.85%和 6.01%下降到 8.75%、13.55%和 3.43%（表 9-4）。2006～2012 年，II 型小城市、I 型小城市和中等城市平均非农产业单位从业人员年均增长率分别为 0.23%、0.92%和 1.41%，2013～2016 年，II 型小城市、I 型小城市和中等城市平均非农产业单位从业人员年均增长率分别为 −0.80%、1.15%和 0.20%，均低于同期特大城市和超大城市的年均增长率（表 9-5）。

表 9-4　2006～2016 年京津都市圈不同规模城市非农产业单位从业人员

年份	项目	超大城市	特大城市	II 型大城市	中等城市	小城市	
						I 型	II 型
2006	从业人员/万人	499.17	184.50	72.59	48.76	37.91	26.06
	比重/%	57.44	21.23	8.36	5.61	4.36	3.00

续表

年份	项目	超大城市	特大城市	II型大城市	中等城市	小城市	
						I型	II型
2007	从业人员/万人	528.25	189.56	73.43	46.81	47.24	18.23
	比重/%	58.46	20.98	8.13	5.18	5.23	2.02
2008	从业人员/万人	554.42	190.56	75.76	57.72	40.58	16.91
	比重/%	59.24	20.36	8.09	6.17	4.33	1.81
2009	从业人员/万人	601.40	191.34	78.30	71.91	26.45	17.20
	比重/%	60.96	19.39	7.94	7.29	2.68	1.74
2010	从业人员/万人	627.35	195.06	80.28	75.28	29.02	17.60
	比重/%	61.23	19.04	7.83	7.35	2.83	1.72
2011	从业人员/万人	666.86	250.34	85.18	80.38	37.54	17.58
	比重/%	58.61	22.00	7.49	7.06	3.30	1.54
2012	从业人员/万人	698.18	269.21	95.17	88.34	48.07	17.65
	比重/%	57.39	22.13	7.82	7.26	3.95	1.45
2013	从业人员/万人	721.56	270.57	97.22	92.60	213.62	146.28
	比重/%	46.80	17.55	6.30	6.01	13.85	9.49
2014	从业人员/万人	735.47	250.41	97.86	96.28	219.08	150.90
	比重/%	47.45	16.16	6.31	6.21	14.13	9.74
2015	从业人员/万人	773.45	294.25	116.02	70.90	219.77	144.46
	比重/%	47.78	18.18	7.17	4.38	13.57	8.92
2016	从业人员/万人	787.83	285.20	138.64	55.90	221.04	142.78
	比重/%	48.29	17.48	8.50	3.43	13.55	8.75

资料来源：根据《中国城市统计年鉴》（2007～2017年）整理计算

表 9-5 2006～2016 年京津都市圈不同规模城市平均非农产业单位从业人员

年份	平均非农产业单位从业人员/万人					
	超大城市	特大城市	II型大城市	中等城市	小城市	
					I型	II型
2006	499.17	184.50	36.30	16.25	7.58	2.90
2007	528.25	189.56	36.72	15.60	6.75	2.60
2008	554.42	190.56	37.88	14.43	6.76	2.42
2009	601.40	191.34	39.15	14.38	5.29	2.46
2010	627.35	195.06	40.14	15.06	5.80	2.51
2011	666.86	250.34	42.59	16.08	6.26	2.93
2012	698.18	269.21	47.59	17.67	8.01	2.94
2013	721.56	270.57	48.61	18.52	35.60	24.38
2014	735.47	250.41	48.93	19.26	36.51	25.15
2015	773.45	294.25	38.67	17.72	36.63	24.08

续表

年份	平均非农产业单位从业人员/万人					
	超大城市	特大城市	II型大城市	中等城市	小城市	
					I型	II型
2016	787.83	285.20	34.66	18.63	36.84	23.80
2006～2012年年均增长率/%	5.75	6.50	4.62	1.41	0.92	0.23
2013～2016年年均增长率/%	2.97	1.77	−10.66	0.20	1.15	−0.80

资料来源：根据《中国城市统计年鉴》（2007～2017年）整理计算

（三）公共服务功能落后

1. 人均地方公共财政收入增长速度较慢

近年来，尽管京津都市圈内中小城市的人均地方公共财政收入逐年增加，但是与其他规模等级的城市相比，增长速度仍然较慢。2006～2016年，京津都市圈II型小城市、I型小城市和中等城市人均地方公共财政收入年均增长率分别为10.43%、11.58%和13.36%，均低于超大城市和特大城市的年均增长率（表9-6）。

表9-6　2006～2016年京津都市圈不同规模城市人均地方公共财政收入

年份	人均地方公共财政收入/元					
	超大城市	特大城市	II型大城市	中等城市	小城市	
					I型	II型
2006	9 816	5 195	1 830	2 655	1 231	740
2007	12 935	6 684	2 358	3 415	1 658	572
2008	15 720	8 267	3 187	3 943	1 783	678
2009	17 091	9 949	3 384	4 198	1 614	777
2010	19 638	12 824	4 038	4 748	2 050	949
2011	24 677	17 187	5 386	5 874	2 530	1 090
2012	26 774	20 751	6 223	7 112	3 036	1 386
2013	29 117	14 789	6 661	9 482	3 244	1 563
2014	31 606	4 977	6 968	7 308	3 385	1 612
2015	35 116	25 972	5 813	9 051	3 557	1 791
2016	37 280	26 087	5 970	9 302	3 683	1 996
年均增长率/%	14.28	17.51	12.55	13.36	11.58	10.43

资料来源：根据《中国城市统计年鉴》（2007～2017年）、《中国区域经济统计年鉴》（2007～2014年）、《河北经济年鉴》（2007～2017年）整理计算

2. 学校数量和教师数量仍然偏少

随着城镇化的发展和经济水平的提高，京津都市圈内各城市根据各地的人口变化趋势，不断调整完善中小学的数量、规模和布局。2006 年以来，京津都市圈内中小城市万人拥有普通中小学数量均有所下降（表 9-7），与其他规模等级的城市相比，中小城市的中小学教师数量偏少（表 9-8）。

表 9-7　2006～2016 年京津都市圈不同规模城市万人拥有学校情况（单位：所）

年份	超大城市		特大城市		Ⅱ型大城市		中等城市		小城市			
									Ⅰ型		Ⅱ型	
	普通中学	小学	普通中学	小学	普通中学	小学	普通中学	小学	普通中学	小学	普通中学	小学
2006	0.58	1.06	0.34	0.30	0.49	1.44	0.72	1.43	0.56	2.04	0.62	2.39
2007	0.56	0.99	0.32	0.32	0.48	1.40	0.69	1.34	0.54	1.91	0.54	2.32
2008	0.54	0.96	0.55	0.89	0.45	1.34	0.62	1.34	0.53	1.90	0.49	2.08
2009	0.51	0.91	0.53	0.87	0.40	1.28	0.54	1.42	0.50	1.80	0.45	1.98
2010	0.50	0.86	0.50	0.83	0.41	1.28	0.53	1.35	0.47	1.76	0.44	1.90
2011	0.49	0.83	0.47	0.73	0.37	1.24	0.45	1.31	0.47	1.75	0.40	1.81
2012	0.48	0.82	0.46	0.69	0.37	1.14	0.43	1.24	0.43	1.67	0.37	1.85
2013	0.48	0.82	0.46	0.69	0.40	1.25	0.43	1.23	0.41	1.63	0.37	1.84
2014	0.47	0.77	0.44	0.69	0.40	1.22	0.45	1.25	0.41	1.60	0.35	1.76
2015	0.48	0.74	0.50	0.83	0.43	1.31	0.41	1.28	—	—	—	—
2016	0.47	0.72	0.49	0.82	0.43	1.33	0.37	1.31	—	—	—	—

资料来源：根据《中国城市统计年鉴》（2007～2017 年）整理计算

表 9-8　2006～2016 年京津都市圈不同规模城市普通中学师生比和小学师生比（教师为 1）

年份	超大城市		特大城市		Ⅱ型大城市		中等城市		小城市			
									Ⅰ型		Ⅱ型	
	普通中学	小学	普通中学	小学	普通中学	小学	普通中学	小学	普通中学	小学	普通中学	小学
2006	10.80	9.64	13.28	12.18	13.64	15.88	14.09	15.10	15.55	14.32	14.71	13.11
2007	11.52	13.86	12.50	12.39	13.82	16.11	14.63	15.60	13.57	14.33	14.91	12.73
2008	10.93	13.60	11.81	13.21	12.99	15.55	12.73	14.98	12.97	14.67	13.97	12.76
2009	10.43	13.28	11.29	12.94	13.21	16.15	13.50	14.87	11.83	15.52	13.18	13.27
2010	10.23	13.39	11.12	13.20	13.09	16.81	13.22	14.70	12.04	16.68	12.40	13.10
2011	8.85	15.14	10.78	13.43	12.24	17.47	13.35	15.70	11.97	18.87	12.37	14.69
2012	8.71	15.61	10.52	13.63	12.60	18.33	13.33	15.75	11.29	20.06	12.49	15.64
2013	8.46	16.44	10.45	13.92	10.73	15.82	12.35	15.80	12.23	19.24	12.00	17.47
2014	7.93	16.80	10.33	14.20	12.27	17.47	12.55	15.85	12.29	18.49	13.16	18.16
2015	7.14	16.99	10.05	14.98	11.79	16.84	13.15	17.31	12.66	19.28	12.52	18.06
2016	6.66	16.80	9.76	15.16	11.31	16.94	13.33	17.12	13.61	20.90	13.60	19.14

资料来源：根据《中国城市统计年鉴》（2007～2017 年）和《河北经济年鉴》（2007～2017 年）整理计算

3. 医疗卫生服务落后

2006～2016 年，京津都市圈内中等城市万人拥有医院（卫生院）数有所增加；2006～2012 年，Ⅱ型小城市和Ⅰ型小城市万人拥有医院（卫生院）数虽有所增加，但低于同期超大城市和特大城市的数量（表 9-9）。2006～2016 年，Ⅱ型小城市和Ⅰ型小城市万人拥有医院（卫生院）床位数低于其他等级城市，万人拥有医生数低于超大城市，中等城市万人拥有医院（卫生院）床位数和医生数较高（表 9-10 和表 9-11）。

表 9-9　2006～2016 年京津都市圈不同规模城市万人拥有医院（卫生院）数

（单位：所）

年份	超大城市	特大城市	Ⅱ型大城市	中等城市	小城市	
					Ⅰ型	Ⅱ型
2006	0.59	0.42	0.42	0.39	0.39	0.35
2007	0.58	0.34	0.41	0.65	0.48	0.38
2008	0.38	0.44	0.54	0.94	0.47	0.38
2009	0.53	0.25	0.73	0.94	0.38	0.38
2010	0.45	0.44	0.44	0.51	0.39	0.42
2011	0.46	0.47	0.44	0.50	0.43	0.39
2012	0.48	0.47	0.30	0.42	0.44	0.38
2013	0.51	0.49	0.35	0.35	—	—
2014	0.51	0.76	0.42	0.48	—	—
2015	0.52	0.64	0.49	0.67	—	—
2016	0.52	0.55	0.48	0.52	—	—

资料来源：根据《中国城市统计年鉴》（2007～2017 年）整理计算

表 9-10　2006～2016 年京津都市圈不同规模城市万人拥有医院（卫生院）床位数

（单位：张）

年份	超大城市	特大城市	Ⅱ型大城市	中等城市	小城市	
					Ⅰ型	Ⅱ型
2006	61.11	46.27	51.28	51.70	30.62	21.72
2007	68.69	49.22	55.23	65.61	33.63	18.88
2008	69.35	48.00	68.95	89.71	31.35	20.61
2009	70.82	48.00	82.22	91.40	29.49	22.98
2010	70.88	49.99	62.12	63.66	31.99	24.62
2011	70.97	49.98	67.18	70.47	35.12	25.17
2012	73.92	55.11	63.36	74.69	35.51	25.80
2013	91.07	59.26	73.37	80.92	38.57	26.82
2014	79.83	71.43	69.86	91.61	39.14	31.79
2015	77.79	60.86	57.38	96.06	46.00	33.69
2016	80.72	59.16	63.79	103.09	49.84	35.71

资料来源：根据《中国城市统计年鉴》（2007～2017 年）整理计算

表 9-11 2006～2016 年京津都市圈不同规模城市万人拥有医生数（单位：人）

年份	超大城市	特大城市	Ⅱ型大城市	中等城市	小城市	
					Ⅰ型	Ⅱ型
2006	34.92	28.40	24.07	28.43	25.28	25.21
2007	46.58	31.58	30.03	38.17	31.18	23.25
2008	49.09	28.84	29.00	54.61	29.85	23.38
2009	51.43	30.09	38.57	55.38	31.99	25.47
2010	52.68	31.68	31.21	37.84	34.75	27.96
2011	55.92	32.65	33.77	39.30	36.24	28.33
2012	65.16	33.82	30.39	40.25	37.00	28.39
2013	66.98	35.01	34.43	41.61	40.78	28.76
2014	69.04	40.03	35.26	44.67	40.98	29.42
2015	71.70	34.93	35.27	43.52	45.09	31.38
2016	65.60	34.57	30.01	53.12	58.08	41.11

资料来源：根据《中国城市统计年鉴》（2007～2017 年）整理计算

注：地级市市辖区医生数=执业医师数+执业助理医师数；县级市医生数=医院、卫生院卫生技术人员数

（四）人口集聚功能有所降低

2006～2016 年，京津都市圈Ⅱ型小城市、Ⅰ型小城市和中等城市城区常住人口占全部城市城区常住人口的比重分别由 5.06%、6.41%和 8.02%下降到 2.46%、4.69%和 4.51%；而同期Ⅱ型大城市、特大城市和超大城市城区常住人口所占比重分别由 11.19%、20.70%和 48.62%提高到 14.86%、24.50%和 48.98%（表 9-12）。超大城市和特大城市平均城区常住人口呈上升趋势，Ⅱ型大城市、中等城市和Ⅰ型小城市的平均城区常住人口呈下降趋势，Ⅱ型小城市平均城区常住人口虽然上升，但是上升幅度较小（表 9-13）。

表 9-12 2006～2016 年京津都市圈不同规模城市城区常住人口总量及比重

年份	项目	超大城市	特大城市	Ⅱ型大城市	中等城市	小城市	
						Ⅰ型	Ⅱ型
2006	数量/万人	1333.00	567.45	306.98	219.96	175.66	138.70
	比重/%	48.62	20.70	11.19	8.02	6.41	5.06
2007	数量/万人	1379.90	651.12	306.16	221.92	220.05	103.05
	比重/%	47.88	22.59	10.62	7.70	7.63	3.58
2008	数量/万人	1439.10	639.02	310.10	277.00	177.27	103.68
	比重/%	48.85	21.69	10.52	9.40	6.02	3.52
2009	数量/万人	1491.80	607.27	319.74	333.19	132.59	108.15
	比重/%	49.85	20.29	10.69	11.13	4.43	3.61
2010	数量/万人	1685.90	615.29	309.63	339.03	145.85	107.32
	比重/%	52.64	19.21	9.67	10.58	4.55	3.35

续表

年份	项目	超大城市	特大城市	Ⅱ型大城市	中等城市	小城市	
						Ⅰ型	Ⅱ型
2011	数量/万人	1740.70	615.43	312.00	347.45	167.93	90.68
	比重/%	53.16	18.80	9.53	10.61	5.13	2.77
2012	数量/万人	1783.70	649.41	318.55	349.90	162.01	91.42
	比重/%	53.17	19.36	9.49	10.43	4.83	2.72
2013	数量/万人	1825.10	663.66	320.19	345.64	165.80	90.92
	比重/%	53.50	19.45	9.39	10.13	4.86	2.67
2014	数量/万人	1859.00	786.49	323.68	351.72	168.79	92.75
	比重/%	51.89	21.95	9.04	9.82	4.71	2.59
2015	数量/万人	1877.70	875.24	463.04	258.42	182.02	94.59
	比重/%	50.06	23.33	12.35	6.89	4.85	2.52
2016	数量/万人	1879.60	940.09	570.34	172.90	179.86	94.39
	比重/%	48.98	24.50	14.86	4.51	4.69	2.46

资料来源：根据《中国城市建设统计年鉴》（2006～2016 年）整理计算

表 9-13　2006～2016 年京津都市圈不同规模城市平均城区常住人口数量

年份	平均城区常住人口/万人					
	超大城市	特大城市	Ⅱ型大城市	中等城市	小城市	
					Ⅰ型	Ⅱ型
2006	1333.00	567.45	153.49	73.32	35.13	15.41
2007	1379.90	651.12	153.08	73.97	31.44	14.72
2008	1439.10	639.02	155.05	69.25	29.55	14.81
2009	1491.80	607.27	159.87	66.64	26.52	15.45
2010	1685.90	615.29	154.82	67.81	29.17	15.33
2011	1740.70	615.43	156.00	69.49	27.99	15.11
2012	1783.70	649.41	159.28	69.98	27.00	15.24
2013	1825.10	663.66	160.10	69.13	27.63	15.15
2014	1859.00	786.49	161.84	70.34	28.13	15.46
2015	1877.70	875.24	154.35	64.61	30.34	15.77
2016	1879.60	940.09	142.59	57.63	29.98	15.73
2016 年/2006 年	1.41	1.66	0.93	0.79	0.85	1.02

资料来源：根据《中国城市建设统计年鉴》（2006～2016 年）整理计算

二、中小城市功能存在问题

我国中小城市在其发展的过程中，受限于历史、交通、地理和政治等因素，产业发展程度没有大城市成熟，多数产业总体上处于产业链中低端，在国内外的行业地位不高。同时，由于人力资源在区域内外不能充分流动等，我国中小城市发展乏力。从京津都市圈内中小城市来看，北京和天津两个城市强大的吸引力导致周边中小城市发展滞后，中小城市功能较为落后。为了说明京津都市圈中小城市功能存在的问题，选取上海都市圈和广州都市圈①做比较分析。

（一）产业发展功能落后

受自然条件和地理条件的限制，中小城市产业分布较为分散，缺乏资源消耗低、带动系数大、综合效益好的优势产业支撑，导致中小城市产业规模较小、产业类型趋同、产业竞争能力较弱，工商业发展集聚效应不明显，辐射区域和发展空间狭小，对周边地区资源和资金的吸引力较小，制约了中小城市产业结构调整和产业规模的扩大，难以促进产业集聚，优化产业布局（中国城市经济学会中小城市经济发展委员会和《中国中小城市发展报告》编纂委员会，2012）。京津都市圈产业发展的问题主要是核心城市和中小城市间产业联系不强，北京与周边中小城市基于产业链的分工合作机制并没有建立起来，产业互补型、配套化和链条化的发展步伐缓慢。

与上海都市圈和广州都市圈的中小城市相比，京津都市圈中小城市产业发展功能相对落后。2016 年，京津都市圈中小城市人均非农产业增加值与上海都市圈和广州都市圈存在明显差距，其中京津都市圈中等城市人均非农产业增加值低于上海都市圈和广州都市圈；Ⅰ型小城市人均非农产业增加值低于上海都市圈，高于广州都市圈；Ⅱ型小城市人均非农产业增加值高于广州都市圈（表 9-14）。

表 9-14　2016 年三大都市圈内中小城市人均非农产业增加值

城市类型	人均非农产业增加值/元			京津都市圈/上海都市圈	京津都市圈/广州都市圈
	京津都市圈	上海都市圈*	广州都市圈		
中等城市	93 056	198 155	114 151	0.47	0.82
Ⅰ型小城市	55 733	134 605	32 508	0.41	1.71
Ⅱ型小城市	35 677	—	34 418	—	1.04

资料来源：根据《中国城市统计年鉴》（2007～2017 年）整理计算

*上海都市圈无Ⅱ型小城市，下同

① 根据第二章第一节确定的各都市圈范围，上海都市圈包括上海，江苏的无锡、常州、苏州、南通和浙江的嘉兴，共 1 个直辖市、5 个地级市，面积为 3.87 万 km^2；广州都市圈包括广州、珠海、佛山、江门、肇庆、东莞、中山、清远和云浮，共 9 个地级市，面积为 6.84 万 km^2。

（二）吸纳就业功能不足

中小城市经济发展速度缓慢，基础设施落后，公共服务水平低，产业支撑乏力，使得中小城市就业容量有限，吸纳就业能力不足。中小城市就业结构矛盾突出，高层次、高能力、复合型人才匮乏，缺乏掌握核心技术和创新能力的科研团队与人才，同时也存在劳动者的职业技能与岗位需求不匹配现象。由于京津都市圈中小城市的高素质人才和青壮年劳动力外流规模较大以及生产技术条件落后，京津都市圈中小城市吸纳就业能力较弱。2016 年，京津都市圈中等城市非农产业单位从业人员占中小城市总人口的比重远低于上海都市圈，略低于广州都市圈；Ⅰ型小城市的比重低于上海都市圈，高于广州都市圈；Ⅱ型小城市的比重高于广州都市圈（表 9-15）。京津都市圈中等城市吸纳就业能力较弱，Ⅰ型小城市和Ⅱ型小城市吸纳就业能力虽强于广州都市圈，但与上海都市圈相比还有一定差距。

表 9-15　2016 年三大都市圈内中小城市吸纳就业功能比较

城市类型	非农产业单位从业人员/总人口/%		
	京津都市圈	上海都市圈	广州都市圈
中等城市	27.67	43.49	28.85
Ⅰ型小城市	43.70	53.65	28.29
Ⅱ型小城市	39.15	—	28.52

资料来源：根据《中国城市统计年鉴》（2007～2017 年）整理计算

（三）公共服务功能较差

目前，京津都市圈中小城市的公共服务水平普遍较低，部分城市政府对基础设施建设重视程度不高，仅以满足城市居民基本生产和生活要求，公共医疗和卫生服务水平落后，仍没有建立覆盖城乡的公共基础设施体系、公共就业服务体系、公共交通网络体系、住房保障体系等，也未建立城乡统一的义务教育、公共卫生经费保障机制，以及均等化的医疗保障、养老保障、生活保障等制度。

京津都市圈中小城市公共服务功能落后于上海都市圈和广州都市圈。2016 年，京津都市圈中等城市和Ⅰ型小城市的人均地方公共财政收入远低于上海都市圈，上海都市圈中等城市和Ⅰ型小城市的人均地方公共财政收入分别是京津都市圈的 2.4 倍和 3.3 倍。京津都市圈中等城市和Ⅱ型小城市的人均地方公共财政收入低于广州都市圈，Ⅰ型小城市高于广州都市圈（表 9-16）。从基础教育服务能力来看，京津都市圈的教师数量与上海都市圈和广州都市圈相比存在不足（表 9-17）。从医疗卫生条件来看，京津都市圈中等城市万人拥有医院（卫生院）

床位数多于上海都市圈和广州都市圈，Ⅰ型小城市万人拥有医院（卫生院）床位数少于上海都市圈，多于广州都市圈，Ⅱ型小城市万人拥有医院（卫生院）床位数少于广州都市圈；中等城市和Ⅰ型小城市万人拥有医生数在三个都市圈中最多，Ⅱ型小城市万人拥有医生数少于广州都市圈（表 9-18）。

表 9-16　2016 年三大都市圈内中小城市人均地方公共财政收入

城市类型	人均地方公共财政收入/元			京津都市圈/上海都市圈	京津都市圈/广州都市圈
	京津都市圈	上海都市圈	广州都市圈		
中等城市	9 302	22 143	9 378	0.42	0.99
Ⅰ型小城市	3 683	12 153	2 105	0.30	1.75
Ⅱ型小城市	1 996	—	2 950	—	0.68

资料来源：根据《中国城市统计年鉴》（2007～2017 年）整理计算

表 9-17　2016 年三大都市圈内中小城市普通中学师生比和小学师生比（教师为 1）

项目	城市类型	京津都市圈	上海都市圈	广州都市圈*	京津都市圈/上海都市圈	京津都市圈/广州都市圈
普通中学	中等城市	13.33	9.76	13.38	1.37	1.00
	Ⅰ型小城市	13.61	11.20	12.36	1.22	1.10
	Ⅱ型小城市	13.60	—	12.12	—	1.12
小学	中等城市	17.12	19.03	20.68	0.90	0.83
	Ⅰ型小城市	20.90	18.32	16.52	1.14	1.27
	Ⅱ型小城市	19.14	—	17.42	—	1.10

资料来源：根据《中国城市统计年鉴 2017》《河北经济年鉴 2017》《江苏统计年鉴 2017》《浙江统计年鉴 2017》整理计算

*2014 年数据

表 9-18　2016 年三大都市圈内中小城市医疗卫生服务

项目	城市类型	京津都市圈	上海都市圈	广州都市圈	京津都市圈/上海都市圈	京津都市圈/广州都市圈
万人拥有医院（卫生院）床位数/张	中等城市	103.09	82.02	63.05	1.26	1.64
	Ⅰ型小城市	49.84	63.40	31.09	0.79	1.60
	Ⅱ型小城市	35.71	—	37.83	—	0.94
万有拥有医生数/人	中等城市	53.12	42.59	33.99	1.25	1.56
	Ⅰ型小城市	58.08	51.00	36.24	1.14	1.60
	Ⅱ型小城市	41.11	—	50.86	—	0.81

资料来源：根据《中国城市统计年鉴 2017》《河北经济年鉴 2017》《江苏统计年鉴 2017》《浙江统计年鉴 2017》整理计算

（四）人口集聚功能较弱

2016 年，京津都市圈有中小城市 15 个，占京津都市圈城市数量的 71.43%，上海都市圈有中小城市 14 个，占上海都市圈城市数量的 73.68%，广州都市圈有中小城市 12 个，占广州都市圈城市数量的 70.59%（表 9-19）。从城市数量和人口集聚功能来看，京津都市圈中小城市数量比重以及中等城市和 I 型小城市的平均城区常住人口均少于上海都市圈；广州都市圈中小城市数量虽少，但除了 I 型小城市的平均城区常住人口少于京津都市圈外，其余中小城市的人口集聚功能强于京津都市圈（表 9-20）。

表 9-19　2016 年三大都市圈内中小城市数量

都市圈	中小城市/个			城市总量/个	中小城市占城市总数的比重/%
	中等城市	I 型小城市	II 型小城市		
京津都市圈	3	6	6	21	71.43
上海都市圈	2	12	0	19	73.68
广州都市圈	3	5	4	17	70.59

资料来源：《中国城市建设统计年鉴 2016》

表 9-20　2016 年三大都市圈内中小城市人口集聚功能

城市类型	平均城区常住人口/万人			京津都市圈/上海都市圈	京津都市圈/广州都市圈
	京津都市圈	上海都市圈	广州都市圈		
中等城市	57.63	72.51	75.03	0.79	0.77
I 型小城市	29.98	31.61	27.44	0.95	1.09
II 型小城市	15.73	—	16.60	—	0.95

资料来源：《中国城市建设统计年鉴 2016》

综上所述，与上海都市圈和广州都市圈相比，京津都市圈中小城市功能较为落后，受产业发展基础、行政体制等因素的影响，京津都市圈一体化没有形成良好的合作格局，取而代之的是都市圈内的无序竞争和市场壁垒，使得北京、天津与周边中小城市形成较大落差。周边中小城市的落后，也制约了京津都市圈核心城市北京和天津在城市功能上向其扩散的进程，核心城市与周边城市很难有效地衔接（冯奎和郑明媚，2013）。

三、京津都市圈中小城市功能落后的原因

无论是与京津都市圈内其他规模的城市相比，还是与上海都市圈和广州都市内的中小城市相比，京津都市圈中小城市功能都相对落后。制度障碍是造成京津都市圈中小城市功能落后的主要原因，计划经济过强使得京津都市圈市场化程度偏低，同时也造成了中小城市与核心城市在基础设施等方面存在过大差距。中小城市科技发展条件不足、劳动力素质低下等问题，也制约了中小城市的发展。

（一）计划经济色彩浓厚

中华人民共和国成立后，国家为实行重工业优先发展战略，在粮食供应、户口、福利保障、就业安排等方面区分农业人口和非农业人口，实施城市与乡村分割的二元体制，并利用城乡“剪刀差”保证加速工业化需要的原始积累。但是，直到今天，我国仍没有从根本上改变户籍、就业和社会保障等城乡不平等的政策（李培和邓慧慧，2007）。北京作为我国首都和超大城市，与江苏、浙江、广东、上海相比，市场化程度总体较低，天津的市场化程度在个别年份高于北京，河北的市场化程度远低于北京和天津（图 9-1）。京津都市圈的计划经济色彩浓厚，多年来市场化指数在全国 31 个省（自治区、直辖市）的排名几乎没有发生变化（表 9-21），由此导致京津都市圈城乡差距、二元结构极为突出。北京二元结构强度较高的主要原因在于其经济发展脱离区域经济发展基础、中央投资力度大等（崔文，1997）。京津都市圈核心城市与周边中小城市的联系极为薄弱，整个京津冀地区在城乡人力资源开发、城乡基础设施、教育发展水平等方面差距较大，北京的发展并没有带动整个京津冀地区的繁荣，中小城市普遍存在基础设施落后、经济发展缓慢等现象。

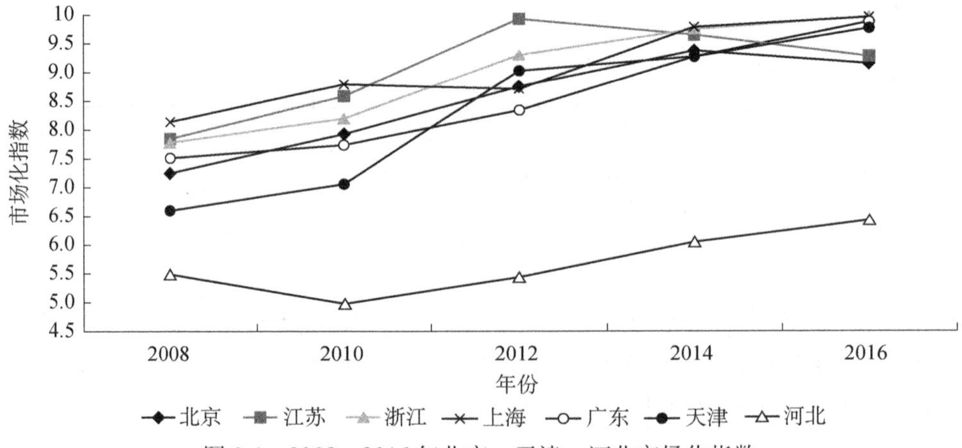

图 9-1 2008～2016 年北京、天津、河北市场化指数

资料来源：王小鲁等（2019）

表 9-21 2008～2016 年北京、天津、河北市场化指数在全国排名

地区	2008 年	2010 年	2012 年	2014 年	2016 年
北京	5	4	4	4	7
天津	8	6	3	6	4
河北	16	19	21	21	20

资料来源：王小鲁等（2019）

（二）行政区经济的影响

行政区经济是指在计划经济向市场经济的转轨过程中，由于行政区划对区域经济的刚性约束而产生的一种特殊的经济现象，以区域经济分割为根本特征，属于区域经济的一种过渡形态。乡镇经济、县域经济、市域经济、省区经济都属于这一范畴（张磊，2004）。都市圈规划一般都是跨行政区规划，都市圈内中小城市虽然在规划中隶属于一个整体发展的圈域经济中，但在我国目前情况下，中小城市更多地受制于其上级政府的行政制约。尤其是在政策方面，上级政府对其发展有着更大的影响。京津都市圈内难以实现互连互动、优势互补的原因是，以行政区域为主导模式下的区域功能相互分割，行政区划力量严重地束缚着中小城市和核心城市的自然联系。在市场体制还不是很完善，行政干预影响仍然存在的情况下，中小城市的产业结构趋同现象普遍，重复建设问题严重。同时，受发展阶段和市场经济发育不完善的限制，区域内部多数城市的发展战略和空间组织仍然仅从各自的行政范围内来考虑，缺乏区域整体性的发展理念（樊杰，2008）。传统的辖区、向心型行政管理方式和思维方式根深蒂固，缺乏本质上的区域认同，部门和地方利益在利益协调过程中的影响力依然强大，政府和微观经济主体尚未形成合力（耿云，2015），造成生产要素空间流动小型化、分散化，从而导致生产要素配置低效。

（三）城市间要素流动不畅通

京津都市圈内中小城市的健康发展离不开城市间要素的自由流动，只有这样，核心城市的辐射带动效应才能更顺畅、更快速地逐级流动到周边中小城市，企业才能找到最佳的生产区位，要素才能流动到生产效率最高的地方，进而促进整个地区的经济发展水平，提升中小城市的城市功能。但目前京津都市圈内城市间要素流动并不畅通，阻碍京津都市圈内城市间要素流动的障碍主要体现在两个方面：一是有形的空间组织，尤其是交通组织存在问题。北京作为首都，在区域交通发展中一贯强化面向全国的中心枢纽地位，铁路、高速公路均体现以北京为中心的放射式布局，而外围城市间通道联络线不足，在给北京带来沉重压力的同时，导致了京津都市圈内交通服务的不均衡，阻碍了城市之间的要素流动。同时，公路主导的区域运输模式，也难以适应京津都市圈的发展需求。二是无形的制度障碍。各地方政府往往从地方本位主义和官员政治晋升出发，采取地方保护主义，导致要素市场存在壁垒，限制了要素的自由流动。在资本要素方面，地方政府一方面会通过税收竞争吸引资本的流入，另一方面也会设定障碍限制本地资本的流出。在劳动力要素方面，地方政府会利用户籍管理、学历和职称高低、住房安置等条件制约人才的自由流动选择（陈哲，2010）。社会保障制度方面的差异在一定程度上也阻碍了劳动力资源的自由流动，其中医疗保险、养老保险、农民工社会保障的地区差异较为突出，这无疑给劳动力资源的自由流动和优化配置带来了许多隐性障碍。

（四）缺乏中间层次的城市

目前，京津都市圈的城镇体系结构失衡，城市规模等级呈“哑铃”形结构，存在超大城市过大，小城市数量过多，以及特大城市、大城市和中等城市数量过少、发展不足的问题（肖金成等，2017）。京津两极过于“肥胖”，周边城市过于“瘦弱”，城镇体系结构存在明显的“断层”，缺失具有“二传手”作用的中间城市。“哑铃”形的城市规模等级结构，使得超大城市北京和特大城市天津与下级城市的经济技术差距过大，难以把经济增长的能量通过城市体系由上向下传递到大中小城市，不仅限制了它们辐射带动大中小城市加快发展的功能发挥，也造成了经济要素进一步向它们自身的过度集聚，由此使得京津都市圈承接产业转移的能力偏弱（张晋晋和安树伟，2017）。同时，北京与周边地区经济发展水平差距过大，区域的核心-边缘二元结构突出，主城区成为孤岛，核心城市的集聚效应不能有效扩散。因此，导致一方面北京核心地区经济功能过密，大量第二产业急需外移；而另一方面城市能级落差太大，大中小城市很难接受京津地区的辐射效应，京津都市圈内中小城市功能难以提升。

（五）中小城市人口素质和科技条件的制约

中小城市一般都有丰富的劳动力资源，但是这些劳动力素质一般都比较低，在粗放式劳动密集型产业的发展过程中，这些劳动力可能会对经济发展具有重要的支撑作用。但是，随着技术的进步，资本密集程度提高，中小城市吸纳劳动力数量会逐渐减少并且速度明显减缓。中小城市就业压力大的原因主要包括：一是庞大的低素质人员在中小城市，特别是农村滞留，等待转移就业；二是中小城市需要的高、精、尖型科技人才和管理型人才缺失。第六次全国人口普查数据显示，京津都市圈中小城市万人拥有的大学专科、大学本科和研究生人数，普遍低于特大城市和超大城市（表 9-22）。

表 9-22　2010 年京津都市圈不同规模城市万人拥有各种文化程度人数情况（单位：人）

城市		小学	初中	高中	大学专科	大学本科	研究生
II 型小城市	遵化	2524.0	4914.9	1150.4	374.6	136.4	2.7
	安国	2139.8	4642.9	1081.5	237.2	76.2	2.0

续表

城市		小学	初中	高中	大学专科	大学本科	研究生
Ⅱ型小城市	高碑店	2628.3	6015.5	1217.8	380.5	126.0	6.9
	泊头	2343.5	4784.8	1094.2	268.6	60.6	1.0
	黄骅	3152.8	5236.3	1515.8	471.3	242.2	6.2
	河间	2865.4	4566.9	813.8	250.5	73.3	1.5
	霸州	3057.6	4680.1	839.2	266.0	97.2	2.1
Ⅰ型小城市	三河	2259.9	4727.6	1711.1	1147.4	1168.0	46.3
	迁安	2339.9	4349.1	1488.6	546.9	236.4	6.3
	涿州	2233.9	3994.2	1451.2	575.3	270.4	17.3
	定州	2538.9	4662.3	1000.9	270.6	90.0	3.2
	任丘	2360.8	4559.7	1028.6	447.6	248.2	10.5
中等城市	廊坊	2423.6	4483.3	1176.5	556.8	367.4	15.4
	承德	2920.3	3986.7	1205.9	473.2	218.1	6.9
	沧州	2673.7	4571.4	1017.9	362.1	130.9	4.4
	张家口	2957.9	3906.6	1347.7	463.8	207.3	5.8
	秦皇岛	2376.1	4128.8	1492.1	641.7	481.9	31.9
大城市	保定	2585.0	4601.9	1111.0	375.9	226.0	16.2
	唐山	2433.4	4301.1	1479.4	547.5	317.5	13.2
特大城市	天津	1146.6	3139.2	2254.8	961.0	930.4	93.9
超大城市	北京	995.6	3139.6	2122.0	1212.5	1585.3	352.2

资料来源：根据《中国城市统计年鉴 2011》《河北省 2010 年人口普查资料》《北京市 2010 年人口普查资料》《天津市 2010 年人口普查资料》整理计算

注：地级市和县级市均为全市数据

由技术创新梯度扩散理论可知，一般来说，中小城市处于技术创新最低能级，很难掌握最新的科学技术支撑其发展。在很长的一段时间内，这些中小城市的产业发展只能受制于技术水平高的大城市，在一定程度上阻碍了这些中小城市的快速发展（李志勇，2008）。

第三节　京津都市圈中小城市功能测度与分类

下面首先介绍相应的指标体系和评价方法并确定指标权重，其次从产业发展、吸纳就业、公共服务和人口集聚四个方面，测度京津都市圈中小城市功能，最后对中小城市进行系统聚类分析。

一、中小城市功能的测度

（一）指标体系

为了对京津都市圈中小城市功能做出定量判断，从产业发展、吸纳就业、公共服务、人口集聚四个方面对其进行测算（表 9-23）。

表 9-23 京津都市圈中小城市功能评价指标体系

一级指标	二级指标	
	指标名称	单位
产业发展	第二、第三产业增加值	万元
吸纳就业	第二、第三产业单位从业人员	人
公共服务	地方公共财政收入	万元
	万人拥有医院（卫生院）床位数	张
	万人拥有医生数	人
	普通中学师生比	—
	小学师生比	—
人口集聚	城区常住人口	万人

（二）评价方法和权重的确定

1. 评价方法

2013 年吸纳就业人员统计口径发生了变化，因此分别以 2006 年和 2013 年为基年，在 0～10 取值（基期单项指标城市功能最高的城市在该项的基期得分为 10 分，最低的城市基期得分为 0 分；但根据年度的变化，某些城市可能大于 10 或小于 0），城市功能总体评分的范围大致在 1～10（樊纲等，2003）。将各个指标得分乘以相应的权重，可以得到综合得分。

2. 各指标得分的计算

根据各指标数值高低与城市功能强弱的理论关系，可将计算指标得分的公式分为两大类：当该指标数值高低与城市功能呈正相关时，各指标的得分采用式（9-1）进行计算。

$$第\ i\ 个指标得分 = \frac{v_i - v_{\min}}{v_{\max} - v_{\min}} \times 10 \tag{9-1}$$

式中，v_i 表示某个城市第 i 个指标的原始数据；$v_{\max}$ 表示与所有城市基年第 i 个指标相对应的原始数据中数值最大的一个；$v_{\min}$ 表示与所有城市基年第 i 个指标相对应的原始数据中数值最小的一个。

当该指标数值高低与城市功能呈负相关时，该指标的得分采用式（9-2）进行计算。

$$第\ i\ 个指标得分=\frac{v_{\max}-v_i}{v_{\max}-v_{\min}}\times 10 \qquad (9\text{-}2)$$

经过上述处理，各项指标得分（包括一级指标得分、二级指标得分）均与城市功能强弱程度呈正相关，即指标得分越高，城市功能越强，指标得分越低，城市功能越弱。

为了使各城市的各项指标得分可以与以前年份相比较，从而反映各城市功能强弱变化情况，对于基期以后年份的各项指标得分，采取式（9-3）进行计算（适用于正向指标）：

$$第\ i\ 个指标\ t\ 年得分=\frac{v_i(t)-v_{\min}(0)}{v_{\max}(0)-v_{\min}(0)}\times 10 \qquad (9\text{-}3)$$

式中，t 表示所计算的年份，若 t 为 0，则表示基期年份。

对于基期以后年份的负向指标得分，采用式（9-4）进行计算：

$$第\ i\ 个指标\ t\ 年得分=\frac{v_{\max}(0)-v_i(t)}{v_{\max}(0)-v_{\min}(0)}\times 10 \qquad (9\text{-}4)$$

3. 指标权重的确定

采用层次分析法计算出评价指标体系中一级指标和二级指标的权重（表 9-24 和表 9-25）。

表 9-24　京津都市圈中小城市功能一级评价指标权重

指标	产业发展	吸纳就业	公共服务	人口集聚
权重	0.545	0.275	0.117	0.063

表 9-25　京津都市圈中小城市公共服务功能评价指标权重

指标	地方公共财政收入	万人拥有医院（卫生院）床位数	万人拥有医生数	普通中学师生比	小学师生比
权重	0.433	0.164	0.235	0.109	0.059

（三）2006～2016 年京津都市圈中小城市功能总体排序和变化

2013 年吸纳就业人员统计口径发生了变化，因此分别分析 2006～2012 年和 2013～2016 年京津都市圈中小城市功能的排序。2006～2012 年，京津都市圈中小城市功能得分排名前三位的城市秦皇岛、任丘和张家口，分别下降为第二位、第五位和第六位。而迁安则由第四位上升为第一位，迁安城市综合功能得分排序的上升主要是因为产业发展功能的提升；沧州由第五位上升为第三位，主要是因为其产业发展功能和公共服务功能共同上升。京津都市圈中小城市功能得分排序变化 3 个位次的城市有任丘、张家口、迁安和定州，其他城市的排序变化较小（表 9-26）。

表 9-26　2006～2012 年京津都市圈内中小城市功能排序及变化

城市	城市功能位次							位次变化
	2006 年	2007 年	2008 年	2009 年	2010 年	2011 年	2012 年	
秦皇岛	1	1	1	1	1	1	2	−1
任丘	2	2	3	6	6	5	5	−3
张家口	3	4	4	4	4	6	6	−3
迁安	4	3	2	2	2	2	1	+3
沧州	5	5	5	3	3	3	3	+2
廊坊	6	6	7	5	5	4	4	+2
遵化	7	7	6	7	7	7	7	0
承德	8	8	8	8	9	9	9	−1
三河	9	9	9	9	8	8	8	+1
霸州	10	10	10	10	10	10	10	0
涿州	11	11	11	11	11	11	11	0
黄骅	12	12	12	12	12	12	12	0
河间	13	13	13	13	13	13	14	−1
泊头	14	14	14	15	15	15	15	−1
高碑店	15	16	16	16	16	16	16	−1
定州	16	15	15	14	14	14	13	+3
安国	17	17	17	17	17	17	17	0

+表示位次上升，−表示位次降低

2013～2016 年，京津都市圈中小城市功能得分排序变化 3 个及以上位次的城市有廊坊、霸州和泊头，其中廊坊和泊头排序的变化主要由其产业发展功能的上升造成，霸州排序上升则由其产业发展、公共服务和人口集聚功能共同提升造成。排序变化为 2 个位次的城市主要是由于中小城市数量发生了变化，2016 年中小城市数量下降为 15 个，秦皇岛在 2015 年变为Ⅱ型大城市，张家口在 2016 年变为Ⅱ型大城市（表 9-27）。

表 9-27　2013～2016 年京津都市圈内中小城市功能排序及变化

城市	城市功能位次				位次变化
	2013 年	2014 年	2015 年	2016 年	
迁安	1	1	1	1	0
秦皇岛	2	2	—	—	—

续表

城市	城市功能位次				位次变化
	2013 年	2014 年	2015 年	2016 年	
任丘	3	3	4	4	−1
沧州	4	4	3	3	+1
遵化	5	5	8	5	0
三河	6	7	5	6	0
廊坊	7	6	2	2	+5
张家口	8	9	7	—	—
定州	9	8	6	7	+2
河间	10	10	10	9	+1
霸州	11	11	9	8	+3
涿州	12	12	11	10	+2
承德	13	13	12	11	+2
黄骅	14	14	13	13	+1
泊头	15	15	14	12	+3
高碑店	16	16	15	14	+2
安国	17	17	16	15	+2

+表示位次上升，−表示位次降低

各个城市功能强弱的变化，只有通过城市功能总体得分的变化才能更准确地反映出来。尽管京津都市圈中小城市功能排序有上升也有下降，但从总的城市功能得分来看，2006～2012 年京津都市圈中小城市平均得分由 3.52 上升到 7.72，2013～2016 年由 3.36 上升到 3.93，说明中小城市功能得到明显提高。

2006～2012 年，迁安、沧州和廊坊的城市功能综合得分提高幅度较大；城市功能提升幅度高于京津都市圈中小城市功能平均提升幅度的有迁安、沧州、廊坊、秦皇岛、三河和遵化；低于平均幅度的有张家口、霸州、承德、任丘、涿州、定州、黄骅、河间、泊头、安国和高碑店（表 9-28）。迁安和沧州城市功能综合得分的提高主要与产业发展功能得分的大幅提高有关。迁安产业发展功能的提升得益于中国首钢集团的搬迁，中国首钢集团的搬迁为迁安工业的发展提供支撑，拉动了迁安产业的整体发展水平。沧州产业发展功能的提升则与重点项目的落实有关，“十一五”期间，华北石化千万吨炼油等一批重点项目开工建设，沧州中铁二期、金牛化工离子膜烧碱等项目竣工投产，沧州产业结构不断调整优化，产业发展功能得以提升。廊坊城市功能综合得分的提升主要与其公共服务功能的发展有关，城乡基础设施建设实现突破，公共服务供给体系不断完善。

表 9-28 2006～2012 年京津都市圈内中小城市功能总体得分及变化

城市	城市功能总体得分							2012 年-2006 年
	2006 年	2007 年	2008 年	2009 年	2010 年	2011 年	2012 年	
遵化	3.92	4.71	6.12	6.40	7.58	8.01	8.74	4.82
迁安	5.76	7.44	9.01	9.83	12.69	14.60	16.45	10.69
秦皇岛	9.29	10.67	12.11	12.13	13.53	14.85	16.22	6.93
涿州	1.93	2.20	2.46	2.85	3.30	3.91	4.99	3.06
定州	1.29	1.58	1.76	1.85	2.53	3.10	3.90	2.61
安国	0.26	0.25	0.39	0.57	0.69	0.88	1.03	0.77
高碑店	1.38	1.44	1.57	1.08	1.39	1.83	2.01	0.63
张家口	6.49	6.98	7.83	8.22	8.74	9.57	10.42	3.93
承德	3.74	4.35	5.14	5.34	5.73	6.61	7.05	3.31
沧州	4.97	5.59	7.68	9.17	10.14	12.58	13.90	8.93
泊头	1.40	1.65	1.77	1.47	1.83	2.28	2.51	1.11
任丘	7.60	8.25	8.71	6.53	8.13	10.01	10.68	3.08
黄骅	1.61	1.86	2.18	2.42	2.85	3.57	4.12	2.51
河间	1.43	1.71	1.92	2.27	2.67	3.16	3.62	2.19
廊坊	4.04	4.96	5.86	7.63	8.63	10.02	11.31	7.27
霸州	1.96	2.56	3.24	3.45	3.99	5.13	5.62	3.66
三河	2.77	3.62	4.41	4.84	6.37	7.66	8.62	5.85

2013～2016 年，京津都市圈中小城市功能提升幅度变化不大，高于平均提升幅度的有廊坊和沧州；低于平均提升幅度的有涿州、定州、泊头、三河、霸州、高碑店、承德、任丘、安国和黄骅；城市功能得分降低的有河间、迁安和遵化（表 9-29）。迁安和遵化城市功能综合得分降低主要是因为产业发展功能得分的降低，这与经济宏观形势有关。随着中国首钢集团搬迁的完成，迁安产业发展面临转型，压减产能任务艰巨，同时战略性新兴产业和现代服务业尚处于起步和成长阶段，尚不能支撑经济发展，使得产业结构转型滞后。遵化产业结构性矛盾凸显，新兴产业发展缓慢，经济转型升级任务艰巨，同时财政收支矛盾突出，使得公共服务功能有所下降。河间城市功能的下降则主要是由吸纳就业功能的不足导致的。

表 9-29 2013～2016 年京津都市圈内中小城市功能总体得分及变化

城市	城市功能总体得分				2016 年-2013 年
	2013 年	2014 年	2015 年	2016 年	
遵化	4.67	4.78	4.09	4.41	−0.26
迁安	7.66	7.68	7.10	7.41	−0.25

续表

城市	城市功能总体得分				2016 年–2013 年
	2013 年	2014 年	2015 年	2016 年	
秦皇岛	5.50	6.38	7.06	7.43	1.93
涿州	2.20	2.33	2.61	2.77	0.57
定州	3.69	3.98	4.31	4.09	0.40
安国	0.13	0.15	0.30	0.35	0.22
高碑店	0.60	0.65	0.67	0.90	0.30
张家口	3.75	3.42	4.18	5.15	1.40
承德	2.13	2.20	2.26	2.42	0.29
沧州	4.83	5.16	5.35	5.83	1.00
泊头	1.68	1.75	1.79	2.06	0.38
任丘	4.95	5.18	4.97	5.24	0.29
黄骅	1.77	1.80	1.92	2.00	0.23
河间	3.07	3.14	2.72	2.84	−0.23
廊坊	3.80	4.75	5.53	6.43	2.63
霸州	2.90	2.98	3.08	3.24	0.34
三河	3.81	4.13	4.34	4.17	0.36

二、中小城市功能的分类

为进一步分析京津都市圈中小城市功能的差异和所属类别，分别选取 2006 年和 2016 年的中小城市为研究对象，利用软件 SPSS 18.0 对其进行系统聚类分析，并进行对比。

（一）2006 年京津都市圈中小城市功能分类

将 2006 年中小城市产业发展、吸纳就业、公共服务和人口集聚四个一级指标得分作为四个变量，以 17 个中小城市为对象（表 9-30），按照最远距离法，利用软件 SPSS 18.0 进行系统聚类分析（图 9-2）。

表 9-30　2006 年京津都市圈内中小城市功能的测算结果

城市	产业发展		吸纳就业		公共服务		人口集聚		综合得分	
	得分	排序	得分	排序	得分	排序	得分	排序	得分	排序
秦皇岛	9.26	2	10.00	1	7.32	1	10.00	1	9.29	1
张家口	5.19	5	8.89	2	5.26	6	9.51	2	6.49	3
沧州	4.27	6	5.55	3	6.60	3	5.40	3	4.97	5
廊坊	3.61	7	4.71	4	3.93	8	5.11	4	4.04	6

续表

城市	产业发展		吸纳就业		公共服务		人口集聚		综合得分	
	得分	排序	得分	排序	得分	排序	得分	排序	得分	排序
承德	2.57	10	4.56	5	6.91	2	4.33	5	3.74	8
任丘	10.00	1	4.54	6	5.55	5	3.93	6	7.60	2
涿州	1.89	12	1.72	7	2.70	10	1.73	7	1.93	11
定州	1.34	16	1.39	9	0.70	17	1.57	8	1.29	16
三河	3.46	8	1.08	11	4.30	7	1.31	9	2.77	9
迁安	8.23	3	1.63	8	6.42	4	1.14	10	5.76	4
泊头	1.48	15	0.94	12	2.26	12	1.05	11	1.40	14
遵化	6.24	4	0.60	15	2.58	11	0.79	12	3.92	7
霸州	2.85	9	0.43	16	2.09	14	0.72	13	1.96	10
高碑店	1.54	14	1.16	10	1.48	15	0.70	14	1.38	15
河间	2.02	11	0.69	14	0.77	16	0.68	15	1.43	13
黄骅	1.85	13	0.78	13	3.03	9	0.53	16	1.61	12
安国	0.00	17	0.00	17	2.22	13	0.00	17	0.26	17

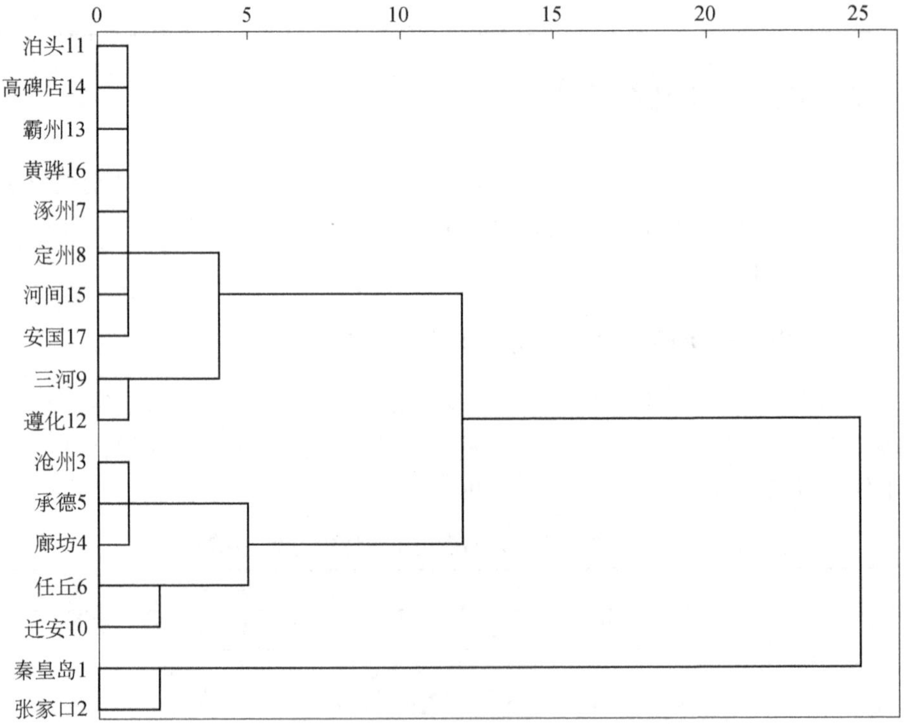

图 9-2 2006 年京津都市圈内中小城市功能聚类谱系图

纵轴数字表示样本编号；横轴数字表示各类别的相对距离

根据城市功能相对强弱的综合得分，可将2006年京津都市圈17个中小城市分为城市功能强、较强、中等、较弱、弱五大类（表9-31）。

表9-31　2006年京津都市圈内中小城市功能聚类结果

类别	城市功能强弱	城市	类规模/个
一类	强	秦皇岛、张家口	2
二类	较强	任丘、迁安	2
三类	中等	廊坊、承德、沧州	3
四类	较弱	遵化、三河	2
五类	弱	安国、河间、定州、涿州、黄骅、霸州、高碑店、泊头	8

第一类城市包括秦皇岛、张家口，是中小城市功能最为完善的城市。从各项城市功能的得分和排名不难看出，秦皇岛的吸纳就业、公共服务、人口集聚功能都领先于其他中小城市，产业发展水平也很强，排名第二位。张家口吸纳就业功能、人口集聚功能较强，产业发展功能和公共服务功能相对较弱，但是城市功能总体得分较高，排名第三位。

第二类城市包括任丘、迁安，是京津都市圈中小城市功能较强的城市。从城市功能综合得分情况来看，这类城市排名靠前，2006年任丘排名第二位，迁安排名第四位；从各项城市功能来看，任丘产业发展水平领先于其他中小城市，吸纳就业、公共服务和人口集聚功能相对较弱。迁安产业发展和公共服务功能较强，吸纳就业和人口集聚功能较弱。

第三类城市包括廊坊、承德、沧州。沧州吸纳就业、公共服务、人口集聚功能相对较强，产业发展功能相对较弱。廊坊吸纳就业和人口集聚功能相对较强，产业发展和公共服务功能相对较弱。承德公共服务功能较强，产业发展、吸纳就业和人口集聚功能较弱。

第四类城市包括遵化、三河。遵化的综合城市功能得分高于整个京津都市圈中小城市的平均得分，三河略低于整个京津都市圈中小城市的平均得分。

第五类城市包括安国、河间、定州、涿州、黄骅、霸州、高碑店、泊头。这些城市为京津都市圈城市功能较弱地区，城市规模偏小，经济发展水平落后，各类功能均较弱。

（二）2016年京津都市圈中小城市功能分类

用同样的方法，以2016年京津都市圈15个中小城市为对象（表9-32），利用SPSS 18.0进行系统聚类分析（表9-33）。

表 9-32 2016 年京津都市圈内中小城市功能的测算结果

城市	产业发展		吸纳就业		公共服务		人口集聚		综合得分	
	得分	排序	得分	排序	得分	排序	得分	排序	得分	排序
沧州	7.04	3	1.32	12	10.85	1	5.75	1	5.83	3
承德	2.52	8	0.22	14	5.46	4	5.52	2	2.42	11
廊坊	9.05	1	2.26	10	4.61	5	5.39	3	6.43	2
定州	0.93	13	11.38	1	2.01	11	3.55	4	4.09	7
任丘	5.63	4	5.21	5	4.49	7	3.33	5	5.24	4
涿州	2.11	9	3.48	8	4.49	6	2.23	6	2.77	10
迁安	9.02	2	6.24	2	5.60	3	1.97	7	7.41	1
遵化	4.43	6	5.88	3	2.32	10	1.72	8	4.41	5
三河	4.50	5	2.95	9	6.97	2	1.42	9	4.17	6
黄骅	1.72	11	1.71	11	4.41	8	1.21	10	2.00	13
河间	2.09	10	5.23	4	1.72	14	0.93	11	2.84	9
泊头	1.36	12	3.81	6	1.86	13	0.87	12	2.06	12
霸州	3.40	7	3.58	7	3.11	9	0.69	13	3.24	8
高碑店	0.64	14	1.09	13	1.90	12	0.50	14	0.90	14
安国	0.31	15	0.01	15	1.48	15	0.17	15	0.35	15

表 9-33 2016 年京津都市圈内中小城市功能聚类结果

类别	城市功能强弱	城市	类规模/个
一类	强	沧州、廊坊、迁安	3
二类	较强	任丘、遵化	2
三类	中等	定州、承德、三河	3
四类	较弱	涿州、黄骅	2
五类	弱	霸州、泊头、河间、安国、高碑店	5

（三）2006 年和 2016 年中小城市功能聚类结果比较

观察 2006 年和 2016 年中小城市功能聚类结果可以发现，不同年份城市所属类别差别不大，聚类结果的差距应该是由变量之间的某种距离（或者相似系数）决定的。总体来说，城市功能相对强弱可以区别出来，第一类城市均为所属年份城市功能较强的城市，城市功能弱的城市基本上属于第五类。2006 年城市功能等级较弱、弱的两类城市共占城市总数的 58.82%，2016 年城市功能等级较弱、弱的两类城市共占城市总数的 46.67%。虽然城市功能等级较弱、弱的两类城市的比重有所下降，但是所占比重依然偏高，京津都市圈中小城市功能总体较弱。城市功能的提升可能与其距离核心城市的远近以及其自身经济发展水平有关。

第四节　京津都市圈中小城市功能提升幅度与核心城市距离的相关性

通过对京津都市圈中小城市功能的评价与聚类分析可以发现，京津都市圈中小城市功能提升幅度与其距离核心城市北京和天津的距离有一定的相关性。下面采用 SPSS 18.0 对其相关性进行分析，2013 年以后就业人员统计指标口径发生了变化，因此分析 2006～2012 年中小城市功能提升幅度与核心城市距离的相关性。既然主要研究的是城市功能提升幅度与核心城市距离的相关性，因此必须剔除影响城市发展的特殊动力机制，即与核心城市距离无关的外在动力因素。从 2006～2012 年京津都市圈 17 个中小城市来看，迁安、高碑店和秦皇岛三个城市的发展比较特殊。迁安城市功能较强更多是得益于中国首钢集团的搬迁。高碑店虽然与北京的距离较近，但是城市功能较弱，是由于核心城市对其的极化效应大于扩散效应。秦皇岛是我国北方重要的对外贸易口岸，全国 14 个沿海开放城市之一，优越的地理位置使其城市功能较强。

选取 2006～2012 年京津都市圈中小城市功能得分的提升幅度以及与核心城市的距离[①]做相关性分析，城市功能仍采用本章第三节计算的结果，京津都市圈中小城市到核心城市的距离均采用高速公路里程计算（对于不通高速公路的城市，则以省道或国道计算，省道或国道均按 2∶1 折算成高速公路里程，即 1km 省道或国道相当于 2km 高速公路）。高速公路里程数据来自《中国高速公路及城乡公路网地图集》，主要通过测量计算求得（表 9-34）。

表 9-34　京津都市圈内中小城市距离核心城市的高速公路里程

城市	与天津的距离/km	城市	与北京的距离/km
霸州	75.6	安国	273.0
泊头	162.8	高碑店	70.6
河间	281.3	涿州	50.4
黄骅	90.7	定州	222.6
任丘	224.3	三河	55.4
遵化	143.0	承德	252.0

① 这里“核心城市”是指北京和天津，距离主要采用到北京和天津两个城市较近的距离。

续表

城市	与天津的距离/km	城市	与北京的距离/km
迁安	212.2	廊坊	83.0
沧州	139.0	张家口	225.0
秦皇岛	297.0		

注：距离=两城市间的直线距离×曲线系数（1.2）

在此，主要选取 14 个中小城市（除迁安、高碑店和秦皇岛）做相关性分析，观察 SPSS 18.0 绘出的城市功能提升幅度与核心城市距离的散点图，可以看到这两个变量呈线性负相关，城市功能提升幅度越大的城市，与核心城市的距离较近，城市功能提升幅度越小的城市，与核心城市的距离较远（图 9-3）。

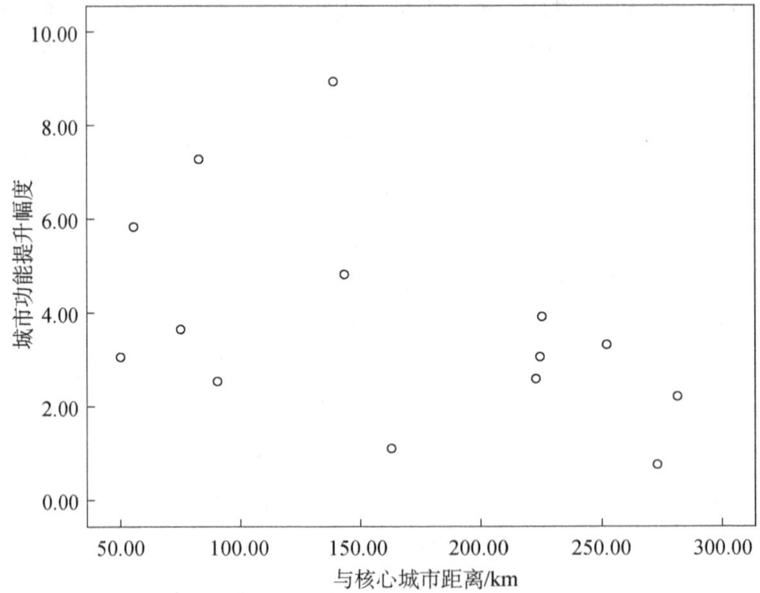

图 9-3　2006～2012 年城市功能提升幅度和与核心城市距离的散点图

SPSS 18.0 的运行结果如表 9-35 所示。

表 9-35　2006～2012 年京津都市圈内中小城市功能提升幅度和与核心城市距离描述统计

变量	均值	标准差
城市功能提升幅度	3.79	2.27
与核心城市距离	162.73	83.04

从表 9-36 可以看出，显著性检验的 P 值为 0.098，表示在显著性水平为 0.1 时，中小城市功能提升幅度与其距核心城市的距离显著相关；中小城市功能提

升幅度与其到核心城市的距离的相关系数为-0.460，表示两者呈负相关。京津都市圈中小城市功能提升幅度和与核心城市距离呈负相关，表明京津都市圈中小城市功能的提升幅度依赖于核心城市对其的扩散效应。

表 9-36　2006～2012 年京津都市圈内中小城市功能提升幅度和与核心城市距离相关性

项目		城市功能提升幅度	与核心城市距离
城市功能提升幅度	Pearson 相关性	1	-0.460
	显著性（双侧）	—	0.098
	N	14	14
与核心城市距离	Pearson 相关性	-0.460	1
	显著性（双侧）	0.098	—
	N	14	14

第五节　京津都市圈中小城市功能提升重点

京津都市圈不同类别的中小城市功能提升的重点不同，应该区别对待，分类提升。根据 2016 年京津都市圈中小城市功能系统聚类分析的结果，对不同类别中小城市功能提升进行分析。

一、城市功能强的城市

根据聚类分析结果，2016 年属于此类的城市包括沧州、廊坊和迁安。这类城市是京津都市圈中小城市中城市综合功能强的城市，其功能提升的重点在于增强补弱，即继续加强发展较好的功能，大力提升发展较弱的功能，同时加强与大城市、特大城市和超大城市之间各方面的联系，依托这些城市的辐射带动作用提升自身的城市功能。

迁安是京津都市圈中小城市城市功能最为完善的城市，但是从城市功能自身角度来分析，相比产业发展、吸纳就业和公共服务功能，人口集聚功能较弱。因此，迁安未来应在加强产业发展、吸纳就业和公共服务功能的基础上，大力提升人口集聚功能。应调整产业结构，推进传统产业优质化、高端化发展，重点是调整钢铁产业结构，延伸产业链、提升价值链，让迁安钢铁焕发新的生机活力。培育战略性新兴产业，提升现代服务业，以更高质量的产业来加强城市产业发展功能，吸纳更多就业人口。提高城市管理水平，优化营商环境，加强基础设施建设，提高公共服务供给能力，以适宜的城市居住环境吸引人口[①]，提升人口集聚功能。沧州和廊坊的吸纳就业功能与其他城市功能相比较弱，因此要重点提升其吸纳就业功能。未来，应推进体制创新，消除城镇化进程中人口就业的体制障碍。加快完善户籍制度改革，不断提高非户籍人口城镇化率，对于非户籍人口要给予城镇公共服务方面的待遇，提高城市吸纳就业能力。此外，对于廊坊而言，未来还应加强与北京和天津的联系，积极构建产业承接平台，深化与京津在重点领域的对接合作，充分利用北京和天津的优势资源，以此提升自身城市功能。

二、城市功能较强的城市

根据聚类分析结果，2016 年属于此类的城市包括任丘和遵化，在京津都市圈中小城市中这类城市的城市综合功能较强。从四大城市功能来看，这类城市的共同点是人口集聚和公共服务功能较差，其中公共服务功能最差，公共服务功能的不足是导致人口集聚功能较差的主要原因。因此，城市功能提升的重点在于完善公共服务功能，包括医疗、卫生服务条件和设备的改进，教育设施的完善，以及师资质量的提高等。在提高公共服务功能的基础上，进一步加快户籍制度改革，消除体制机制障碍，提高人口集聚能力。

任丘未来主要是提高公共服务供给质量，应深化公立医院改革，提高医院的开放水平，加强与高水平医院的交流合作，组织培训，提高现有医护人员的专业技术水平，构建合理的医院人才引进机制，投资先进医疗设备，全面提高医疗服务水平。加大教育基础设施建设力度，提高教育办学水平。加强公共文化基础设施建设，如图书馆、博物馆等的设计建设，丰富人民生活，提高公共服务供给能力[②]。遵化要加大公共服务供给量，在此基础上优化公共服务质量。在医疗服务方面，发挥遵化市人民医院提升整体医疗水平的龙头带动作用，加强遵化市人民医院与基层医院的互动交流，畅通就医绿色通道的主渠道作用，提供更加便捷、更高质量的医疗服务。大力发展教育，加快完善薄弱学校办学条件，提供教师培训机会，提高教师教学能力，同时加强学校管理水平。从医疗服务和教育两方面优化公共服务供给，提高公共服务能力[③]。

---

① 2018 年迁安市《政府工作报告》，http://www.qianan.gov.cn/article/66/29451.html［2020-02-12］.

② 《任丘市国民经济和社会发展第十三个五年规划纲要》。

③ 2018 年遵化市《政府工作报告》，http://zunhua.tangshan.gov.cn/zunhua/zunhuazhengfubaogao/20180419/586517.html［2020-02-12］.

三、城市功能中等的城市

根据聚类分析结果，2016年属于此类的城市包括定州、承德和三河，综合城市功能在京津都市圈中小城市中位于中等水平。从四大城市功能来看，城市产业发展功能较差，从而导致其他城市功能发展不足。因此，这类城市的功能提升重点在于提高产业发展功能，以专业化、特色化的方式发展产业，提高城市经济发展水平，以产业发展带动其他城市功能发展。

定州应在已有产业发展的基础上，积极培育先进制造业集群，依据现有企业的规模、层次、科技水平和资产等情况，选择优质企业集中培植，培育发展龙头企业。大力发展高端装备制造、新能源、节能环保等战略性新兴产业，提升电子信息、新材料等优势新兴产业发展。增强产业发展中的科技创新支撑力，加强与高校之间的合作，推动技术研发和成果转化，为产业发展增添动力①。在发展产业的同时，还应关注基础设施建设和公共服务供给，以产业为支撑，提高公共服务供给能力。承德应推动传统产业向中高端转型，传统工业向数字化、网络化、智能化和绿色化转变，延伸已有产业链，提高市场占有率。围绕建设京津冀大数据综合试验区和国家绿色大数据中心，完善大数据基础设施，发展大数据产业。依托本地丰富的旅游资源，加快文化旅游产业升级，强化旅游服务业的发展，从而吸纳更多的就业人口②。三河应抓住北京建设城市副中心和疏解非首都功能的机遇，推进高端要素集聚。积极组织成立各类科技和产业机构，重点发展国家级实验室和科研机构，大力发展中小企业产业园、孵化器和众创空间，为吸引高端产业和人才、承载更多先进科技成果转化，提供平台和载体保障，在提高产业发展功能的同时，提升吸纳就业和人口集聚功能。

四、城市功能较弱的城市

根据聚类分析结果，2016年属于此类的城市包括涿州和黄骅，在京津都市圈中小城市中属于城市综合功能较弱的城市，共同点是产业发展和吸纳就业功能较弱，吸纳就业功能的提升主要依靠产业发展实现，因此这类城市的重点是发展第二、第三产业，不断提高吸纳就业能力。

涿州应利用区位优势，以京津冀协同发展为契机，精准承接北京非首都功能疏解和转移，明确承接方向重点，打造承接平台载体。大力发展文化旅游产

① 2018年定州市《政府工作报告》，http://www.dzs.gov.cn/zfwz/Info/580023687.htm［2020-02-12］.

② 2018年承德市《政府工作报告》，http://www.chengde.gov.cn/art/2018/2/12/art_360_58464.html［2020-02-12］.

业，挖掘利用历史文化资源，发展“旅游+文化”旅游、“旅游+农业”旅游、“旅游+互联网”等新兴业态①，做强现代服务业，充分吸纳就业人口，提升城市吸纳就业功能。黄骅应发挥壮大临港产业，加快构建集装备制造、石油化工、现代渔业、旅游观光为一体的现代临港产业体系，突出沿海经济发展。发展滨海旅游业，积极推进健康养生项目。加快北京高新技术企业转移园、京津装备制造转移园建设，深化与京津在人才和科技领域的合作②。以产业发展为基础，吸纳更多就业人员，在提升吸纳就业功能的同时，加强人口集聚功能。

五、城市功能弱的城市

根据聚类分析结果，2016年属于此类的城市包括霸州、泊头、河间、安国和高碑店，这类城市的综合功能在京津都市圈中是最弱的。从四大城市功能来看，各项功能均较弱。由于自身发展条件不足，基础较差，大城市对其辐射能力有限，因此该类城市功能提升的重点在于完善自身各方面的发展条件。

应加强基础设施建设，构建产业发展平台，畅通与其他城市之间要素流动的渠道，加大与周边城市的联系，形成产业间的合理分工，推进产业专业化、集群化发展，发展区域性的特色产业集群，突出产业集聚和其他城市功能间的良性互动，通过产业集聚促进吸纳就业功能，进一步促进人口集聚。一方面，创新城市发展的筹融资模式，为城市公共服务水平提升和基础设施完善提供资金支持；另一方面，完善城市保障房制度，引导人口向中小城市适度集中与回流（辜胜阻和郑超，2013）。

第六节　京津都市圈中小城市功能提升对策

京津都市圈中小城市的城市功能虽有所提升，但整体水平依旧较低，不足以支撑京津都市圈未来持续健康地发展。因此，京津都市圈未来的发展应以区域现有条件为基础，多角度、多方位地提升中小城市的城市功能。

① 2017年涿州市《政府工作报告》，http://www.zhuozhou.gov.cn/zzgx/zzgxportal/contentquery.jsp?sid=1489452582651 [2020-02-12].

② 2018年黄骅市《政府工作报告》，http://www.huanghua.gov.cn/html/2018/0207/1759410270.htm [2020-02-12].

一、发展一定数量的大城市，扩大京津都市圈县级市的面积

京津都市圈内大城市数量偏少，使得区域发展过程中缺乏中间层次的城市，不能很好地承接超大城市和特大城市的功能疏解，在功能传递过程中存在明显的“断层”现象。京津都市圈县级市平均面积偏小，2016 年平均面积为 1016.9km^2，分别相当于江苏的 72.2%、浙江的 63.1%、广东的 42.8%。县级市面积偏小是京津都市圈中小城市规模难以扩大、功能难以提升的重要原因。因此，从提高中小城市功能的角度，应该发展一定数量的大城市，强化区域内功能的有序传递；扩大京津都市圈县级市的面积，把县级市周边的县划入县级市，以扩大县级市的腹地范围。

二、畅通城市间要素流通渠道，促进北京、天津生产要素向河北流动

破除有形的交通组织障碍，促进河北与京津交通一体化，提升京津都市圈区域一体化运输服务水平，促进各种运输方式之间的衔接与合作，建设区域协同联动监管体系，提升智能化服务和管理水平，推动安全绿色可持续的交通发展。不断深化体制机制改革，打破无形的制度障碍，深入推进简政放权、放管结合，优化服务改革，提高服务效率，推动相关行政许可跨区域互认，做好转移企业工商登记协调衔接，加快建立区域统一的要素市场体系，促进资金、人才、技术、产权高效流动。

三、推动中小城市的产业专业化、集群化发展

京津都市圈中小城市要有效利用大城市产业转移的机遇，做好承接产业转移的工作。首先，要充分发挥中小城市的区位、资源、产业基础等优势条件，吸引专业技术人才、资金等产业集聚要素，发展区域性的特色产业集群。其次，要依托市区，打造“增长极”，改变各地区竞相发展、“遍地开花”导致产业过度分散的现状。围绕地区优势产业和“龙头企业”，搭建工业园区，引导产业向工业区集中，实现中小城市集群化发展。最后，要利用好大城市产业转移的重大机遇，中小城市要立足自身发展特点，合理承接核心城市的转移产业，对承接产业进行合理选择，避免产业趋同化竞争，同时既要注重数量，又要注重质量，着眼技术进步和产业升级，防止淘汰的、污染严重的项目和企业转移到中小城市（辜胜阻和郑超，2013）。

四、强化中小城市基础设施和公共服务供给

一要加大对中小城市与小城镇基础设施和公共服务供给的财政支持力度，推动基础设施和公共服务在不同城区之间、城市与城市之间均等化。二要提升中小城市基础设施和公共服务的规划水平。在基础设施规划编制过程中，要加强城市规划部门与基础设施管理部门的合作，由职能专业部门提出初步方案，然后经城市规划部门总体平衡，形成具有更好引导和实施性的规划成果（张志耀，2012）。三要加强城市基础设施和公共服务供给建设的管理体制，建管结合。严格按照规划依据进行，杜绝形象工程、面子工程。基础设施和公共服务工程建成之后，加强对其养护和运行的管理（中国城市经济学会中小城市经济发展委员会和《中国中小城市发展报告》编纂委员会，2013）。

五、创新中小城市土地管理制度，完善投融资机制

创新改革思路，盘活土地资源，实行户籍土地制度的联动改革。探索农村土地流转的管理办法，按照依法、自愿、有偿的原则，继续保留进城农民宅基地使用权、土地承包经营权。加强土地的整理工作，创新土地的整理复垦开发模式。对于外来人口较多的城市，可以帮助其解决户籍等相关福利问题，让外来人口能够拥有住房，但他们在原籍的土地则由国家有偿收回。同时，中央也要根据收回的土地指标，给解决农民户籍的城市一定建设用地指标（曾文鸿，2013）。完善投融资机制，建立多元化资金供给模式，引导和鼓励民间资金进入经营性基础设施领域；推进公共服务和公共产品提供方式的社会化与市场化，发挥市场在资源配置中的决定性作用。

第十章

武汉都市圈中小城市功能提升

武汉都市圈以特大城市武汉为核心，包括周边的黄石、鄂州、黄冈、孝感、咸宁 5 个地级市，仙桃、天门、潜江 3 个省辖县级市，大冶、应城、汉川、安陆、赤壁、麻城、武穴 7 个县级市。黄石为武汉都市圈副中心城市。目前，武汉都市圈一小时交通网格局已经形成。2006～2016 年，武汉都市圈的城市规模等级体系变化不大（表 10-1），存在“以特大城市为中心、小城市为主体”的两极分化格局（表 10-2）。武汉都市圈地处长江中游，核心城市武汉有“九省通衢”之称，是湖北产业和经济实力最集中的核心区，在长江经济带战略和“一带一路”建设中具有重要地位。本章对武汉都市圈的产业发展、就业吸纳、公共服务、人口集聚功能进行科学的测度和分类，并对发挥武汉核心城市的带动作用、完善城市体系等级规模结构进行研究，这对提升武汉都市圈的竞争力和拉动湖北及长江中游地区社会经济发展具有重要意义。

表 10-1　2006～2016 年武汉都市圈不同人口规模城市数量情况（单位：个）

年份	小城市		中等城市	Ⅰ型大城市	特大城市	合计
	Ⅱ型	Ⅰ型				
2006	2	12	1	1	0	16
2007	2	12	1	—	1	16
2008	2	12	1	—	1	16
2009	2	12	1	—	1	16
2010	2	12	1	—	1	16
2011	2	12	1	—	1	16
2012	2	12	1	—	1	16
2013	2	12	1	—	1	16
2014	2	12	1	—	1	16

续表

年份	小城市		中等城市	Ⅰ型大城市	特大城市	合计
	Ⅱ型	Ⅰ型				
2015	2	11	2	—	1	16
2016	2	11	2	—	1	16

资料来源：《中国城市建设统计年鉴》（2006～2016 年）

注：无Ⅱ型大城市

表 10-2 2016 年武汉都市圈城市规模结构体系

类型	城市规模等级/万人	城市
特大城市	500～1000	武汉
中等城市	50～100	黄石、孝感
Ⅰ型小城市	20～50	咸宁、武穴、麻城、潜江、天门、黄冈、汉川、赤壁、仙桃、鄂州、大冶
Ⅱ型小城市	<20	应城、安陆

资料来源：《中国城市建设统计年鉴 2016》

注：人口规模为建成区人口数

第一节 武汉都市圈中小城市功能现状与提升障碍

都市圈不同等级城市的城市功能主要包括产业发展、吸纳就业、公共服务和人口集聚功能，本节通过测度武汉都市圈不同等级城市的主要功能，判断武汉都市圈的中小城市发展水平以及目前存在的主要障碍，为武汉都市圈的中小城市功能提升提供研究依据。

一、武汉都市圈中小城市功能现状

（一）产业发展功能

产业发展功能用产业结构高级化程度和非农产业增加值来衡量，是一个城市各项功能中的核心指标。产业发展是一个城市的经济基础，只有产业结构合理，产业发展带动能力强，吸纳就业功能和公共服务功能才能提升。

1. 中小城市以第二产业为主，第三产业功能较弱

产业结构高级化是指国民经济的产业结构由以劳动密集型产业为主的低级结构，向以知识、技术密集型产业为主的高级结构调整和转变的过程。此处借用产业结构高级化来说明城市的产业发展状况，主要通过第三产业增加值和第

二产业增加值的比值来衡量。该比值越大，产业结构高级化程度越强。从整体上来看，武汉都市圈产业结构仍处在转型过程中，第二产业比重相对较高。2006～2007 年，第三产业增加值的规模略超过第二产业，其高级化指数大于 1；2008～2016 年，第三产业增加值的规模小于第二产业，说明第二产业仍是经济增长的主要推动力。2006～2016 年，武汉、安陆、麻城三个城市产业结构高级化程度的平均值大于 1，其中武汉的产业结构高级化程度最高，而且一直呈上升趋势，说明武汉的产业结构日趋合理。总体来看，整个武汉都市圈产业结构呈现特大城市相对合理，但中小城市经济发展主要靠第二产业带动的格局（表 10-3）。

表 10-3　2006～2016 年武汉都市圈各城市产业结构高级化程度（第二产业=1）

城市	2006年	2007年	2008年	2009年	2010年	2011年	2012年	2013年	2014年	2015年	2016年	平均值
安陆	1.75	1.59	1.47	1.29	1.13	0.93	0.91	0.91	0.95	0.94	0.96	1.17
武汉	1.12	1.15	1.17	1.15	1.11	1.16	1.15	1.14	1.21	1.12	1.20	1.15
麻城	2.01	1.80	1.36	1.06	0.99	0.73	0.71	0.77	0.79	0.87	0.93	1.09
黄冈	1.05	0.91	0.76	0.78	0.88	0.73	0.87	0.91	0.93	0.96	1.03	0.89
孝感	1.04	0.89	0.91	0.89	0.74	0.91	0.89	0.94	0.90	0.70	0.71	0.87
咸宁	0.84	0.67	0.96	0.97	0.73	0.65	0.66	0.62	0.59	0.70	0.75	0.74
赤壁	0.62	0.61	0.62	0.65	0.70	0.73	0.74	0.80	0.81	0.85	0.96	0.74
武穴	0.86	0.81	0.67	0.72	0.66	0.57	0.55	0.57	0.58	0.62	1.08	0.70
天门	1.05	0.98	0.90	0.62	0.62	0.55	0.53	0.54	0.56	0.64	0.66	0.70
仙桃	0.76	0.75	0.74	0.74	0.72	0.62	0.59	0.59	0.59	0.60	0.63	0.67
黄石	0.79	0.81	0.77	0.63	0.61	0.45	0.51	0.53	0.59	0.65	0.65	0.64
潜江	0.74	0.75	0.56	0.59	0.59	0.48	0.47	0.47	0.49	0.71	0.71	0.60
应城	0.94	0.91	0.81	0.58	0.52	0.44	0.43	0.43	0.46	0.47	0.49	0.59
鄂州	0.69	0.63	0.54	0.56	0.49	0.48	0.46	0.47	0.49	0.53	0.61	0.54
汉川	0.61	0.60	0.60	0.54	0.49	0.44	0.40	0.42	0.43	0.44	0.47	0.49
大冶	0.66	0.64	0.64	0.60	0.50	0.43	0.37	0.32	0.34	0.40	0.38	0.48
特大城市	—	1.15	1.17	1.15	1.11	1.16	1.15	1.14	1.21	1.12	1.20	1.16
大城市	1.12	—	—	—	—	—	—	—	—	—	—	—
中等城市	0.79	0.81	0.77	0.63	0.61	0.45	0.51	0.53	0.59	0.67	0.68	0.64
I 型小城市	0.80	0.75	0.70	0.67	0.68	0.56	0.54	0.55	0.55	0.68	0.73	0.66
II 型小城市	1.22	1.14	1.03	0.83	0.74	0.61	0.60	0.59	0.62	0.64	0.66	0.79
武汉都市圈	1.00	1.01	0.99	0.96	0.90	0.88	0.87	0.87	0.92	0.90	0.96	0.93

资料来源：根据《中国城市统计年鉴》(2007～2017 年)、《中国城市建设统计年鉴》(2006～2016 年) 整理计算

2. 中小城市非农产业增加值稳步上升，但在武汉都市圈地位基本没变

非农产业增加值从侧面反映了城市经济集聚和产业发展水平。2006～2016 年，武汉都市圈II型小城市非农产业增加值由 75 亿元提高到 363 亿元，年均增

长率为 17.1%；I 型小城市非农产业增加值由 940 亿元提高到 4219 亿元，年均增长率为 16.2%；中等城市非农产业增加值由 213 亿元提高到 868 亿元，年均增长率为 15.1%。2006～2016 年，特大城市非农产业增加值由 2212 亿元提高到 9607 亿元，年均增长率为 15.8%（表 10-4）。2006～2016 年，武汉都市圈中小城市非农产业增加值占武汉都市圈城市非农产业增加值[①]的比重由 35.7%提高到 36.2%，10 年来中小城市产业发展功能在武汉都市圈的地位基本没有变化。这表明，一方面核心城市武汉在武汉都市圈占有绝对优势地位，另一方面武汉都市圈中小城市尤其是中等城市发展不充分，需要将发展条件优越的中等城市尽快培育成为大城市。

表 10-4 2006～2016 年武汉都市圈内中小城市的非农产业增加值

城市	非农产业增加值/亿元											年均增长率/%
	2006 年	2007 年	2008 年	2009 年	2010 年	2011 年	2012 年	2013 年	2014 年	2015 年	2016 年	
武汉	2212	2682	3364	3861	4528	5499	6398	7228	8070	8779	9607	15.8
黄石	213	252	288	301	350	501	513	556	586	575	612	11.1
鄂州	143	177	228	280	344	430	491	552	605	645	701	17.2
仙桃	127	150	189	214	237	313	371	426	470	511	560	16.0
潜江	98	123	176	193	242	323	381	428	473	488	530	18.4
汉川	81	93	113	132	162	223	240	294	333	360	392	17.1
大冶	102	123	151	150	226	300	371	413	455	460	489	17.0
孝感	70	81	102	124	136	150	173	197	221	238	256	13.8
黄冈	44	51	66	72	87	101	128	144	160	174	188	15.6
咸宁	53	69	85	94	116	138	160	183	198	214	230	15.8
天门	92	111	140	139	164	211	252	292	327	363	397	15.7
赤壁	59	69	85	92	113	161	211	243	274	296	313	18.2
武穴	38	45	62	72	89	115	135	153	173	191	208	18.5
麻城	33	39	51	63	78	112	132	155	175	194	212	20.4
安陆	32	37	47	54	69	82	95	112	126	137	150	16.7
应城	43	52	68	69	88	118	139	163	181	197	213	17.4
特大城市	—	2682	3364	3861	4528	5499	6398	7228	8070	8779	9607	15.2
I 型大城市	2212	—	—	—	—	—	—	—	—	—	—	—
中等城市	213	252	288	301	350	501	513	556	586	813	868	15.1

① 地级市市辖区非农产业增加值和县级市非农产业增加值之和。

续表

城市	非农产业增加值/亿元											年均增长率/%
	2006年	2007年	2008年	2009年	2010年	2011年	2012年	2013年	2014年	2015年	2016年	
Ⅰ型小城市	940	1132	1448	1625	1996	2577	3046	3480	3865	3896	4219	16.2
Ⅱ型小城市	75	89	115	123	157	200	234	275	307	334	363	17.1
中小城市	1227	1473	1851	2050	2502	3278	3793	4311	4758	5043	5450	16.1

资料来源：根据《中国城市统计年鉴》（2007～2017年）、《中国城市建设统计年鉴》（2007～2017年）整理计算

作为资源节约型和环境友好型社会建设综合配套改革试验区，武汉城市圈①以核心城市武汉作为研发中心、周边城市作为生产基地的格局已经初步形成。在武汉的辐射带动下，黄冈、孝感、潜江等城市在汽车、纺织、化工、临空经济等方面实现了有序转移，武汉城市圈各个城市的金融、房地产、物流等现代服务业迅速发展（邓宏兵等，2018）。

（二）吸纳就业功能

吸纳就业功能由非农产业单位从业人员以及第三产业与第二产业单位从业人员之比来衡量。

1. 中小城市非农产业单位从业人员增长率差别较大

2006～2012年，武汉都市圈各城市的非农产业单位从业人员吸纳就业能力总体上不断增强，但各市之间存在较大差异。平均非农产业单位从业人员较大的五个城市分别为武汉、黄石、鄂州、仙桃、潜江，同时小城市的平均非农产业单位从业人员增长较快，但是武穴、赤壁、安陆、麻城等小城市吸纳就业能力偏低。观察2006～2012年非农产业单位从业人员的变化，可以看出非农产业单位从业人员的不均衡程度不断加强，原因在于随着时间的推移，特大城市、中等城市逐渐成为重要的就业吸纳地区（表10-5）。

表10-5 2006～2012年武汉都市圈各城市非农产业单位从业人员

城市	非农产业单位从业人员/万人							平均值	年均增长率/%
	2006年	2007年	2008年	2009年	2010年	2011年	2012年		
武汉	123.00	128.20	130.30	135.10	137.80	152.20	152.20	136.97	3.6
黄石	17.70	18.20	18.23	19.33	26.28	18.92	19.22	19.70	1.4

① 武汉都市圈与2007年国务院批准的武汉城市圈资源节约型和环境友好型社会建设综合配套改革试验区的范围是一致的。本章凡涉及武汉城市圈“两型”社会建设仍沿用武汉城市圈表述。

续表

城市	非农产业单位从业人员/万人							平均值	年均增长率/%
	2006 年	2007 年	2008 年	2009 年	2010 年	2011 年	2012 年		
鄂州	15.10	14.74	15.35	16.71	18.19	18.96	20.01	17.01	4.8
仙桃	8.76	8.82	5.82	17.11	17.23	23.23	23.75	14.96	18.1
潜江	13.10	13.59	12.18	8.09	7.31	16.19	12.61	11.87	−0.6
汉川	6.77	9.21	9.50	11.84	12.50	13.41	15.80	11.29	15.2
大冶	7.50	7.20	7.22	7.31	7.23	7.37	13.74	8.22	10.6
孝感	9.43	10.14	11.31	12.36	6.15	13.11	6.99	9.93	−4.9
黄冈	4.45	5.13	5.00	5.41	7.45	6.23	8.55	6.03	11.5
咸宁	6.13	6.02	6.55	6.25	12.95	3.11	13.51	7.79	14.1
天门	5.56	4.31	5.19	5.54	9.62	9.74	6.51	6.64	2.7
赤壁	4.44	4.61	4.80	4.89	5.06	5.30	4.18	4.75	−1.0
武穴	3.98	4.07	4.13	4.13	4.15	4.15	5.52	4.30	5.6
麻城	3.01	3.54	3.55	3.54	8.74	9.53	9.55	5.92	21.2
安陆	4.47	4.83	5.12	5.63	5.69	5.56	5.78	5.30	4.4
应城	6.61	6.67	5.94	6.30	6.66	5.60	7.56	6.48	2.3
特大城市	—	128.20	130.30	135.10	137.80	152.20	152.20	139.30	3.5
I 型大城市	123.00	—	—	—	—	—	—	—	—
中等城市	17.00	18.20	18.23	19.33	26.28	18.92	19.22	19.60	2.1
I 型小城市	88.00	91.30	142.00	103.00	116.59	130.34	140.72	115.99	8.1
II 型小城市	11.00	11.00	11.06	11.93	12.35	11.16	13.34	11.69	3.3

资料来源：根据《中国城市统计年鉴》（2007～2013 年）整理计算，2013～2015 年数据超过总人口数，估计有误，暂不使用

2. 中小城市吸纳就业能力较低

第三产业与第二产业单位从业人员之比从产业结构上反映了城市吸纳就业的能力。数值大于 1 说明第三产业单位从业人员大于第二产业单位从业人员，吸纳就业的能力更强，反之说明第二产业是吸纳就业的主体。2006～2015 年，从武汉都市圈不同类型城市第三产业与第二产业单位从业人员之比的平均值来看，平均值由高到低依次为特大城市、I 型小城市、II 型小城市、中等城市，特大城市武汉吸纳就业能力最强（表 10-6）。

表 10-6　2006～2015 年武汉都市圈第三产业与第二产业单位从业人员之比

（第二产业等于 1）

城市	2006 年	2007 年	2008 年	2009 年	2010 年	2011 年	2012 年	2013 年	2014 年	2015 年	平均值
武汉	1.43	1.17	1.27	1.26	1.29	1.08	1.12	1.12	1.17	1.25	1.22
黄石	0.54	0.55	0.58	0.62	0.51	0.52	0.48	0.55	0.60	0.63	0.56

续表

城市	2006年	2007年	2008年	2009年	2010年	2011年	2012年	2013年	2014年	2015年	平均值
鄂州	0.59	0.62	0.62	0.58	0.51	0.47	0.49	0.54	0.47	0.50	0.54
仙桃	1.15	1.28	1.03	1.08	1.07	0.52	0.52	1.07	1.07	1.08	0.99
潜江	1.21	1.39	1.21	1.15	0.65	0.54	0.32	0.38	0.98	1.06	0.89
汉川	0.53	0.47	0.47	0.47	0.47	0.59	0.76	0.68	0.92	0.95	0.63
大冶	0.62	0.60	0.54	0.57	0.50	0.52	0.41	1.09	1.22	1.23	0.73
孝感	0.85	0.72	0.73	0.68	0.62	0.61	0.62	0.57	0.74	0.80	0.69
黄冈	1.82	1.27	1.38	1.45	1.29	1.34	1.47	1.36	0.54	0.58	1.25
咸宁	1.02	1.01	0.98	3.28	2.27	0.77	0.91	1.23	1.33	1.42	1.42
天门	1.23	1.50	1.07	1.04	0.60	0.43	0.33	1.90	1.69	1.51	1.13
赤壁	1.28	0.92	1.12	1.14	1.20	1.14	1.11	0.60	0.61	1.52	1.06
武穴	2.13	2.18	2.46	2.46	2.46	2.46	2.46	0.84	0.86	0.87	1.92
麻城	2.39	2.55	2.57	2.57	1.50	1.50	1.50	0.78	0.73	0.75	1.68
安陆	0.80	0.80	0.83	0.83	0.74	0.77	0.80	0.80	0.95	0.95	0.83
应城	0.93	0.92	0.90	0.80	0.78	1.43	0.94	0.73	0.74	0.75	0.89
特大城市	—	1.17	1.27	1.26	1.29	1.08	1.12	1.12	1.17	1.25	1.19
Ⅰ型大城市	1.43	—	—	—	—	—	—	—	—	—	—
中等城市	0.54	0.55	0.58	0.62	0.51	0.52	0.48	0.55	0.60	0.73	0.57
Ⅰ型小城市	0.97	0.94	0.94	0.93	0.82	0.65	0.63	0.90	0.97	0.83	0.86
Ⅱ型小城市	0.88	0.87	0.87	0.81	0.76	1.05	0.88	0.76	0.82	0.83	0.85
武汉都市圈	1.13	1.01	1.04	1.05	0.97	0.84	0.83	0.94	0.99	0.89	0.97

资料来源：根据《中国城市统计年鉴》（2007～2016年）整理计算

综上所述，武汉都市圈特大城市的第三产业较发达，吸纳就业能力较强；中等城市第三产业吸纳就业能力不足；小城市就业结构出现了虚高度化，原因是小城市第二产业发展不充分，导致第二产业单位从业人员规模不足，非农产业单位从业人员主要集中在城市的教育、医疗和社会服务等行业。

（三）公共服务功能

公共服务功能用人均地方公共财政收入、基础教育情况、基本医疗情况等指标衡量。

1. 人均地方公共财政收入稳步提高，中等城市和小城市之间差别不大

2006～2016年，武汉都市圈人均地方公共财政收入由0.08万元提高到1.12万元，呈现出不断上升的趋势，年均增长率为30.2%。2016年，武汉都市圈人均地方公共财政收入高于郑州都市圈（0.91万元），低于西安都市圈（1.22万元）。就各城市来看，武汉人均地方公共财政收入最高，从2006年的0.12万元提高到

2016年的2.79万元，年均增长率为37.0%；潜江人均地方公共财政收入最低，2016年仅为0.55万元；黄冈人均地方公共财政收入从2006年的0.11万元提高到2016年的4.01万元，年均增长率最高，达43.3%；应城人均地方公共财政收入年均增长率最低，为14.8%。从小城市内部来看，I型小城市优于II型小城市，2015年以后两者的差距进一步拉大（表10-7）。

表10-7　2006～2016年武汉都市圈人均地方公共财政收入

城市	人均地方公共财政收入/万元											年均增长率/%
	2006年	2007年	2008年	2009年	2010年	2011年	2012年	2013年	2014年	2015年	2016年	
武汉	0.12	0.39	0.42	0.46	0.53	1.06	1.45	3.23	2.01	2.29	2.79	37.0
黄石	0.14	0.18	0.21	0.21	0.25	0.41	0.47	0.54	0.53	0.59	1.24	24.4
鄂州	0.16	0.22	0.27	0.34	0.39	0.66	0.82	0.95	1.04	1.13	1.26	22.9
仙桃	0.08	0.09	0.12	0.14	0.19	0.35	0.46	0.56	0.64	0.73	0.77	25.4
潜江	0.10	0.11	0.14	0.14	0.20	0.35	0.45	0.56	0.64	0.56	0.55	18.6
汉川	0.08	0.10	0.13	0.15	0.18	0.25	0.32	0.39	0.48	0.55	0.58	21.9
大冶	0.16	0.17	0.20	0.23	0.37	0.62	1.01	1.12	1.44	1.65	1.67	26.4
孝感	0.12	0.16	0.23	0.29	0.39	0.41	0.66	0.85	1.00	0.94	2.47	35.3
黄冈	0.11	0.14	0.16	0.20	0.25	0.13	0.16	0.19	0.22	0.25	4.01	43.3
咸宁	0.23	0.15	0.14	0.25	0.28	0.49	0.61	0.69	0.81	0.98	2.28	25.8
天门	0.05	0.09	0.11	0.14	0.18	0.29	0.32	0.56	0.64	0.93	0.90	33.5
赤壁	0.11	0.13	0.16	0.19	0.22	0.34	0.46	0.55	0.65	0.70	0.70	20.3
武穴	0.09	0.13	0.16	0.20	0.23	0.32	0.36	0.45	0.52	0.61	0.66	22.1
麻城	0.09	0.12	0.17	0.19	0.22	0.31	0.37	0.53	0.62	0.66	0.66	22.1
安陆	0.07	0.09	0.11	0.13	0.16	0.24	0.31	0.38	0.46	0.54	0.56	23.1
应城	0.24	0.19	0.22	0.27	0.33	0.47	0.64	0.75	0.82	0.91	0.95	14.8
特大城市	—	0.39	0.42	0.46	0.53	0.94	1.15	2.55	1.50	1.69	1.87	19.0
I型大城市	0.12	—	—	—	—	—	—	—	—	—	—	—
中等城市	0.14	0.18	0.21	0.21	0.25	0.40	0.46	0.52	0.52	0.70	1.65	28.0
I型小城市	0.11	0.14	0.17	0.21	0.26	0.37	0.49	0.60	0.70	0.75	1.19	26.9
II型小城市	0.14	0.13	0.16	0.19	0.24	0.34	0.44	0.54	0.62	0.71	0.74	18.1
武汉都市圈	0.08	0.19	0.22	0.25	0.29	0.48	0.59	1.16	0.77	0.86	1.12	30.2

资料来源：根据《中国城市统计年鉴》（2007～2017年）整理计算

2006～2015年，武汉都市圈特大城市与中等城市的人均地方公共财政收入差距较大，中等城市基本不及特大城市的1/2，2016年特大城市和中等城市差距缩小。与郑州都市圈和西安都市圈相比，武汉都市圈中小城市财政状况相对较好。

2. 基础教育资源短缺

基础教育用万人拥有小学数、万人拥有普通中学数和万名中学生拥有专职教师数三个指标衡量。

（1）中小城市万人拥有小学数逐年减少

2006～2014 年，武汉都市圈万人拥有小学数由 3.29 所下降到 1.64 所，年均增长率为−8.3%。[①] 其中，II 型小城市由 2006 年的 5.61 所下降到 2014 年的 2.96 所，年均增长率为−7.7%；I 型小城市由 2006 年的 6.93 所下降到 2014 年的 3.51 所，年均增长率为−8.2%；中等城市由 2006 年的 1.09 所下降到 2014 年的 0.70 所，年均增长率为−5.4%；特大城市由 2007 年的 0.78 所下降到 2014 年的 0.50 所，年均增长率为−6.2%。总体上，中小城市万人拥有小学数多于大城市。武汉都市圈万人拥有小学数呈现负增长，说明基础教育资源增加的速度跟不上人口增速，使得万人拥有小学数呈现负增长，基础教育资源相对不足，基础教育资源亟须增量发展（表 10-8）。

表 10-8　2006～2014 年武汉都市圈万人拥有小学数

城市	万人拥有小学数/所									年均增长率/%
	2006 年	2007 年	2008 年	2009 年	2010 年	2011 年	2012 年	2013 年	2014 年	
武汉	0.87	0.78	0.61	0.55	0.50	0.44	0.49	0.46	0.50	−6.7
黄石	1.09	1.05	1.01	0.98	0.94	0.92	0.88	1.24	0.70	−5.4
孝感	5.94	5.20	4.44	3.84	3.83	2.73	2.52	2.48	2.27	−11.3
鄂州	7.20	2.59	6.87	6.61	6.41	6.25	4.65	5.99	5.69	−2.9
潜江	4.26	4.11	3.68	3.02	2.85	2.93	2.51	2.50	2.50	−6.4
咸宁	4.06	3.65	3.31	2.95	2.29	2.23	2.34	1.53	1.39	−12.5
仙桃	5.65	4.92	5.00	4.46	3.77	2.97	2.96	2.79	2.77	−8.5
汉川	6.15	5.20	4.66	4.10	3.70	3.46	3.44	3.53	3.42	−7.1
黄冈	2.02	2.16	1.84	1.26	0.27	0.88	0.60	1.19	1.02	−8.2
天门	8.66	7.37	5.83	5.61	5.66	4.43	3.80	4.17	4.30	−8.4
大冶	7.49	7.02	6.11	6.65	6.27	5.66	6.32	5.68	5.66	−3.4
武穴	9.25	8.71	7.27	6.32	5.98	5.82	4.94	2.62	2.56	−14.8
麻城	22.95	20.76	17.25	11.35	9.47	13.08	10.70	11.04	11.07	−8.7
赤壁	4.74	4.30	3.42	3.17	2.42	2.53	2.40	2.24	2.22	−9.0
安陆	4.30	3.89	3.84	3.42	3.23	3.20	3.06	2.89	2.86	−5.0
应城	7.15	5.85	4.89	4.11	3.65	3.37	2.79	2.57	3.08	−10.0

① 2006～2014 年，郑州都市圈和西安都市圈万人拥有小学数也在减少，但武汉都市圈减少幅度更大。

续表

城市	万人拥有小学数/所									年均增长率/%
	2006年	2007年	2008年	2009年	2010年	2011年	2012年	2013年	2014年	
特大城市	—	0.78	0.61	0.55	0.50	0.44	0.49	0.46	0.50	−6.2
大城市	0.87	—	—	—	—	—	—	—	—	—
中等城市	1.09	1.05	1.01	0.98	0.94	0.92	0.88	1.24	0.70	−5.4
Ⅰ型小城市	6.93	5.28	5.56	4.81	4.29	4.17	3.72	3.61	3.51	−8.2
Ⅱ型小城市	5.61	4.81	4.33	3.74	3.42	3.28	2.94	2.75	2.96	−7.7
武汉都市圈	3.29	2.74	2.40	2.08	1.87	1.83	1.70	1.68	1.64	−8.3

资料来源：根据《中国城市统计年鉴》（2007～2015年）整理计算。《中国城市统计年鉴》（2016～2017年）无武汉都市圈相关数据

（2）中小城市万人拥有普通中学数逐年减少

2006～2014年，武汉都市圈万人拥有普通中学数由1.10所持续下降到0.72所。从各类型城市来看，小城市万人拥有普通中学数最多，中等城市与特大城市相对较少（表10-9）。

表10-9 2006～2014年武汉都市圈万人拥有普通中学数

城市	万人拥有普通中学数/所									年均增长率/%
	2006年	2007年	2008年	2009年	2010年	2011年	2012年	2013年	2014年	
武汉	0.63	0.59	0.47	0.43	0.41	0.36	0.40	0.40	0.42	−4.9
黄石	0.60	0.55	0.53	0.51	0.50	0.48	0.47	0.53	0.41	−4.6
孝感	1.48	1.44	1.37	1.44	1.34	1.04	0.96	1.08	1.07	−4.0
鄂州	1.69	0.61	1.69	1.51	1.43	1.42	1.27	1.20	1.16	−4.6
潜江	1.51	1.47	1.41	1.35	1.29	1.23	1.23	1.19	1.19	−2.9
咸宁	1.53	1.40	1.34	1.22	0.99	1.00	1.14	0.81	0.83	−7.4
仙桃	2.12	2.06	2.10	1.92	1.73	1.46	1.21	1.11	1.05	−8.4
汉川	1.90	1.84	1.81	1.66	1.57	1.48	1.35	1.29	1.25	−5.1
黄冈	0.25	0.26	0.25	0.24	0.41	0.64	0.56	0.73	0.80	15.6
天门	2.47	2.22	2.09	1.92	1.95	1.53	1.36	1.50	1.50	−6.0
大冶	1.76	1.72	1.81	1.91	1.86	1.88	1.93	1.86	1.81	0.4
武穴	2.29	2.30	2.09	1.95	1.89	1.75	1.29	1.20	1.16	−8.2
麻城	2.67	2.67	2.57	2.45	2.46	2.35	2.28	2.12	1.84	−4.5
赤壁	2.17	2.04	1.80	1.67	1.13	1.09	0.93	1.06	1.25	−6.7
安陆	1.54	1.72	1.60	1.65	1.42	1.41	1.29	1.22	1.26	−2.5
应城	2.28	2.08	1.89	1.63	1.63	1.62	1.56	1.50	1.45	−5.5
特大城市	—	0.59	0.47	0.43	0.41	0.36	0.40	0.40	0.42	−4.7
大城市	0.63	—	—	—	—	—	—	—	—	—

续表

城市	万人拥有普通中学数/所									年均增长率/%
	2006年	2007年	2008年	2009年	2010年	2011年	2012年	2013年	2014年	
中等城市	0.60	0.55	0.53	0.51	0.50	0.48	0.47	0.53	0.41	−4.6
Ⅰ型小城市	1.78	1.44	1.67	1.58	1.48	1.38	1.26	1.22	1.20	−4.8
Ⅱ型小城市	1.88	1.89	1.74	1.64	1.51	1.51	1.41	1.35	1.35	−4.1
武汉都市圈	1.10	0.97	0.91	0.85	0.80	0.75	0.73	0.73	0.72	−5.2

资料来源：根据《中国城市统计年鉴》（2007～2015年）整理计算

（3）中等城市万名中学生拥有专职教师数相对不足

2006～2014年，武汉都市圈万名中学生拥有专职教师数由562人波动式上升到1006人，年均增长率为7.5%，显著高于郑州都市圈。从各类型城市来看，Ⅱ型小城市万名中学生拥有专职教师数最多，Ⅰ型小城市和特大城市次之，中等城市最少（表10-10）。客观来看，特大城市的教育资源相对较充足，师资力量相对较强；而Ⅱ型小城市万名中学生拥有专职教师数最多，主要原因是Ⅱ型小城市规模小，基础教育质量有待提高，中学生家庭为追求更高的教育质量向更高等级城市迁移所致。

表10-10 2006～2014年武汉都市圈各城市普通中学万名中学生拥有专职教师数

城市	万名中学生拥有专职教师数/人									年均增长率/%
	2006年	2007年	2008年	2009年	2010年	2011年	2012年	2013年	2014年	
武汉	678	666	680	766	815	859	884	943	1023	5.3
黄石	535	526	525	545	593	632	692	761	793	5.0
孝感	446	447	478	559	560	655	1585	830	893	9.1
鄂州	555	585	603	617	645	642	780	801	833	5.2
潜江	588	664	694	759	794	817	856	876	983	6.6
咸宁	483	500	476	571	627	599	585	660	744	5.5
仙桃	569	579	624	698	739	794	904	931	968	6.9
汉川	546	629	706	791	825	917	1126	1134	1243	10.8
黄冈	248	246	235	243	566	596	780	882	1997	29.8
天门	413	471	538	597	654	601	792	882	891	10.1
大冶	482	509	554	606	662	692	883	974	1126	11.2
武穴	569	615	600	636	654	716	781	851	1047	7.9
麻城	521	519	1055	648	612	647	877	814	836	6.1
赤壁	532	567	625	625	752	802	873	961	907	6.9
安陆	920	984	833	961	808	931	1267	1434	1519	6.5
应城	570	590	555	596	596	585	1011	1119	1374	11.6
特大城市	—	666	680	766	815	859	884	943	1023	6.3

续表

城市	万名中学生拥有专职教师数/人									年均增长率/%
	2006年	2007年	2008年	2009年	2010年	2011年	2012年	2013年	2014年	
大城市	678	—	—	—	—	—	—	—	—	—
中等城市	535	526	525	545	593	632	692	761	793	5.0
I型小城市	507	538	621	627	674	698	602	877	971	8.5
II型小城市	743	753	685	761	694	737	1140	1293	1447	8.7
武汉都市圈	562	579	635	664	705	734	690	916	1006	7.5

资料来源：根据《中国城市统计年鉴》（2007～2015年）整理计算

3. 基本医疗条件参差不齐

（1）中小城市万人拥有医院（卫生院）床位数高于特大城市

2006～2014年，武汉都市圈万人拥有医院（卫生院）床位数由65张上升到98张，年均增长率为5.3%。从各类型城市来看，I型小城市万人拥有医院（卫生院）床位数最多；其次是II型小城市（表10-11）。总体来看，中小城市万人拥有医院（卫生院）床位数与特大城市相当，甚至逐步高于特大城市，说明特大城市武汉医疗技术资源具有明显优势，但医疗硬件资源相对紧张，低于郑州都市圈核心城市郑州和西安都市圈核心城市西安①。

表10-11　2006～2014年武汉都市圈万人拥有医院（卫生院）床位数

城市	万人拥有医院（卫生院）床位数/张									年均增长率/%
	2006年	2007年	2008年	2009年	2010年	2011年	2012年	2013年	2014年	
武汉	64	62	57	57	57	65	81	79	86	3.8
黄石	69	68	70	82	78	79	64	106	95	4.1
孝感	74	72	79	99	93	132	121	103	127	7.0
鄂州	81	27	78	90	88	93	92	106	121	5.1
潜江	75	70	82	84	86	88	92	105	111	5.0
咸宁	59	50	57	66	55	39	101	79	83	4.4
仙桃	56	57	73	76	75	76	87	83	108	8.6
汉川	37	40	40	44	52	52	61	77	117	15.5
黄冈	91	98	97	75	84	100	96	71	125	4.0
天门	97	99	97	118	112	140	126	161	168	7.1
大冶	59	55	54	55	58	63	86	81	119	9.2
武穴	58	62	58	64	62	58	77	96	97	6.6

① 2006～2014年，郑州万人拥有医院（卫生院）床位数由83张增加到99张（2016年激增至165张），西安万人拥有医院（卫生院）床位数由95张增加到128张。

续表

城市	万人拥有医院（卫生院）床位数/张									年均增长率/%
	2006年	2007年	2008年	2009年	2010年	2011年	2012年	2013年	2014年	
麻城	54	60	61	70	75	81	153	152	166	15.1
赤壁	54	54	59	55	45	52	72	75	83	5.5
安陆	44	44	58	66	68	73	74	84	100	10.8
应城	65	62	60	71	76	104	123	112	121	8.1
特大城市	—	62	57	57	57	65	81	79	86	4.8
大城市	64	—	—	—	—	—	—	—	—	—
中等城市	69	68	70	82	78	79	64	106	95	4.1
I型小城市	67	55	70	75	74	82	96	98	117	7.2
II型小城市	54	52	59	68	72	88	96	97	110	9.3
武汉都市圈	65	59	62	65	65	72	86	88	98	5.3

资料来源：根据《中国城市统计年鉴》（2007～2015年）整理计算

（2）中小城市万人拥有医生数相对较多

2006～2014年，武汉都市圈万人拥有医生数呈现波动上升的趋势，由50人上升到62人，年均增长率为2.7%。从各类型城市来看，II型小城市万人拥有医生数最多，其次是I型小城市（表10-12）。中等城市和特大城市万人拥有医生数较少，基本保持在30～40人，说明特大城市和中等城市的医疗资源相对紧张。特大城市武汉医疗卫生技术在国内具有优势，万人拥有医生数与郑州差不多，但显著低于西安，这与武汉提出的建设国家中心城市的地位不相符，需要引起重视。

表10-12 2006～2014年武汉都市圈万人拥有医生数

城市	万人拥有医生数/人									年均增长率/%
	2006年	2007年	2008年	2009年	2010年	2011年	2012年	2013年	2014年	
武汉	32	33	30	30	30	31	34	36	38	2.2
黄石	31	34	37	32	34	20	39	38	34	1.2
孝感	55	59	54	55	57	51	39	52	46	−2.2
鄂州	42	16	59	64	46	86	46	42	42	0.0
潜江	123	132	130	132	134	124	142	156	166	3.8
咸宁	33	44	36	31	26	29	46	39	40	2.4
仙桃	86	77	80	67	68	67	90	91	110	3.1
汉川	57	67	70	62	76	75	79	99	101	7.4
黄冈	32	41	41	39	31	44	43	75	77	11.6
天门	118	121	90	127	106	106	87	109	142	2.3

续表

城市	万人拥有医生数/人									年均增长率/%
	2006年	2007年	2008年	2009年	2010年	2011年	2012年	2013年	2014年	
大冶	74	84	57	65	61	74	87	84	98	3.6
武穴	71	75	77	84	85	92	91	113	115	6.2
麻城	128	128	137	139	116	120	151	163	179	4.3
赤壁	74	89	90	84	49	89	95	100	97	3.4
安陆	85	108	104	118	139	121	116	110	136	6.1
应城	162	101	147	169	174	178	188	173	183	1.5
特大城市	—	33	30	30	30	31	34	36	38	2.0
大城市	32	—	—	—	—	—	—	—	—	—
中等城市	31	34	37	32	34	20	39	38	34	1.2
Ⅰ型小城市	73	65	76	77	70	78	80	89	96	3.5
Ⅱ型小城市	120	105	124	142	156	147	149	139	158	3.5
武汉都市圈	50	48	48	49	47	50	54	58	62	2.7

资料来源：根据《中国城市统计年鉴》（2007～2015年）整理计算，2015年和2016年相关数据缺失

需要强调的是，作为资源节约型和环境友好型社会建设综合配套改革试验区，武汉城市圈公共事业逐渐实现了一体化发展。近年来，武汉城市圈教育资源加速共享，医疗卫生合作强化，武汉三级医疗机构与周边8个城市（5个地级市和3个省辖县级市）开展双向转诊和院际会诊，建立了“一对一”对口协作机制，社会保险关系可以转移接续。应急医疗救援工作实现了规划、制度、指挥、技术、形象、响应一体化，建立了医疗急救协作新机制。组建了武汉城市圈妇幼保健集团，以结对共建为手段，促进了武汉城市圈社区卫生医疗体系的协调发展（邓宏兵等，2018）。

（四）人口集聚功能

人口集聚功能可以从建成区人口、建成区人口集聚度和建成区人口密度三项指标来衡量。

1. 建成区人口整体上升

表10-13显示了2006～2016年武汉都市圈不同等级城市建成区的人口规模，建成区总人口由1415.0万人增加到1818.0万人，年均增长率达2.5%。年均增长率最大的城市是孝感，年均增长率最小的城市是大冶，甚至出现了负增长，2006～2016年大冶建成区人口减少了0.9万人，这与大冶是资源型城市有关。从建成区人口看，2016年武汉都市圈有1个超大城市——武汉，有2个中

等城市——孝感和黄石。2006～2016 年，武汉建成区人口占武汉都市圈建成区总人口的比重由 34.8%提高到 38.8%，孝感所占比重由 2.0%提高到 3.0%，黄石所占比重基本没有变化。从整体上看，武汉都市圈的建成区人口主要向武汉、黄石和孝感集聚。未来可能首先进入大城市行列的是黄石。

表 10-13 2006～2016 年武汉都市圈城区建成区人口

城市	建成区人口/万人											年均增长率/%
	2006 年	2007 年	2008 年	2009 年	2010 年	2011 年	2012 年	2013 年	2014 年	2015 年	2016 年	
孝感	28.3	28.5	28.4	28.4	28.4	35.5	38.5	38.8	41.0	50.2	54.7	6.8
咸宁	26.1	27.1	27.5	27.8	33.2	34.1	31.7	39.3	41.0	41.0	41.2	4.7
武汉	493.0	514.4	596.0	615.5	639.7	629.7	627.5	628.5	634.7	640.7	705.8	3.7
武穴	22.3	21.4	22.0	23.1	23.8	24.1	25.5	27.5	28.5	29.1	29.2	2.7
黄石	68.9	69.3	70.3	72.6	72.5	72.6	72.8	73.7	85.6	86.4	87.2	2.4
麻城	20.6	20.6	20.7	20.8	21.1	21.3	21.5	21.7	21.8	23.8	26.0	2.4
潜江	34.5	34.8	34.8	34.8	35.8	35.9	35.9	36.0	36.1	41.5	42.6	2.1
天门	25.9	25.2	25.4	25.5	26.7	30.0	34.5	30.0	30.0	30.1	30.2	1.5
应城	15.4	15.4	15.4	15.3	15.4	15.4	15.4	16.7	17.2	17.7	17.8	1.5
黄冈	28.2	27.3	27.7	28.6	29.4	29.7	30.1	30.3	31.3	31.3	32.1	1.3
汉川	33.7	33.7	33.7	33.7	33.8	35.8	36.4	37.1	37.5	37.8	38.0	1.2
赤壁	22.2	22.1	22.2	24.0	24.0	23.8	23.8	24.5	24.8	24.9	24.9	1.2
仙桃	36.3	36.0	35.2	37.0	38.2	39.0	37.2	39.8	40.1	40.0	40.1	1.0
安陆	18.1	17.5	17.5	17.6	17.7	17.8	18.7	19.7	19.9	19.5	19.7	0.9
鄂州	39.7	108.0	39.7	39.8	40.6	41.0	41.1	41.6	42.3	42.9	43.0	0.8
大冶	30.7	30.9	30.9	31.0	31.7	31.5	28.5	28.5	29.3	29.3	29.8	−0.3
特大城市	—	514.0	596.0	615.0	640.0	630.0	628.0	629.0	635.0	641.0	706.0	3.6
Ⅰ型大城市	493.0	—	—	—	—	—	—	—	—	—	—	—
中等城市	69.0	69.0	70.0	73.0	72.0	73.0	73.0	74.0	86.0	137.0	142.0	7.5
Ⅰ型小城市	358.0	347.0	350.0	355.0	367.0	381.0	394.0	395.0	404.0	372.0	377.0	0.5
Ⅱ型小城市	34.0	33.0	33.0	33.0	33.0	33.0	34.0	36.0	37.0	37.0	37.0	0.8
中小城市	461.0	449.0	453.0	461.0	472.0	487.0	501.0	505.0	526.0	546.0	556.0	1.9
武汉都市圈	1415.0	1412.0	1502.0	1537.0	1584.0	1604.0	1630.0	1639.0	1688.0	1733.0	1818.0	2.5

资料来源：根据《中国城市建设统计年鉴》（2006～2016 年）整理计算，建成区人口使用城区常住人口和暂住人口之和代替

2. 建成区人口集聚度不足

人口集聚度可以反映一个城市对周边地区人口的吸引力，在此采用建成区人口集聚度（建成区人口占全市年末总人口的比重）进行测度。2007～2014年，武汉都市圈特大城市人口集聚度由0.621上升到0.767。2006～2014年，武汉都市圈中等城市人口集聚度由0.271波动上升到0.323，I型小城市由0.144上升到0.158，II型小城市由0.260上升到0.287。武汉都市圈的特大城市——武汉的人口集聚度波动上升，在各类城市中位居首位；人口集聚度较强的是中等城市，I型小城市的人口集聚度最弱，这与I型小城市的产业发展和公共服务功能薄弱有关（表10-14）。

表10-14　2006～2014年武汉都市圈城市人口集聚度

城市	2006年	2007年	2008年	2009年	2010年	2011年	2012年	2013年	2014年	平均值
武汉	0.602	0.621	0.715	0.737	0.765	0.761	0.764	0.765	0.767	0.722
黄石	0.271	0.271	0.273	0.281	0.279	0.279	0.279	0.281	0.323	0.282
鄂州	0.373	0.371	0.372	0.371	0.374	0.374	0.375	0.379	0.384	0.375
孝感	0.055	0.055	0.054	0.054	0.054	0.067	0.073	0.073	0.078	0.063
黄冈	0.039	0.037	0.038	0.039	0.040	0.040	0.040	0.040	0.042	0.039
咸宁	0.093	0.095	0.096	0.096	0.114	0.115	0.106	0.131	0.138	0.109
仙桃	0.246	0.243	0.237	0.247	0.249	0.252	0.240	0.255	0.252	0.247
潜江	0.345	0.347	0.346	0.343	0.350	0.348	0.349	0.347	0.347	0.347
天门	0.221	0.156	0.157	0.157	0.162	0.182	0.210	0.183	0.183	0.179
大冶	0.333	0.334	0.331	0.330	0.337	0.331	0.300	0.296	0.306	0.322
应城	0.228	0.226	0.226	0.225	0.226	0.227	0.230	0.251	0.257	0.233
安陆	0.294	0.281	0.278	0.279	0.278	0.282	0.296	0.314	0.319	0.291
汉川	0.308	0.306	0.304	0.300	0.298	0.317	0.327	0.330	0.335	0.314
麻城	0.177	0.178	0.177	0.176	0.182	0.183	0.184	0.185	0.188	0.181
武穴	0.300	0.286	0.291	0.302	0.307	0.304	0.319	0.340	0.354	0.311
赤壁	0.438	0.432	0.434	0.466	0.460	0.457	0.448	0.464	0.472	0.452
特大城市	—	0.621	0.715	0.737	0.765	0.761	0.764	0.765	0.767	0.737
I型大城市	0.602	—	—	—	—	—	—	—	—	—
中等城市	0.271	0.271	0.273	0.281	0.279	0.279	0.279	0.281	0.323	0.282
I型小城市	0.144	0.139	0.138	0.140	0.144	0.149	0.150	0.154	0.158	0.146
II型小城市	0.260	0.252	0.251	0.251	0.251	0.254	0.262	0.281	0.287	0.261
武汉都市圈	0.259	0.260	0.280	0.286	0.295	0.296	0.297	0.299	0.307	0.287

资料来源：根据《中国城市统计年鉴》（2007～2015年）、《中国城市建设统计年鉴》（2006～2014年）整理计算

注：2015年和2016年由于《中国城市统计年鉴》县级市数据年末总人口数据与前面年份不一致，故未进行计算

3. 建成区人口密度变化差别较大

2008～2016 年，武汉都市圈建成区人口密度平均值由大到小依次是特大城市、中等城市、Ⅱ型小城市和Ⅰ型小城市。武汉的建成区人口密度呈波动式下降趋势，从平均值来看，除汉川和大冶的建成区人口密度大于武汉外，其余城市的建成区人口密度均小于武汉（表 10-15）。汉川受地形所限，建成区面积变化较小，人口不断增加，导致建成区人口密度相对较高；大冶是一个资源型城市，2010 年之前建成区人口密度较高，之后人口密度迅速下降，这与资源枯竭之后城市吸纳就业能力下降导致人口减少有关。

表 10-15　2008～2016 年武汉都市圈建成区人口密度（单位：万人/km^2）

城市	2008 年	2009 年	2010 年	2011 年	2012 年	2013 年	2014 年	2015 年	2016 年	平均值
武汉	1.30	1.32	1.32	1.24	1.21	1.16	1.15	1.13	1.21	1.23
黄石	1.13	1.17	1.10	1.04	1.00	0.84	1.18	1.15	1.10	1.08
鄂州	0.84	0.84	0.78	0.73	0.74	0.69	0.66	0.67	0.67	0.74
孝感	0.87	0.87	0.87	1.01	1.03	1.03	0.98	1.00	1.02	0.97
黄冈	0.97	0.98	0.98	0.96	0.94	0.92	0.60	0.60	0.62	0.84
咸宁	0.89	0.89	0.53	0.54	0.50	0.54	0.57	0.62	0.63	0.63
仙桃	0.92	0.94	0.96	0.93	0.89	0.93	0.89	0.83	0.78	0.90
潜江	0.90	0.90	0.78	0.78	0.71	0.72	0.72	0.82	0.85	0.80
天门	1.00	1.00	1.03	0.95	0.88	0.99	1.01	1.00	0.98	0.98
大冶	1.55	1.55	1.59	1.43	1.30	1.06	1.09	0.95	0.92	1.27
应城	0.79	0.78	0.79	0.67	0.67	0.70	1.01	1.04	1.05	0.83
安陆	1.08	1.08	1.07	1.02	0.96	1.01	0.87	0.98	0.99	1.01
汉川	2.15	2.11	2.11	1.43	1.42	1.43	1.41	1.43	1.43	1.66
麻城	0.86	0.87	0.87	0.87	0.87	0.86	0.85	0.67	0.71	0.83
武穴	0.87	0.91	0.89	0.91	0.89	0.95	0.95	0.97	0.97	0.92
赤壁	1.00	1.01	1.01	0.97	0.97	0.95	0.94	0.92	0.92	0.96
特大城市	1.30	1.32	1.32	1.24	1.21	1.16	1.15	1.13	1.21	1.23
中等城市	1.04	1.07	1.02	1.03	1.01	0.90	1.11	1.09	1.07	1.04
Ⅰ型小城市	1.01	1.02	0.92	0.88	0.85	0.84	0.81	0.81	0.81	0.88
Ⅱ型小城市	0.92	0.92	0.92	0.82	0.80	0.84	0.93	1.01	1.02	0.91

资料来源：根据《中国城市建设统计年鉴》（2008～2016 年）整理计算

二、武汉都市圈中小城市功能提升障碍

（一）中小城市空间联系薄弱，空间结构不合理

武汉都市圈形成以武汉为中心，以（北）京广（州）铁路、（北）京九（龙）铁路、武（汉）九（江）铁路、（北）京广（州）客运专线、沪蓉客运专线、（武）

汉宜（昌）客运专线、（武）汉十（堰）客运专线等主要交通干线为放射轴，以环武汉一小时交通圈为环线的放射状点轴发展格局。武汉与都市圈内其他城市间相互作用总强度远大于其他城市，孝感和鄂州次之，且均表现为依附武汉发展。武汉都市圈孝感–武汉–鄂州–黄石轴线式空间联系特征明显，其余城市始终为空间联系发展薄弱区（俞艳等，2017）。城市密度是衡量城市空间分布的一个常用指标，2016 年，武汉都市圈的城市密度为 2.77 个/万 km^2，而京津都市圈、上海都市圈和广州都市圈的城市密度均超过 5 个/万 km^2。武汉都市圈内大中小城市之间的空间联系相对薄弱，没有形成较好的区域分工体系。同时，受行政区划的影响，各城市在自己所辖区域内形成了相对封闭的“地方”经济。

（二）中等城市欠发育，等级规模结构出现断层

武汉是武汉都市圈的核心城市，是华中地区的中心城市，2016 年建成区人口达 706 万人，是中部地区唯一的特大城市。武汉都市圈内大城市缺位，中等城市只有黄石和孝感，城市首位度很高，属于典型的“核心–外围”模式。以城市建成区人口测算，2016 年武汉都市圈城市首位度高达 8.09，郑州都市圈为 5.67，西安都市圈为 4.13，而京津都市圈只有 2.00。这种高首位度与城市等级规模的断层并存，不利于大型城市辐射功能的发挥。城市体系内部缺乏强有力的大城市过渡，使得武汉与其他中小城市的关系链发生断裂，都市圈城市空间相互作用呈现出以武汉为中心且对外依次减弱的圈层式结构（俞艳等，2017）。武汉都市圈核心城市的虹吸效应大于辐射效应，不但影响首位城市优势的发挥，还造成城市体系的整体功能发挥受阻。目前，武汉都市圈已进入城镇化的加速发展时期，必须调整城市规模，形成合理而有效的等级规模结构。从中小城市功能分析来看，中等城市的产业发展、吸纳就业、公共服务和人口集聚功能均不及 I 型小城市，出现了武汉周边城市经济相对薄弱的现状，中等城市很难承接武汉的产业转移和技术辐射，影响都市圈整体竞争力的提升。

（三）城市经济职能相似，产业关联薄弱

城市之间产业分工不明确，产业协同发展困难。武汉服务业发达，工业类型多样，是武汉都市圈的经济中心城市，在圈域经济联系中处于极核地位。除武汉的行业多数为基础部门行业之外，武汉都市圈其他城市只有部分行业为基础部门行业，其中，黄石基础部门行业为 9 个、鄂州 8 个、仙桃和孝感各 5 个、潜江和天门各 2 个、黄冈和咸宁各 1 个（鄢小兵等，2015）。这说明，武汉都市圈其他城市经济职能相似，产业前后向联系度不高，技术关联度低，城市之间

并没有形成真正的专业化分工，导致各城市之间缺乏很好的产业协作关系。

（四）整体经济发展水平薄弱，都市圈内市场需求不足

武汉都市圈城镇化水平不高，与东部地区的都市圈相比，经济社会发展水平相对落后，都市圈内部的市场需求不足，这些因素限制了武汉都市圈的产业发展、吸纳就业和人口集聚功能，也限制了教育、医疗、文化、社会服务等公共服务功能的发展。

第二节　武汉都市圈中小城市功能测度

在已有研究的基础上，构建都市圈中小城市功能测度的指标体系，通过该指标体系对现有都市圈的中小城市功能进行测度，为都市圈的协同发展提供客观依据。

一、指标体系、测度方法及权重确定

根据第一节对武汉都市圈产业发展、吸纳就业、公共服务、人口集聚功能特征的定量分析，对武汉都市圈中小城市的整体功能进行综合测度。借鉴闫程莉和安树伟（2014）的指标体系和研究方法，结合武汉都市圈实际并进行必要调整，采用层次分析法计算出评价指标体系中一级指标和二级指标的权重（表 10-16）。

表 10-16　武汉都市圈中小城市功能评价指标权重

一级指标	权重	二级指标	权重
产业发展	0.545	人均 GDP（万元）	0.620
		非农产业增加值（万元）	0.284
		产业结构高级化（第三产业增加值/第二产业增加值）	0.096
吸纳就业	0.275	就业结构（第三产业单位从业人员/第二产业单位从业人员）	0.250
		非农产业单位从业人员（人）	0.750
公共服务	0.117	人均地方公共财政收入（万元）	0.433
		万人拥有医院（卫生院）床位数（张）	0.164
		万人拥有医生数（人）	0.235
		万人拥有普通中学数（所）	0.033
		普通中学师生比	0.087
		小学师生比	0.048

续表

一级指标	权重	二级指标	权重
人口集聚	0.063	建成区人口集聚度	0.283
		建成区人口密度（人/km^2）	0.643
		建成区人口（万人）	0.074

二、中小城市各项功能测度结果

（一）产业发展功能提升较快，但发展不平衡

2006～2016年，武汉都市圈整体产业发展功能不断提升，但不同城市增长幅度差异明显，存在明显的圈层结构差异。城市规模越大，产业发展功能提升速度越快，尤以核心城市武汉的增长速度最快、幅度最大，中等城市产业发展功能增长幅度相对较慢。天门、大冶、黄冈三市增长速度较明显，经济发展较快，而鄂州、黄石、孝感产业发展功能增长相对较慢，总体来看，武汉都市圈呈"一极集聚"态势（表10-17），这与处于核心城市武汉经济发展极化作用下的"阴影区"有关，也与武汉都市圈乃至湖北市场化水平低有关。

表10-17　2006～2016年武汉都市圈产业发展功能测度

城市	2006年	2007年	2008年	2009年	2010年	2011年	2012年	2013年	2014年	2015年	2016年	平均值
武汉	11.99	13.16	16.35	18.64	20.61	24.56	29.59	38.53	36.87	38.77	42.16	26.48
黄石	5.12	5.38	5.51	5.68	6.86	10.14	10.18	13.77	10.69	10.49	11.15	8.63
孝感	1.29	1.26	1.88	2.36	2.41	2.83	3.14	3.64	4.18	10.26	4.72	3.45
鄂州	2.13	2.89	3.81	4.71	5.78	7.27	8.35	9.11	10.35	11.07	12.14	7.06
潜江	1.60	2.16	2.95	3.30	4.22	5.55	6.58	7.36	8.14	8.74	9.44	5.46
咸宁	1.35	1.55	2.59	2.58	3.61	4.40	5.13	4.84	6.29	6.83	6.94	4.19
仙桃	0.92	1.83	2.33	2.66	2.91	3.83	4.57	5.24	5.69	6.33	6.94	3.93
汉川	1.38	1.31	1.65	1.91	2.37	3.33	3.73	4.55	5.22	5.69	6.33	3.41
黄冈	1.79	1.91	2.32	3.19	3.13	4.24	5.72	6.42	6.96	7.45	7.85	4.63
天门	0.45	1.38	1.72	1.52	1.84	2.39	2.91	3.41	3.83	4.35	4.71	2.59
大冶	0.75	2.02	2.53	2.50	3.85	5.19	6.53	7.21	8.02	8.11	8.57	5.03
武穴	0.79	1.00	1.37	1.64	2.03	2.66	3.08	3.46	3.92	4.28	4.94	2.65
麻城	1.20	1.21	1.17	1.18	1.44	1.81	2.19	2.48	2.99	3.31	3.55	2.05
赤壁	1.68	2.00	2.61	2.86	3.58	5.24	6.81	8.07	9.06	9.74	10.30	5.63
安陆	1.39	1.48	1.70	1.79	2.13	2.40	2.82	3.33	3.76	4.08	4.51	2.67
应城	1.14	1.35	1.71	1.63	2.13	2.91	3.51	4.17	4.63	5.10	5.61	3.08
特大城市	—	13.61	16.84	19.15	21.17	25.16	30.24	39.21	37.60	39.53	42.96	28.55
Ⅰ型大城市	11.99	—	—	—	—	—	—	—	—	—	—	—

续表

城市	2006年	2007年	2008年	2009年	2010年	2011年	2012年	2013年	2014年	2015年	2016年	平均值
中等城市	5.01	5.28	5.42	5.59	6.76	10.06	10.10	13.69	10.61	10.53	10.91	8.54
Ⅰ型小城市	3.64	4.32	5.76	6.47	8.00	10.29	12.23	13.94	15.48	15.96	17.31	10.31
Ⅱ型小城市	1.17	1.35	1.68	1.69	2.17	2.77	3.32	3.95	4.44	4.89	5.40	2.98
中小城市	3.21	3.84	4.79	5.28	6.39	8.35	9.66	10.98	12.16	12.87	13.95	8.32

注：不同等级城市的产业发展功能为不同类型城市的加权计算结果，下同

（二）中等城市和小城市吸纳就业功能有限

2006～2012年，武汉都市圈吸纳就业功能整体呈现上升趋势。从各类型城市的平均值来看，吸纳就业功能由强到弱依次为特大城市、Ⅰ型小城市、中等城市、Ⅱ型小城市，表明特大城市吸纳就业功能最强，中等城市和Ⅱ型小城市吸纳就业功能不足（表10-18）。

表10-18　2006～2012年武汉都市圈吸纳就业功能测度

城市	2006年	2007年	2008年	2009年	2010年	2011年	2012年	平均值
武汉	8.70	8.65	8.91	9.20	9.41	10.02	10.08	9.28
黄石	0.92	0.96	1.00	1.12	1.41	0.96	0.93	1.04
鄂州	0.82	0.84	0.88	0.91	0.90	0.90	0.99	0.89
仙桃	1.18	1.36	4.10	1.61	1.60	1.23	1.26	1.76
潜江	1.53	1.81	1.48	1.14	0.42	0.82	0.30	1.07
汉川	0.22	0.29	0.31	0.46	0.50	0.72	1.09	0.51
大冶	0.39	0.34	0.26	0.31	0.21	0.24	0.49	0.32
孝感	0.82	0.69	0.77	0.77	0.30	0.72	0.36	0.63
黄冈	1.82	1.12	1.26	1.38	1.29	1.28	1.60	1.39
咸宁	0.84	0.82	0.82	3.90	2.96	0.32	1.15	1.54
天门	1.09	1.38	0.85	0.83	0.49	0.27	-0.07	0.69
赤壁	1.09	0.61	0.90	0.93	1.02	0.95	0.84	0.91
武穴	2.21	2.28	2.66	2.66	2.67	2.67	2.75	2.56
麻城	2.50	2.75	2.78	2.78	1.65	1.70	1.70	2.27
安陆	0.44	0.46	0.52	0.56	0.44	0.47	0.52	0.49
应城	0.75	0.74	0.67	0.56	0.55	1.36	0.82	0.78
特大城市	—	8.65	8.91	9.20	9.41	10.02	10.08	9.38
Ⅰ型大城市	8.70	—	—	—	—	—	—	—
中等城市	0.87	0.83	0.89	0.95	0.86	0.84	0.65	0.84
Ⅰ型小城市	1.24	1.24	1.48	1.54	1.25	1.01	1.10	1.27
Ⅱ型小城市	0.60	0.60	0.60	0.56	0.50	0.92	0.67	0.64

（三）中小城市公共服务功能薄弱

2006～2014 年，武汉都市圈公共服务功能整体呈不断上升趋势。从不同等级城市来看，2014 年特大城市的公共服务功能最强，其次是Ⅰ型小城市和Ⅱ型小城市，公共服务功能最弱的是中等城市，说明整个武汉都市圈的公共服务功能不平衡，中小城市的公共服务功能尚不完善，且与核心城市武汉差距过大（表 10-19）。人民日益增长的美好生活需要和不平衡不充分的发展之间的矛盾，在武汉都市圈中小城市表现得尤为明显。

表 10-19　2006～2014 年武汉都市圈公共服务功能测度结果

城市	2006 年	2007 年	2008 年	2009 年	2010 年	2011 年	2012 年	2013 年	2014 年
武汉	2.96	9.05	9.05	10.56	12.22	24.58	34.00	74.62	47.15
黄石	3.35	4.27	4.27	5.32	6.21	9.68	11.06	13.89	13.30
孝感	3.57	4.48	4.48	8.22	10.36	11.83	18.20	21.31	25.36
鄂州	4.64	3.85	3.85	9.42	10.21	17.21	20.23	23.55	26.04
潜江	4.51	4.86	4.86	6.01	7.50	10.81	13.57	16.70	19.01
咸宁	5.29	3.41	3.41	5.95	6.27	10.63	15.37	16.50	19.47
仙桃	2.96	3.05	3.05	4.65	5.79	9.47	12.79	15.00	17.89
汉川	1.88	2.67	2.67	3.99	5.17	6.85	9.01	11.41	14.72
黄冈	2.89	3.92	3.92	4.60	6.26	4.28	4.15	5.80	9.45
天门	3.89	4.92	4.92	6.77	7.22	10.34	10.51	17.47	20.10
大冶	4.53	4.85	4.85	6.02	9.28	15.37	25.39	27.80	36.57
武穴	3.08	4.22	4.22	5.96	6.61	8.74	10.15	13.15	15.05
麻城	4.28	5.08	5.08	7.08	7.40	9.79	13.92	17.66	20.37
赤壁	3.32	4.06	4.06	5.37	5.22	8.93	12.38	14.73	17.13
安陆	2.74	3.70	3.70	5.35	6.23	8.02	9.97	11.93	14.78
应城	8.28	5.93	5.93	9.13	10.71	14.72	19.82	21.89	24.24
特大城市	—	9.05	9.05	10.56	12.22	21.84	27.16	59.12	35.53
大城市	2.96	—	—	—	—	—	—	—	—
中等城市	3.35	4.27	4.27	5.32	6.21	9.46	10.83	13.43	13.07
Ⅰ型小城市	3.62	3.79	3.79	6.27	7.29	10.17	13.18	16.25	19.29
Ⅱ型小城市	5.08	4.52	4.52	6.95	8.33	10.94	13.98	16.29	19.01
武汉都市圈	2.36	4.66	4.66	6.29	7.21	11.82	14.71	28.12	19.69

资料来源：根据《中国城市统计年鉴》（2007～2015 年）整理计算

（四）人口集聚功能主要靠特大城市拉动

2007～2014 年，武汉都市圈人口集聚度最高的城市类型是特大城市，由 11.59 上升到 15.81。随着城镇化进程的推进，2006～2014 年，武汉都市圈内中等城市集聚水平波动上升，但整体上中等城市和小城市的人口集聚功能仍相对较弱（表 10-20）。

表 10-20　2006～2014 年武汉都市圈人口集聚功能测度

城市	2006 年	2007 年	2008 年	2009 年	2010 年	2011 年	2012 年	2013 年	2014 年	平均值
武汉	11.12	11.60	13.53	13.99	14.56	14.36	14.34	17.45	15.80	14.08
黄石	3.59	3.61	3.66	3.80	3.79	3.79	3.80	3.85	4.64	3.84
鄂州	2.84	3.88	2.83	2.83	2.88	2.90	2.90	2.95	2.99	3.00
孝感	4.07	3.41	2.10	2.10	2.11	2.81	3.11	3.13	3.25	2.90
黄冈	6.63	6.14	6.07	6.06	2.09	5.92	5.83	5.87	3.86	5.39
咸宁	3.07	3.21	3.27	3.30	2.52	2.59	2.55	2.09	2.22	2.76
仙桃	5.36	2.03	1.99	2.09	2.15	2.20	2.11	2.25	2.25	2.49
潜江	2.26	2.28	2.28	2.26	1.96	1.96	1.96	1.95	2.33	2.14
天门	1.50	0.95	0.97	0.97	1.04	1.26	1.65	1.26	1.26	1.21
大冶	2.14	2.15	2.14	2.13	2.20	2.16	1.89	1.87	1.96	2.07
应城	4.66	1.19	1.19	1.19	1.19	1.20	1.21	1.39	1.44	1.63
安陆	4.40	2.27	2.25	2.26	2.27	2.30	2.42	2.58	2.63	2.60
汉川	6.55	4.00	3.99	3.97	3.97	4.22	4.32	4.38	4.42	4.42
麻城	1.45	1.46	1.46	1.46	1.51	1.53	1.54	1.56	1.58	1.51
武穴	7.07	6.74	6.72	7.07	6.99	7.06	7.07	7.55	7.67	7.10
赤壁	2.11	2.08	2.09	2.30	5.17	5.03	4.98	5.17	5.19	3.79
特大城市	—	11.59	13.53	13.98	14.57	14.37	14.35	17.46	15.81	14.46
Ⅰ型大城市	11.12	—	—	—	—	—	—	—	—	—
中等城市	3.59	3.61	3.66	3.81	3.78	3.80	3.80	3.85	4.65	3.84
Ⅰ型小城市	8.35	7.54	7.47	7.59	7.59	8.22	8.44	8.45	8.49	8.02
Ⅱ型小城市	4.79	1.98	1.97	1.98	1.98	2.00	2.07	2.25	2.31	2.37

资料来源：根据《中国城市统计年鉴》（2007～2015 年）、《中国城市建设统计年鉴》（2006～2014 年）整理计算

（五）武汉都市圈整体城市功能测度结果

通过对各项功能加权平均，得到综合功能测度结果。可以看出，2006～2014 年，武汉都市圈综合功能指数整体呈波动上升趋势（表 10-21）。不同类型城市功能由强到弱依次为特大城市、Ⅰ型小城市、中等城市和Ⅱ型小城市。

表 10-21　2006～2014 年武汉都市圈城市功能测度结果

城市	2006 年	2007 年	2008 年	2009 年	2010 年	2011 年	2012 年	2013 年	2014 年	平均值
武汉	9.96	11.29	13.23	14.75	16.10	19.79	23.60	33.33	29.29	19.04
黄石	3.64	3.90	3.99	4.24	5.06	7.11	7.28	9.59	7.92	5.86

续表

城市	2006年	2007年	2008年	2009年	2010年	2011年	2012年	2013年	2014年	平均值
孝感	1.58	1.59	1.87	2.55	2.69	3.24	4.04	4.98	5.81	3.15
鄂州	2.09	2.48	2.93	4.04	4.72	6.32	7.27	8.08	9.02	5.22
潜江	1.94	2.36	2.70	2.93	3.38	4.58	5.31	6.30	7.50	4.11
咸宁	1.75	1.66	2.22	3.35	3.64	3.84	4.99	4.98	6.15	3.62
仙桃	1.49	1.84	2.86	2.54	2.81	3.62	4.40	6.07	6.64	3.59
汉川	1.44	1.35	1.54	1.86	2.26	3.04	3.61	4.53	5.71	2.82
黄冈	2.21	2.17	2.43	3.01	2.89	3.52	4.39	4.91	5.23	3.42
天门	1.08	1.74	1.78	1.87	2.01	2.61	2.85	5.31	5.74	2.78
大冶	1.16	1.87	2.13	2.25	3.33	4.75	6.65	7.83	9.81	4.42
武穴	1.83	2.07	2.37	2.74	3.02	3.60	4.01	4.37	4.85	3.21
麻城	1.91	2.07	2.06	2.29	2.16	2.65	3.32	4.14	4.78	2.82
赤壁	1.72	1.85	2.25	2.56	3.14	4.43	5.64	6.67	7.48	3.97
安陆	1.46	1.49	1.63	1.87	2.12	2.48	2.95	3.46	4.34	2.42
应城	2.04	1.68	1.86	2.13	2.58	3.68	4.43	4.95	5.84	3.24
特大城市	—	11.54	13.49	15.03	16.40	19.81	23.19	31.97	28.39	19.98
Ⅰ型大城市	9.96	—	—	—	—	—	—	—	—	—
中等城市	3.59	3.85	3.93	4.19	5.01	7.04	7.21	9.50	7.85	5.80
Ⅰ型小城市	4.53	4.91	6.58	6.56	7.70	9.48	11.06	16.26	18.75	9.54
Ⅱ型小城市	1.77	1.63	1.81	2.07	2.48	3.19	3.81	4.38	5.61	2.97

第三节　武汉都市圈中小城市类型划分

本节利用引力和场强模型（李彦军，2008），将万有引力公式引入武汉都市圈空间界定模型中，用来测度中小城市与武汉的经济联系强度，将周边中小城市按照经济联系强度的大小分类，结合中小城市功能的测度结果对武汉都市圈中小城市进行深入研究。

一、经济联系强度

构建武汉都市圈中小城市与武汉的经济联系强度测算公式，用这一指标来反映武汉都市圈中小城市与武汉的经济联系强度。用 $\sqrt{PV}$ 这样一种组合来代替城市质量 M，则两城市之间的作用力公式，即经济联系强度公式为

$$R_i = \sqrt{P_i V_i}\frac{\sqrt{PV}}{D_i^2} \tag{10-1}$$

式中，P 表示武汉市区总人口（万人）；V 表示武汉地区生产总值（亿元）；P_i、V_i 分别表示城市 i 建成区总人口（万人）、地区生产总值（亿元）；D_i 表示城市 i 距武汉市中心的距离（公路里程以千米计，由高德地图测算得出）；R_i 表示武汉与城市之间经济联系量，反映武汉对外经济联系强度和影响范围。城市人口使用市辖区人口（为市辖区户籍人口和市辖区暂住人口之和），地级市地区生产总值为市辖区地区生产总值，县级市为全市地区生产总值。

2010～2016 年，武汉都市圈各城市的经济联系强度整体呈上升趋势，说明各城市与武汉的经济联系日益紧密。各城市与武汉的经济联系强度由大到小依次为鄂州、孝感、汉川、黄石、仙桃、黄冈、咸宁、大冶、应城、麻城、潜江、天门、赤壁、安陆和武穴（表 10-22）。

表 10-22　2010～2016 年武汉都市圈经济联系强度

城市	2010 年	2011 年	2012 年	2013 年	2014 年	2015 年	2016 年	平均值
汉川	31.73	43.71	47.78	55.79	60.71	63.81	108.85	58.91
鄂州	33.79	48.76	54.16	61.16	65.88	68.85	101.33	61.99
孝感	33.85	46.32	53.76	60.84	67.11	77.75	91.99	61.66
黄石	26.76	41.28	38.39	48.17	54.56	54.70	75.62	48.50
仙桃	18.81	25.20	28.35	32.28	34.69	36.31	52.00	32.52
咸宁	14.50	18.74	21.10	25.30	27.48	28.74	44.82	25.81
大冶	12.13	16.15	17.75	19.79	21.51	21.88	35.53	20.68
黄冈	17.41	21.92	25.71	28.93	31.59	33.16	30.57	27.04
应城	8.16	10.85	12.11	14.31	15.54	16.54	28.12	15.09
潜江	7.83	10.40	11.68	13.06	14.00	15.37	23.50	13.69
麻城	7.72	10.31	11.72	13.00	14.31	18.64	21.99	13.95
天门	6.99	9.63	12.33	12.20	13.09	13.83	21.02	12.73
赤壁	5.98	8.19	9.70	11.24	12.20	10.77	17.13	10.75
安陆	6.32	7.97	9.13	10.67	11.51	11.93	15.18	10.39
武穴	3.01	4.01	4.59	5.31	5.82	6.17	8.33	5.32

资料来源：根据《中国城市统计年鉴》（2011～2017 年）整理计算

注：2009 年以前数据缺失

二、经济联系隶属度

在经济联系强度的基础上构建经济联系隶属度，用武汉都市圈周边每个中小城市经济联系量与圈域经济联系总量之比来衡量，该值越大说明该城市与核心城市武汉的经济联系越密切，受到核心城市的辐射带动作用就越强（刘承良等，2007a）。

经济联系隶属度公式为

$$L_i = \frac{R_i}{\sum_{i=1}^{n} R_i} \tag{10-2}$$

式中，R_i表示武汉与城市 i 间经济联系量；L_i表示经济联系隶属度。以此为标准划分武汉对外经济联系腹地层次。测算结果表明，鄂州、孝感、汉川、黄石与武汉的经济隶属度较高，经济联系依存度较大（表 10-23）。

表 10-23　2010～2016 年武汉都市圈中小城市经济联系隶属度

城市	2010 年	2011 年	2012 年	2013 年	2014 年	2015 年	2016 年	平均值
鄂州	11.7	12.1	11.5	12.4	11.1	11.1	15.0	12.1
孝感	11.7	11.5	11.4	12.3	11.3	12.5	13.6	12.0
汉川	11.0	10.8	10.1	11.3	10.2	10.3	16.1	11.4
黄石	9.2	10.2	8.2	9.8	9.2	8.8	11.2	9.5
仙桃	6.5	6.2	6.0	6.5	5.8	5.9	7.7	6.4
黄冈	6.0	5.4	5.5	5.9	5.3	5.3	4.5	5.4
咸宁	5.0	4.6	4.5	5.1	4.6	4.6	6.6	5.0
大冶	4.2	4.0	3.8	4.0	3.6	3.5	5.3	4.1
应城	2.8	2.7	2.6	2.9	2.6	2.7	4.2	2.9
麻城	2.7	2.6	2.5	2.6	2.4	3.0	3.3	2.7
潜江	2.7	2.6	2.5	2.6	2.4	2.5	3.5	2.7
天门	2.4	2.4	2.6	2.5	2.2	2.2	3.1	2.5
赤壁	2.1	2.0	2.1	2.3	2.1	1.7	2.5	2.1
安陆	2.2	2.0	1.9	2.2	1.9	1.9	2.3	2.1
武穴	1.0	1.0	1.0	1.1	1.0	1.0	1.2	1.0

三、基于经济联系隶属度的武汉都市圈中小城市分类

武汉都市圈空间影响范围具有层级性与动态性，以强度与经济联系隶属度为主导因子，参考距离及通达性变化（刘承良，2006），将武汉都市圈的城市分为三类：第一类是核心层，为经济联系强度均值大于 40、经济联系隶属度均值大于 9 的城市，包括汉川、鄂州、黄石和孝感；第二类是辐射层，为经济联系强度均值在 15～40、经济联系隶属度均值在 2.8～9 的城市，包括仙桃、咸宁、黄冈、大冶、应城；第三类是边缘层，为经济联系强度均值小于 15、经济联系隶属度均值小于 2.8 的城市，包括天门、麻城、潜江、赤壁、安陆和武穴。可以

看出，武汉都市圈具有典型的圈层结构，以核心城市武汉为中心，从内到外依次形成了核心层、辐射层、边缘层三个层次。

第四节　武汉都市圈中小城市功能提升重点

根据2010～2016年经济联系强度均值和经济联系隶属度均值，将武汉都市圈的中小城市划分为核心层、辐射层和边缘层三种类型。这三种类型与核心城市的经济联系紧密程度呈递减趋势，应针对不同类型中小城市存在的问题提出不同的功能提升方向，以实现武汉都市圈中小城市功能的整体提升。

一、核心层中小城市

该类城市距离武汉在100km范围内，与武汉经济联系强度和经济联系隶属度最高，与武汉的联系最为密切，是未来武汉都市圈发展的优先区域。处于核心层的中小城市，整体功能水平较高，其中黄石和孝感为中等城市，2016年黄石建成区人口87.2万人，具有尽快发展成为大城市的可能；汉川、鄂州与武汉距离近，为Ⅰ型小城市，具有接受武汉辐射的优越条件。其功能提升的重点是，继续加强发展较好的功能，大力提升发展较弱的功能。优先加快黄石、孝感、汉川、鄂州市域范围内发达城镇与武汉市区的融合，加快建设环武汉的高速干线，构建以钢铁、服装、建材、生物制药、食品、光电信息等为主导的环形产业走廊，实行技术合作与共享，推行“前店后厂”的产业发展模式，以提升该圈层中小城市的发展功能。

黄石、鄂州是武汉都市圈中小城市功能最为完善的城市。黄石是武汉都市圈重要的先进制造业基地，在城市规模、工业、交通、商贸、特色农业、科教等方面的优势成就了其在武汉都市圈中“副中心城市”的地位。黄石在产业发展、吸纳就业和人口集聚功能方面都相对完善，但公共服务功能薄弱，应重点提升其公共服务功能。在产业发展方面，黄石应重点发展新材料、新能源、电子信息、大健康等九大主导产业，以黄石经济技术开发区和黄石新港物流（工业）园区为载体，创新投入机制，优化产业布局，促进集群发展。黄石还是武汉都市圈的商贸、物流中心，具有科教优势和农副产品加工特色优势，要积极建成经济繁荣、和谐宜居、生态良好、富有活力、特色鲜明的现代化大城市。鄂州产业发展功能和公共服务功能最强，吸纳就业和人口集聚功能相对薄弱。未来，应在加强产业发展功能和提升公共服务功能的基础上，重点提升吸纳就业和人口集聚功能。顺应武汉都市圈发展趋势，打破行政边界，加强与武汉的经济联系，积极承接武汉产业转移，参与武汉国家中心城市建设，推动武汉-鄂州产业融合发展。同时不断完善公共服务功能，以吸引人口集聚。

孝感刚刚迈入中等城市，是武汉都市圈西北部的中心城市，但城市规模较小，2016 年建成区人口 54.7 万人，产业发展、吸纳就业和人口集聚功能相对薄弱，公共服务功能较强，要通过提升产业功能以提升吸纳就业和人口集聚功能。发挥与武汉距离较近的优势，推进武汉–孝感深度融合，共建交通、水利、能源、通信等跨区域项目，协调推进沿江高铁、武汉枢纽直通线、武汉轨道交通 20 号线，进一步缩短孝感与武汉的时间距离。合力共建（武）汉孝（感）产业园，在激光装备、商业航天、“芯屏端网”（芯片—新型显示屏—智能终端—互联网）等方面加强产业协作配套。与武汉共享大数据信息，推动人才互派交流常态化、制度化，建立紧密的产学研合作关系。在提升产业发展功能方面，应发挥孝感连接武汉、宜昌、襄阳“金三角”的区位交通优势，对接湖北十大重点产业[①]，全力融入（武）汉孝（感）随（州）襄（阳）十（堰）制造业高质量发展带，重点发展优势粮、棉、油、畜牧、水产品生产加工业，纺织服装工业，以盐化工和石油化工为主的化学工业、汽车零部件、医药、专用机械业。以武汉吴家山海峡两岸科技产业园区为主要辐射源，推进汽车零配件、食品工业、农产品加工及盐、磷化工等为重点的产业集群，建设孝感产业集聚区。

汉川与武汉的经济联系强度较高，但城市整体功能不高，主要原因在于产业发展功能非常薄弱。因此，应积极发展金属制品和纺织产业集群，在优良专用棉生产基地的基础上重点发展现代化纺织产业，以提升吸纳就业功能。在油菜大面积种植的基础上，重点发展龙头加工企业，强化良种繁育体系建设，配套发展肉类加工企业。通过产业发展功能的提升，逐步提升吸纳就业和人口集聚功能。

二、辐射层中小城市

处于辐射层的中小城市，仙桃、咸宁、大冶整体城市功能相对好于黄冈、应城。这类城市实力基本相当，人口集聚和公共服务功能不强，城市公共服务功能薄弱是人口集聚功能较差的主要原因。因此，城市功能提升的重点在于完善公共服务功能，包括医疗、卫生条件和设备的改进，教育设施的完善，以及

① 指集成电路、地球空间信息、新一代信息技术、智能制造、汽车、数字、生物、康养、新能源与新材料、航天航空。

师资力量的提高等。

仙桃已在湖北率先完成了城乡居民医疗保险制度的整合，实现了跨省异地就医的联网结算，完善了养老、医疗、社会救助等公共服务。仙桃的综合实力已进入全国综合实力百强县，应继续保持较高质量增长，推动与武汉在产业承接、园区共建、商贸物流、资本市场、休闲旅游等领域的深度对接，争取全面融入武汉；不断完善基础设施，推进武汉—仙桃城际铁路的开工建设、江汉平原货运铁路①的尽快运营，提升仙桃港的通航能力，完善仙桃的城市功能；提升开放性经济水平，积极融入"一带一路"、长江经济带建设，着力打造江汉平原外向型经济支点城市。

咸宁是武汉都市圈南部的重要城市，产业发展、吸纳就业、人口集聚功能较弱，公共服务功能相对较好。2016 年咸宁建成区人口 41.2 万人，要向北拓展城市空间，促进咸宁向中等城市迈进。向西发展旅游产业，突出生态环境特色优势，强化与武汉东湖新技术开发区和咸（宁）嘉（鱼）新城的产业对接，形成各具特色的功能组团。咸宁老城区以旧城更新为契机，在补齐公共服务短板的同时，有序引导商业服务功能向新区转移；新区积极寻求动能转换，实现传统产业向高新技术产业的提升，以产业主导带动新区的建设发展。咸宁城市功能提升的重点是产业功能，一方面，坚持改造升级传统产业和培育壮大新兴产业并举，加快提升产业基础能力和产业链水平，振兴实体经济。加快构建现代产业体系，围绕产业链上下延伸，培育和做强农产品加工、清洁能源、电子信息、汽车及零部件制造、食品医药等特色产业，加快发展人工智能、生物医药、先进装备制造、新能源汽车等新兴产业，积极推动制造业与现代服务业融合发展，提升制造业数字化、网络化、智能化水平。另一方面，继续提升对外开放水平，推动武（汉）咸（宁）一体化发展，实现交通一体、产业对接、市场互融、服务共享，探索"总部在武汉、生产基地在咸宁"的发展模式。抓住长江岸线资源整合机遇，加快潘家湾物流园区建设。支持通城、赤壁、崇阳与毗邻地区在基础设施、市场建设、公共服务等方面的合作，扩大与长江沿线城市的合作范围。

大冶应加快发展先进制造业，鼓励和支持传统产业改进生产工艺、提升装备水平、提高产品质量；充分发挥新兴产业投资基金的引导作用和放大效应，推动高端装备制造、生命健康、节能环保、新材料等产业集约集群发展，构筑现代产业新体系。

---

① 包括天门—仙桃、天门—潜江两条线路。

黄冈产业发展、吸纳就业和公共服务功能都比较薄弱，要搭建产业发展平台，引导人口和经济集聚，提高中心城区承载能力和吸纳就业能力，壮大中心城区规模，完善城市功能，积极培育高质量发展的动力源。以黄冈产业园、中国·光谷黄冈科技产业园、湖北黄冈高新技术产业开发区为基础，构建临空经济、大健康产业、电子信息产业、现代物流业为核心的现代产业集聚中心，形成带动黄冈发展的增长极。此外，不断完善公共服务水平，加大对外开放力度。一方面，优先发展教育，深化医药卫生体制改革，发展医疗联合体，提高公共服务均等化、标准化水平；另一方面，以更宽的视野扩大开放，主动对接核心城市武汉，主动寻求合作，承接武汉功能疏解和产业转移。

应城的首要任务是普及基本公共服务，提升公共服务质量，优先发展教育事业；深化医药卫生体制改革，推进医疗联合体建设，增强医疗服务能力；加快发展文化事业，完善文化经济政策，培育新型文化产业；提升社会保障能力。

三、边缘层中小城市

处于边缘层的中小城市，与武汉的距离大于 100km，其共同点是产业发展和吸纳就业能力较弱。因此，这类城市的重点是发展第二、第三产业，通过产业发展不断提高吸纳就业能力，大力发展能源、石化、建材、机电、旅游等产业，建设武汉、郑州、长沙、南昌等核心城市的旅游休闲基地。应逐步加强这类城市的基础设施建设，搭建产业工业园，引导产业向工业区集中，实现产业集聚化发展。完善住房保障制度，引导人口逐步回流。不断完善中小城市创业扶持体系和职业培训体系，加大创新创业力度，增强经济发展的活力（刘承良和田颖，2008）。

天门应打造以农副产品深加工为主的轻型工业城市，重点发展纺织服装、食品、化工、医药、机电等行业。主动对接长江经济带、汉江生态经济带、中国（湖北）自由贸易试验区等发展战略，做好规划衔接与项目争取实施工作。积极参与武汉都市圈“两型”社会建设的综合配套改革试验。加强与周边城市的合作，加快交通连接、产业互补及生态治理的联合响应，破除行政壁垒，促进生产要素自由流动，建立统一、竞争有序的区域市场体系。

麻城应发展壮大实体经济，优化升级传统产业，培育壮大新兴产业，深化区域合作。积极开发健康、养老、会展及其他服务业。围绕武汉高校、科研院所和人才优势，探索建立柔性引才机制，推进建立互利共赢新机制。

赤壁应加强与沿线城市的交流合作，深度融入“一带一路”和长江经济带建设，鼓励出口供货企业向自营出口转变，增强对外经贸发展的后劲。

安陆首先应提高公共服务水平，办好学前教育、特殊教育，完善职业教育和培训体系。提高全民医疗水平，推进医疗联合体建设，大力提升文体事业，全方位提高公共服务层次。加大与武汉的对接力度，实现产业“研发在武汉、生产在安陆”，切实提升市场竞争力。积极当好武汉绿色食品供应地，瞄准武汉大中型超市和专业市场，建立特色农产品直销武汉的绿色通道。

武穴应主动对接武汉，强化协作配套，加强区域间合作交流。加快推进经济开发区机制体制改革，用足、用好国家级高新区优惠政策，融入湖北黄冈高新技术产业园区“一区七园”协同发展体系，承接先进产业转移，大力引进、利用外资，构建外向型经济新格局。

潜江应加快推进转型升级，积极做好独立工矿区、资源枯竭型城市等后续政策争取，提升产业发展水平。持续扩大开放，积极融入省级层面“一带一路”重点任务分工，积极参与汉江生态经济带建设。

第五节　武汉都市圈中小城市功能提升对策

在我国区域经济发展实践中，不同核心城市对周边区域的经济增长带动程度存在差异，有的核心城市带动作用很强，而有的核心城市带动作用很弱。这主要取决于三方面的因素：核心城市的辐射带动能力，周边中小城市的承接能力，核心城市与周边中小城市的要素流通渠道。武汉都市圈中小城市功能偏弱，与这三个方面的因素都有关系。因此，要进一步提升武汉的辐射带动能力，培育新的经济增长极，优化生产力布局和空间结构，提升周边中小城市的发展能力，实现优势互补和一体化发展，完善城市间功能分工与城市体系，打造我国中部地区重要的高水平都市圈，在长江经济带建设和落实“一带一路”倡议中发挥更大作用。

一、大幅度提升武汉的辐射带动能力

武汉交通区位优势明显，得九省通衢之便利，人力资本充裕，历史人文资源丰富，辐射地域广阔，无论从中部地区整体格局来看，还是从地理位置来看，武汉都处于特殊的空间枢纽位置。近年来，随着国家发展的重大战略逐渐从沿海向内陆延伸，武汉因地处长江经济带、长江中游城市群的重要地位，成为国

家空间发展战略的重要增长极。2016 年 12 月，国家发展和改革委员会印发的《促进中部地区崛起“十三五”规划》明确提出了支持武汉建设国家中心城市，之后武汉经济社会发展进入一个新的阶段。2019 年武汉地区生产总值 16 223 亿元，人均地区生产总值 14.55 万元，与其他发展较好的国家中心城市相比，武汉还有较大差距（表 10-24）。从国家中心城市建设看，武汉与北京、上海、广州等城市具有相当差距，与重庆、成都也有一定差距，国家中心城市建设水平仍居全国下游位置，其综合服务功能具有一定优势，但人文凝聚功能、生态宜居功能需要加强；从国家中心城市建设成长性看，近几年武汉经济发展速度较快，同时注重人文和旅游设施投入，国家中心城市成长性居全国中上游水平（表 10-25），其综合服务功能、人文凝聚功能成长性均居 9 个国家中心城市第二位，但开放交流功能、生态宜居功能的成长性指数和建设指数还处于劣势（郑州师范学院国家中心城市研究院课题组，2019）。

表 10-24 2019 年中国 9 个国家中心城市经济社会发展主要指标

城市	全市常住人口/万人	地区生产总值/亿元	人均地区生产总值/万元	地区生产总值增速/%	一般公共预算收入/亿元	城镇化率/%
北京	2 153.6	35 371	16.42	6.1	5 817	86.6
天津	1 561.8	14 104	9.04	4.8	2 410	83.5
上海	2 428.1	38 155	15.73	6.0	7 160	—
重庆	3 124.3	23 606	7.58	6.3	2 135	66.8
广州	1 530.6	23 629	15.64	6.8	1 697	86.5
武汉	1 121.2	16 223	14.55	7.4	2 912	80.5
成都	1 658.1	17 013	10.34	7.8	1 483	74.4
郑州	1 035.2	11 590	11.31	6.5	1 223	74.6
西安	1 020.4	9 321	9.23	7.0	703	74.6

资料来源：根据各市 2019 年国民经济和社会发展统计公报整理，上海缺少城镇化率指标

表 10-25 2018 年中国 9 个国家中心城市建设指数、建设成长性指数得分与名次

城市	建设指数		建设成长性指数	
	得分	名次	得分	名次
上海	0.5284	1	0.1132	7
北京	0.4991	2	0.0362	8
广州	0.2770	3	0.1253	5
重庆	0.1863	4	0.1176	6
成都	0.1816	5	0.2069	3
天津	0.1671	6	0.0261	9
武汉	0.1643	7	0.1579	4

续表

城市	建设指数		建设成长性指数	
	得分	名次	得分	名次
西安	0.1505	8	0.2353	2
郑州	0.1204	9	0.3439	1

资料来源：根据郑州师范学院国家中心城市研究院课题组（2019）整理

因此，武汉要继续提升中心城市的辐射带动能力，不仅可以在武汉都市圈中更好地发挥引领辐射作用，还应该在完善国家城镇空间格局体系过程中，承担推动中部地区崛起、引领长江中游城市群发展、支撑长江经济带建设的重要作用。这就需要精准把握发展短板，强化与战略平台的联动互动，在科技创新、信息枢纽等方面挖掘潜力，实现国家战略叠加效应的最大化（邓宏兵和李世冉，2019）。第一，通过加快改革和发展，进一步提升武汉的城市功能，使武汉成为长江中游以及我国内陆最大的现代制造业中心、科教文化中心、金融服务中心和商贸物流中心，实现城市功能的提升，从而真正成为具有强大竞争力的国家中心城市和具有显著带动辐射作用的长江经济带中心城市。聚集优势资源，构建“核-极-园-圈”[①]的梯次发展新格局，打造具有全球影响力、国内一流的生物医药和医疗器械产业集群。激发创新动力，推动新旧动能接续转换，瞄准世界科技前沿领域和顶尖水平，跟踪一批事关国家重大发展战略的关键核心技术，加快提升企业技术创新能力，建设共性技术平台，支持信息光电子、数字化设计与制造、先进存储等创新平台开展科技攻关，力争突破一批关键核心技术。聚焦集成电路、新型显示、下一代汽车、高端装备、生物医药、氢能、新材料、工业控制软件等关键环节，实施强链补链工程，强化产业带动和产业配套，提升产业链现代化水平。聚焦高质量发展，争创综合性国家产业创新中心、国家军民融合创新示范区、国家临空经济示范区、国家新一代人工智能创新发展试验区、国家级科技保险创新示范区、国家工业互联网产业示范区、国家智能网联汽车（武汉）测试示范区等，着力打造全国高质量发展新动力源。第二，充分发挥武汉在区位和信息服务外包等方面的优势，大力引进国内外物流、货运代理、金融服务等管理型、运营型总部，形成集办公、采购、结算、电子商务等功能于一体的综合性物流总部集聚区，建设一批总部经济示范产业园，打造

① 核，就是以光谷生物城作为产业驱动核，重点发展总部经济、研发创新、创新型企业孵化，承接国际生物医药高端加工；极，即武汉长江新城，以总部经济、生命科技研发和精准医疗、智慧医疗为主要特色，发展形成高端生物医药和医疗器械产业新的增长极；园，即在江夏、青山、新洲、黄陂等区，规划建设现代医药、智慧养老、精准医疗等产业园；圈，是以武汉都市圈为重点，加强与周边城市的产业交流合作，形成以武汉为龙头的生物医药及医疗器械产业圈。

内陆承接国际离岸外包高地。充分发挥中国（湖北）自由贸易试验区武汉片区、武汉东湖综合保税区、中国（武汉）跨境电子商务综合试验区等平台作用，推动有条件的企业采取联合、兼并、重组等方式融入全球供应链，高起点规划建设中日、中德、中美、中印等国际产业园，服务中部地区对外开放，推动武汉成为中部地区与世界文化、商贸、投资等领域交流合作的高地。第三，立足长江中游，辐射中西部，加快推进现代航运服务发展，加快弥补航空、水路、铁路和公路多式联运功能衔接不够的短板，加强港口–产业–城市的融合发展，加快建设长江中游航运中心、全国铁路路网中心、国际门户枢纽机场，将武汉打造成现代化国际性综合交通中心，以支撑长江经济带建设。

二、促进武汉与周边中小城市的联动发展

限于财税、考核等方面的体制因素，中国的区域发展一直类似于“诸侯经济”，很多地区从自身“一亩三分地”的利益出发，采取以邻为壑的竞争手段来谋取自身的发展。因此，都市圈核心城市与周边中小城市的联动发展尤为重要。联动发展既包括交通基础设施等的联动发展，也包括市场一体化的联动发展。2007 年，国务院批准武汉城市圈资源节约型和环境优化型社会建设综合配套改革试验区以来，武汉城市圈交通一体化逐渐实现，“二纵二横一环”的高速公路网、“干支相连、通江达海”的航运体系已经形成，先后建设了武汉至黄石、鄂州、咸宁、孝感、仙桃、潜江、天门等城市的城际铁路专用线，并逐步推进城际铁路公交化运行，形成了武汉城市圈轨道交通网。这表明武汉都市圈核心城市与周边中小城市、周边中小城市之间的交通联系已经比较畅通，未来要加快破除行政壁垒和制度障碍，促进生产要素自由流动，建立健全协同发展的体制机制，形成区域一体化发展新格局。

在市场经济体制下，统一、完善和开放的市场体系能发挥资源配置的决定性作用，加速产业、资金、人才、技术等的整合。2016 年湖北的市场化程度在全国处于中上游水平，但在政府与市场关系、非国有经济发展、市场中介组织的发育和法治环境方面还需要大力改善；湖北企业经营环境在全国居上游水平，但在行政干预与政府廉洁效率、金融服务与融资成本、市场环境和中介服务方面也还需要大力改进（表 10-26）。这种情况在武汉都市圈的体现就是仍然存在商品和要素进入彼此市场难度大、壁垒高，行政干预多，企业融资成本高等问题，需要大力推进市场化进程和改善营商环境。

表 10-26 2016 年湖北市场化分项指数和企业经营环境分项指数得分和在全国排名

市场化指数	得分	排名	企业经营环境指数	得分	排名
政府与市场关系	5.88	17	政策公开、公平、公正	3.80	8
非国有经济发展	8.61	14	行政干预与政府廉洁效率	3.52	18
产品市场的发育程度	8.48	8	企业经营的法治环境	3.90	9
要素市场的发育程度	9.31	5	企业的税费负担	3.72	6
市场中介组织的发育和法治环境	5.09	20	金融服务和融资成本	3.37	16
市场化指数合计	7.47	10	人力资本供应	3.53	5
			基础设施条件	4.27	4
			市场环境和中介服务	3.25	15
			企业经营环境指数合计	3.67	8

资料来源：王小鲁等（2019）；王小鲁等（2017）

武汉位于中国经济地理的中心，区位条件优越，交通便利，武汉都市圈内的中小城市应充分利用这一区位优势，认真落实《中共中央、国务院关于构建更加完善的要素市场化配置体制机制的意见》，使生产要素市场向规范化、法治化方向发展。在土地要素方面，增强土地管理灵活性。一是灵活产业用地方式，推动不同产业用地类型合理转换，探索增加混合产业用地供给；二是灵活土地计划指标管理，探索建立全国性的建设用地、补充耕地指标跨区域交易机制。在劳动力要素方面，引导劳动力要素合理畅通有序流动。畅通落户渠道，放开、放宽落户限制，试行以经常居住地登记户口制度。在技术要素方面，武汉是中部地区的智力密集区，科教实力强，应充分发挥这一优势，激发技术供给活力，促进科技成果转化。一是激活产权激励，开展赋予科研人员职务科技成果所有权或长期使用权试点，并行推进职务成果“三权”[①]改革和所有权改革试点；二是激活中介服务活力，建立技术转移人才培养体系。在资本要素方面，完善多层次资本市场制度。一是完善股市基础制度建设，制定出台完善股票市场基础制度的意见；二是完善债券市场统一标准建设，统一公司信用类债券信息披露标准，对公司信用类债券实行发行注册管理制。积极争取国家政策，完善武汉都市圈的金融体系建设，将其建设成华中地区的金融中心，成为推动区域经济发展的重要引擎；构建以武汉为中心、以各中等城市为分中心的有形票据交易市场，提高商业票据结算的集中度和速度；推进银行异地贷款业务以及城市间商业银行重组和资金拆借；加强产权交易市场建设，形成以武汉为中心、以中等城市为副中心的层次分明的产权交易网；加强武汉与周边中小城市的保险和柜台交易市场建设；促进金融所有制构成的多样化，允许私人资金适当进入金

① 指职务科技成果的所有权、处置权和收益权。

融业。

此外，要建立跨区域合作的公共治理机制，在招商引资、外贸出口、人才流动等方面建立统一政策，加快深化改革，全力推进制度建设一体化（安树伟和闫程莉，2016）。

三、提升周边中小城市的承接能力

（一）培育有竞争力的产业集群，提升中小城市产业发展功能

中小城市应依托现有的区位禀赋资源和人力资源，提升改造传统产业，培育发展新兴产业，打造特色优势产业。孝感、黄石、黄冈等中小城市应重点打造汽车制造、通信设备制造和光电设备等优势产业（谈佳洁和刘士林，2018）。中小城市还需科学布局各类园区，探索建立都市圈内跨行政区域的产业转移和园区合作机制，发展一批特色产业园区。抓住武汉部分产业向外转移的机遇，吸引专业技术人才、资金等产业集聚要素，发展区域性的特色产业集群（王国华和王英，2007）。

（二）提升武汉都市圈内中小城市的公共服务功能

武汉都市圈内中小城市基本公共服务水平相对较薄弱，要深化公共服务体制改革，推进农民工和市民在劳动报酬、劳动保护、子女教育、医疗服务、社会保障等基本公共服务和公共产品方面的均等化，将政府公共服务发展水平、居民幸福指数等纳入政府绩效考核标准，不断提高公共服务质量，提高居民的归属感和幸福感，多元化地引入社会力量发展教育、医疗、养老服务，建立健全公共服务购买机制。要逐步缩小区域、城乡差距，统筹城乡义务教育资源均衡配置，实行公办学校标准化建设和校长教师交流轮岗制度。加强建设高等学校数字图书馆、高校产学研合作网上公共服务平台等，促进教育资源共建共享。建立标准统一的医疗保险信息、医疗紧急救援网络，覆盖各级卫生行政部门、公共卫生应急指挥机构、疾病控制机构、医疗机构和血站等，为医疗救治和突发公共卫生事业处置提供实时信息。

（三）推进城市经济集聚水平，提升城市吸纳就业和人口集聚功能

人口集聚可以推动经济发展，经济发展可以反作用于人口集聚。未来一段时间中小城市将成为人口集聚的载体，通过人口集聚推动产业发展；产业集聚程度越高，经济越发达，越有利于人口集聚。产业集聚必然提供更多的就业机

会，吸纳大批劳动力。武汉都市圈一方面要不断提升整个都市圈的经济总量；另一方面还应强化本地市场效应，提高对就业人口的吸纳能力。

四、优化武汉都市圈等级规模结构和空间机构

武汉都市圈需要在完善城市等级规模层次的基础上，实现大中小城市等级规模的整体向上跃升，形成以特大型城市为核心、以大城市为骨干、以中小城市为节点的城市等级规模结构（彭勇和肖玲，2007）。具体来说，2016 年核心城市武汉的人口规模已居全国第七位，因此目前的重点是提高大中城市的整体规模，使城市等级规模结构依次向上跨越一级。拥有 50 万～100 万人口的中等城市黄石和孝感要争取向 100 万人口的大城市发展，以弥补武汉都市圈大城市缺失的环节；鄂州、仙桃、潜江、天门等基础较好的 I 型小城市应积极向中等城市发展；应城、安陆两个人口小于 20 万人的城市应逐步完善基础设施，吸引周边郊区和农业人口转入，进一步向更高一级的城市发展（张贞冰等，2014）。

根据核心-边缘理论，城市空间分布是动态的，其发展变化具有明显的阶段性，即包括离散阶段—极化（集聚）阶段—扩散阶段—成熟（均衡）阶段。目前，武汉都市圈空间结构已进入由集聚向扩散的过渡阶段。在这一阶段，武汉都市圈的极核增长与轴线发展已具备一定的基础，在先进制造业、高层次服务业继续向极核城市集聚的同时，传统产业已开始向中小城市扩散。因此，必须遵循都市圈空间演变的内在规律，通过集聚和扩散的双向作用，促进都市圈内部空间组织的优化。另外，要建立和加强其他大中小城市间的空间联系，通过高效的交通网络优化资源配置，使都市圈的空间结构由放射状点轴格局向开放式多核心网络化格局转变，才能真正有效地促进各城市间的职能优化与分工，从而推动整个都市圈的全面协调发展（朱媛媛等，2012）。

第十一章
郑州都市圈中小城市功能提升

郑州都市圈是中部地区重要的都市圈之一，它以省会郑州为中心，包括开封、新乡、焦作 3 个地级市，其中有巩义、荥阳、新密、登封、新郑、卫辉、辉县、沁阳、孟州 9 个县级市，2016 年建成区人口为 1034.67 万人[①]，地级市市辖区和县级市地区生产总值为 11 100.97 亿元[②]。郑州都市圈区域内的城市相互之间空间距离较近，辉县距离郑州最远，距离约 120km，多数城市属于郑州“一小时经济圈”的范围。

第一节　郑州都市圈中小城市功能特征

按照 2014 年 11 月发布的《国务院关于调整城市规模划分标准的通知》(国发〔2014〕51 号)，以建成区人口衡量，2016 年郑州都市圈有特大城市 1 个，为郑州；Ⅱ型大城市 1 个，为开封；中等城市 2 个，分别为焦作、新乡；小城市 9 个，其中Ⅰ型小城市 4 个，分别为巩义、新郑、辉县、登封，Ⅱ型小城市 5 个，分别为新密、荥阳、孟州、卫辉、沁阳。都市圈中小城市功能包括产业发展、吸纳就业、公共服务、人口集聚。

一、产业发展功能

非农产业增加值反映了城市经济集聚和产业发展水平。在郑州都市圈中，

① 根据《中国城市建设统计年鉴 2016》整理计算。
② 根据《中国城市统计年鉴 2017》整理计算。

郑州非农产业增加值规模最大，2016 年达 4577 亿元；最小的是卫辉，仅为 83 亿元。2016 年，郑州都市圈中小城市非农产业增加值规模最大的是新郑，达 956 亿元，其次是新乡，为 712 亿元。从城市类型来看，2006～2016 年，郑州都市圈中等城市非农产业增加值由 247 亿元提高到 1179 亿元，年均增长率为 16.9%；Ⅰ型小城市由 238 亿元提高到 2473 亿元，年均增长率为 26.3%；Ⅱ型小城市由 1026 亿元提高到 1981 亿元，年均增长率为 6.8%（表 11-1）。郑州都市圈中小城市非农产业增加值年均绝对值从大到小依次为Ⅰ型小城市、中等城市、Ⅱ型小城市。

表 11-1　2006～2016 年郑州都市圈非农产业增加值　（单位：亿元）

城市	2006 年	2007 年	2008 年	2009 年	2010 年	2011 年	2012 年	2013 年	2014 年	2015 年	2016 年
郑州	877	1 017	1 265	1 421	1 740	2 281	2 799	3 336	3 668	4 050	4 577
开封	106	127	158	179	204	233	258	353	472	512	567
焦作	141	165	199	219	249	282	329	304	403	425	467
新乡	202	241	273	264	325	434	499	569	615	643	712
巩义	238	286	344	344	412	459	518	570	597	614	668
新郑	192	239	301	301	372	462	511	586	669	853	956
辉县	83	100	129	129	180	225	241	252	263	269	295
登封	145	185	233	233	304	422	419	438	470	506	554
荥阳	177	227	289	289	339	412	433	494	543	558	600
新密	203	256	314	314	386	486	497	543	584	622	663
卫辉	32	41	52	52	63	76	83	84	91	73	83
沁阳	115	146	181	181	220	257	284	311	319	332	360
孟州	79	105	127	127	159	191	211	226	239	247	275
特大城市	—	—	—	—	—	2 281	2 799	3 336	3 668	4 050	4 577
Ⅰ型大城市	—	—	1 265	1 421	1 740	—	—	—	—	—	—
Ⅱ型大城市	1 079	1 017	—	—	—	—	—	—	—	512	567
中等城市	247	533	630	662	778	949	1 086	1 226	1 490	1 068	1 179
Ⅰ型小城市	238	525	645	774	964	1 146	1 270	1 408	1 999	2 242	2 473
Ⅱ型小城市	1 026	1 060	1 325	1 196	1 471	1 844	1 927	2 096	1 776	1 832	1 981
中小城市	1 511	2 118	2 600	2 632	3 213	3 939	4 283	4 730	5 265	5 142	5 633
郑州都市圈	2 590	3 135	3 865	4 053	4 953	6 220	7 082	8 066	8 933	9 704	10 777

资料来源：《中国城市统计年鉴》（2007～2017 年）

注：不同类型城市的非农产业增加值为相应类型城市的加总

2006～2016 年，郑州都市圈各城市平均非农产业增加值规模最大的是郑州，为2457亿元；其次是新郑，为495亿元；再次是巩义，为459亿元；卫辉最低，为66亿元。这说明，郑州都市圈非农产业增加值存在明显的小城市数目过多与小城市发展不充分并存的问题。

二、吸纳就业功能

郑州都市圈各城市的非农产业单位从业人员吸纳能力总体上不断增强（表11-2）。

表11-2　2006～2016年郑州都市圈各城市非农产业单位从业人员（单位：万人）

城市	2006年	2007年	2008年	2009年	2010年	2011年	2012年	2013年	2014年	2015年	2016年
郑州	64.19	68.24	62.77	70.59	74.08	97.37	119.00	138.10	140.30	140.70	143.80
开封	16.70	15.61	15.29	15.22	14.58	17.23	17.91	22.30	22.50	28.51	31.66
焦作	16.97	16.6	16.06	17.71	16.12	19.93	21.02	23.75	22.90	21.44	22.25
新乡	20.42	18.48	17.46	19.01	19.14	19.40	18.48	21.85	21.61	22.73	20.57
巩义	5.87	5.98	5.97	5.56	5.87	6.07	6.41	39.73	39.69	38.63	38.42
新郑	5.40	5.56	5.81	6.16	6.54	6.92	7.62	11.64	26.30	13.86	14.34
辉县	3.73	4.00	4.03	4.40	4.83	5.48	5.56	26.11	24.78	29.68	32.36
登封	4.53	5.17	5.27	5.65	6.07	6.24	7.82	9.96	10.74	11.25	10.73
荥阳	4.82	5.99	6.15	6.28	6.06	6.29	6.57	9.74	14.43	30.58	31.22
新密	4.16	4.22	4.12	4.08	4.17	6.96	7.13	8.84	10.83	42.13	42.32
卫辉	4.13	3.73	3.63	3.72	3.88	4.17	3.62	9.93	16.10	17.17	18.72
沁阳	2.55	2.52	2.53	2.57	2.61	2.75	2.72	3.71	5.22	14.84	24.46
孟州	2.49	2.78	2.83	2.93	3.10	3.90	4.17	7.16	11.75	15.61	17.01

资料来源：《中国城市统计年鉴》（2007～2017年），其中沁阳2015年数据为2014年与2016年数据的均值

图11-1进一步展示了郑州都市圈非农产业单位从业人员的城市差异。2006～2012年差距逐步扩大，即大城市或者特大城市郑州非农产业吸纳就业能力增长比中小城市要快；2013～2016年差距逐年缩小，主要表现为小城市非农产业吸纳就业能力的提高比大城市或者特大城市要快。

2006～2007年，郑州都市圈吸纳就业能力占主导地位的是II型大城市；2008～2010年，占主导地位的是I型大城市；2011～2016年，占主导地位的是特大城市，但特大城市吸纳就业能力在2012年以后逐步下降。郑州都市圈中小城市吸纳就业能力较弱，且2006年后呈现持续下降态势，到2013年小城市的吸纳就业能力开始回升（表11-3）。

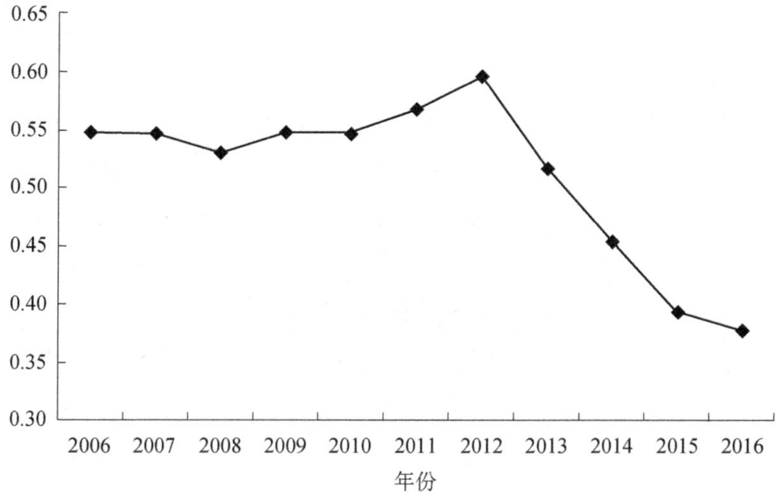

图 11-1　2006～2016 年郑州都市圈非农产业从业人员的城市差异指数

注：采用基尼系数测算

表 11-3　2006～2016 年郑州都市圈各类型城市吸纳就业能力比较

年份	Ⅱ型小城市		Ⅰ型小城市		中等城市		Ⅱ型大城市		Ⅰ型大城市		特大城市	
	数量/万人	比重/%	数量/万人	比重/%	数量/万人	比重/%	数量/万人	比重/%	数量/万人	比重/%	数量/万人	比重/%
2006	31.81	20.40	5.87	3.76	33.67	21.59	84.61	54.25	—	—	—	—
2007	28.41	17.88	11.54	7.26	50.69	31.90	68.24	42.95	—	—	—	—
2008	28.56	18.80	11.78	7.75	48.81	32.13	—	—	62.77	41.32	—	—
2009	25.23	15.40	16.12	9.84	51.94	31.69	—	—	70.59	43.07	—	—
2010	25.89	15.50	17.24	10.32	49.84	29.84	—	—	74.08	44.35	—	—
2011	30.31	14.95	18.47	9.11	56.56	27.90	—	—	—	—	97.37	48.03
2012	32.03	14.05	19.59	8.59	57.41	25.18	—	—	—	—	119.00	52.19
2013	49.34	14.82	77.48	23.28	67.90	20.40	—	—	—	—	138.10	41.49
2014	58.33	15.89	101.51	27.65	67.01	18.25	—	—	—	—	140.30	38.21
2015	120.33	28.17	93.42	21.87	44.17	10.34	28.51	6.67	—	—	140.70	32.94
2016	133.73	29.86	95.85	21.40	42.82	9.56	31.66	7.07	—	—	143.80	32.11

资料来源：《中国城市统计年鉴》（2007～2017 年）

注：不同类型城市的吸纳就业数量为相应类型城市的非农产业单位从业人员加总

三、公共服务功能

（一）人均地方公共财政收入

2006～2015 年，郑州都市圈人均地方公共财政收入呈不断上升趋势，由 0.21

万元提高到 0.93 万元，年均增长率为 18.0%。2016 年略有下降，为 0.91 万元。其中，郑州的人均地方公共财政收入最高，2016 年为 2.19 万元；卫辉的人均地方公共财政收入最低，2016 年仅为 0.16 万元。2006～2016 年，新郑的人均地方公共财政收入年均增长率最高，达 25.3%；登封最低，仅为 8.6%。总体来看，中小城市人均地方公共财政收入低于郑州都市圈的整体水平，Ⅰ型小城市人均地方公共财政收入高于Ⅱ型小城市（表 11-4）。

表 11-4　2006～2016 年郑州都市圈各城市人均地方公共财政收入（单位：万元）

城市	2006 年	2007 年	2008 年	2009 年	2010 年	2011 年	2012 年	2013 年	2014 年	2015 年	2016 年
郑州	0.51	0.62	0.71	0.79	0.58	0.73	0.79	1.06	1.20	2.11	2.19
开封	0.12	0.14	0.18	0.20	0.26	0.33	0.30	0.47	0.55	0.69	0.37
焦作	0.22	0.27	0.28	0.29	0.35	0.43	0.43	0.49	0.53	0.59	0.62
新乡	0.17	0.21	0.24	0.27	0.35	0.45	0.55	0.60	0.59	0.65	0.66
巩义	0.14	0.16	0.17	0.20	0.22	0.27	0.32	0.36	0.38	0.42	0.46
新郑	0.11	0.13	0.17	0.20	0.26	0.34	0.41	0.57	0.71	0.99	1.05
辉县	0.05	0.07	0.09	0.11	0.15	0.20	0.23	0.26	0.27	0.28	0.25
登封	0.14	0.17	0.20	0.23	0.25	0.30	0.34	0.38	0.37	0.36	0.32
荥阳	0.11	0.13	0.15	0.17	0.18	0.21	0.25	0.30	0.39	0.46	0.54
新密	0.09	0.11	0.14	0.16	0.19	0.25	0.31	0.32	0.34	0.34	0.35
卫辉	0.03	0.04	0.05	0.06	0.07	0.09	0.11	0.13	0.14	0.15	0.16
沁阳	0.08	0.11	0.12	0.15	0.17	0.20	0.23	0.25	0.25	0.25	0.27
孟州	0.10	0.13	0.14	0.16	0.18	0.19	0.21	0.24	0.27	0.29	0.33
特大城市	—	—	—	—	—	0.73	0.79	1.06	1.20	2.11	2.19
Ⅰ型大城市	—	—	0.71	0.79	0.58	—	—	—	—	—	—
Ⅱ型大城市	0.42	0.62	—	—	—	—	—	—	—	0.69	0.37
中等城市	0.17	0.21	0.23	0.25	0.32	0.40	0.43	0.53	0.56	0.62	0.64
Ⅰ型小城市	0.14	0.15	0.17	0.17	0.20	0.26	0.31	0.38	0.42	0.48	0.49
Ⅱ型小城市	0.09	0.11	0.13	0.16	0.18	0.22	0.25	0.28	0.29	0.31	0.34
中小城市	0.11	0.15	0.17	0.19	0.23	0.29	0.33	0.39	0.43	0.45	0.47
郑州都市圈	0.21	0.26	0.30	0.34	0.36	0.46	0.51	0.64	0.71	0.93	0.91

资料来源：根据《中国城市统计年鉴》（2007～2017 年）整理计算，其中人口为年末户籍总人口

注：不同类型城市的人均地方公共财政收入为相应类型城市的地方公共财政收入除以年末户籍总人口

通过基尼系数测度郑州都市圈内人均地方公共财政收入差异程度。可以看出，郑州都市圈人均地方公共财政收入差异整体呈现 U 形变化趋势，2006～2012 年呈现波动式下降趋势，2013～2016 年呈现上升趋势，2016 年差异指数达到 0.28。中小城市间发展差异较小。这表明，郑州都市圈内人均财政收入差距的主要体现在大城市（特大城市）与中小城市之间（图 11-2）。

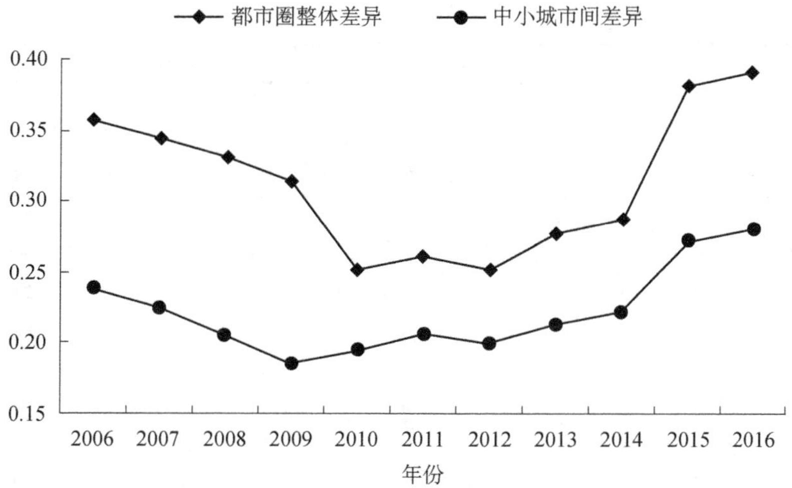

图 11-2　2006～2016 年郑州都市圈人均地方公共财政收入空间差异

注：采用基尼系数测算

（二）医疗卫生

1. 万人拥有医院（卫生院）床位数

2006～2016 年，郑州都市圈万人拥有医院（卫生院）床位数总体呈逐年增加趋势，由 54 床上升到 88 床，年均增长率为 5.0%。其中，中等城市由 64 床上升到 93 床，年均增长率为 3.8%；Ⅰ型小城市和Ⅱ型小城市万人拥有医院（卫生院）床位数差距不大。总体来看，中小城市万人拥有医院（卫生院）床位数远远落后于郑州都市圈平均水平，超大城市万人拥有医院（卫生院）床位数远大于其他类型城市（表 11-5）。

表 11-5　2006～2016 年郑州都市圈万人拥有医院（卫生院）床位数　（单位：张）

城市	2006 年	2007 年	2008 年	2009 年	2010 年	2011 年	2012 年	2013 年	2014 年	2015 年	2016 年
郑州	83	83	95	97	64	69	71	94	99	161	165
开封	71	60	68	74	81	85	93	95	106	123	57
新乡	65	67	66	73	78	79	83	87	84	94	97
焦作	58	58	65	69	70	76	66	69	69	77	88
巩义	39	35	36	36	36	36	31	31	35	38	41
新郑	58	61	24	25	30	26	31	34	45	58	68
辉县	29	19	23	25	26	25	27	31	31	32	34
登封	26	33	33	36	36	36	36	43	40	44	47
荥阳	41	42	42	28	26	22	25	32	33	36	37
新密	28	33	37	33	42	39	43	42	45	46	53

续表

城市	2006 年	2007 年	2008 年	2009 年	2010 年	2011 年	2012 年	2013 年	2014 年	2015 年	2016 年
卫辉	59	60	36	36	60	61	69	70	71	71	86
沁阳	19	21	21	21	21	21	23	29	29	35	36
孟州	21	24	18	23	23	23	23	32	32	45	55
特大城市	—	—	—	—	—	69	70	94	99	161	165
Ⅰ型大城市	—	—	95	97	64	—	—	—	—	—	—
Ⅱ型大城市	78	83	—	—	—	—	—	—	—	122	57
中等城市	64	62	66	72	76	80	80	83	85	86	93
Ⅰ型小城市	39	46	31	29	30	29	29	32	37	42	46
Ⅱ型小城市	35	33	31	30	36	34	37	42	42	46	53
中小城市	42	44	42	43	47	47	49	53	55	55	60
郑州都市圈	54	54	55	57	53	56	58	68	71	89	88

资料来源：根据《中国城市统计年鉴》（2007～2017 年）整理计算，其中人口为年末户籍总人口

注：不同类型城市的万人拥有医院卫生院床位数为相应类型城市的医院卫生院床位数除以年末户籍总人口，下同

2. 万人拥有医生数

2006～2016 年，郑州都市圈万人拥有医生数由 37 人上升到 48 人，年均增长率为 2.6%。其中，Ⅱ型小城市由 39 人上升到 50 人，年均增长率为 2.5%；Ⅰ型小城市由 35 人上升到 49 人，年均增长率为 3.4%；中等城市由 29 人上升到 40 人，年均增长率为 3.3%（表 11-6）。

表 11-6　2006～2016 年郑州都市圈万人拥有医生数　（单位：人）

城市	2006 年	2007 年	2008 年	2009 年	2010 年	2011 年	2012 年	2013 年	2014 年	2015 年	2016 年
郑州	41	42	41	47	21	22	22	30	40	55	59
开封	34	37	38	30	33	34	35	99	92	40	30
新乡	31	32	25	26	26	28	28	28	27	32	44
焦作	23	28	13	33	47	36	30	31	34	36	36
巩义	35	40	40	40	40	40	49	50	53	56	58
新郑	63	64	25	38	46	24	31	43	47	60	61
辉县	32	26	26	29	28	25	26	35	36	35	35
登封	36	42	42	40	35	33	34	47	44	44	44
荥阳	45	48	48	38	32	27	30	42	44	46	47
新密	35	48	48	36	41	34	43	42	44	44	46
卫辉	48	48	45	45	46	52	54	61	62	67	72
沁阳	27	24	22	36	31	30	31	41	43	48	46
孟州	21	23	21	35	21	22	22	37	41	43	44
特大城市	—	—	—	—	—	22	22	30	40	54	59

续表

城市	2006 年	2007 年	2008 年	2009 年	2010 年	2011 年	2012 年	2013 年	2014 年	2015 年	2016 年
Ⅰ型大城市	—	—	41	46	21	—	—	—	—	—	—
Ⅱ型大城市	38	42	—	—	—	—	—	—	—	40	30
中等城市	29	32	26	29	35	32	31	51	48	34	40
Ⅰ型小城市	35	51	33	35	37	30	36	43	51	48	49
Ⅱ型小城市	39	38	37	38	35	33	36	45	45	49	50
中小城市	36	38	33	35	36	32	34	46	48	45	47
郑州都市圈	37	39	35	38	30	28	29	40	45	47	48

资料来源：根据《中国城市统计年鉴》（2007～2017 年）整理计算，其中人口为年末户籍总人口

（三）基础教育

1. 万人拥有小学数

2006～2014 年，郑州都市圈[①]万人拥有小学数由 1.75 所下降到 1.12 所，年均下降率为 5.4%。总体来看，中小城市万人拥有小学数高于郑州都市圈平均水平（表 11-7）。

表 11-7　2006～2014 年郑州都市圈万人拥有小学数　（单位：所）

城市	2006 年	2007 年	2008 年	2009 年	2010 年	2011 年	2012 年	2013 年	2014 年
郑州	1.16	1.1	1.06	1.07	0.59	0.57	0.52	0.6	0.58
开封	1.57	1.56	1.51	1.46	1.48	1.47	1.47	1.42	0.95
新乡	1.51	1.53	1.45	1.45	1.47	1.41	1.37	1.34	1.17
焦作	1.12	1.1	1.04	0.96	1.07	1.05	1.21	1.06	0.93
巩义	1.71	1.67	1.24	1.19	1.16	0.99	0.99	0.97	0.86
新郑	3.19	2.97	2.84	2.11	1.93	2.09	1.95	1.76	1.41
辉县	2.07	2.06	2.09	2.07	2.06	1.96	1.98	1.95	1.9
登封	2.11	2.07	1.98	1.95	1.87	1.82	1.76	1.73	1.75
荥阳	1.58	1.05	1.05	0.97	0.89	0.86	0.88	0.82	0.82
新密	1.89	1.93	1.77	1.61	1.54	1.56	1.48	1.34	1.36
卫辉	3.42	3.37	3.37	3.23	3.11	3.00	2.81	2.79	4.35
沁阳	1.95	2.03	2.00	1.96	1.83	1.84	1.76	1.80	1.77
孟州	2.23	1.17	1.19	1.19	1.21	1.18	1.18	1.15	1.13
特大城市	—	—	—	—	—	0.57	0.52	0.60	0.58
Ⅰ型大城市	—	—	1.06	1.07	0.59	—	—	—	—
Ⅱ型大城市	1.25	1.10	—	—	—	—	—	—	—
中等城市	1.35	1.41	1.34	1.30	1.35	1.32	1.34	1.27	1.03

① 2015 年之后，郑州都市圈基础教育相关数据缺失，下同。

续表

城市	2006年	2007年	2008年	2009年	2010年	2011年	2012年	2013年	2014年
Ⅰ型小城市	1.71	2.23	1.93	1.76	1.70	1.65	1.62	1.55	1.48
Ⅱ型小城市	2.27	1.97	1.94	1.80	1.72	1.69	1.62	1.57	1.81
中小城市	2.00	1.83	1.74	1.63	1.60	1.56	1.53	1.47	1.44
郑州都市圈	1.75	1.65	1.57	1.49	1.22	1.18	1.12	1.15	1.12

资料来源：根据《中国城市统计年鉴》（2007～2015年）整理计算，其中人口为年末户籍总人口

2. 万名小学生拥有专职教师数

2006～2014年，郑州都市圈万名小学生拥有专职教师数由561人持续下降到464人，年均下降率为2.3%。就各类型城市来看，小城市万名小学生拥有专职教师数最多，其中Ⅱ型小城市由640人下降到526人，年均下降率为2.4%；Ⅰ型小城市由587人下降到450人，年均下降率为3.3%；中等城市由545人下降到483人，年均下降率为1.5%。总体来看，中小城市万名小学生拥有专职教师数高于郑州都市圈平均水平（表11-8）。

表11-8 2006～2014年郑州都市圈各城市万名小学生拥有专职教师数

（单位：人）

城市	2006年	2007年	2008年	2009年	2010年	2011年	2012年	2013年	2014年
郑州	458	461	457	459	492	468	462	457	426
开封	645	622	590	552	531	463	491	497	493
新乡	502	513	498	482	497	463	448	438	445
焦作	462	462	474	463	480	411	454	479	525
巩义	587	614	637	646	647	651	894	627	657
新郑	951	719	623	597	593	559	526	515	462
辉县	570	562	512	506	486	324	335	323	335
登封	712	588	630	623	585	556	548	542	427
荥阳	755	767	766	738	792	661	582	613	580
新密	577	596	593	650	683	556	550	551	571
卫辉	572	468	377	328	303	259	247	452	398
沁阳	464	464	501	515	493	445	448	538	545
孟州	496	494	499	534	536	518	541	558	579
特大城市	—	—	—	—	—	468	462	457	426
Ⅰ型大城市	—	—	457	459	492	—	—	—	—
Ⅱ型大城市	469	461	—	—	—	—	—	—	—
中等城市	545	527	518	497	502	448	463	468	483
Ⅰ型小城市	587	660	630	580	571	488	543	461	450
Ⅱ型小城市	640	566	552	556	547	473	454	539	526

续表

城市	2006 年	2007 年	2008 年	2009 年	2010 年	2011 年	2012 年	2013 年	2014 年
中小城市	612	567	552	542	538	469	479	495	484
郑州都市圈	561	538	525	517	524	468	474	483	464

资料来源：根据《中国城市统计年鉴》（2007～2015 年）、《河南统计年鉴》（2007～2015 年）整理计算

3. 万人拥有普通中学数

2006～2014 年，郑州都市圈万人拥有普通中学数由 0.70 所下降到 0.45 所，年均下降率为 5.4%。总体来看，中小城市万人拥有普通中学数高于郑州都市圈平均水平（表 11-9）。

表 11-9　2006～2014 年郑州都市圈万人拥有普通中学数　（单位：所）

城市	2006 年	2007 年	2008 年	2009 年	2010 年	2011 年	2012 年	2013 年	2014 年
郑州	0.55	0.53	0.53	0.52	0.28	0.29	0.27	0.32	0.32
开封	0.61	0.59	0.55	0.52	0.50	0.50	0.50	0.50	0.47
新乡	0.76	0.72	0.66	0.65	0.65	0.62	0.58	0.56	0.52
焦作	0.64	0.61	0.60	0.56	0.56	0.58	0.59	0.57	0.56
巩义	0.81	0.77	0.66	0.62	0.66	0.50	0.46	0.41	0.42
新郑	0.62	0.58	0.59	0.58	0.52	0.58	0.57	0.60	0.45
辉县	0.70	0.67	0.59	0.56	0.57	0.55	0.54	0.54	0.53
登封	0.84	0.65	0.64	0.58	0.59	0.57	0.54	0.51	0.74
荥阳	0.67	0.55	0.42	0.40	0.35	0.35	0.35	0.34	0.37
新密	0.81	0.85	0.63	0.57	0.56	0.55	0.49	0.44	0.43
卫辉	0.84	0.71	0.69	0.70	0.67	0.62	0.62	0.62	0.60
沁阳	0.92	0.73	0.68	0.65	0.58	0.56	0.57	0.57	0.60
孟州	0.83	0.8	0.8	0.77	0.71	0.71	0.68	0.71	0.68
特大城市	—	—	—	—	—	0.29	0.27	0.32	0.32
Ⅰ型大城市	—	—	0.53	0.52	0.28	—	—	—	—
Ⅱ型大城市	0.61	0.53	—	—	—	—	—	—	—
中等城市	0.62	0.64	0.61	0.58	0.58	0.57	0.56	0.55	0.52
Ⅰ型小城市	0.81	0.69	0.63	0.59	0.59	0.54	0.52	0.51	0.53
Ⅱ型小城市	0.77	0.71	0.63	0.59	0.56	0.54	0.52	0.51	0.51
中小城市	0.74	0.69	0.62	0.59	0.57	0.55	0.53	0.52	0.52
郑州都市圈	0.70	0.65	0.60	0.57	0.46	0.45	0.43	0.45	0.45

资料来源：根据《中国城市统计年鉴》（2007～2015 年）整理计算，其中人口为年末户籍总人口

4. 万名中学生拥有专职教师数

2006～2014 年，郑州都市圈万名中学生拥有专职教师数由 627 人波动式上升到 711 人，年均增长率为 1.6%。就各类型城市来看，Ⅱ型小城市万名中学生

拥有专职教师数由 656 人上升到 808 人，年均增长率为 2.6%；I 型小城市由 697 人波动上升到 776 人，年均增长率为 1.4%；中等城市由 630 人上升到 666 人，年均增长率为 0.7%。总体来看，除少数年份外，郑州都市圈中小城市万名中学生拥有专职教师数高于郑州都市圈平均水平（表 11-10）。

表 11-10 2006～2014 年郑州都市圈各城市万名中学生拥有专职教师数

（单位：人）

城市	2006 年	2007 年	2008 年	2009 年	2010 年	2011 年	2012 年	2013 年	2014 年
郑州	534	562	583	588	714	800	768	615	646
开封	613	628	656	644	612	613	579	626	571
新乡	673	699	661	676	752	755	786	645	627
焦作	647	679	683	672	666	751	742	754	811
巩义	609	647	973	1135	1057	1156	839	878	860
新郑	519	726	919	735	715	718	781	774	816
辉县	804	711	784	792	854	800	801	839	844
登封	608	579	705	755	776	845	846	757	642
荥阳	662	675	733	779	902	863	752	834	933
新密	645	694	702	732	882	783	765	754	760
卫辉	656	652	707	677	679	685	661	838	856
沁阳	597	611	640	574	598	650	691	782	713
孟州	573	615	642	689	698	772	793	815	806
特大城市	—	—	—	—	—	800	768	615	646
I 型大城市	—	—	583	588	714	—	—	—	—
II 型大城市	567	562	—	—	—	—	—	—	—
中等城市	630	670	666	664	680	707	705	673	666
I 型小城市	697	855	949	895	886	886	807	828	776
II 型小城市	656	673	710	707	771	769	752	789	808
中小城市	655	706	741	744	771	777	748	754	743
郑州都市圈	627	667	698	699	754	784	754	709	711

资料来源：根据《中国城市统计年鉴》（2007～2015 年）整理计算

四、人口集聚功能

（一）人口规模结构特征

2006～2016 年，郑州都市圈建成区人口由 671.6 万人增加到 1034.7 万人，年均增长率为 4.4%。其中，人口规模最大的为郑州，平均值为 503.7 万人；居第二位的为开封，平均值为 90.7 万人；最小的为孟州，平均值为 13.6 万人，仅是郑州人口规模的1/37。郑州都市圈年均人口规模在20万人以下的城市有6个，20万～50万人的城市有3个，50万～100万人的城市有3个，500万人以上的城市有1个（表11-11）。

表11-11　2006～2016年郑州都市圈建成区人口　（单位：万人）

城市	2006年	2007年	2008年	2009年	2010年	2011年	2012年	2013年	2014年	2015年	2016年	平均值
郑州	261.2	269.6	479.5	441.7	499.9	515.7	591.7	586.0	638.0	661.0	596.5	503.7
开封	83.5	84.2	84.8	86.4	87.2	87.9	88.9	89.0	92.7	107.7	105.2	90.7
焦作	84.9	74.9	75.3	75.4	75.6	76.1	76.5	77.0	77.4	77.9	78.4	77.2
新乡	100.9	72.3	73.1	74.1	75.1	75.6	75.8	76.0	76.1	76.6	77.1	77.5
巩义	21.9	22.6	22.0	25.1	26.5	27.1	27.0	32.1	33.3	32.5	32.7	27.5
新郑	18.4	22.3	22.5	23.6	23.9	24.0	25.0	26.3	25.0	24.2	26.0	23.7
辉县	18.2	18.3	18.5	20.0	20.1	20.6	20.8	21.2	21.7	21.8	22.1	20.3
登封	14.7	11.8	13.7	13.8	18.6	18.8	18.6	18.5	20.7	21.0	20.5	17.3
荥阳	14.8	14.9	15.0	15.1	15.2	15.2	15.3	15.4	15.6	15.6	15.7	15.3
新密	15.6	15.3	15.4	15.4	15.3	15.4	15.3	15.4	15.7	15.8	16.1	15.5
卫辉	13.9	13.4	13.5	13.6	13.7	13.7	13.8	13.9	14.6	14.6	14.9	14.0
沁阳	12.9	12.9	13.0	13.4	13.8	13.7	13.7	14.1	14.3	14.4	14.4	13.7
孟州	10.7	10.5	10.7	14.0	14.0	14.3	14.5	14.9	15.2	15.3	15.3	13.6
特大城市	—	—	—	—	—	515.7	591.7	586.0	638.0	661.0	596.5	—
Ⅰ型大城市	—	—	479.5	441.7	499.9	—	—	—	—	—	—	—
Ⅱ型大城市	362.1	269.6	—	—	—	—	—	—	—	107.7	105.2	—
中等城市	168.4	231.4	233.2	235.9	237.9	239.6	241.2	242	246.2	154.5	155.5	216.9
Ⅰ型小城市	21.9	44.9	44.5	68.7	70.5	71.7	72.8	79.6	100.7	99.5	101.3	70.6
Ⅱ型小城市	119.2	97.1	99.8	85.3	90.6	91.1	91.2	92.2	75.4	75.7	76.4	90.4
中小城市	309.5	373.4	377.5	389.9	399	402.4	405.2	413.8	422.3	329.7	333.2	377.8
郑州都市圈	671.6	643.0	857.0	831.6	898.9	918.1	996.9	999.8	1060.3	1098.4	1034.7	910.0

资料来源：根据《中国城市建设统计年鉴》（2006～2016年）整理计算

注：各类型城市建成区人口数均为合计数

2006～2016年，郑州都市圈各城市建成区人口年均增长率最高的为郑州，由261.2万人上升到596.5万人，年均增长率为8.6%；巩义位居第二位，由21.9万人上升32.7万人，年均增长率为4.1%；新乡和焦作则出现了人口负增长。整体来看，郑州都市圈的人口主要向郑州集中。进一步考察中小城市，得到中小城市整体建成区人口年均增长率仅为0.7%，而中等城市建成区人口年均增长率为−0.8%。其中一个重要的原因是2015年开封进入Ⅱ型大城市行列，焦作和新乡人口增长缓慢甚至出现负增长。

图11-3显示了郑州都市圈人口空间分布格局，可以看出基于全样本的人口

空间不均衡分布的赫芬达尔指数和基尼系数[①]都呈现上升趋势，表明人口分布的不平衡程度不断增强，郑州都市圈的人口以集中分布为主。图 11-3 还显示了郑州都市圈人口分布的首位度。从整体来看，首位度呈现波动式上升趋势，表明第一大城市郑州的发展明显快于第二大城市开封。进一步采用参数估计法和最小二乘法，获得了齐普夫指数（刘修岩等，2017），可以看出 2006～2016 年齐普夫指数均大于 1，并且整体呈波动式上升趋势，说明郑州都市圈建成区人口呈明显的集中化分布趋势，由此进一步说明目前郑州都市圈的人口还处于向大城市集聚阶段。

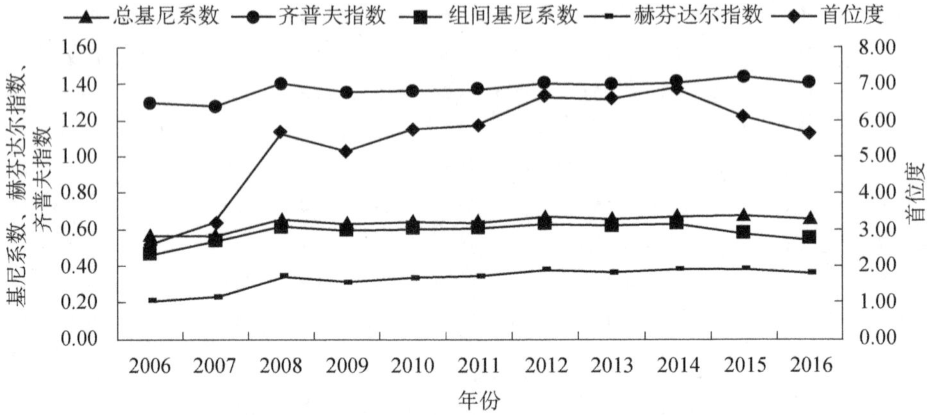

图 11-3　2006～2016 年郑州都市圈人口的空间分布

整体来看，郑州都市圈存在“大城市数目过少、小城市数目过多”的两极分化格局（表 11-12）。

表 11-12　2006～2016 年郑州都市圈不同人口规模城市数量情况　（单位：个）

年份	小城市		中等城市	大城市		特大城市
	Ⅱ型	Ⅰ型		Ⅱ型	Ⅰ型	
2006	8	1	2	2	0	0
2007	7	2	3	1	0	0
2008	7	2	3	0	1	0
2009	6	3	3	0	1	0
2010	6	3	3	0	1	0
2011	6	3	3	0	0	1
2012	6	3	3	0	0	1
2013	6	3	3	0	0	1
2014	5	4	3	0	0	1

① 测度被观测变量空间不均衡分布的常用指数，具体测算结果借助 stata 软件实现。

续表

年份	小城市		中等城市	大城市		特大城市
	Ⅱ型	Ⅰ型		Ⅱ型	Ⅰ型	
2015	5	4	2	1	0	1
2016	5	4	2	1	0	1

资料来源：根据《中国城市建设统计年鉴》（2006～2016 年）整理计算

（二）建成区人口相对密度

人口集聚是一定地理范围内的部分甚至全部人口向一个或多个特定区域汇聚的现象、过程、趋势，反映了人口向某一空间区域集中的程度。郑州都市圈建成区人口相对密度采用公式（11-1）来测度。

$$H = \frac{P_i / \sum p_i}{L_i / \sum L_i} \tag{11-1}$$

式中，P_i表示城市 i 的城区人口；L_i表示城市 i 的建成区面积。人口相对密度从侧面反映了一个城市的吸引力和人口承载力。2006～2016 年，郑州都市圈不同类型城市之间人口相对密度存在异质性，中小城市人口相对密度由 1.003 下降到 0.719，其中中等城市由 1.089 下降到 0.649；Ⅰ型小城市由 1.067 下降到 0.889；Ⅱ型小城市则由 0.893 下降到 0.695（图 11-4）。

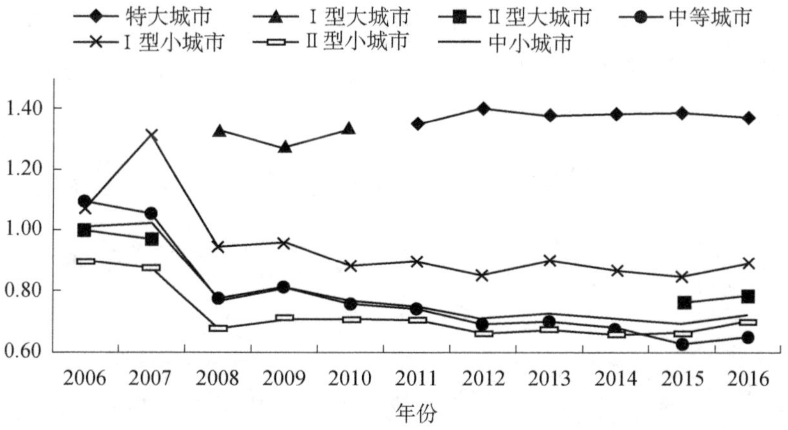

图 11-4　2006～2016 年郑州都市圈各类城市的人口相对密度

（三）建成区人口密度

2006～2016 年，郑州都市圈城市建成区人口密度从 9769 人/km^{2}提高到 10 345 人/km^2，年均上升率为 0.6%。城市建成区人口密度呈现波动式上升的城市有孟州、辉县、郑州，其余城市建成区人口密度呈现波动式下降（表 11-13）。

表 11-13　2006～2016 年郑州都市圈城市建成区人口密度（单位：人/km^2）

城市	2006 年	2007 年	2008 年	2009 年	2010 年	2011 年	2012 年	2013 年	2014 年	2015 年	2016 年
郑州	9 262	8 407	14 588	13 120	14 590	14 541	15 864	15 314	15 459	15 106	14 112
开封	10 305	9 794	9 476	9 166	9 170	9 079	9 072	8 998	8 502	8 341	8 081
焦作	10 991	9 603	8 370	8 376	7 966	7 868	7 536	7 555	7 302	7 005	6 920
新乡	11 276	7 954	7 731	7 745	7 738	7 072	6 891	6 903	6 745	6 675	6 518
巩义	10 424	10 752	10 000	10 438	10 600	10 840	10 530	11 450	11 050	10 646	10 381
新郑	10 038	12 054	10 690	9 895	8 959	8 664	8 711	8 855	8 117	7 646	7 831
辉县	9 479	8 592	8 681	9 381	9 419	9 644	9 706	9 819	9 986	9 982	10 087
登封	10 245	6 400	7 378	7 198	9 682	9 146	9 088	8 600	9 637	8 940	8 723
荥阳	8 457	7 641	7 148	6 873	6 816	6 834	6 652	6 649	6 678	6 661	6 448
新密	8 184	8 048	6 796	6 684	6 641	6 629	6 567	6 614	6 721	6 324	6 289
卫辉	7 625	7 318	7 138	7 206	6 914	6 811	6 813	6 796	6 972	6 806	6 910
沁阳	8 016	7 371	7 417	7 227	7 470	7 259	7 005	7 168	7 276	7 342	7 352
孟州	7 681	7 384	7 511	9 777	9 435	9 617	9 654	9 796	9 845	9 776	9 544

资料来源：根据《中国城市建设统计年鉴》（2006～2016 年）整理计算

2006～2016 年，郑州都市圈中小城市的人口密度不断下降。其中，中等城市由 10640 人/km^2 下降到 6714 人/km^2，年均下降率为 4.5%；Ⅰ型小城市由 10424 人/km^2 下降到 9195 人/km^2，年均下降率为 1.2%；Ⅱ型小城市由 8719 人/km^2 下降到 7191 人/km^2，年均下降率为 1.9%。这表明，当前人口主要向大城市集中，郑州尚未产生明显的扩散效应（图 11-5）。

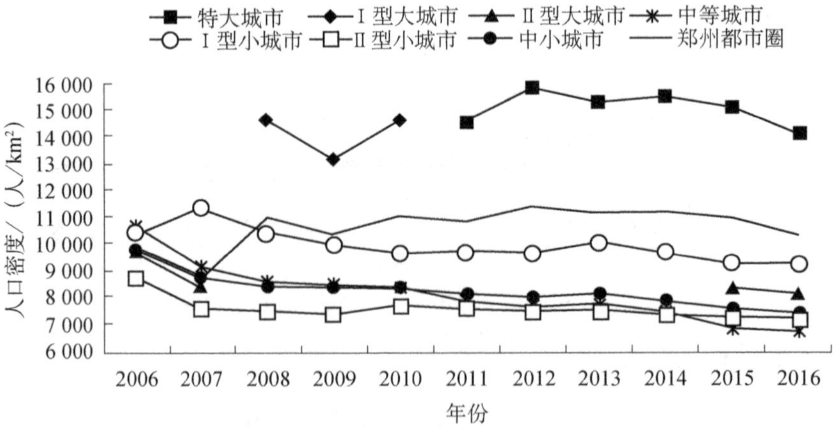

图 11-5　2006～2016 年郑州都市圈各类城市的人口密度

第二节　郑州都市圈中小城市功能测度

利用层次分析法，对郑州都市圈各城市的产业发展、吸纳就业、公共服务、人口集聚四个分项功能以及综合功能发展指数进行测度。

一、功能测度指标体系及方法

在第一节对郑州都市圈产业发展、吸纳就业、公共服务、人口集聚功能特征进行定量分析的基础上，对四大功能进行测度，借鉴闫程莉和安树伟（2014）的指标体系和计算方法，并根据郑州都市圈实际进行必要调整，采用层次分析法计算出评价指标体系中一级指标和二级指标的权重（表 11-14）。

表 11-14　郑州都市圈中小城市功能评价指标权重

一级指标	权重	二级指标	权重
产业发展	0.545	人均 GDP（元）	0.620
		非农产业增加值（万元）	0.284
		产业结构高级化（第三产业增加值/第二产业增加值）	0.096
吸纳就业	0.275	就业结构（第三产业单位从业人员/第二产业单位从业人员）	0.250
		非农产业单位从业人员（人）	0.750
公共服务	0.117	人均地方公共财政收入（万元）	0.433
		万人拥有医院（卫生院）床位数（张）	0.164
		万人拥有医生数（人）	0.235
		万人拥有普通中学数（所）	0.033
		普通中学师生比	0.087
		小学师生比	0.048
人口集聚	0.063	建成区人口相对密度	0.283
		建成区人口密度（人/km^2）	0.643
		建成区人口（万人）	0.074

二、功能测度结果

（一）各分项功能测度结果

1. 产业发展功能

2006～2016 年，郑州都市圈产业发展功能得分由 4.32 上升到 19.50。郑州产业发展功能得分由 10.00 上升到 45.85，一直处于都市圈首位。此外，产业发展功能平均得分较高的城市有郑州、新郑、荥阳、巩义、新密等；平均得分最低的是卫辉，仅为 2.58。就变化趋势来看，各个城市的产业发展功能得分都呈现持续上升趋势。从各类型城市来看，产业发展功能得分由高到低依次是特大城市、大城市、Ⅰ型小城市、Ⅱ型小城市、中等城市。总体而言，中小城市产业发展功能得分略低于郑州都市圈平均水平（表 11-15）。

表 11-15　2006～2016 年郑州都市圈各城市产业发展功能得分

城市	2006年	2007年	2008年	2009年	2010年	2011年	2012年	2013年	2014年	2015年	2016年	平均值
郑州	10.00	11.68	14.30	15.98	13.09	16.78	19.54	25.26	27.78	41.18	45.85	21.95
开封	1.99	2.68	3.67	4.37	5.24	6.19	7.02	9.50	15.13	16.51	9.63	7.45
焦作	2.71	3.53	4.56	5.34	6.26	7.29	16.95	6.94	9.86	10.53	11.68	7.79
新乡	3.86	4.94	5.86	5.60	7.30	10.23	12.00	13.56	13.73	15.74	17.31	10.01
巩义	6.01	7.58	9.52	9.62	11.75	13.35	15.56	16.98	17.92	18.39	20.08	13.34
新郑	6.51	8.58	11.29	11.80	14.20	17.79	19.62	22.03	24.37	36.15	39.84	19.29
辉县	1.09	1.78	2.87	3.22	4.48	5.99	6.59	6.93	7.48	7.49	8.25	5.11
登封	4.10	5.63	7.61	8.27	10.27	15.04	14.32	14.88	16.16	17.48	19.17	12.08
荥阳	6.25	8.41	11.31	11.71	12.41	15.26	16.30	18.52	20.41	21.86	22.26	14.97
新密	4.88	7.12	9.16	9.45	11.47	14.78	15.26	15.31	16.81	18.20	19.19	12.87
卫辉	0.47	1.01	1.59	1.57	2.18	2.83	3.24	3.45	3.83	3.73	4.45	2.58
沁阳	4.60	6.44	8.46	8.07	10.03	11.99	13.79	15.77	16.02	16.52	18.30	11.82
孟州	3.75	5.64	7.25	7.52	9.45	11.74	13.14	14.29	15.23	15.77	17.53	11.03
特大城市	—	—	—	—	—	16.78	19.54	25.26	27.78	41.18	45.85	—
Ⅰ型大城市	—	—	14.30	15.98	13.09	—	—	—	—	—	—	—
Ⅱ型大城市	6.93	11.68	—	—	—	—	—	—	—	16.51	9.63	—
中等城市	2.35	3.71	4.70	5.11	6.27	7.90	11.99	10.00	12.91	13.13	14.49	8.42
Ⅰ型小城市	6.01	8.08	10.41	8.22	10.14	12.38	13.92	15.31	16.48	19.87	20.44	12.84
Ⅱ型小城市	3.96	5.15	6.89	7.76	9.30	11.94	12.67	13.70	14.46	15.22	16.35	10.67
中小城市	3.85	5.28	6.93	7.21	8.75	11.04	12.81	13.18	14.75	16.53	18.01	10.76
郑州都市圈	4.32	5.77	7.50	7.89	9.09	11.48	13.33	14.11	15.75	18.43	19.50	11.56

注：不同类型城市的产业发展功能得分为相应类型城市的平均值，下同

2. 吸纳就业功能

2006～2016 年，郑州都市圈吸纳就业功能得分总体呈上升趋势，由 2.14 上升到 4.30。其中，郑州吸纳就业功能得分由 8.39 上升到 17.82，一直处于郑州都市圈首位。郑州都市圈吸纳就业功能得分平均值最低的城市为孟州，仅 0.65。但从变化过程和趋势来看，登封吸纳就业功能呈现波动下降趋势；其他城市吸

纳就业功能都有不同程度的上升。从各类型城市来看，吸纳就业功能得分最高的是特大城市和大城市。总体而言，中小城市吸纳就业功能得分低于郑州都市圈平均水平（表 11-16）。

表 11-16 2006～2016 年郑州都市圈各城市吸纳就业功能得分

城市	2006年	2007年	2008年	2009年	2010年	2011年	2012年	2013年	2014年	2015年	2016年	平均值
郑州	8.39	8.90	8.40	9.27	9.66	12.05	14.43	16.77	17.09	17.24	17.82	12.73
开封	2.74	3.27	2.60	3.09	3.61	3.49	3.21	2.87	3.03	3.60	3.84	3.21
焦作	1.76	1.92	1.90	2.00	1.95	2.18	2.30	2.82	2.80	2.69	2.99	2.30
新乡	2.80	2.47	2.43	2.41	2.37	2.42	2.29	2.58	2.49	2.56	2.51	2.48
巩义	0.79	0.84	0.76	0.96	0.92	0.82	0.79	4.55	4.58	4.50	4.53	2.19
新郑	0.97	0.97	0.91	0.90	1.01	0.95	0.98	1.27	3.27	2.02	2.16	1.40
辉县	1.44	1.44	1.45	1.38	1.26	1.04	1.09	3.32	2.99	3.78	4.11	2.12
登封	1.53	1.16	1.09	1.07	1.03	1.05	1.01	0.89	1.11	1.15	0.97	1.10
荥阳	0.79	0.55	0.57	0.62	0.90	0.90	0.98	0.89	1.45	3.90	4.08	1.42
新密	1.37	1.38	1.52	1.40	1.40	0.75	0.83	0.92	1.26	5.55	5.58	2.00
卫辉	1.99	1.92	1.96	1.89	0.76	0.98	0.92	1.94	2.29	2.58	2.77	1.82
沁阳	2.51	2.54	2.34	2.45	2.55	1.86	1.36	0.49	1.15	1.95	2.78	2.00
孟州	0.68	0.41	0.41	0.40	0.37	0.18	0.17	0.24	0.96	1.59	1.80	0.65
特大城市	—	—	—	—	—	12.05	14.43	16.77	17.09	17.24	17.82	—
Ⅰ型大城市	—	—	8.40	9.27	9.66	—	—	—	—	—	—	—
Ⅱ型大城市	5.60	8.90	—	—	—	—	—	—	—	3.60	3.84	—
中等城市	2.25	2.55	2.31	2.50	2.65	2.70	2.60	2.76	2.77	2.63	2.75	2.59
Ⅰ型小城市	0.79	0.90	0.84	1.08	1.06	0.94	0.95	3.04	2.99	2.86	4.25	1.79
Ⅱ型小城市	1.41	1.34	1.33	1.31	1.17	0.95	0.88	0.89	1.42	3.12	3.40	1.57
中小城市	1.51	1.57	1.49	1.55	1.51	1.38	1.33	1.90	2.28	2.94	3.12	1.87
郑州都市圈	2.14	2.14	2.03	2.14	2.14	2.21	2.33	3.04	3.42	4.09	4.30	2.72

3. 公共服务功能

2006～2014 年，郑州都市圈公共服务功能得分整体呈上升趋势，由 3.22 上升到 7.06，其中，郑州由 7.08 上升到 13.70，一直处于都市圈首位。郑州都市圈内公共服务功能平均得分较高的城市有郑州、开封、新乡、焦作、巩义和新郑，平均得分较低的城市有沁阳、孟州、辉县。公共服务功能得分由高到低依次是特大城市、大城市、中等城市、Ⅰ型小城市、Ⅱ型小城市，这表明城市越大所承载的公共服务能力越强（表 11-17）。

表 11-17 2006～2014 年郑州都市圈各城市公共服务功能得分

城市	2006 年	2007 年	2008 年	2009 年	2010 年	2011 年	2012 年	2013 年	2014 年	平均值
郑州	7.08	8.14	9.29	10.46	6.47	8.22	8.65	11.74	13.70	9.31
开封	3.33	3.45	4.11	3.85	4.64	5.32	5.22	10.66	11.01	5.73
焦作	3.28	4.03	3.51	4.70	6.08	6.55	6.03	6.69	7.48	5.37
新乡	3.64	4.22	3.87	4.39	5.49	6.41	7.50	7.64	7.26	5.60
巩义	3.21	3.93	4.50	5.20	5.20	5.85	5.83	6.08	6.50	5.14
新郑	4.63	5.89	3.00	3.46	4.43	3.82	5.23	7.34	9.25	5.23
辉县	2.18	1.44	1.86	2.20	2.71	2.63	3.00	4.02	4.10	2.68
登封	2.71	3.17	3.89	4.20	4.14	4.68	5.04	5.98	6.71	4.50
荥阳	3.73	4.13	4.02	3.37	3.45	3.16	3.30	4.87	5.82	3.98
新密	2.26	3.56	3.75	3.21	4.49	4.15	5.10	5.13	5.49	4.13
卫辉	3.30	3.20	2.55	2.52	3.28	3.70	4.09	5.48	5.63	3.75
沁阳	1.34	1.43	1.53	2.26	2.16	2.45	2.95	4.29	4.20	2.51
孟州	1.11	1.73	1.58	2.83	2.24	2.58	2.84	4.28	4.67	2.65
特大城市	—	—	—	—	—	8.22	8.65	11.74	13.70	—
Ⅰ型大城市	—	—	9.29	10.46	6.47	—	—	—	—	—
Ⅱ型大城市	5.36	8.14	—	—	—	—	—	—	—	—
中等城市	3.31	3.90	3.83	4.31	5.40	6.09	6.25	8.33	8.58	5.56
Ⅰ型小城市	3.21	4.91	3.75	3.62	4.11	4.10	4.69	5.81	6.64	4.54
Ⅱ型小城市	2.66	2.67	2.74	3.06	3.29	3.45	3.89	5.01	5.16	3.55
中小城市	2.83	3.35	3.18	3.52	4.02	4.27	4.68	6.04	6.51	4.27
郑州都市圈	3.22	3.72	3.65	4.05	4.21	4.58	4.98	6.48	7.06	4.66

4. 人口集聚功能

2006～2016 年，郑州都市圈人口集聚功能较差，人口集聚功能得分由 4.58 下降到 1.85。从各城市来看，郑州人口集聚功能得分由 4.89 上升到 17.60，而且自 2008 年以后一直保持着郑州都市圈人口集聚功能的首位；郑州都市圈内人口集聚功能平均得分较高的城市有郑州、巩义；平均得分出现负值的城市有新乡、新密、卫辉、荥阳、沁阳，这是由这些城市的土地城镇化快于人口城镇化造成的建成区人口相对密度下降引起的。就变化趋势来看，除郑州、辉县、孟州以外，多数城市的人口集聚功能得分出现了不同程度的下降。从各类型城市来看，人口集聚功能得分由高到低大体是特大城市、大城市、Ⅰ型小城市、中等城市、Ⅱ型小城市。总体上，中小城市人口集聚功能得分低于郑州都市圈平均水平（表 11-18）。

表 11-18　2006～2016 年郑州都市圈各城市人口集聚功能得分

城市	2006年	2007年	2008年	2009年	2010年	2011年	2012年	2013年	2014年	2015年	2016年	平均值
郑州	4.89	3.59	17.79	14.62	17.88	17.94	20.92	19.72	20.20	19.65	17.60	15.89
开封	7.01	6.70	4.10	3.72	3.37	3.24	2.93	2.85	1.63	1.42	1.12	3.46
焦作	8.76	6.17	1.36	1.72	0.39	0.22	−0.84	−0.71	−1.34	−1.95	−1.89	1.08
新乡	9.53	1.82	−0.21	0.14	−0.17	−1.74	−2.40	−2.30	−2.70	−2.76	−2.89	−0.34
巩义	7.13	9.04	5.20	6.71	6.70	7.39	6.29	8.66	7.66	6.85	6.58	7.11
新郑	6.14	12.48	6.89	5.35	2.67	2.03	1.87	2.31	0.49	−0.53	0.23	3.63
辉县	4.73	3.34	1.96	4.06	3.79	4.43	4.27	4.65	5.04	5.19	5.85	4.30
登封	6.66	−2.46	−1.25	−1.40	4.43	3.20	2.76	1.67	4.18	2.63	2.41	2.08
荥阳	2.12	0.82	−1.81	−2.20	−2.61	−2.50	−3.16	−3.10	−3.04	−2.98	−2.64	−1.92
新密	1.43	1.90	−2.67	−2.67	−3.04	−3.01	−3.37	−3.19	−2.94	−3.80	−3.64	−2.27
卫辉	0.01	−0.04	−1.84	−1.38	−2.37	−2.56	−2.78	−2.75	−2.33	−2.62	−2.10	−1.89
沁阳	1.00	0.10	−1.16	−1.33	−1.01	−1.46	−2.31	−1.84	−1.59	−1.31	−1.00	−1.08
孟州	0.14	0.13	−0.94	5.03	3.81	4.34	4.13	4.57	4.67	4.67	4.47	3.18
特大城市	—	—	—	—	—	17.94	20.92	19.72	20.20	19.65	17.60	—
Ⅰ型大城市	—	—	17.79	14.62	17.88	—	—	—	—	—	—	—
Ⅱ型大城市	7.21	3.59	—	—	—	—	—	—	—	1.42	1.12	—
中等城市	7.88	4.89	1.75	1.86	1.20	0.57	−0.10	−0.06	−0.80	−2.35	−2.39	1.13
Ⅰ型小城市	7.13	10.76	6.04	5.37	4.39	4.62	4.14	5.21	4.34	3.54	−1.23	4.94
Ⅱ型小城市	2.78	0.54	−1.10	−0.66	−0.13	−0.33	−0.79	−0.77	−1.05	−1.21	−0.98	−0.34
中小城市	4.10	3.33	0.80	1.48	1.33	1.13	0.62	0.90	0.81	0.31	0.49	1.39
郑州都市圈	4.58	3.35	2.11	2.49	2.60	2.42	2.18	2.35	2.30	1.88	1.85	2.56

注：人口集聚功能出现负值是因为建成区人口相对密度、建成区人口密度这两个指标出现了下降

（二）综合功能测度结果

通过对各项功能加权平均，得出综合功能测度结果（表 11-19）。2006～2014 年，郑州都市圈综合功能得分呈上升趋势。整体来看，郑州一直保持着都市圈综合功能的首位。郑州都市圈内城市综合功能得分平均值较高的城市有郑州、新郑、巩义，得分平均值较低的有卫辉和辉县。各类型城市综合功能得分由高到低大体依次是特大城市、大城市、Ⅰ型小城市、Ⅱ型小城市、中等城市。总体上，中小城市综合功能得分略低于郑州都市圈平均水平。

表 11-9　2006～2014 年郑州都市圈综合功能评价得分

城市	2006 年	2007 年	2008 年	2009 年	2010 年	2011 年	2012 年	2013 年	2014 年	平均值
郑州	8.89	9.99	12.31	13.40	11.67	14.55	16.95	20.99	22.72	14.61
开封	2.67	3.19	3.45	3.92	4.60	5.16	5.50	7.39	10.47	5.15

续表

城市	2006年	2007年	2008年	2009年	2010年	2011年	2012年	2013年	2014年	平均值
焦作	2.90	3.31	3.50	4.12	4.68	5.35	10.52	5.30	6.93	5.18
新乡	3.90	3.98	4.30	4.24	5.26	6.88	7.90	8.85	8.85	6.02
巩义	4.32	5.39	6.25	6.54	7.69	8.65	9.78	11.76	12.27	8.07
新郑	4.74	6.42	7.19	7.42	8.70	10.53	11.69	13.36	15.29	9.48
辉县	1.54	1.75	2.30	2.65	3.34	4.14	4.51	5.45	5.70	3.49
登封	3.39	3.60	4.82	5.20	6.64	9.23	8.85	9.16	10.16	6.79
荥阳	4.19	5.27	6.68	6.81	7.25	8.78	9.34	10.71	12.01	7.89
新密	3.39	4.80	5.68	5.74	6.97	8.56	8.93	9.00	9.97	7.00
卫辉	1.19	1.45	1.59	1.58	1.63	2.08	2.32	2.88	3.23	2.00
沁阳	3.42	4.38	5.36	5.25	6.36	7.24	8.09	9.12	9.44	6.52
孟州	2.37	3.40	4.19	4.86	5.75	7.02	7.80	8.64	9.40	5.94
特大城市	—	—	—	—	—	14.55	16.95	20.99	22.72	—
Ⅰ型大城市	—	—	12.31	13.40	11.67	—	—	—	—	—
Ⅱ型大城市	6.40	9.99	—	—	—	—	—	—	—	—
中等城市	2.78	3.49	3.76	4.09	4.85	5.80	7.97	7.18	8.75	5.41
Ⅰ型小城市	4.32	5.90	6.72	5.54	6.58	7.78	8.66	10.19	10.85	7.39
Ⅱ型小城市	3.03	3.52	4.37	4.91	5.77	7.15	7.55	8.25	8.81	5.93
中小城市	3.10	3.91	4.61	4.86	5.74	6.97	7.93	8.47	9.48	6.12
郑州都市圈	3.61	4.38	5.21	5.52	6.20	7.55	8.63	9.43	10.50	6.78

综合测度结果显示，离大城市郑州较近的小城市荥阳、巩义和新郑综合功能得分较高，而距离郑州较远的小城市辉县、卫辉，以及中等城市焦作、新乡的综合功能得分相对较低。这表明郑州都市圈内大城市对周边中小城市的辐射带动存在距离衰减效应。郑州都市圈综合功能得分呈现“南高北低、西高东低”的特征。

第三节　郑州都市圈中小城市功能的耦合协调度

“耦合”是一个物理学概念，是指两个（或两个以上）系统或运动形式通过各种相互作用而彼此影响的现象。从协同学的角度来看，系统由无序走向有序的关键在于系统内部序参量之间的协同作用，它左右着系统相变的特征与规律，耦合协调度正是对这种协同作用的度量（马丽等，2012）。基于部分与整体的关系，城市是多种功能相互协调配合而形成的系统或整体，部分功能发育不良将会影响其他功能的发挥，最终会影响城市整体功能的发挥。下面首先运用耦合协调度①来考察郑州都市圈内各城市四大功能整体的耦合协调度，再进一步分析各项功能之间的耦合协调度。

一、功能整体耦合协调度

考察郑州都市圈四大功能的耦合协调度，结果发现近年来郑州位居都市圈的首位。从各类型城市来看，特大城市和大城市四大功能耦合协调度最高，中小城市四大功能耦合协调度低于郑州都市圈平均水平（表 11-20）。

表 11-20　2006～2014 年郑州都市圈四大功能的整体耦合协调度

城市	2006 年	2007 年	2008 年	2009 年	2010 年	2011 年	2012 年	2013 年	2014 年
郑州	0.63	0.66	0.73	0.76	0.70	0.79	0.86	0.96	1.00
开封	0.31	0.35	0.37	0.40	0.44	0.47	0.48	0.53	0.60
焦作	0.30	0.35	0.37	0.40	0.42	0.45	0.57	0.45	0.49
新乡	0.38	0.41	0.42	0.41	0.45	0.47	0.46	0.49	0.47
巩义	0.35	0.39	0.42	0.45	0.47	0.49	0.51	0.68	0.69
新郑	0.39	0.43	0.44	0.46	0.50	0.52	0.55	0.60	0.69
辉县	0.20	0.21	0.28	0.29	0.34	0.36	0.38	0.47	0.48
登封	0.33	0.34	0.39	0.40	0.45	0.52	0.51	0.50	0.55
荥阳	0.36	0.38	0.39	0.39	0.40	0.43	0.37	0.40	0.45
新密	0.35	0.41	0.39	0.39	0.38	0.38	0.00	0.36	0.43
卫辉	0.00	0.23	0.25	0.25	0.23	0.26	0.26	0.30	0.33
沁阳	0.32	0.36	0.39	0.43	0.45	0.46	0.45	0.42	0.49
孟州	0.00	0.28	0.30	0.33	0.34	0.26	0.00	0.37	0.52
特大城市	—	—	—	—	—	0.79	0.86	0.96	1.00
Ⅰ型大城市	—	—	0.73	0.76	0.70	—	—	—	—
Ⅱ型大城市	0.48	0.66	—	—	—	—	—	—	—
中等城市	0.10	0.26	0.31	0.32	0.34	0.38	0.38	0.42	0.45
Ⅰ型小城市	0.31	0.37	0.40	0.41	0.43	0.45	0.33	0.52	0.60
Ⅱ型小城市	0.31	0.37	0.39	0.40	0.43	0.43	0.40	0.46	0.48
中小城市	0.27	0.34	0.37	0.38	0.41	0.42	0.38	0.46	0.51
郑州都市圈	0.30	0.37	0.40	0.41	0.43	0.45	0.42	0.50	0.55

① 耦合度 $C=\frac{n(U_1U_2\cdots U_n)^{\frac{1}{n}}}{(U_1+U_2+\cdots+U_n)}$；调和指数 $T=a_1U_1+a_2U_2+\cdots+a_nU_n$，$a_1$，$a_2$，$\cdots a_n$ 为功能之间的重要程度系数，此处采用本章第二节各项功能的相对权重来表示；耦合协调度 $D=\sqrt{CT}$。

二、四大功能之间的耦合协调度

（一）人口集聚功能与其他功能

1. 人口集聚功能与公共服务功能

2006～2014 年，郑州都市圈人口集聚功能与公共服务功能之间的耦合协调度呈现缓慢上升趋势，由 0.42 上升到 0.53。从各类型城市来看，特大城市和大城市人口集聚功能与公共服务功能的耦合协调度最高，中小城市人口集聚功能与公共服务功能的耦合协调度低于郑州都市圈平均水平（表 11-21）。

表 11-21 2006～2014 年郑州都市圈人口集聚功能与公共服务功能的耦合协调度

城市	2006 年	2007 年	2008 年	2009 年	2010 年	2011 年	2012 年	2013 年	2014 年
郑州	0.65	0.66	0.85	0.86	0.74	0.81	0.85	0.94	0.99
开封	0.49	0.50	0.51	0.49	0.53	0.56	0.55	0.71	0.69
焦作	0.50	0.53	0.44	0.51	0.53	0.54	0.49	0.51	0.50
新乡	0.53	0.48	0.43	0.46	0.49	0.45	0.42	0.44	0.38
巩义	0.48	0.55	0.54	0.59	0.59	0.63	0.62	0.65	0.66
新郑	0.56	0.68	0.46	0.48	0.51	0.47	0.53	0.61	0.62
辉县	0.37	0.25	0.31	0.37	0.41	0.41	0.44	0.51	0.52
登封	0.44	0.31	0.40	0.40	0.52	0.53	0.54	0.56	0.63
荥阳	0.46	0.46	0.38	0.33	0.30	0.30	0.22	0.27	0.30
新密	0.35	0.45	0.31	0.29	0.28	0.28	0.00	0.25	0.32
卫辉	0.40	0.39	0.30	0.32	0.32	0.32	0.31	0.34	0.39
沁阳	0.21	0.22	0.22	0.30	0.30	0.31	0.30	0.39	0.39
孟州	0.00	0.27	0.23	0.43	0.37	0.41	0.43	0.53	0.55
特大城市	—	—	—	—	—	0.81	0.85	0.94	0.99
Ⅰ型大城市	—	—	0.85	0.86	0.74	—	—	—	—
Ⅱ型大城市	0.54	0.66	—	—	—	—	—	—	—
中等城市	0.39	0.32	0.34	0.36	0.41	0.42	0.43	0.47	0.51
Ⅰ型小城市	0.49	0.52	0.53	0.46	0.47	0.49	0.39	0.54	0.57
Ⅱ型小城市	0.39	0.44	0.35	0.42	0.42	0.41	0.40	0.46	0.43
中小城市	0.40	0.42	0.38	0.41	0.43	0.43	0.40	0.48	0.50
郑州都市圈	0.42	0.44	0.41	0.45	0.45	0.46	0.44	0.52	0.53

2. 人口集聚功能与产业发展功能

2006～2014 年，郑州都市圈人口集聚功能与产业发展功能之间的耦合协调度呈现上升趋势，由 0.35 持续上升到 0.60。从各类型城市来看，特大城市和大城市人口集聚功能与产业发展功能的耦合协调度最高，中小城市人口集聚功能与产业发展功能的耦合协调度低于郑州都市圈平均水平（表 11-22）。

表 11-22 2006～2014 年郑州都市圈人口集聚功能与产业发展功能的耦合协调度

城市	2006 年	2007 年	2008 年	2009 年	2010 年	2011 年	2012 年	2013 年	2014 年
郑州	0.59	0.63	0.72	0.76	0.69	0.78	0.85	0.95	1.00
开封	0.25	0.29	0.35	0.39	0.42	0.46	0.49	0.57	0.67
焦作	0.30	0.34	0.39	0.43	0.45	0.48	0.63	0.46	0.50
新乡	0.36	0.41	0.43	0.43	0.48	0.49	0.46	0.49	0.44
巩义	0.46	0.52	0.58	0.58	0.64	0.68	0.73	0.77	0.78
新郑	0.48	0.56	0.63	0.64	0.67	0.72	0.74	0.78	0.76
辉县	0.16	0.23	0.30	0.32	0.39	0.46	0.48	0.49	0.51
登封	0.37	0.36	0.46	0.47	0.60	0.69	0.67	0.67	0.72
荥阳	0.46	0.52	0.50	0.48	0.44	0.49	0.35	0.39	0.42
新密	0.41	0.49	0.40	0.40	0.36	0.39	0.00	0.34	0.42
卫辉	0.00	0.15	0.21	0.20	0.24	0.27	0.27	0.28	0.32
沁阳	0.39	0.45	0.48	0.47	0.52	0.53	0.49	0.55	0.57
孟州	0.35	0.43	0.46	0.51	0.57	0.63	0.66	0.69	0.71
特大城市	—	—	—	—	—	0.78	0.85	0.95	1.00
Ⅰ型大城市	—	—	0.72	0.76	0.69	—	—	—	—
Ⅱ型大城市	0.48	0.63	—	—	—	—	—	—	—
中等城市	0.08	0.24	0.32	0.33	0.41	0.47	0.47	0.48	0.52
Ⅰ型小城市	0.25	0.41	0.46	0.46	0.48	0.51	0.41	0.56	0.66
Ⅱ型小城市	0.40	0.46	0.47	0.49	0.52	0.56	0.56	0.56	0.53
中小城市	0.33	0.40	0.43	0.44	0.48	0.52	0.50	0.54	0.57
郑州都市圈	0.35	0.41	0.45	0.47	0.50	0.54	0.53	0.57	0.60

3. 人口集聚功能与吸纳就业功能

2006～2014 年，郑州都市圈人口集聚功能与吸纳就业功能的耦合协调度出现波动，中小城市的耦合协调度也出现波动，且耦合协调度总体较低。从各类型城市来看，特大城市和大城市人口集聚功能与吸纳就业功能的耦合协调度最高，中小城市人口集聚功能与吸纳就业功能的耦合协调度略低于郑州都市圈平均水平（表 11-23）。

表 11-23 2006～2014 年郑州都市圈人口集聚功能与吸纳就业功能的耦合协调度

城市	2006 年	2007 年	2008 年	2009 年	2010 年	2011 年	2012 年	2013 年	2014 年
郑州	0.67	0.67	0.73	0.75	0.78	0.85	0.93	0.99	1.00
开封	0.42	0.46	0.40	0.43	0.46	0.46	0.44	0.42	0.42
焦作	0.35	0.36	0.34	0.35	0.34	0.35	0.35	0.38	0.37

续表

城市	2006年	2007年	2008年	2009年	2010年	2011年	2012年	2013年	2014年
新乡	0.43	0.38	0.36	0.37	0.36	0.34	0.31	0.32	0.30
巩义	0.24	0.26	0.23	0.26	0.26	0.25	0.24	0.54	0.53
新郑	0.26	0.28	0.26	0.25	0.25	0.24	0.25	0.28	0.42
辉县	0.31	0.30	0.30	0.30	0.29	0.26	0.27	0.45	0.43
登封	0.32	0.23	0.24	0.24	0.26	0.26	0.25	0.23	0.27
荥阳	0.22	0.18	0.17	0.17	0.20	0.20	0.17	0.17	0.21
新密	0.29	0.29	0.25	0.24	0.21	0.17	0.00	0.16	0.21
卫辉	0.34	0.33	0.31	0.31	0.19	0.21	0.20	0.27	0.31
沁阳	0.38	0.37	0.35	0.35	0.36	0.31	0.25	0.15	0.25
孟州	0.20	0.15	0.14	0.17	0.16	0.07	0.00	0.12	0.26
特大城市	—	—	—	—	—	0.85	0.93	0.99	1.00
Ⅰ型大城市	—	—	0.73	0.75	0.78	—	—	—	—
Ⅱ型大城市	0.50	0.67	—	—	—	—	—	—	—
中等城市	0.32	0.29	0.28	0.28	0.25	0.25	0.24	0.32	0.34
Ⅰ型小城市	0.42	0.36	0.32	0.31	0.31	0.29	0.23	0.37	0.40
Ⅱ型小城市	0.30	0.29	0.27	0.28	0.28	0.25	0.22	0.24	0.28
中小城市	0.31	0.30	0.28	0.29	0.28	0.26	0.23	0.29	0.33
郑州都市圈	0.34	0.33	0.31	0.32	0.32	0.31	0.28	0.35	0.38

（二）公共服务功能与其他功能

1. 公共服务功能与产业发展功能

2006～2014年，郑州都市圈公共服务功能与产业发展功能的耦合协调度不断上升，由0.32上升到0.71。从各类型城市来看，特大城市和大城市公共服务功能与产业发展功能的耦合协调度最高，中小城市公共服务功能与产业发展功能的耦合协调度略低于郑州都市圈平均水平（表11-24）。

表11-24　2006～2014年郑州都市圈公共服务功能与产业发展功能的耦合协调度

城市	2006年	2007年	2008年	2009年	2010年	2011年	2012年	2013年	2014年
郑州	0.61	0.66	0.73	0.77	0.67	0.77	0.82	0.95	1.00
开封	0.26	0.30	0.36	0.39	0.43	0.47	0.50	0.61	0.76
焦作	0.30	0.35	0.39	0.44	0.48	0.52	0.74	0.51	0.60
新乡	0.37	0.42	0.45	0.45	0.51	0.61	0.66	0.70	0.70
巩义	0.44	0.50	0.56	0.58	0.63	0.67	0.72	0.74	0.77
新郑	0.48	0.56	0.56	0.59	0.66	0.70	0.77	0.85	0.91
辉县	0.17	0.21	0.29	0.31	0.38	0.43	0.45	0.49	0.50

续表

城市	2006 年	2007 年	2008 年	2009 年	2010 年	2011 年	2012 年	2013 年	2014 年
登封	0.36	0.43	0.50	0.53	0.58	0.68	0.68	0.70	0.74
荥阳	0.46	0.53	0.60	0.58	0.60	0.63	0.65	0.74	0.79
新密	0.38	0.48	0.54	0.53	0.61	0.66	0.70	0.70	0.73
卫辉	0.00	0.17	0.22	0.22	0.27	0.31	0.34	0.36	0.38
沁阳	0.28	0.34	0.39	0.46	0.49	0.54	0.60	0.68	0.69
孟州	0.00	0.36	0.38	0.47	0.48	0.55	0.58	0.66	0.69
特大城市	—	—	—	—	—	0.77	0.82	0.95	1.00
Ⅰ型大城市	—	—	0.73	0.77	0.67	—	—	—	—
Ⅱ型大城市	0.48	0.66	—	—	—	—	—	—	—
中等城市	0.08	0.27	0.34	0.35	0.41	0.47	0.49	0.52	0.54
Ⅰ型小城市	0.26	0.40	0.46	0.50	0.56	0.60	0.64	0.68	0.79
Ⅱ型小城市	0.34	0.43	0.47	0.50	0.54	0.59	0.67	0.69	0.69
中小城市	0.28	0.39	0.44	0.46	0.51	0.56	0.62	0.65	0.69
郑州都市圈	0.32	0.41	0.46	0.49	0.52	0.58	0.63	0.67	0.71

2. 公共服务功能与吸纳就业功能

2006～2014 年，郑州都市圈公共服务功能与吸纳就业功能的耦合协调度呈现缓慢上升趋势，由 0.31 上升到 0.46。从各类型城市来看，特大城市和大城市公共服务功能与吸纳就业功能的耦合协调度最高，中小城市公共服务功能与吸纳就业功能的耦合协调度略低于郑州都市圈平均水平（表 11-25）。

表 11-25　2006～2014 年郑州都市圈公共服务功能与吸纳就业功能的耦合协调度

城市	2006 年	2007 年	2008 年	2009 年	2010 年	2011 年	2012 年	2013 年	2014 年
郑州	0.69	0.73	0.73	0.77	0.72	0.81	0.87	0.97	1.00
开封	0.40	0.43	0.41	0.43	0.47	0.48	0.46	0.51	0.52
焦作	0.33	0.36	0.35	0.38	0.40	0.42	0.42	0.46	0.47
新乡	0.41	0.40	0.39	0.40	0.42	0.43	0.44	0.46	0.45
巩义	0.24	0.26	0.26	0.29	0.29	0.28	0.28	0.54	0.55
新郑	0.29	0.30	0.25	0.26	0.29	0.27	0.30	0.35	0.52
辉县	0.28	0.23	0.27	0.28	0.28	0.26	0.27	0.45	0.43
登封	0.30	0.28	0.29	0.29	0.29	0.30	0.30	0.29	0.33
荥阳	0.25	0.22	0.22	0.22	0.26	0.25	0.27	0.28	0.35
新密	0.28	0.31	0.33	0.30	0.33	0.25	0.28	0.29	0.33
卫辉	0.35	0.34	0.33	0.32	0.24	0.27	0.27	0.39	0.41
沁阳	0.26	0.28	0.28	0.35	0.35	0.32	0.30	0.21	0.30
孟州	0.00	0.14	0.14	0.17	0.15	0.07	0.00	0.14	0.29

续表

城市	2006年	2007年	2008年	2009年	2010年	2011年	2012年	2013年	2014年
特大城市	—	—	—	—	—	0.81	0.87	0.97	1.00
Ⅰ型大城市	—	—	0.73	0.77	0.72	—	—	—	—
Ⅱ型大城市	0.50	0.73	—	—	—	—	—	—	—
中等城市	0.32	0.29	0.29	0.30	0.27	0.28	0.28	0.38	0.39
Ⅰ型小城市	0.40	0.34	0.33	0.34	0.36	0.34	0.34	0.44	0.48
Ⅱ型小城市	0.26	0.29	0.28	0.30	0.31	0.29	0.29	0.32	0.37
中小城市	0.28	0.30	0.29	0.31	0.31	0.30	0.30	0.36	0.41
郑州都市圈	0.31	0.33	0.33	0.34	0.34	0.34	0.34	0.41	0.46

（三）产业发展功能与吸纳就业功能

2006～2014年，郑州都市圈产业发展功能与吸纳就业功能的耦合协调度不断提高，由0.31提高到0.56。从各类型城市来看，特大城市和大城市产业发展功能与吸纳就业功能的耦合协调度最高，中小城市产业发展功能与吸纳就业功能的耦合协调度低于郑州都市圈平均水平（表11-26）。

表11-26　2006～2014年郑州都市圈产业发展功能与吸纳就业功能的耦合度

城市	2006年	2007年	2008年	2009年	2010年	2011年	2012年	2013年	2014年
郑州	0.62	0.67	0.71	0.75	0.70	0.79	0.86	0.97	1.00
开封	0.28	0.33	0.35	0.39	0.43	0.45	0.47	0.51	0.59
焦作	0.29	0.33	0.36	0.39	0.41	0.44	0.58	0.45	0.51
新乡	0.37	0.39	0.42	0.41	0.45	0.50	0.52	0.55	0.55
巩义	0.32	0.35	0.37	0.39	0.41	0.41	0.43	0.67	0.68
新郑	0.35	0.38	0.41	0.41	0.45	0.47	0.48	0.54	0.70
辉县	0.18	0.24	0.29	0.30	0.33	0.35	0.36	0.47	0.47
登封	0.33	0.35	0.38	0.39	0.41	0.46	0.45	0.44	0.48
荥阳	0.33	0.32	0.35	0.37	0.42	0.44	0.46	0.46	0.54
新密	0.35	0.39	0.44	0.43	0.46	0.41	0.43	0.44	0.50
卫辉	0.00	0.19	0.24	0.23	0.23	0.27	0.27	0.33	0.35
沁阳	0.38	0.43	0.47	0.46	0.50	0.50	0.48	0.37	0.48
孟州	0.27	0.26	0.28	0.28	0.28	0.14	0.00	0.25	0.45
特大城市	—	—	—	—	—	0.79	0.86	0.97	1.00
Ⅰ型大城市	—	—	0.71	0.75	0.70	—	—	—	—
Ⅱ型大城市	0.48	0.67	—	—	—	—	—	—	—
中等城市	0.09	0.26	0.30	0.31	0.32	0.36	0.36	0.41	0.43
Ⅰ型小城市	0.28	0.34	0.36	0.41	0.43	0.43	0.44	0.54	0.62

续表

城市	2006 年	2007 年	2008 年	2009 年	2010 年	2011 年	2012 年	2013 年	2014 年
II 型小城市	0.33	0.36	0.39	0.39	0.42	0.41	0.42	0.44	0.51
中小城市	0.28	0.33	0.36	0.37	0.40	0.40	0.41	0.46	0.52
郑州都市圈	0.31	0.36	0.39	0.40	0.42	0.43	0.45	0.49	0.56

总体来看，郑州都市圈各类型城市中，特大城市和大城市功能之间的耦合协调度最高。2014 年郑州各项功能之间的耦合协调度达到了高度协调水平，说明郑州各项功能之间相互促进、相互配合达到了好的耦合状态。从郑州都市圈各城市功能之间的耦合协调度来看，2014 年人口集聚功能与公共服务功能不协调的城市有 1 个、低度协调的城市有 4 个；人口集聚功能与产业发展功能低度协调的城市有 5 个；人口集聚功能与吸纳就业功能不协调的城市有 6 个、低度协调的城市有 5 个；公共服务功能与产业发展功能低度协调的城市有 2 个；公共服务功能与吸纳就业功能不协调的城市有 2 个、低度协调的城市有 7 个；产业发展功能与吸纳就业功能低度协调的城市有 6 个（表 11-27）。总体而言，中小城市吸纳就业功能、人口集聚功能、公共服务功能偏弱。

表 11-27　2014 年郑州都市圈各城市功能之间的耦合协调度等级

城市功能	不协调	低度协调	中度协调	高度协调
人口集聚-公共服务	荥阳	沁阳、卫辉、新乡、新密	开封、巩义、登封、新郑、孟州、辉县、焦作	郑州
人口集聚-产业发展	—	焦作、新乡、新密、荥阳、卫辉	巩义、新郑、登封、孟州、开封、沁阳、辉县	郑州
人口集聚-吸纳就业	新乡、登封、孟州、沁阳、荥阳、新密	辉县、新郑、开封、焦作、卫辉	巩义	郑州
公共服务-产业发展	—	辉县、卫辉	荥阳、巩义、开封、登封、新密、新乡、孟州、沁阳、焦作	郑州、新郑
公共服务-吸纳就业	沁阳、孟州	焦作、新乡、辉县、卫辉、荥阳、新密、登封	巩义、开封、新郑	郑州
产业发展-吸纳就业	—	新密、沁阳、登封、辉县、孟州、卫辉	新郑、巩义、开封、新乡、荥阳、焦作	郑州
功能整体	—	沁阳、焦作、辉县、新乡、荥阳、新密、卫辉	巩义、新郑、开封、登封、孟州	郑州

注：D 表示耦合协调度，$0<D\leqslant0.3$ 表示不协调，$0.3<D\leqslant0.5$ 表示低度协调，$0.5<D\leqslant0.8$ 表示中度协调，$0.8<D\leqslant1$ 表示高度协调

第四节　郑州都市圈中小城市功能提升重点

基于对郑州都市圈产业发展、吸纳就业、公共服务和人口集聚功能的分析，郑州都市圈中小城市功能提升的重点主要集中在四个方面：一是要着力推进有潜力的小城市向中等城市发展；二是要提升中等城市的产业发展与人口集聚功能；三是要加强小城市的公共服务与吸纳就业功能；四是要提高中小城市四大功能间的耦合协调度。

一、推进有潜力的小城市向中等城市发展

对反映城市功能特征的各项指标进行均等化测度可以发现，郑州都市圈的赫芬达尔指数普遍偏低，表明郑州都市圈内各城市整体“公平”，但这种“公平”缺乏“效率”，平均主义路线使得郑州都市圈缺乏竞争活力。同时，都市圈内部小城市过多，中等城市过少，大城市不突出，且整体实力偏弱，降低了郑州的整体发展水平。中小城市是郑州都市圈整体实力提升的关键力量，而郑州都市圈中小城市功能不突出，导致大量资源浪费和效率损失。此外，按照《国务院关于调整城市规模划分标准的通知》（国发〔2014〕51 号），2016 年郑州都市圈内中等城市仅有 2 个，小城市占据绝对地位，表明郑州都市圈城市体系结构存在中等城市过少且规模不大、小城市数量过多的分布格局。因此，推进有潜力的小城市向中等城市发展，是一段时期内功能提升的战略重点之一。

二、提升中等城市的产业发展与人口集聚功能

对郑州都市圈各功能进行测度可以发现，中等城市的产业发展与人口集聚功能在各类城市中排名靠后。在建成区人口密度、城市人口集中度和产业发展等方面，中等城市表现也最弱。按照一般规律，人口规模越大，相应的建成区人口密度、城市人口集中度越高，产业发展功能越强，但郑州都市圈中等城市却并非如此。可能的解释是，开封、焦作和新乡的人口城镇化程度远低于土地城镇化程度，或者城市蔓延指数远高于小城市，进而使得中等城市的综合功能指数最低。因此，产业发展功能是提升中等城市功能的重点。

三、加强小城市的公共服务与吸纳就业功能

各类功能测度表明，郑州都市圈小城市的公共服务功能整体较弱。就都市圈内基础教育资源而言，无论是万人拥有学校数，还是万名学生拥有专职教师数，都呈现中小城市优于特大城市和大城市的资源配置格局。从资源利用效率的角度来看，中小城市教育资源的配置相对充足。但就人均地方公共财政收入来看，资源的配置次序是特大城市和大城市、中等城市、Ⅰ型小城市、Ⅱ型小城市；万人拥有医院（卫生院）床位数的次序是特大城市和大城市、中等城市、Ⅱ型小城市、Ⅰ型小城市。各类城市功能测度表明，小城市的吸纳就业功能整体较弱，各类城市吸纳就业能力的次序是特大城市和大城市、中等城市、Ⅰ型小城市、Ⅱ型小城市。因此，提高小城市的人均地方公共财政收入和万人拥有医院（卫生院）床位数，增强就业吸纳能力，是郑州都市圈小城市功能提升的重点。

四、提高中小城市四大功能间的耦合协调度

对郑州都市圈四大功能耦合协调度的研究表明，大城市郑州的功能耦合协调度整体较高，但中小城市各项功能之间的耦合协调度较低。提升中小城市的综合承载功能，需要提高城市产业发展、吸纳就业、公共服务、人口集聚四大功能间的耦合协调度。从多对功能的耦合协调度大小来看，中等城市的功能耦合协调度小于Ⅰ型小城市，Ⅱ型小城市的功能耦合协调度最弱。因此，提升中等城市和Ⅱ型小城市的功能耦合协调度是郑州都市圈功能提升的重要方向之一。从各项功能的耦合协调度等级来看，郑州都市圈内人口集聚功能与吸纳就业功能耦合协调度处于低度协调和不协调状态的城市最多。因此，在加强功能提升的同时，更要注重功能之间的耦合协调度。

第五节　郑州都市圈中小城市功能提升对策

一、进一步强化郑州都市圈各城市间的分工协作，努力推进产业结构优化升级

产业是城市发展的基础，核心城市是都市圈发展，尤其是中小城市发展的

关键。因此，要强化郑州的国家中心城市地位，提高其对周边中小城市的辐射带动能力。以增强郑州集聚辐射效应为目标导向，提高郑州与其他城市的产业关联度，提高优化配置区域内外资源的能力，实现区域协调发展（王沛栋，2018）。通过“优二进三”[①]，不断提升服务业的发展水平，尤其是现代生产性服务业的发展水平，培育壮大新一代智能终端、电子核心部件、制造装备等主导产业集群，形成先进制造业基地。通过市场机制，引导中低端劳动密集型和资源密集型制造业向郑州周边中小城市转移。继续加强郑州期货交易平台、郑东新区高端金融业的建设发展，积极引进全球跨国公司或企业集团的区域性、功能性总部等，形成现代生产性服务业基地。促进“互联网+”的业态创新，加快培育市场需求潜力巨大的体验经济、平台经济、共享经济、社区经济等新经济，形成“三产”融合发展的新格局（郭荣朝和邢勋，2017）。

二、大力发展中等城市，优化城市规模体系

城市体系的不合理是郑州都市圈城镇体系发展面临的重要问题之一，其中小城市的城市综合指数处于较低水平。因此，要充分发挥市场作用、整合资源，重点支持潜力较好的小城市发展，避免均衡化发展，促进中等城市的发育。应重点推进巩义、新郑、荥阳和孟州等小城市向中等城市迈进。在综合考虑人文、地理、区位、发展水平的基础上，整合力量推进大城市与中等城市的发育、成长。要巩固和发展现有的Ⅱ型大城市开封，以及中等城市新乡和焦作的产业发展，以增强人口集聚和就业吸纳能力。

三、加强郑州都市圈中小城市基础设施体系一体化建设，促进各城市的融合协调发展

基础设施体系一体化建设是都市圈空间整合的必然要求和重要内容，都市圈内各城市之间基础设施体系的一体化和协同共享是提升都市圈效率的重要保证。因此，要加强郑州与辉县、卫辉、焦作、新乡之间的交通基础设施建设，增强郑州对这些城市的辐射带动作用，以此提升这些城市的综合功能。

---

① “优二进三”即为推进城市高水平发展需要，在产业选择上重视高端的第二产业引进，同时大力发展第三产业。

四、以户籍制度为抓手推进郑州都市圈内中小城市功能的协调

城市的健康运行需要通过各种功能的耦合协调互动来实现，都市圈内中小城市发展的过程，也是城镇化不断推进的过程。随着城镇化进程的推进，以及城市人口集聚水平的提高，需要产业发展作为支撑，否则容易导致失业率的提高，使得城市犯罪率上升、城市综合发展水平下降。但是，人口集聚水平的提高，需要相关公共服务做保障，否则容易导致公共服务供不应求，产生寻租现象。人是城市功能提升的核心，除产业发展功能外，吸纳就业、公共服务、人口集聚都与人密切相关，因此要以户籍制度为抓手，推进户籍制度改革与产业发展同步（任杲和宋迎昌，2018）。只有这样，才能促进吸纳就业与人口集聚、产业发展与吸纳就业相同步。

第十二章 西安都市圈中小城市功能提升

西安都市圈以西安为中心，以陇海铁路、郑（州）西（安）客运专线、西（安）兰（州）客运专线和连（云港）霍（尔果斯）高速公路为轴线，包含西安、咸阳、渭南和铜川 4 个地级市，其中有韩城、兴平和华阴 3 个县级市，共 41 个县（市、区）（表 12-1）。研究西安都市圈的发展特点，进行综合、系统地定量分析，提出中小城市功能提升的方向、重点，以及具有针对性的对策建议，对于提升西安都市圈的竞争力具有重要意义。

表 12-1　2016 年西安都市圈行政区划范围

城市	包括县（市、区）
西安	新城区、碑林区、莲湖区、灞桥区、未央区、雁塔区、阎良区、临潼区、长安区、高陵区、蓝田县、周至县、户县*
咸阳	秦都区、渭城区、兴平市、三原县、泾阳县、乾县、礼泉县、永寿县、彬县**、长武县、旬邑县、淳化县、武功县
渭南	临渭区、华州区、潼关县、大荔县、合阳县、澄城县、蒲城县、白水县、富平县、韩城市、华阴市
铜川	王益区、印台区、耀州区、宜君县

资料来源：根据《西安统计年鉴 2017》《陕西统计年鉴 2017》《陕西区域统计年鉴 2017》整理得到

* 2017 年 9 月，撤销户县改为鄠邑区；**2018 年 5 月，撤销彬县改为彬州市

第一节　西安都市圈中小城市功能现状

2006～2014 年，西安都市圈 I 型大城市有 1 个，即西安；缺少 II 型大城市；中等城市有 1 个，即咸阳；I 型小城市有 2 个，即渭南、铜川；II 型小城市有 3

个，即兴平、韩城和华阴。2015～2016 年，不同规模城市数量发生变化，Ⅱ型大城市从无到有，即咸阳由中等城市发展成为Ⅱ型大城市；中等城市有 1 个，即渭南；Ⅰ型小城市有 1 个，即铜川，Ⅱ型小城市仍有 3 个，即兴平、韩城和华阴。2017 年，不同规模城市数量再次发生变化，Ⅰ型大城市有 1 个，即西安；Ⅱ型大城市有 1 个，即咸阳；中等城市有 1 个，即渭南；Ⅰ型小城市变为 2 个，即铜川、兴平；Ⅱ型小城市有 2 个，即韩城和华阴（表 12-2）。

表 12-2 2006～2017 年西安都市圈不同规模等级城市数量 （单位：个）

年份	小城市		中等城市	大城市	
	Ⅱ型小城市	Ⅰ型小城市		Ⅱ型大城市	Ⅰ型大城市
2006	3	2	1	0	1
2007	3	2	1	0	1
2008	3	2	1	0	1
2009	3	2	1	0	1
2010	3	2	1	0	1
2011	3	2	1	0	1
2012	3	2	1	0	1
2013	3	2	1	0	1
2014	3	2	1	0	1
2015	3	1	1	1	1
2016	3	1	1	1	1
2017	2	2	1	1	1

资料来源：根据《中国城市建设统计年鉴》（2006～2017 年）整理计算

一、产业发展功能提升较快

2006～2016 年，西安都市圈各城市的非农产业增加值呈上升趋势，其中西安非农产业增加值规模最大，咸阳次之，两市 2016 年非农产业增加值分别是规模最小的华阴的 84.18 倍和 13.04 倍。中小城市非农产业增加值年均增长率最快的是渭南，最慢的为华阴。这说明，西安都市圈中小城市非农产业增加值虽有增加，但远远落后于大城市和西安都市圈的整体水平（图 12-1）。

从不同规模等级城市来看，2006～2016 年，西安都市圈中小城市平均非农产业增加值由 433.04 亿元上升到 1118.17 亿元。Ⅰ型大城市与Ⅱ型小城市非农产业增加值增长迅速，而中等城市非农产业增加值增长速度最慢，年均增长率仅为Ⅱ型小城市的 28.31%（图 12-2）。

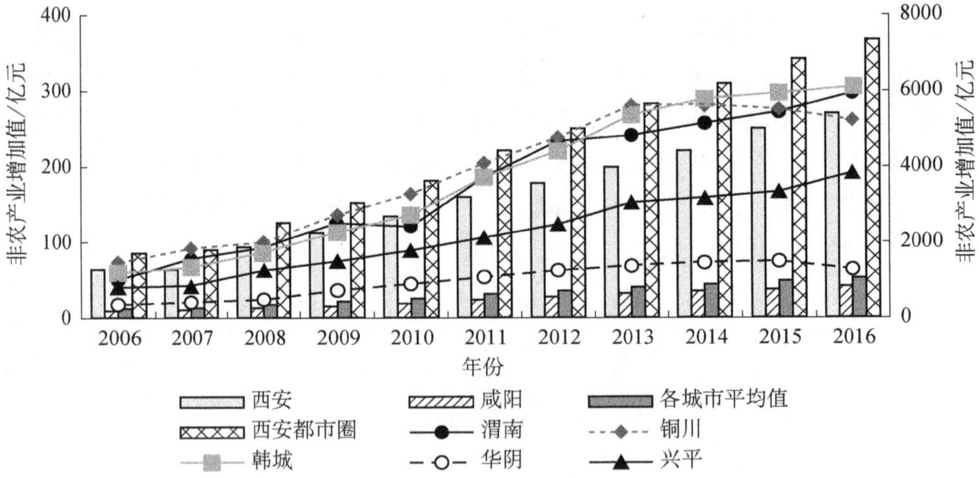

图 12-1 2006～2016 年西安都市圈各城市非农产业增加值

资料来源：根据《西安统计年鉴 2017》《陕西统计年鉴 2017》《陕西区域统计年鉴 2017》整理计算

为便于区分，渭南、铜川、韩城、华阴、兴平以折线图表示（左侧纵坐标）；

西安都市圈、西安、咸阳、各城市平均值以柱状图表示（右侧纵坐标）

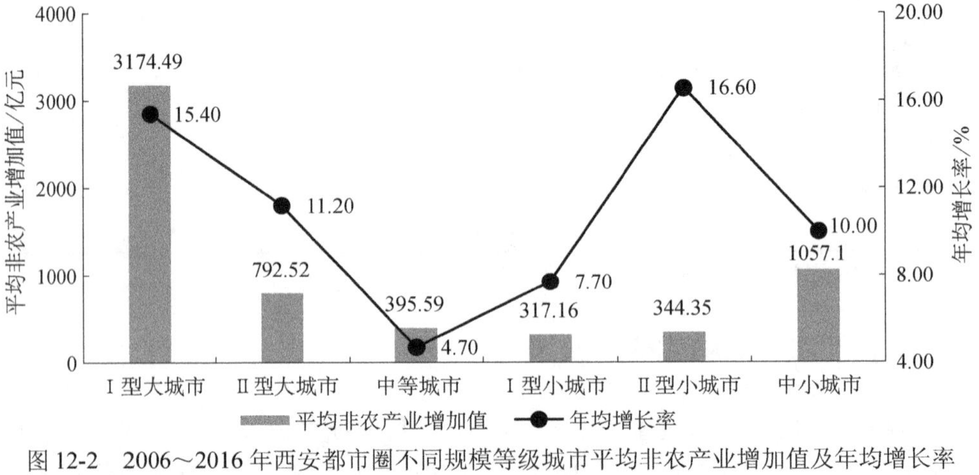

图 12-2 2006～2016 年西安都市圈不同规模等级城市平均非农产业增加值及年均增长率

资料来源：根据《西安统计年鉴 2017》《陕西统计年鉴 2017》《陕西区域统计年鉴 2017》整理计算

二、吸纳就业功能逐步提高

2006～2016 年，西安都市圈各城市的非农产业单位从业人员不断上升。从年均增长率来看，小城市如韩城、华阴、兴平的年均增长率普遍高于大城市及中等城市；从比重来看，西安占据绝对主导地位，其非农产业单位从业人员比重高于中小城市总和。而咸阳、渭南、铜川的非农产业单位从业人员占西安都市圈的比重均呈下降趋势（表 12-3）。

表 12-3　2006～2016 年西安都市圈各城市非农产业单位从业人员及比重

年份	项目	西安	咸阳	渭南	铜川	韩城	华阴	兴平	西安都市圈
2006	数量/万人	114.6	35.9	32.9	9.2	4.3	2.2	4.3	203.4
	比重/%	56.3	17.7	16.2	4.5	2.1	1.1	2.1	100.0
2007	数量/万人	118.7	36.1	33.6	9.0	4.5	2.2	4.4	208.5
	比重/%	56.9	17.3	16.1	4.3	2.2	1.1	2.1	100.0
2008	数量/万人	120.7	36.7	33.6	9.2	4.7	2.1	4.5	211.5
	比重/%	57.1	17.4	15.9	4.3	2.2	1.0	2.1	100.0
2009	数量/万人	135.3	36.8	35.2	9.9	4.8	2.3	2.6	226.9
	比重/%	59.6	16.2	15.5	4.4	2.1	1.0	1.2	100.0
2010	数量/万人	140.0	36.7	36.3	9.8	4.9	2.2	4.2	234.1
	比重/%	59.8	15.7	15.5	4.2	2.1	0.9	1.8	100.0
2011	数量/万人	154.0	39.6	38.4	10.1	4.7	2.1	4.2	253.1
	比重/%	60.8	15.6	15.2	4.0	1.9	0.8	1.7	100.0
2012	数量/万人	165.2	39.9	38.3	10.0	4.9	2.1	4.1	264.5
	比重/%	62.5	15.1	14.5	3.8	1.8	0.8	1.5	100.0
2013	数量/万人	198.1	54.1	46.4	12.0	21.7	7.5	15.1	354.9
	比重/%	55.8	15.2	13.1	3.4	6.1	2.1	4.3	100.0
2014	数量/万人	199.2	54.3	46.3	12.1	21.8	7.5	15.6	356.8
	比重/%	55.8	15.2	13.0	3.4	6.1	2.1	4.4	100.0
2015	数量/万人	198.2	54.3	46.3	12.1	21.8	7.5	15.6	355.8
	比重/%	55.7	15.3	13.0	3.4	6.1	2.1	4.4	100.0
2016	数量/万人	199.0	55.6	46.2	11.5	21.3	7.5	15.7	356.8
	比重/%	55.8	15.6	12.9	3.2	6.0	2.1	4.4	100.0

资料来源：根据《西安统计年鉴 2017》《陕西统计年鉴 2017》《陕西区域统计年鉴 2017》整理计算

从不同规模等级城市来看，2006～2016 年，西安都市圈中 I 型大城市非农产业单位从业人员年均增长率为 5.7%，在都市圈中占据主导地位；同时，II 型小城市非农产业单位从业人员从 10.77 万人上升到 44.44 万人，年均增长率为 15.2%。但从中小城市整体来看，非农产业单位从业人员却在不断下降（图 12-3）。说明大城市仍然是西安都市圈重要的就业吸纳载体。

三、公共服务功能日趋完善

（一）人均地方公共财政收入增速较快

2006～2016 年，西安都市圈各城市人均地方财政收入不断增加。从平均

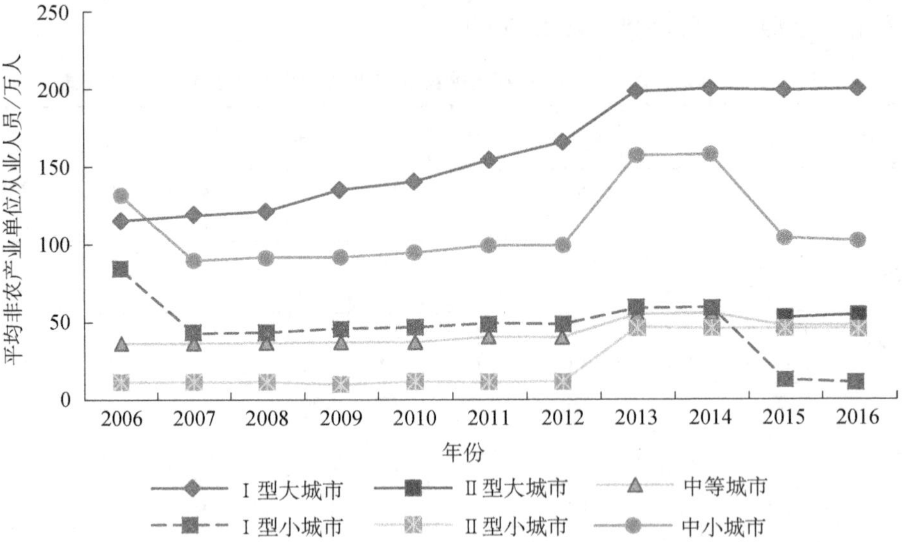

图 12-3 2006～2016 年西安都市圈不同规模等级城市平均非农产业单位从业人员

资料来源：根据《西安统计年鉴 2017》《陕西统计年鉴 2017》《陕西区域统计年鉴 2017》整理计算

值来看，渭南与西安人均地方公共财政收入均超过西安都市圈整体水平。从年均增长率来看，人均地方公共财政收入增长最快的为韩城，年均增长率达 25.6%（表 12-4）。

表 12-4 2006～2016 年西安都市圈各城市人均地方公共财政收入

年份	人均地方公共财政收入/元							
	西安	咸阳	渭南	铜川	韩城	华阴	兴平	西安都市圈
2006	2 516	1 187	3 551	933	1 296	492	446	2 083
2007	3 261	1 335	4 120	1 454	1 918	608	522	2 705
2008	4 135	1 692	5 740	1 722	2 580	852	706	3 486
2009	5 065	2 166	5 320	1 275	3 290	1 134	414	4 063
2010	6 737	3 053	8 500	3 273	4 181	1 511	1 170	5 693
2011	8 835	3 582	10 993	1 701	5 170	2 061	1 512	7 147
2012	10 669	4 286	13 110	2 258	9 030	2 622	1 973	8 759
2013	12 841	8 420	15 487	5 974	11 218	3 146	1 023	11 313
2014	14 655	9 077	14 992	5 468	10 025	3 455	2 710	12 559
2015	15 359	8 061	13 344	5 729	11 032	3 464	2 707	12 794
2016	14 702	7 718	11 962	5 330	12 690	2 540	2 041	12 236
平均值/元	8 980	4 598	9 738	3 192	6 585	1 990	1 384	7 531
年均增长率/%	19.3	20.6	12.9	19.0	25.6	17.8	16.4	19.4

资料来源：根据《中国城市统计年鉴》（2007～2017 年）、《陕西区域统计年鉴》（2007～2017 年）、《陕西统计年鉴》（2007～2017 年）等整理计算

从不同规模等级城市来看，人均地方公共财政收入不断增加。其中，中等城市发展最迅速；而Ⅰ型小城市发展较慢，年均增长率仅为9.7%。中小城市人均地方公共财政收入虽然有所上升，但其平均值低于西安都市圈的平均水平（表12-5）。

表12-5　2006～2016年西安都市圈不同规模等级城市人均地方公共财政收入

年份	人均地方公共财政收入/元					
	Ⅰ型大城市	Ⅱ型大城市	中等城市	Ⅰ型小城市	Ⅱ型小城市	中小城市平均
2006	2 516	—	1 187	2 114	772	1 426
2007	3 261	—	1 335	2 784	1 054	1 819
2008	4 135	—	1 692	3 628	1 433	2 394
2009	5 065	—	2 166	4 047	1 254	2 643
2010	6 737	—	3 053	5 889	2 341	3 982
2011	8 835	—	3 582	6 299	2 959	4 469
2012	10 669	—	4 286	7 727	4 700	5 681
2013	12 841	—	8 420	15 021	3 749	8 663
2014	14 655	—	9 077	10 490	5 522	8 870
2015	15 359	8 061	13 344	5 729	5 864	8 672
2016	14 702	7 718	11 962	5 330	5 926	8 069
平均值/元	8 980	7 890	5 464	6 278	3 234	5 153
年均增长率/%	19.3	−4.3	26.0	9.7	22.6	18.9

资料来源：根据《中国城市统计年鉴》（2007～2017年）、《陕西区域统计年鉴》（2007～2017年）、《陕西统计年鉴》（2007～2017年）等整理计算

（二）学校和教师数量相对较少

1. 万人拥有普通小学数和万人拥有普通中学数

2006～2016年，西安都市圈各城市万人拥有普通小学数和万人拥有普通中学数均为负增长。其中，万人拥有普通小学数和万人拥有普通中学数负增长最快的分别为铜川（−14.0%）、渭南（−6.6%）。从平均值来看，兴平万人拥有普通小学数最高（9.27所），韩城万人拥有普通中学数最高（2.22所）（表12-6和表12-7）。

表12-6　2006～2016年西安都市圈各城市万人拥有普通小学数

年份	万人拥有普通小学数/所							
	西安	咸阳	渭南	铜川	韩城	华阴	兴平	西安都市圈
2006	3.11	1.56	9.96	8.22	13.44	12.69	12.54	4.45
2007	2.99	1.57	7.70	8.98	11.10	10.67	11.92	4.23
2008	2.83	1.74	7.20	7.01	9.12	8.91	11.92	3.92
2009	2.56	1.52	13.07	2.97	9.06	8.41	5.08	3.27
2010	2.35	1.36	5.63	4.33	4.85	6.87	9.99	3.01

续表

年份	万人拥有普通小学数/所							
	西安	咸阳	渭南	铜川	韩城	华阴	兴平	西安都市圈
2011	2.08	2.86	4.91	3.77	4.51	6.27	9.37	2.93
2012	2.00	1.08	4.48	2.52	3.83	6.18	9.54	2.46
2013	1.81	1.07	9.63	2.40	3.77	6.25	4.02	2.27
2014	1.78	0.86	3.87	1.76	3.77	2.86	9.35	2.09
2015	1.62	0.76	2.39	1.76	3.76	6.17	9.21	1.90
2016	1.66	0.76	2.24	1.81	3.76	6.06	9.03	1.91
平均值/所	2.25	1.38	6.46	4.14	6.45	7.39	9.27	2.95
年均增长率/%	−6.1	−6.9	−13.9	−14.0	−12.0	−7.1	−3.2	−8.1

资料来源：根据《中国城市统计年鉴》（2007～2017 年）、《陕西区域统计年鉴》（2007～2017 年）、《陕西统计年鉴》（2007～2017 年）等整理计算

表 12-7 2006～2016 年西安都市圈各城市万人拥有普通中学数

年份	万人拥有普通中学数/所							
	西安	咸阳	渭南	铜川	韩城	华阴	兴平	西安都市圈
2006	0.97	0.73	2.01	1.67	2.27	2.54	1.63	1.20
2007	0.96	0.81	1.74	1.76	2.26	2.49	1.59	1.14
2008	0.91	0.86	1.80	1.60	2.28	2.48	1.59	1.12
2009	0.88	0.77	3.80	0.84	2.21	2.24	0.74	1.01
2010	0.88	0.72	1.70	1.28	2.22	2.00	1.54	1.03
2011	0.80	0.70	1.41	1.24	2.20	1.91	1.53	0.95
2012	0.81	0.70	1.38	1.16	2.24	1.91	1.56	0.95
2013	0.72	0.65	3.05	1.14	2.24	1.88	0.66	0.87
2014	0.72	0.63	1.31	1.14	2.18	2.05	1.53	0.86
2015	0.69	0.56	1.07	1.04	2.18	2.03	1.51	0.80
2016	0.70	0.59	1.02	0.92	2.17	1.90	1.48	0.80
平均值/所	0.82	0.70	1.85	1.25	2.22	2.13	1.40	0.98
年均增长率/%	−3.2	−2.1	−6.6	−5.8	−0.4	−2.9	−1.0	−4.0

资料来源：根据《中国城市统计年鉴》（2007～2017 年）、《陕西区域统计年鉴》（2007～2017 年）、《陕西统计年鉴》（2007～2017 年）等整理计算

从不同规模等级城市来看，2006～2016 年，西安都市圈各规模等级城市万人拥有普通小学数和万人拥有普通中学数均呈下降趋势。但从整体来看，中小城市万人拥有普通小学数和万人拥有普通中学数高于大城市平均水平，二者的差距随着时间的推移呈先缩小再扩大趋势（图 12-4 和图 12-5）。

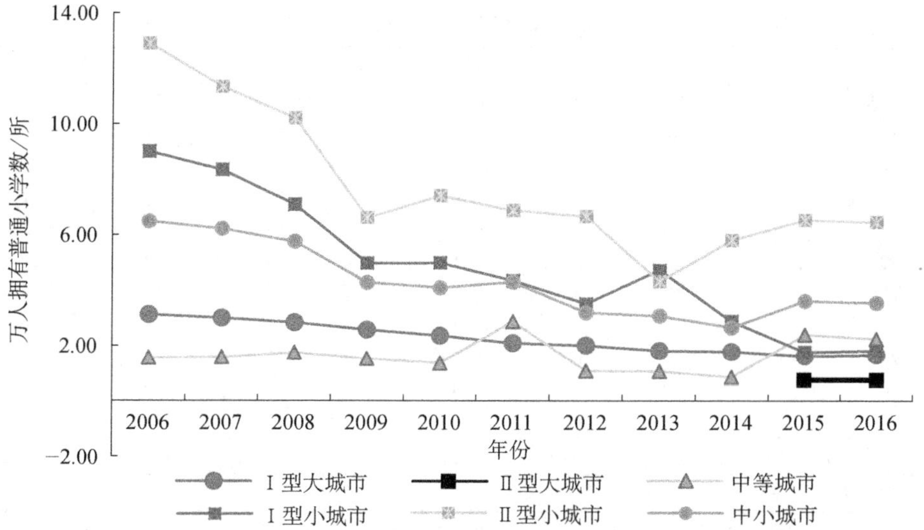

图 12-4　2006～2016 年西安都市圈不同规模等级城市万人拥有普通小学数

资料来源：根据《中国城市统计年鉴》（2007～2017 年）、《陕西区域统计年鉴》（2007～2017 年）、《陕西统计年鉴》（2007～2017 年）等整理计算

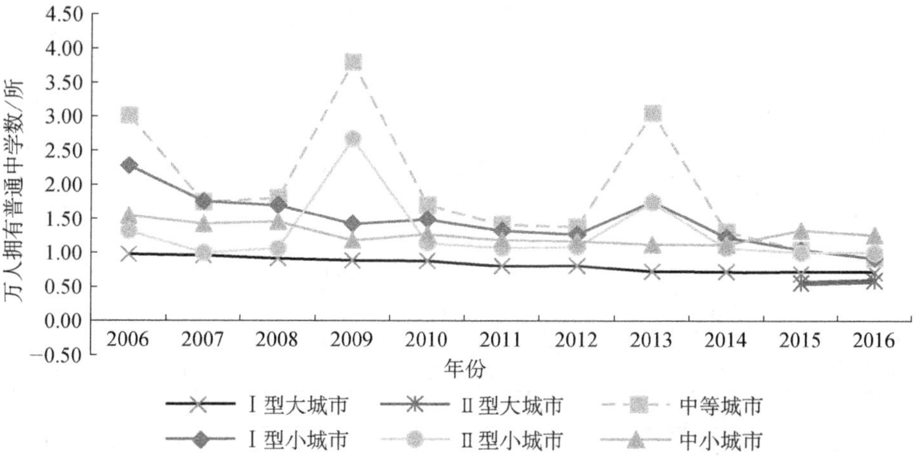

图 12-5　2006～2016 年西安都市圈不同规模等级城市万人拥有普通中学数

资料来源：根据《中国城市统计年鉴》（2007～2017 年）、《陕西区域统计年鉴》（2007～2017 年）、《陕西统计年鉴》（2007～2017 年）等整理计算

2. 普通中学师生比

从普通中学师生比来看，2006～2016 年，西安都市圈内各城市及不同规模等级城市的普通中学师生比均呈下降趋势。其中，负增长最快的为兴平，其次为咸阳（表 12-8）。从不同规模等级城市来看，中小城市整体的师生比均为负增长，且中小城市的负增长明显快于Ⅰ型大城市（表 12-9）。

表 12-8　2006～2016 年西安都市圈各城市普通中学师生比（老师=1）

年份	西安	咸阳	渭南	铜川	韩城	华阴	兴平	西安都市圈
2006	17.47	19.52	19.13	12.75	15.48	14.47	21.05	17.33
2007	17.04	18.93	18.72	14.19	15.08	13.72	20.78	17.11
2008	16.57	17.76	32.07	9.58	14.08	12.88	21.30	16.90
2009	16.04	17.24	18.63	10.68	13.74	12.33	19.71	15.97
2010	15.62	13.43	15.79	15.31	12.65	10.54	18.48	15.23
2011	15.26	15.39	16.85	11.16	10.77	10.15	18.81	14.81
2012	14.80	15.39	14.43	9.77	9.71	9.73	14.25	13.94
2013	13.50	12.53	14.41	10.18	10.46	9.47	12.76	12.90
2014	13.18	14.38	12.53	10.25	11.11	10.27	10.65	12.65
2015	12.32	11.14	12.15	10.40	11.04	7.68	9.94	11.69
2016	12.21	9.74	11.76	9.93	10.91	10.80	9.36	11.38
平均值	14.91	15.04	16.95	11.29	12.28	11.09	16.10	14.54
年均增长率/%	−3.5	−6.7	−4.7	−2.5	−3.4	−2.9	−7.8	−4.1

资料来源：根据《中国城市统计年鉴》（2007～2017 年）、《陕西区域统计年鉴》（2007～2017 年）、《陕西统计年鉴》（2007～2017 年）等整理计算

表 12-9　2006～2016 年西安都市圈不同规模等级城市普通中学师生比（老师=1）

年份	Ⅰ型大城市	Ⅱ型大城市	中等城市	Ⅰ型小城市	Ⅱ型小城市	中小城市平均
2006	17.47	—	19.52	12.75	17.53	17.16
2007	17.04	—	18.93	14.19	17.11	17.18
2008	16.57	—	17.76	9.58	16.76	17.35
2009	16.04	—	17.24	10.68	16.02	15.89
2010	15.62	—	13.43	15.31	14.84	14.78
2011	15.26	—	15.39	11.16	14.01	14.32
2012	14.80	—	15.39	9.77	11.72	12.95
2013	13.50	—	12.53	10.18	11.42	12.17
2014	13.18	—	14.38	10.25	10.75	11.96
2015	12.32	11.14	12.15	10.40	9.84	10.78
2016	12.21	9.74	11.76	9.93	9.75	10.53
平均值	14.91	10.44	15.32	11.29	13.61	14.10
年均增长率/%	−3.5	−12.6	−4.9	−2.5	−5.7	−4.8

资料来源：根据《中国城市统计年鉴》（2007～2017 年）、《陕西区域统计年鉴》（2007～2017 年）、《陕西统计年鉴》（2007～2017 年）等整理计算

（三）医疗卫生服务有待进步

1. 万人拥有医院（卫生院）数

2006～2016 年，西安都市圈万人拥有医院（卫生院）数年均增长率为负。其中，西安、韩城万人拥有医院（卫生院）数下降明显。从平均值来看，韩城和渭南万人拥有医院（卫生院）数最多，铜川最少（表 12-10）。从不同规模等

级城市来看，中等城市万人拥有医院（卫生院）数增长最快，而 I 型大城市万人拥有医院（卫生院）数增长相对最慢。就中小城市整体而言，万人拥有医院（卫生院）数有所上升，同时高于大城市，且随着时间的推移差距逐步扩大（图 12-6）。

表 12-10　2006～2016 年西安都市圈各城市万人拥有医院（卫生院）数

年份	万人拥有医院（卫生院）数/所							
	西安	咸阳	渭南	铜川	韩城	华阴	兴平	西安都市圈
2006	1.12	0.76	1.27	1.67	2.02	—	—	1.08
2007	1.04	0.80	1.39	1.76	2.01	—	—	1.05
2008	0.93	0.92	1.10	1.67	1.98	—	—	0.98
2009	1.22	1.03	—	1.27	2.09	—	—	1.08
2010	1.20	1.04	2.28	2.68	2.10	—	1.65	1.38
2011	0.47	0.98	1.44	2.33	1.84	—	1.64	0.83
2012	0.72	0.95	1.79	1.38	1.59	—	1.46	0.92
2013	0.67	0.93	4.05	1.51	1.59	1.79	—	0.86
2014	0.66	0.89	1.78	1.56	1.71	2.14	—	0.87
2015	0.63	0.80	1.48	1.54	1.41	—	1.93	0.83
2016	0.66	0.88	1.46	1.71	1.41	2.34	—	0.85
平均值/所	0.85	0.91	1.80	1.73	1.80	2.09	1.67	0.98
年均增长率/%	−5.2	1.5	1.4	0.2	−3.5	9.3	3.2	−2.4

资料来源：根据《中国城市统计年鉴》（2007～2017 年）、《陕西区域统计年鉴》（2007～2017 年）、《陕西统计年鉴》（2007～2017 年）等整理计算

注：缺少 2006～2012 年、2015 年华阴数据。缺少 2006～2009 年、2013 年、2014 年、2016 年兴平数据。缺少 2009 年渭南数据。数据不连续的城市仅计算有数据年份的平均值，但不进行比较

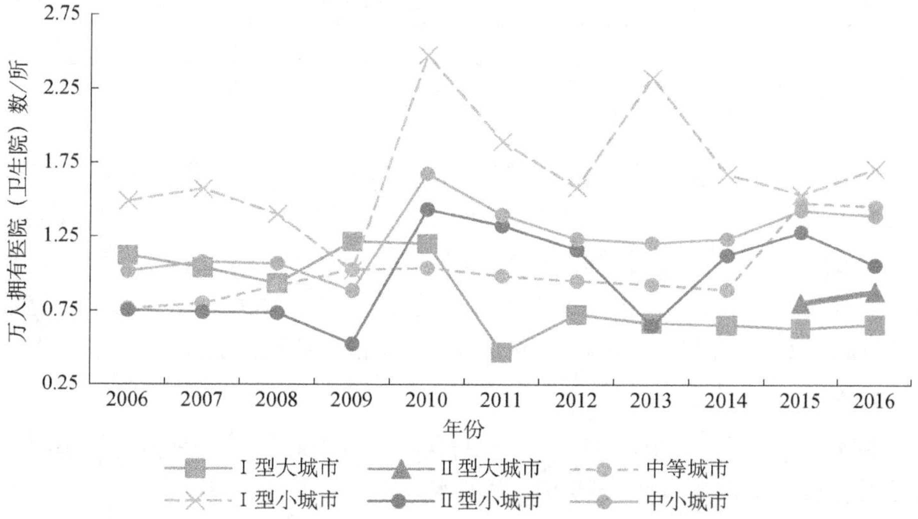

图 12-6　2006～2016 年西安都市圈不同规模等级城市万人拥有医院（卫生院）数

资料来源：根据《中国城市统计年鉴》（2007～2017 年）、《陕西区域统计年鉴》（2007～2017 年）、《陕西统计年鉴》（2007～2017 年）等整理计算

缺少 2006～2016 年华阴、兴平相关数据

2. 万人拥有医院（卫生院）床位数

2006～2016 年，西安都市圈万人拥有医院（卫生院）床位数呈波动式增加趋势，年均增长率为 1.0%。从各城市来看，渭南万人拥有医院（卫生院）床位数最多，是兴平的 2.35 倍，是西安都市圈的 1.69 倍。咸阳、渭南、华阴万人拥有医院（卫生院）床位数均出现不同程度的下降，且慢于西安都市圈的发展速度（表 12-11）。

表 12-11　2006～2016 年西安都市圈各城市万人拥有医院（卫生院）床位数

年份	万人拥有医院（卫生院）床位数/张							
	西安	咸阳	渭南	铜川	韩城	华阴	兴平	西安都市圈
2006	94.82	156.58	228.51	98.04	73.62	113.81	79.64	113.57
2007	93.05	185.31	198.44	103.11	73.17	116.65	78.03	115.30
2008	98.09	208.44	312.95	97.99	71.99	113.17	82.37	127.65
2009	102.11	208.50	352.73	60.47	71.51	127.66	34.35	121.91
2010	115.06	211.38	348.75	116.65	71.86	142.84	79.64	144.63
2011	103.93	90.64	109.60	98.25	92.52	99.73	86.67	100.82
2012	108.53	94.82	131.02	94.99	91.86	108.36	83.94	105.77
2013	97.82	97.86	136.53	103.37	91.86	101.52	53.25	97.62
2014	128.28	113.82	136.00	110.38	121.93	103.48	118.65	124.59
2015	129.05	106.17	115.00	109.39	115.70	105.64	118.38	122.09
2016	129.12	114.42	124.24	128.10	135.21	102.77	120.26	125.86
平均值/张	109.08	144.36	199.43	101.89	91.93	112.33	85.02	118.16
年均增长率/%	3.1	−3.1	−5.9	2.7	6.3	−1.0	4.2	1.0

资料来源：根据《中国城市统计年鉴》（2007～2017 年）、《陕西区域统计年鉴》（2007～2017 年）、《陕西统计年鉴》（2007～2017 年）等整理计算

从不同规模等级城市来看，Ⅰ型小城市、中等城市万人拥有医院（卫生院）床位数年均增长率均为负，而Ⅰ型大城市在不断增加。就中小城市整体而言，万人拥有医院（卫生院）床位数虽有所下降，但其绝对值数量仍高于大城市，同时略高于西安都市圈平均水平。这说明，大城市万人拥有医院（卫生院）床位数相对而言略有不足，但 2011 年起大城市与中小城市的差距开始缩小（图 12-7）。

3. 万人拥有医生数

2006～2016 年，西安都市圈万人拥有医生数不断上升，且渭南、咸阳、韩城万人拥有医生数超过西安都市圈平均水平。从年均增长率来看，Ⅱ型小城市韩城与兴平分别为 4.1%和 3.5%，而华阴、咸阳、渭南则出现负增长（表 12-12）。这说明，各城市万人拥有医生数均在不断上升，且中小城市与大城市的差距有进一步缩小的趋势。

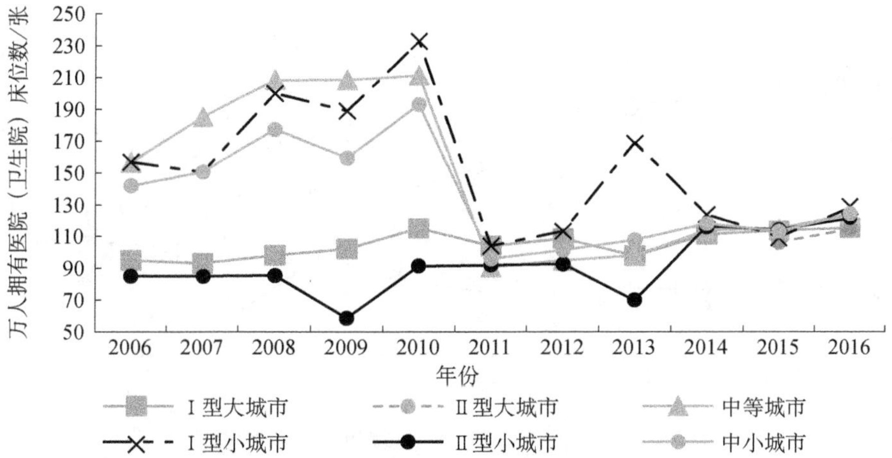

图 12-7　2006～2016 年西安都市圈不同规模等级城市万人拥有医院（卫生院）床位数

资料来源：根据《中国城市统计年鉴》（2007～2017 年）、《陕西区域统计年鉴》（2007～2017 年）、《陕西统计年鉴》等整理计算

表 12-12　2006～2016 年西安都市圈各城市万人拥有医生数

年份	万人拥有医生数/人							
	西安	咸阳	渭南	铜川	韩城	华阴	兴平	西安都市圈
2006	39.84	83.51	171.34	40.58	50.31	37.46	34.76	55.96
2007	33.85	83.51	148.79	42.68	50.00	36.49	32.51	51.14
2008	47.12	94.57	154.26	35.98	49.19	38.61	30.92	59.81
2009	57.64	89.36	272.07	20.10	51.49	36.92	15.50	60.60
2010	63.95	72.02	114.58	35.19	51.98	28.34	33.28	64.67
2011	55.64	28.37	86.43	48.98	55.70	26.45	38.15	51.90
2012	57.83	42.23	86.02	48.48	63.38	43.45	38.92	56.06
2013	55.80	44.05	191.95	49.19	66.10	44.82	18.41	55.19
2014	55.04	46.56	85.91	49.34	64.68	44.91	44.43	55.38
2015	56.96	44.37	73.83	50.01	75.66	26.43	49.19	55.64
2016	57.81	47.28	76.66	53.61	75.53	27.36	49.13	57.13
平均值/人	52.86	61.44	132.89	43.10	59.46	35.57	35.02	56.68
年均增长率/%	3.8	−5.5	−7.7	2.8	4.1	−3.1	3.5	0.2

资料来源：根据《中国城市统计年鉴》（2007～2017 年）、《陕西区域统计年鉴》（2007～2017 年）、《陕西统计年鉴》（2007～2017 年）等整理计算

从不同规模等级城市的平均值来看，Ⅰ型小城市万人拥有医生数最多，Ⅱ型小城市万人拥有医生数最少。除Ⅱ型小城市外，中小城市万人拥有医生数普遍高于大城市（图 12-8）。

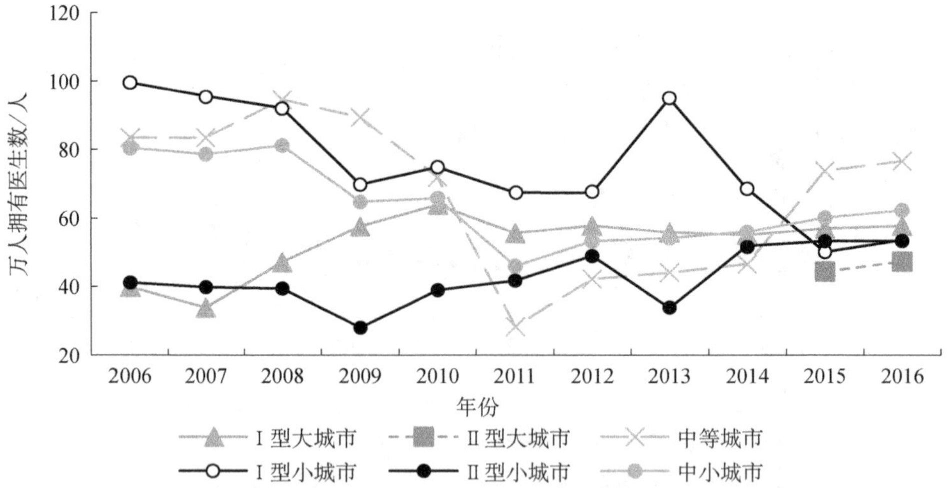

图 12-8 2006～2016 年西安都市圈不同规模等级城市万人拥有医生数

资料来源：根据《中国城市统计年鉴》（2007～2017 年）、《陕西区域统计年鉴》（2007～2017 年）、《陕西统计年鉴》（2007～2017 年）等整理计算

四、人口集聚功能发展缓慢

2006～2016 年，西安都市圈城市建成区人口规模最大的城市为西安，年均人口为 370.38 万人，是建成区人口规模最小的华阴的 34.39 倍。西安建成区人口占全部城市建成区人口的比重最大，而铜川、韩城、华阴的比重却在下降（表 12-13）。从不同规模等级城市来看，2006～2016 年，西安都市圈中等城市、Ⅰ型小城市、Ⅱ型小城市建成区人口占全部城市建成区人口的比重均在不断下降。同时，中小城市人口平均数量仅为Ⅰ型大城市的 54.25%。究其原因，既与不同规模等级的城市数量变化有关，也与西安都市圈的人口仍然呈向西安集中的趋势有关（表 12-14）。

表 12-13 2006～2016 年西安都市圈各城市建成区人口数量及比重

年份	项目	西安	咸阳	渭南	铜川	韩城	华阴	兴平	西安都市圈
2006	数量/万人	376.35	95.80	33.85	41.23	16.30	9.85	17.78	591.16
	比重/%	63.66	16.21	5.73	6.97	2.76	1.67	3.00	100.00
2007	数量/万人	331.25	85.21	38.98	39.20	16.40	10.03	18.21	539.28
	比重/%	61.42	15.80	7.23	7.27	3.04	1.86	3.38	100.00
2008	数量/万人	336.40	76.40	37.21	41.25	16.67	10.10	18.21	536.24
	比重/%	62.73	14.25	6.94	7.69	3.11	1.88	3.40	100.00

续表

年份	项目	西安	咸阳	渭南	铜川	韩城	华阴	兴平	西安都市圈
2009	数量/万人	341.80	80.85	39.16	39.93	16.78	10.70	18.44	547.66
	比重/%	62.41	14.76	7.15	7.29	3.06	1.95	3.38	100.00
2010	数量/万人	342.43	82.92	40.00	39.93	16.70	10.48	18.81	551.27
	比重/%	62.12	15.04	7.26	7.24	3.03	1.90	3.41	100.00
2011	数量/万人	343.40	88.39	40.30	41.14	16.84	11.00	18.90	559.97
	比重/%	61.32	15.78	7.20	7.35	3.01	1.96	3.38	100.00
2012	数量/万人	353.42	89.46	42.00	41.34	16.96	11.00	18.55	572.73
	比重/%	61.71	15.62	7.33	7.22	2.96	1.92	3.24	100.00
2013	数量/万人	390.92	93.81	44.00	40.35	16.96	11.20	19.00	616.24
	比重/%	63.44	15.22	7.14	6.55	2.75	1.82	3.08	100.00
2014	数量/万人	398.36	93.97	45.00	40.35	16.96	11.20	18.93	624.77
	比重/%	63.76	15.04	7.20	6.46	2.71	1.79	3.04	100.00
2015	数量/万人	423.86	106.00	54.00	40.35	17.01	11.35	19.21	671.78
	比重/%	63.10	15.77	8.04	6.01	2.53	1.69	2.86	100.00
2016	数量/万人	436.03	105.65	54.92	40.35	17.04	11.55	19.60	685.14
	比重/%	63.64	15.42	8.02	5.89	2.49	1.69	2.85	100.00
平均值/万人		370.38	90.77	42.68	40.49	16.78	10.77	18.70	590.57
年均增长率/%		1.5	1.0	5.0	−0.2	0.4	1.6	1.0	1.5

资料来源：根据《西安统计年鉴 2017》《陕西统计年鉴 2017》《陕西区域统计年鉴 2017》整理计算

表 12-14　2006～2016 年西安都市圈不同规模等级城市建成区人口数量及比重

年份	项目	Ⅰ型大城市	Ⅱ型大城市	中等城市	Ⅰ型小城市	Ⅱ型小城市	中小城市合计
2006	数量/万人	376.35	—	95.80	75.08	43.93	214.81
	比重/%	63.66	—	16.21	12.70	7.43	36.34
2007	数量/万人	331.25	—	85.21	78.18	44.64	208.03
	比重/%	61.42	—	15.80	14.50	8.28	38.58
2008	数量/万人	336.40	—	76.40	78.46	44.98	199.84
	比重/%	62.73	—	14.25	14.63	8.39	37.27
2009	数量/万人	341.80	—	80.85	79.09	45.92	205.86
	比重/%	62.41	—	14.76	14.44	8.39	37.59
2010	数量/万人	342.43	—	82.92	79.93	45.99	208.84
	比重/%	62.12	—	15.04	14.50	8.34	37.88
2011	数量/万人	343.40	—	88.39	81.44	46.74	216.57
	比重/%	61.32	—	15.78	14.54	8.36	38.68
2012	数量/万人	353.42	—	89.46	83.34	46.51	219.31
	比重/%	61.71	—	15.62	14.55	8.12	38.29

续表

年份	项目	Ⅰ型大城市	Ⅱ型大城市	中等城市	Ⅰ型小城市	Ⅱ型小城市	中小城市合计
2013	数量/万人	390.92	—	93.81	84.35	47.16	225.32
	比重/%	63.44	—	15.22	13.69	7.65	36.56
2014	数量/万人	398.36	—	93.97	85.35	47.09	226.41
	比重/%	63.76	—	15.04	13.66	7.54	36.24
2015	数量/万人	423.86	106.00	54.00	40.35	47.57	141.92
	比重/%	63.10	15.77	8.04	6.01	7.08	21.13
2016	数量/万人	436.03	105.65	54.92	40.35	48.19	143.46
	比重/%	63.64	15.42	8.02	5.89	7.03	20.94
平均值/万人		370.38	105.83	81.43	73.26	46.25	200.94
年均增长率/%		1.5	−0.3	−5.4	−6.0	0.9	−4.0

资料来源：根据《中国城市建设统计年鉴》（2006～2016年）整理计算

综上所述，2006～2016年，西安都市圈中小城市的发展具有如下三个特点：①产业发展功能提升较快，但核心城市西安的辐射带动能力不强，导致推动型产业尚未形成。中小城市的支撑产业普遍不强，使得中小城市难以成长，这也导致西安都市圈长期没有形成合理的城镇体系。②吸纳就业功能逐步提高，但大城市仍然是重要的吸纳就业载体。中小城市的公共服务功能日趋完善，且数量具有领先大城市的优势，但质量仍有提升空间。③中小城市的人口集聚功能发展较缓慢，西安都市圈的人口仍然呈现向西安集中的趋势。

第二节　西安都市圈中小城市功能测度

下面首先介绍中小城市功能测度的指标体系构建，其次从产业发展、吸纳就业、公共服务和人口集聚四个方面，测度西安都市圈的中小城市功能，对中小城市的综合功能得分进行排序，最后对西安都市圈内中小城市的功能提升幅度与核心城市距离的相关性进行分析。

一、指标体系构建

为了对西安都市圈中小城市的功能做出定量判断，参考《中国中小城市发展报告》（2015～2017年）中对中国中小城市科学发展评价构建的指标体系，结合西安都市圈发展现状，从产业发展、吸纳就业、公共服务、人口集聚四个方面对西安都市圈中小城市的功能进行系统测算。其中，地级市为市辖区指标，县级市为全市指标（表 12-15）。

表 12-15　西安都市圈中小城市功能评价指标体系

一级指标	二级指标	
	指标名称	单位
产业发展	第二、第三产业增加值	亿元
吸纳就业	第二、第三产业单位从业人员数	人
公共服务	人均地方公共财政收入	万元
	万人拥有医院（卫生院）数	所
	万人拥有医院（卫生院）床位数	张
	万人拥有普通中学数	所
	万人拥有普通小学数	所
	万人拥有医生数	人
	普通中学师生比	—
人口集聚	建成区人口	万人

二、评分方法及权重确定

参考闫程莉和安树伟（2014）的评价方法，采用层次分析法计算出评价指标体系中一级指标和二级指标的权重（表 12-16 和表 12-17）。

表 12-16　西安都市圈中小城市功能一级评价指标权重

指标	产业发展	吸纳就业	公共服务	人口集聚
权重	0.425	0.349	0.110	0.116

表 12-17　西安都市圈中小城市公共服务功能评价指标权重

指标	人均地方公共财政收入	万人拥有医院（卫生院）数	万人拥有医生数	万人拥有医院（卫生院）床位数	万人拥有普通中学数	万人拥有普通小学数	普通中学师生比
权重	0.282	0.169	0.078	0.057	0.144	0.161	0.109

三、西安都市圈中小城市功能得分及位序

2006～2016 年，西安都市圈中小城市功能位序基本保持不变。从不同城市来看，咸阳、渭南、铜川、韩城、华阴、兴平的城市功能总体得分逐步上升。从不同规模等级城市来看，以Ⅱ型小城市华阴为例，2014 年其功能得分为 1.36，仅为咸阳的 13.57%，这说明Ⅱ型小城市的总体得分与中等城市及大城市仍存在

差距（表 12-18）。

表 12-18 2006～2016 年西安都市圈中小城市功能得分

城市	2006 年	2007 年	2008 年	2009 年	2010 年	2011 年	2012 年	2013 年	2014 年	2015 年	2016 年
咸阳*	3.61	4.01	4.94	5.11	5.96	6.64	7.52	9.26	10.02	—	—
渭南	2.73	2.87	3.57	6.67	4.47	4.29	5.13	6.98	5.74	5.69	5.88
铜川	1.33	1.61	1.60	1.64	2.67	2.75	2.95	3.87	3.85	3.81	3.69
韩城	1.06	1.18	1.38	1.73	1.98	2.60	3.29	4.48	4.72	4.84	5.15
华阴	0.43	0.43	0.44	0.63	0.73	0.68	0.87	1.25	1.36	1.18	1.24
兴平	0.66	0.65	0.92	0.56	1.28	1.50	1.63	1.72	2.36	2.60	2.62

* 2015 年咸阳进入Ⅱ型大城市行列，因此不再进行测算。下同

四、西安都市圈中小城市功能分项指标变化

虽然西安都市圈中小城市的总体功能有所提升，但各城市之间存在显著差距，这与四大城市功能的发展水平有关。由四大功能分项的测度可以发现，产业发展功能稳中有升、吸纳就业功能发展不足、公共服务功能逐步提升、人口集聚功能增长缓慢。

（一）产业发展功能稳中有升

2006～2016 年，西安都市圈中小城市产业发展功能稳中有升，年均增长率均为正。从各城市来看，得分均在稳步上升，但Ⅱ型小城市韩城、华阴、兴平的得分增长速度快于Ⅱ型大城市咸阳和Ⅰ型小城市铜川。自 2013 年开始，Ⅱ型小城市韩城产业发展功能得分逐渐超过中等城市渭南和Ⅰ型小城市铜川，说明小城市与中等城市和大城市的差距在逐渐缩小。从不同规模等级城市来看，Ⅱ型小城市与大城市、中等城市之间仍存在明显差距，如 2014 年兴平得分为 3.39，仅为咸阳的 20.24%，渭南的 58.96%。中等城市渭南的得分与Ⅱ型大城市咸阳也存在较大差距（表 12-19）。

表 12-19 2006～2016 年西安都市圈中小城市产业发展功能得分

城市	2006 年	2007 年	2008 年	2009 年	2010 年	2011 年	2012 年	2013 年	2014 年	2015 年	2016 年
咸阳	4.09	4.81	6.23	6.94	8.80	11.22	13.15	15.26	16.75	—	—
渭南	0.77	1.44	1.77	2.56	2.48	4.04	5.18	5.36	5.75	6.11	6.70
铜川	1.34	1.73	1.95	2.87	3.50	4.48	5.29	6.31	6.32	6.19	5.85
韩城	0.99	1.21	1.65	2.28	2.83	4.03	4.87	6.02	6.53	6.72	6.92
华阴	0.00	0.05	0.15	0.45	0.64	0.85	1.06	1.20	1.31	1.36	1.09
兴平	0.57	0.57	1.10	1.36	1.74	2.11	2.55	3.23	3.39	3.57	4.17

（二）吸纳就业功能发展不足

2006～2016 年，西安都市圈中小城市吸纳就业功能虽有所上升，但增长缓慢，发展明显不足。以Ⅱ型小城市兴平为例，2014 年吸纳就业功能得分为 0.90，仅为Ⅱ型大城市咸阳的 22.78%。从平均值来看，Ⅱ型大城市咸阳与中等城市渭南吸纳就业功能得分处于西安都市圈中小城市平均值之上，Ⅰ型小城市铜川和Ⅱ型小城市韩城、华阴、兴平的吸纳就业功能得分处于平均值之下，即西安都市圈小城市的吸纳就业功能明显落后于大城市和中等城市。究其原因，小城市的产业发展基础薄弱，且公共服务功能较弱（表 12-20）。同时，从不同规模等级城市来看，吸纳就业功能平均得分依次是Ⅱ型大城市、中等城市、Ⅰ型小城市、Ⅱ型小城市，说明城市越大吸纳就业功能越强。

表 12-20　2006～2016 年西安都市圈中小城市吸纳就业功能得分

城市	2006 年	2007 年	2008 年	2009 年	2010 年	2011 年	2012 年	2013 年	2014 年	2015 年	2016 年
咸阳	2.50	2.51	2.56	2.57	2.56	2.79	2.81	3.93	3.95	—	—
渭南	2.26	2.31	2.32	2.44	2.53	2.69	2.68	3.33	3.31	3.31	3.31
铜川	0.39	0.37	0.39	0.44	0.43	0.46	0.45	0.61	0.62	0.62	0.57
韩城	0.00	0.02	0.03	0.04	0.05	0.03	0.05	1.37	1.39	1.39	1.34
华阴	−0.17	−0.17	−0.17	−0.16	−0.17	−0.18	−0.18	0.26	0.25	0.25	0.25
兴平	0.00	0.01	0.01	−0.13	−0.01	−0.01	−0.01	0.85	0.90	0.90	0.90

（三）公共服务功能逐步提升

2006～2016 年，西安都市圈中小城市公共服务功能逐步上升。其中，发展最快的为咸阳，从 2006 年的 2.71 上升到 2014 年的 8.92；紧随其后的是韩城，从 2006 年的 7.22 上升到 2016 年的 14.67。但中小城市公共服务功能之间的差距仍十分明显。以公共服务功能中的人均地方公共财政收入指标为例，2014 年咸阳得分为 7.84，渭南得分为 13.21，分别是兴平的 3.81 倍和 6.41 倍。值得一提的是，2011 年以来，韩城的公共服务功能发展迅速，2016 年超过中等城市渭南（表 12-21）。但从整体来看，中小城市的公共服务功能仍与大城市存在较大差距。

表 12-21　2006～2016 年西安都市圈中小城市公共服务功能得分

城市	2006 年	2007 年	2008 年	2009 年	2010 年	2011 年	2012 年	2013 年	2014 年	2015 年	2016 年
咸阳	2.71	3.01	3.64	4.09	4.27	4.39	4.82	8.13	8.92	—	—
渭南	8.77	8.72	11.79	7.37	14.18	13.50	15.81	17.93	17.13	14.44	13.07
铜川	4.66	5.70	4.71	2.23	7.87	5.61	3.81	7.42	7.01	7.14	7.07
韩城	7.22	7.37	7.52	8.28	8.41	8.57	11.41	13.50	12.80	13.12	14.67
华阴	3.38	3.08	2.94	2.91	2.63	2.75	3.32	6.40	7.21	3.80	6.78
兴平	3.32	3.22	3.46	1.12	5.60	5.90	5.38	0.63	3.69	6.55	2.87

（四）人口集聚功能增长缓慢

2006～2016 年，西安都市圈中小城市人口集聚功能增长缓慢，且小城市与中等城市、大城市存在明显差距。以Ⅱ型小城市华阴为例，2014 年人口集聚功能得分为 0.07，仅为咸阳的 1.71%（表 12-22）。从不同规模等级城市来看，人口集聚功能平均得分依次是Ⅱ型大城市、中等城市、Ⅰ型小城市、Ⅱ型小城市。因此，西安都市圈的人口规模分布呈明显的集中化分布趋势，且人口仍处在向大城市集聚的阶段。

表 12-22　2006～2016 年西安都市圈中小城市人口集聚功能得分

城市	2006 年	2007 年	2008 年	2009 年	2010 年	2011 年	2012 年	2013 年	2014 年	2015 年	2016 年
咸阳	4.19	3.68	3.25	3.46	3.57	3.83	3.88	4.10	4.10	—	—
渭南	1.17	1.42	1.33	1.43	1.47	1.49	1.57	1.67	1.71	2.15	2.20
铜川	1.53	1.43	1.53	1.47	1.47	1.53	1.54	1.49	1.49	1.49	1.49
韩城	0.31	0.32	0.33	0.34	0.33	0.34	0.35	0.35	0.35	0.35	0.35
华阴	0.00	0.01	0.01	0.04	0.03	0.06	0.06	0.07	0.07	0.07	0.08
兴平	0.39	0.41	0.41	0.42	0.44	0.44	0.42	0.45	0.44	0.46	0.48

五、中小城市功能与核心城市距离的相关性分析

为研究城市功能与核心城市距离的相关性，必须剔除影响城市发展的特殊动力机制，即与核心城市距离无关的外在动力因素。采用 SPSS 18.0，以 2016 年为例分析中小城市功能与核心城市距离的相关性。城市功能采用表 12-25 的指标体系计算出的综合得分，各中小城市与核心城市的距离均采用高速公路里程计算（对于不通高速公路的城市，则以省道或国道计算，省道或国道均按 2∶1 折算成高速公路里程，即 1km 省道或国道相当于 2km 高速公路）。数据主要来自《中国高速公路及城乡公路网地图集》、百度地图。各变量的描述性统计如表 12-23 所示。对数据进行标准化处理后，可得到如图 12-9 和表 12-24 所示的结果。可以发现，西安都市圈中小城市功能与核心城市距离存在负相关性，即城市功能较强的中小城市与核心城市距离较近，城市功能较弱的中小城市与核心城市距离较远。这表明，都市圈内中小城市功能的提升依赖于核心城市西安的扩散效应。

表 12-23　2016 年西安都市圈中小城市功能综合得分和与核心城市距离描述统计

变量	均值	标准差
城市功能综合得分	11.01	10.33
与核心城市距离	92.73	62.59

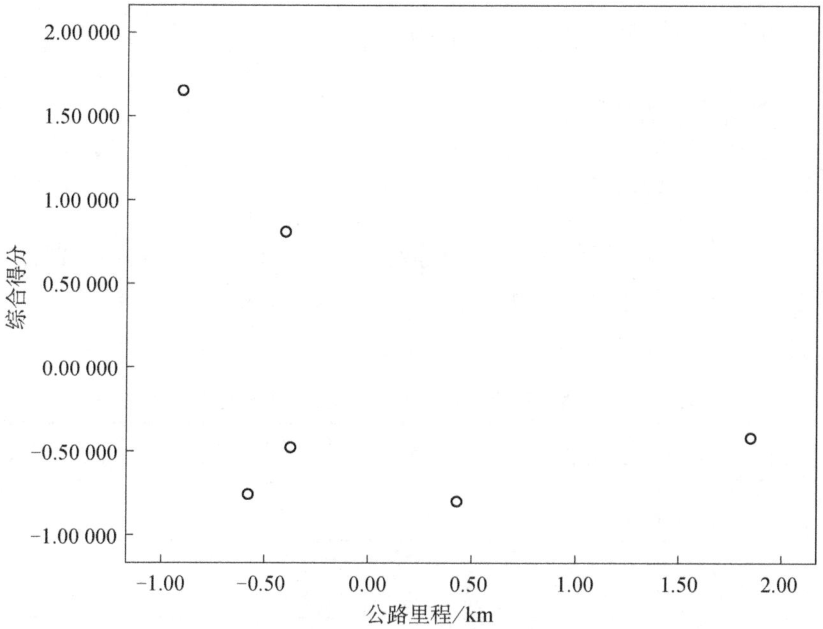

图 12-9　西安都市圈城市功能与核心城市距离的散点图

表 12-24　2016 年西安都市圈中小城市功能得分和与核心城市距离相关性

项目		与核心城市距离	城市功能综合得分
与核心城市距离	皮尔森相关系数	1	−0.462
	Sig.（2-tailed）		0.356
	N	6	6
城市功能综合得分	皮尔森相关系数	−0.462	1
	Sig.（2-tailed）	0.356	
	N	6	6

第三节　西安都市圈中小城市的产城融合

产城融合的作用主体是产业和城市，二者的融合与产业及城市本身的发展密切相关。无论是产业发展迅速而没有城市功能提升，还是城市功能完善而缺乏产业支撑，都不是产城融合的良好体现，产业因素与城市因素都是影响产城融合的基础因素（刘欣英，2016）。都市圈内中小城市功能提升的过程就是一个产城融合的过程，促进产城融合有利于进一步提升中小城市的城市功能。参考刘欣英（2017）的产城融合测度指标体系，构建本节的产城融合测度指标体系，对西安都市圈中小城市产城融合进行测度分析。

一、产城融合的测度

（一）指标体系构建

结合表 12-15 的指标体系，并参考刘欣英（2017）的产城融合测度指标体系，从产业因素和城市功能两方面列出相关指标体系。其中，地级市为市辖区指标，县级市为全市指标（表 12-25）。

表 12-25 西安都市圈中小城市产城融合测度指标体系

一级指标	二级指标	三级指标	单位
产业因素	固定资产投资额	—	亿元
	第二、第三产业增加值	—	亿元
城市功能	吸纳就业	第二、第三产业单位从业人员数	人
		第二、第三产业单位从业率	%
	公共服务	人均地方公共财政收入	万元
		万人拥有普通中学数	所
		万人拥有普通小学数	所
		普通中学师生比	—
		万人拥有医生数	人
		万人拥有医院（卫生院）数	所
		万人拥有医院（卫生院）床位数	张
	人口集聚	建成区人口	万人
		建成区人口密度	人/km^2

（二）权重确定与评价模型

在此主要采用因子分析法、阶段阈值法与熵值法结合的评价方法。因子分析法可以在涉及众多不同指标的情况下，保证原始数据损失最小下的降维，使数据分析结构在避免主观影响下进行简化，然后采用阶段阈值法对数据进行处理，完成数据的阶段定义，最后再用熵值法修订权重测算综合指数得分。

1. 因子分析

依据产城融合测度指标体系，运用统计软件进行数据处理与指标变量检验后，指标数据的 KMO（Kaiser-Meyer-Olkin）测定数值为 0.589，同时 Bartlett 检验在 0.000 的水平上显示出显著相关，将表 12-25 中的 13 个指标变量降维，得到 4 个公共因子，贡献率高达 81.504%。这表明，该指标体系的构建具有合理性，可进行后续实证分析（表 12-26、表 12-27、图 12-10）。

表 12-26　KMO 及 Bartlett 检验

取样度足够的 KMO 度量		0.589
Bartlett 的球形度检验	近似卡方	866.981
	df	78
	Sig.（2-tailed）	0.000

表 12-27　西安都市圈产城融合测度指标方差贡献率

因子数	初始特征值			被提取的载荷平方和		
	特征根	方差贡献率	累计贡献率	特征根	方差贡献率	累计贡献率
1	3.968	36.070	36.070	3.968	36.070	36.070
2	2.399	21.813	57.883	2.399	21.813	57.883
3	1.538	13.982	71.865	1.538	13.982	71.865
4	1.060	9.639	81.504	1.060	9.639	81.504
5	0.728	6.622	88.126			
6	0.636	5.783	93.909			
7	0.354	3.214	97.123			
8	0.148	1.347	98.470			
9	0.077	0.698	99.168			
10	0.060	0.545	99.713			

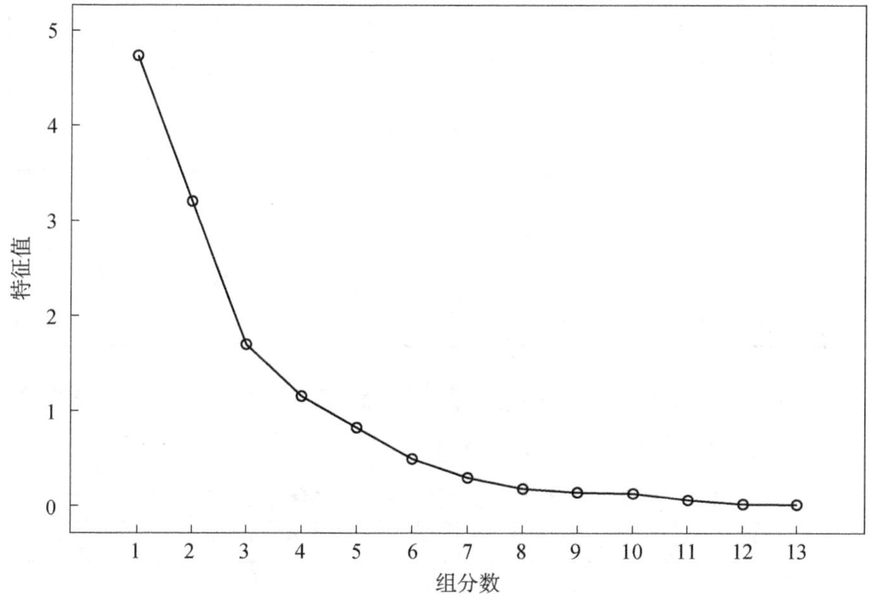

图 12-10　西安都市圈产城融合测度指标体系公共因子碎石图

2. 指标权重确定

对西安都市圈中小城市产城融合测度指标体系进行因子分析后，经过前述数据处理得到 6 个中小城市产城融合的因子熵值 e_j、差异性系数 d_j 和指标权重 W_j（表 12-28～表 12-30）。

表 12-28　一级指标权重确定

指标名称	因子熵值 e_j	差异性系数 d_j	指标权重 W_j
产业因素	−0.807	1.807	0.487
城市功能	−0.907	1.907	0.513

表 12-29　二级指标权重确定

指标名称	因子熵值 e_j	差异性系数 d_j	指标权重 W_j
固定资产投资额	−0.700	1.700	0.186
第二、第三产业增加值	−0.865	1.865	0.204
人口集聚	−0.921	1.921	0.211
吸纳就业	−0.762	1.762	0.193
公共服务	−0.872	1.872	0.206

表 12-30　三级指标权重确定

指标名称	因子熵值 e_j	差异性系数 d_j	指标权重 W_j
第二、第三产业单位从业人员数	−0.755	1.755	0.085
第二、第三产业单位从业率	−0.892	1.892	0.091
人均地方公共财政收入	−0.853	1.853	0.089
万人拥有普通中学数	−0.957	1.957	0.094
万人拥有普通小学数	−0.988	1.988	0.096
普通中学师生比	−0.992	1.992	0.096
万人拥有医生数	−0.888	1.888	0.091
万人拥有医院（卫生院）数	−0.742	1.742	0.085
万人拥有医院（卫生院）床位数	−0.953	1.953	0.094
建成区人口	−0.843	1.843	0.089
建成区人口密度	−0.865	1.865	0.090

根据刘欣英（2017）的产城融合测度评价模型，综合指数得分的高低代表着不同的产城融合等级状态（表 12-31）。下面参考此模型进行定量分析。

表 12-31　综合指数得分与产城融合等级状态

综合指数得分	产城融合等级状态
0	很差
0～33	较差

续表

综合指数得分	产城融合等级状态
33～66	中等
66～99	良好
>99	优秀

资料来源：刘欣英（2017）

（三）测度结果总体分析

根据各因子得分及其指标权重，计算出 2006～2016 年西安都市圈中小城市的产城融合状态（表 12-32）。2006～2008 年，中小城市产城融合综合指数平均得分在 33 以下，产城融合状态较差；2009～2011 年，中小城市产城融合综合指数平均得分在 33～66，产城融合状态中等；2012～2013 年，中小城市产城融合综合指数平均得分在 66～99，产城融合状态良好；2014 年，中小城市产城融合综合指数平均得分>99，产城融合状态优秀；2015～2016 年，中小城市产城融合综合指数平均得分在 66～99，产城融合状态良好。这与咸阳由中等城市晋级为Ⅱ型大城市有关。

表 12-32　2006～2016 年西安都市圈中小城市产城融合综合指数得分

年份	咸阳	渭南	铜川	韩城	华阴	兴平	平均值
2006	43.21	20.92	13.04	9.52	4.11	10.05	16.81
2007	59.52	28.81	15.85	11.22	4.51	10.73	21.77
2008	81.32	40.88	17.29	14.40	5.64	14.65	29.03
2009	105.15	60.43	24.37	19.09	8.15	21.79	39.83
2010	135.38	81.00	28.71	23.62	10.71	21.41	50.14
2011	164.65	102.72	35.26	30.91	12.49	24.77	61.80
2012	204.62	131.02	43.56	37.72	14.74	29.27	76.82
2013	253.31	158.78	53.16	46.72	17.55	40.65	95.03
2014	299.16	187.25	59.31	53.47	20.30	39.33	109.80
2015	—	217.78	63.88	59.59	22.47	44.53	81.65
2016	—	238.75	66.01	69.11	17.44	50.58	88.38

注：因为熵值法不能进行时间序列的比较分析，所以综合指数得分高低只能用来判断当年情况，不能用于不同年份之间的比较

通过对各类型城市产城融合综合指数得分加权平均，得出不同规模等级城市产城融合综合指数得分。2006～2012 年，中小城市产城融合综合指数平均得分在 33 之下，产城融合状态较差；2013～2016 年，中小城市产城融合综合指数平均得分在 33～66，产城融合状态中等。2016 年，Ⅰ型小城市和Ⅱ型小城市产城融合综合指数得分分别为 20.01 和 17.07，均在 33 以下，且与中等城市差距

明显，产城融合状态较差（表 12-33）。Ⅰ型小城市和Ⅱ型小城市产城融合状态较差，是因为其第二、第三产业增加值较低，且其各项城市功能均处于落后水平，导致城市因素与产业因素发展失调。

表 12-33 2006～2016 年西安都市圈不同规模等级城市产城融合综合指数得分

年份	中等城市	Ⅰ型小城市	Ⅱ型小城市	中小城市
2006	17.91	11.08	8.38	9.97
2007	23.33	11.73	8.59	12.11
2008	29.87	14.20	9.13	15.30
2009	38.14	18.58	12.22	19.41
2010	46.72	19.22	10.69	23.04
2011	51.44	19.38	11.52	24.97
2012	64.31	23.07	12.60	30.84
2013	80.46	27.63	16.94	38.16
2014	96.37	30.23	15.31	44.75
2015	80.93	18.83	16.17	36.18
2016	87.76	20.01	17.07	39.11
年均增长率/%	17.2	6.1	7.4	14.6

二、产城融合的动力机制

为了更好地考察产城融合状态的耦合关系，弥补熵值法的缺陷，下面采取一般多元线性回归模型，对产城融合的动力进行实证分析。

（一）模型设定

产业因素与城市功能因素存在一定的耦合关系，而产城融合发展程度最终体现为产业发展和城市功能的贡献。下面选取产城融合度作为被解释变量，城市功能（包括吸纳就业、公共服务、人口集聚）指数作为解释变量，构建一般多元线性回归模型为

$$\mathrm{In}_{\mathrm{ur}} = C + \alpha \mathrm{Emp}_t + \beta \mathrm{Ser}_t + \gamma \mathrm{Pop}_t + \mu \tag{12-1}$$

式中，$\mathrm{In}_{\mathrm{ur}}$ 表示产城融合度[①]；C 表示常数；Emp_t 表示吸纳就业因素指数；Ser_t 表示公共服务因素指数；Pop_t 表示人口集聚因素指数；μ 表示误差项；α、β、γ 分别表示 Emp_t、Ser_t、Pop_t 的回归系数；t 表示时期。

① 被解释变量产城融合度是基于表 12-25 的指标体系实际测度产城融合状态指数的测度值，三个变量取本章第二节实际分项测度值。

（二）实证分析

采用 2006～2016 年西安都市圈 6 个中小城市相关数据，使用式（12-1）计算得到各中小城市的解释变量对产城融合度的影响程度，实证分析结果如表 12-34 所示。

表 12-34　西安都市圈中小城市回归分析系数

城市	C（常数）	Emp_t（吸纳就业）	Ser_t（公共服务）	Pop_t（人口集聚）	t（时期）
咸阳	−234.316*** （0.000）	37.745 （0.522）	48.902*** （0.046）	59.144*** （0.003）	28.341*** （0.000）
渭南	−248.231*** （0.000）	278.853*** （0.000）	21.674** （0.058）	59.392*** （0.001）	11.995*** （0.000）
铜川	−33.018*** （0.000）	271.806*** （0.000）	−1.310 （0.455）	−0.363 （0.76）	4.392*** （0.001）
韩城	248.792*** （0.000）	−4.653 （0.447）	29.281*** （0.000）	−118.203*** （0.000）	6.157*** （0.000）
华阴	−3.671 （0.907）	61.368*** （0.009）	−16.048*** （0.012）	3.522 （0.742）	1.044 （0.119）
兴平	6.233 （0.157）	19.972*** （0.005）	−8.192 （0.132）	0.0828 （0.726）	3.558*** （0.000）
中小城市	−135.670*** （0.001）	22.382*** （0.023）	18.191 （0.656）	19.557*** （0.002）	8.667*** （0.000）
中等城市	−55.779*** （0.000）	44.079*** （0.020）	2.804 （0.688）	8.702*** （0.025）	7.811*** （0.000）
Ⅰ型小城市	−81.092*** （0.000）	44.071*** （0.008）	18.946*** （0.000）	19.245*** （0.000）	2.732*** （0.000）
Ⅱ型小城市	−5.656** （0.065）	5.894*** （0.000）	10.885*** （0.027）	0.878*** （0.019）	1.787*** （0.000）

注：（）内为 p 值

、**、*分别表示参数估计在 1%、5%、10%的显著性水平下显著（*p<0.1，**p<0.05，p<0.01）

对西安都市圈各城市和不同规模等级城市使用模型估计，结果显示，无论是吸纳就业、公共服务，还是人口集聚，各因素都显示出对产城融合发展的重要作用，绝大多数系数通过了显著性水平的统计检验，且各个影响因素大部分为正。因此，产城融合的影响因素对产业与城市的协调发展具有驱动作用。从不同规模等级城市来看，中等城市、Ⅰ型小城市吸纳就业作用的提高，对产城融合的提高具有主导作用；而Ⅱ型小城市则是公共服务因素起主导作用；从中小城市整体来看，吸纳就业、人口集聚因素对产城融合的提高起主要驱动作用。

第四节　西安都市圈中小城市功能提升障碍

西安都市圈中小城市的城市功能在诸多方面存在问题，这是因为中小城市的经济发展水平普遍较落后，且长期存在断层的城市等级体系以及单一线条的交通联系，阻碍了中小城市之间形成强有力的区域产业协作。

一、经济发展水平抑制了西安都市圈城市功能需求

就单个城市而言，城市功能是通过为本城市以外的地区提供商品和服务的能力体现出来的，这种能力包括供给和需求两个方面。首先，供给能力，即辐射能力，不论城市在城市体系中的级别高低，每一个城市都会对其周围的地区产生辐射作用，通常城市经济规模越大，对低一级城市的吸引力就越强，更多高级的城市功能就向规模较大的城市集中，从而使城市功能获得提升。其次，需求能力，即支撑能力，城市功能提升的实质就是不断满足社会公众对城市提供的商品及服务的需求，只有当经济社会发展到一定阶段，居民收入增加，才有能力消费高层次的商品（如教育、医疗、公共文化、社会服务等），进而推动城市在商业、教育、医疗、公共文化、社会服务等方面的建设，从而提升城市功能。

西安都市圈土地面积为 37 209.6km^2，占陕西省的 18.1%。2016 年，西安都市圈常住人口为 2003.75 万人、GDP 为 10 453.48 亿元、人均 GDP 为 52 169.58 元，人口密度为 538.5 人/km^2。与我国其他较发达的都市圈相比，龙头城市西安综合实力较弱，在产业发展、吸纳就业、公共服务、人口集聚方面尚未产生显著的扩散效应（表 12-35）。

表 12-35　2016 年西安与国内主要都市圈核心城市比较

城市	市域面积/万 km^2	全市人口/万人	GDP/亿元	人均 GDP/元	人口密度/（人/km^2）	经济密度/（万元/km^2）
西安	1.01	883.21	6 257.18	71 357	874.47	6 195.23
北京	1.64	2 172.90	24 899.30	115 000	1 324.13	15 173.25
上海	0.63	2 419.70	27 466.15	113 600	3 816.00	43 597.06
广州	0.74	1 404.35	19 547.44	141 933	1 889.09	26 294.65

资料来源：根据《上海统计年鉴 2017》《中国区域经济统计年鉴 2017》《广州统计年鉴 2017》整理计算

西安都市圈整体的城镇化水平及经济发展水平都较低，市民对私人产品和公共产品的需求层次也相对较低，都市圈自身较小的市场规模限制了西安都市圈对产业、就业的吸纳集聚能力，也限制了教育、医疗、文化、社会服务等公共部门的发展。从西安都市圈中小城市来看，其所依托的广大腹地经济发展水平同样滞后，即广大中小城市，特别是中小城市的农村地区，没有能力消费城市向外提供的高级别的商品和服务。

二、断层的城市等级体系限制了城市功能梯度提升空间

中心地理论表明，越高等级的城市规模越大，数量越少，同级城市之间的距离越远，供给的商品和服务种类越齐全；反之亦然。城市功能提升的过程，就是城市通过竞争与淘汰机制，在一定的城市体系中获得“空间晋升”的过程。在此过程中，中小城市需要不断完善自身功能，吸引要素集聚，以期在城市体系中获得更好的能量等级。超大城市和特大城市需要在追求更高目标的发展过程中适度疏散非核心功能，而这个疏散过程需要遵循超大城市—特大城市—大城市—中小城市的空间传导机制。此时，中小城市功能提升便获得了两方面的动力：一是自身的发展；二是承接更高等级城市功能的疏散与转移，前者是根本动力，后者是牵引力。需要特别注意的是，一旦城市等级体系出现断层，这种传导机制就会遭到破坏，既不利于超大城市和特大城市的发展，也不利于中小城市的功能完善。

西安都市圈长期存在“城市等级体系断层”的问题，即 2015 年之前缺失人口在 100 万～300 万人的城市，西安强有力的集聚力造成了“一市独大”局面的长期存在，且在西安都市圈要寻找一个除西安外承担次核心功能的城市较困难。此外，人口在 100 万人以下的城市不足以形成继续发展的动力，如铜川为老工业城市，自身发展能力有限，且对于周边地区的辐射带动作用十分有限。长期以来，铜川第二产业增加值占 GDP 比重高，第三产业仍处于发展阶段，自身城市功能不健全，向上不能承接西安分散来的一些非核心功能，向下无法进一步分散城市功能，城市功能的输送机制并不顺畅，制约了城市功能的进一步提升。

三、单一线条的交通联系阻碍了多中心区域网络体系形成

近年来，多中心城市区域成为全新的区域空间组织形式，功能多中心性是城市区域多中心的最本质特征。其强调在功能上要具备多个中心，也就是区域

内的多个城市之间区别分工、功能互补、相互合作（罗震东等，2011），如长三角地区、珠三角地区已经形成了多中心的网络化城市区域。目前，西安都市圈在区域网络化方面较为欠缺。从地理形态来看，西安都市圈基本以渭河谷地为主形成带状结构，在西安周围没有形成能够带动小城市进一步发展的次级核心城市。例如，渭南和铜川，二者的规模均尚且较低，无法产生扩散作用。与此同时，各中小城市与西安的距离参差不齐，即便是同级别的城市，它们之间的距离也相差较大。从交通布局来看，西安都市圈的交通布局基本上以陇海铁路为“轴”形成，即在西安都市圈内部尚未形成一个成熟的网络化的交通体系。郑（州）西（安）和西（安）兰（州）客运专线的贯通无疑能大大缩减西安都市圈东西两端的通勤时间，但西安都市圈内部仍然存在城际联系方向及内容较单一的问题，即西安都市圈内部中小城市的交通基本以西安为终点，与其他同级别城市之间的联系较少。

四、产业协同程度制约了西安都市圈中小城市产业功能提升

西安都市圈的产业发展主要存在两个问题：①产业竞争力较弱。尤其是在具备比较优势的产业领域内，尚未形成具有全国影响力的大企业集团。②城市之间产业分工不明确，产业协作程度低。尽管西安拥有相对较多的企业集团、跨国公司和众多的中小企业，产业组织的整合与协调具有一定基础，然而西安与各中小城市之间并未形成较多的区域性行业或产业组织，这在一定程度上阻碍了区域经济的快速发展（鲁晓勋，2006；郝丽霞，2012）。这些情况的出现，无疑会产生地方保护主义、地方贸易壁垒等不良现象，极不利于西安都市圈的发展。

第五节 西安都市圈中小城市功能提升重点

西安都市圈面临的问题有首位城市过于突出、核心城市与外围地区以及城市之间经济关联度不高、产业升级步伐缓慢、节能减排与生态环境保护压力较大、不同部门政策配套不协调等（肖金成和袁朱，2009），西安都市圈中小城市功能提升的重点要以解决这些问题为出发点。因此，需要将有条件、有基础的部分县划为县级市，借此增加中小城市数量，吸引资源集中、人口集聚，同时加快产业发展，培育特色产业，引导产业升级；加大城市环保力度，建设宜居、

宜商、文明城市，有效推进治理能力与治理体系现代化；增强中小城市产业承接能力，完善基础设施建设。

一、渭南

在西安都市圈，渭南的公共服务功能发展保持稳定，且在四大功能中评分最高。同时，其产业发展功能稳步推进，但渭南的吸纳就业和人口集聚功能略显不足。从产城融合角度来看，渭南的主要动力为吸纳就业因素，其次是人口集聚因素，公共服务因素则排名最后，这也证明了仅仅靠提升公共服务水平是不足以带动整个渭南发展的。因此，渭南需要利用良好的生态环境和丰富的矿产资源，吸引社会资本参与公共基础设施建设，促进文化旅游融合，进一步集聚人口；发挥好陕西和国家生产布局中的能源重化工生产基地的优势，增强渭南产业的核心竞争力，以提高吸纳就业能力；充分发挥地处黄河金三角区域的优势，打造具有地域特色的陕西东大门，成为融入大西安、辐射大关中、带动晋陕豫黄河金三角的区域性中心城市①。

二、铜川

铜川的产业发展功能和公共服务功能对城市功能的提升贡献较大，但吸纳就业、人口集聚功能都不强。从产城融合角度来看，铜川产城融合的主要动力为吸纳就业因素，其公共服务因素和人口集聚因素均为负，这表明必须尽快提升铜川的公共服务能力和人口集聚能力。第一，铜川以重工业为主，在煤炭资源日趋枯竭的形势下，必须走高质量发展之路，努力消除煤矿停产整顿和“去产能”对工业经济的冲击，将城市发展与保护生态环境良性结合起来，以工业园区为载体促进产业发展。第二，以落实“一带一路”倡议为契机，打造丝绸之路沿线重要旅游目的地，以经营城市理念为基础，彰显城市特色和形象，营造“在城市里欣赏风景、在风景里感知城市”的旅游氛围，进一步带动相关产业发展，促进人口集聚。第三，深化公共服务体系改革，加快转型升级，以“发展全域旅游、建设全景铜川”为目标，带动经济社会深度转型②。

---

① 《渭南市国民经济和社会发展第十三个五年规划纲要》，http://www.weinan.gov.cn/gk/ggjg/lbgg/514050.htm［2020-02-12］.

② 《铜川市国民经济和社会发展第十三个五年规划纲要》，http://www.tongchuan.gov.cn/html/xxgk/xxgkml/ghjh/fzjh/201605/134839.html［2020-02-12］.

三、兴平

目前，兴平仍属于咸阳的卫星城，产业发展功能较强，吸纳就业、公共服务、人口集聚功能仍有很大的提升空间。从产城融合角度来看，兴平产城融合的主要驱动力是吸纳就业因素，而公共服务因素和人口集聚因素略显不足。因此，第一，兴平应当在需求侧与供给侧两端发力，实施工业强市战略，着力打造咸（阳）兴（平）工业走廊，依托陕西航空电气有限责任公司、西安航空制动科技有限公司、陕西柴油机重工有限公司等军工企业，做优兴平主导产业，提升产业发展水平；着力完善园区基础设施硬件，做强工业园区[①]。第二，推进全域旅游，培育第三产业发展新动能，以进一步吸纳就业、集聚人口。第三，注重城市建设，推进基础设施和公共服务设施建设，加快与咸阳城市总体规划、基础设施的对接融合，努力提高地区公共服务水平[②]。

四、韩城

近年来，韩城发展较迅速，有进一步赶超铜川、渭南的势头。2012 年，韩城城市功能综合得分超过铜川，但其各分项得分仍有提升空间。从产城融合角度来看，韩城的主要推动力为公共服务因素，而吸纳就业因素和人口集聚因素为负，推动力明显不足。未来，韩城的目标是打造高端产业集聚区、国家新型城镇化综合示范区、国家新能源示范市、国内文化旅游名市、国家级循环经济示范区、黄河金三角区域产业转移示范区、改革先行示范区。因此，韩城应更加注重提升核心竞争力，顺应供给侧结构性改革，实施工业升级工程，推进韩（城）合（阳）国家农业公园、万亩黄河生态渔业园区、万亩设施农业园区、万亩有机果业等“现代农业十大基地”的快速发展，培育旅游业的“六大核心景区”[③]，建成世界级旅游目的地，推动三次产业深度融合发展，形成具有韩城特色的现代产业体系，提升经济效益，通过产业功能的发展带动人口集聚、就业提升。进一步提升韩城的公共服务质量和水平，为进一步提升城市功能打下良好的基础[④]。

---

① 参见《〈中国制造 2025〉陕西实施意见》，http://gxt.shaanxi.gov.cn/tzgg/17861.jhtml［2020-02-12］.

② 《2018 年兴平市人民政府工作报告》，http://www.ahmhxc.com/gongzuobaogao/9368.html［2020-02-12］.

③ 指司马迁祠景区、党家村景区、古城景区、梁带村景区、普照寺景区、大禹庙景区。

④ 《2017 年韩城市人民政府工作报告》，http://www.weinan.gov.cn/gk/gzbg/zfgzbg/xzfgzbg/571954.htm［2020-02- 12］.

五、华阴

华阴旅游资源丰富，最著名的旅游景点是国家重点风景名胜区华山。近年来，旅游业等第三产业快速发展。但是，华阴人口密集型产业较少，工业基础薄弱，当地的人口集聚功能得分较低，各项城市建设工作有待进一步加强。从产城融合角度来看，华阴的主要驱动力为吸纳就业因素，而公共服务因素和人口集聚因素带动力较弱。因此，华阴必须提升公共服务功能和人口集聚功能。第一，完善基础设施建设，加大中心城区建设，强化城市综合管理与智慧管理，提升城市精细化、网格化管理水平，打造环境优美、生态宜居、管理文明的魅力城市，以良好的城市面貌集聚人口、吸纳就业。第二，大力发展劳动密集型产业，坚持低碳环保，加快园区建设，完善基础设施，发展新型轻工业，促进工业与旅游互促共赢①。

第六节　西安都市圈中小城市功能提升对策

提升西安都市圈中小城市功能，应当提高中小城市的承接能力，尽快缩短西安都市圈内各中小城市之间的空间“距离”，加快构建综合立体的交通网络，从而促进西安都市圈中小城市的产城融合。

一、提高中小城市承接能力，促进人口向中小城市流动

以西安为中心，积极推动西（安）咸（阳）一体化的发展进程，大力发展西安周边地区。针对中小城市面临的普遍问题，加强基础设施建设，提高公共服务能力和水平，积极培育特色优势产业，不断扩大就业机会，以逐步提高其人口吸纳能力；还要采取财政补贴、奖励、贴息等手段，加强中小城市基础设施和公共服务设施建设，提高资源配置与利用效率（魏后凯，2014b），实施积极的人口迁移政策，建立有利于外来务工人员、高级人才流动的政策环境，使中小城市的建设发展具备基本的人口基础。

① 《华阴市国民经济和社会发展第十三个五年规划纲要》，http://www.huayin.gov.cn/news_show.rt?contentId=24253&channlId=412［2020-02-12］.

二、积极扩大中小城市就业，提升中小城市就业功能

中小城市应当实施更加积极的就业政策，为务工人员提供公平的就业环境和更多的就业岗位。全面实施就业促进工程，多渠道增加就业岗位，落实创业扶持政策，促进创业带动就业。加强公共就业服务标准化建设，完善城乡公共就业创业和人才服务体系，提高就业服务能力，全面落实高校毕业生就业促进和创业引领计划，完善困难群体就业培训、就业援助和失业调控机制。

三、完善公共服务，促进居住与服务的和谐发展

进一步完善教育、医疗、卫生等服务，建立健全基础教育、卫生机构与服务网络，实现教育、卫生等公共服务资源的信息共享，实现城市之间或内部的不同群体之间公共医疗卫生设施和服务标准的一致性。同时，要避免小城市劳动密集型产业较多带来的土地、原材料等资源要素价格上涨的压力，通过完善公共服务，升级小城市功能，促进居住与服务的和谐发展（刘欣英，2017）。创新公共基础设施投融资体制，推广政府和社会资本合作（public-private partnership，PPP）模式，全面增强政府公共产品和服务供给能力。

四、提升西安都市圈一体化的交通运输服务水平

促进各种运输方式之间的衔接、合作，建设区域协同联动监管体系，提升智能化服务和管理水平，推动安全、绿色、可持续交通的发展。按照网络化布局、智能化管理、一体化服务的思路，构建以轨道交通为骨干的多节点、网格状、全覆盖的交通网络，建立统一开放的区域运输市场格局。完善便捷通畅的公路交通网，打通国家高速公路的“断头路”，消除西安都市圈内的“瓶颈”路段。

第十三章

都市圈内中小城市功能提升的体制创新与对策

我国虽然一直重视中小城市发展，但是历次城市发展方针中对中小城市和小城镇功能的培育不足，导致中小城市和小城镇功能普遍弱化、城市建成区和镇区规模偏小、经济实力偏弱、基础设施和公共服务落后、产业缺乏支撑、人口集聚能力不强、城镇管理和服务能力偏低。中小城市和小城镇发展滞后甚至萎缩已成为制约我国城镇化质量提升和健康发展的关键因素之一（魏后凯，2012）。因此，加快培育提升中小城市功能，增强都市圈内中小城市在产业发展、吸纳就业、公共服务、人口集聚等方面的功能，对于优化城镇规模结构，积极稳妥地推进新型城镇化具有重要意义。

第一节　我国中小城市发展政策的演变特征

中华人民共和国成立以来，受不同时期特定历史条件和政治经济环境的影响，我国的城市发展方针各有侧重，其中对于中小城市的发展政策也各有不同。总体而言，针对中小城市的发展政策可以划分为政策倾斜下的缓慢发展期（1949～2000 年）、政策并进下的停滞发展期（2001～2013 年）和新型城镇化助推下的快速发展期（2014 年至今）三个阶段。

一、政策倾斜下的缓慢发展期（1949～2000 年）

中华人民共和国成立以后的三年国民经济恢复时期和“一五”计划时期，

我国的城市建设和发展主要围绕工业建设进行（陈雯，1996；李秉仁，2002）。1954年6月召开的全国第一次城市建设会议明确提出了“重点建设、稳步前进”的城市建设方针。根据这一方针，将北京以外的国内其他城市分为四类，对不同城市确定不同的建设方针，即重点建设工业项目较多的新工业城市（如太原、包头、兰州等），扩建与局部改建限额以上项目分布的城市（如鞍山、沈阳、吉林、长春等），局部改建或扩建的城市（如南京、济南、杭州等），以及一般中小城市（李秉仁，2008）。1955年6月，国务院颁布中华人民共和国成立后第一个市镇建设法规《国务院关于设置市镇建制的决定》，同年11月又颁布了《国务院关于城乡划分标准的决定》，使城市发展逐步步入规范化轨道（方创琳，2014）。1955年9月，国家基本建设委员会制定了城市发展方针，即今后新建城市以中小城市为主，没有特殊原因，不搞大城市（张越，2000）。

“二五”计划时期和三年国民经济调整时期（1958～1965年），受特殊发展环境的影响，1961年国家开始实行“调整、巩固、充实、提高”的发展方针，动员更多的城市劳动力回到农村参加农业生产，大规模压缩城市人口（汪冬梅，2005）。1961～1963年，全国共下放城镇职工1887万人，减少城市人口3000万人，城镇化率下降到16.8%（方创琳，2014）。1963年12月，我国发布了《中共中央、国务院关于调整市镇建制、缩小城市郊区的指示》，到1964年底全国共撤销39个城市，全国城市数量减少至169个。

“三五”“四五”时期（1966～1975年），受当时“备战、备荒”“三线”建设“不集中建大城市”的指导思想影响，国家推行了“控制大城市规模、搞小城市”的城市发展方针，执行了严格控制城市人口的政策，1700多万知识青年“上山下乡”和千万干部下放农村劳动，城市人口反向流入乡村。10年期间我国城镇化水平一直停滞在17.0%左右（方创琳，2014）。

1976年以后，我国城市复兴面临巨大困难，国民经济比例失调，财政赤字和消费品短缺，人口生育的高峰期与知识青年回城高潮叠加在一起，城市就业压力巨大；基础设施建设滞后，尤其是大城市困难突出（周一星和于艇，1988；方创琳，2014）。面对这种严峻形势，1978年全国第三次城市工作会议确立了“控制大城市规模、多搞小城镇”的城市发展方针。

1978年实行改革开放政策以后，为加强农业和轻工业生产，压缩重工业和基本建设规模，国民经济进行“调整、改革、整顿、提高”，使得许多重工业中心和综合性大城市出现衰退。相比之下，一批以轻纺工业为主的中小城市发展势头良好。同时，农村经济改革也使小城镇长期萎缩的局面彻底改变（周一星和于艇，1988）。因此，1980年全国城市规划工作会议补充了对中等城市的政策，把“控制大城市规模、合理发展中等城市、积极发展小城市”作为城市发展方针。随后，“严格控制大城市规模、合理发展中等城市和小城市”的城市发展方针被写入了《中华人民共和国城市规划法》中，并且一直沿用到“九五”末期。

总之，1949～2000年，户籍制度呈现出“控制—放宽—控制”的特点，极大地影响了城镇户籍人口的增减变动。1958年我国颁布了《中华人民共和国户口登记条例》，1963年公安部将户口分为“农业户口”和“非农业户口”，1964年国务院批转了《公安部关于处理户口迁移的规定（草案）》，1977年国务院批转了《公安部关于处理户口迁移的规定》，都集中体现了严格控制城镇人口增长的基本精神（张立，2011）。20世纪80年代以后逐步放宽了户籍限制，1984年发布的《国务院关于农民进入集镇落户问题的通知》指出，凡申请到集镇务工、经商、办服务业的农民和家属，在集镇有固定住所，有经营能力，或在乡镇企事业单位长期务工的，公安部门应准予落常住户口，及时办理入户手续，统计为非农业人口（方创琳，2014）。新的户籍管理政策和市镇标准的建立，使得城镇人口快速增加。1989年发布的《国务院关于严格控制“农转非”过快增长的通知》指出，要加强对“农转非”的宏观管理，使其增长的速度和规模与国民经济的发展相适应。1992年公安部发布了《关于实行当地有效城镇居民户口制度的通知》，决定在小城镇、经济特区、经济开发区、高新技术产业开发区实行当地有效城镇户口制度（即蓝印户口）。1993年国务院召开会议将户籍改革重点转向小城镇户籍制度。经过20世纪80年代末和90年代初的再次户籍控制，初步抑制了城市户籍人口的过快增长。1997年国务院批转公安部《小城镇户籍管理制度改革试点方案》，提出在继续严格控制大中城市人口机械增长的同时，改革小城镇的户籍管理制度（张立，2011）。

二、政策并进下的停滞发展期（2001～2013年）

2001年3月，《中华人民共和国国民经济和社会发展第十个五年计划纲要》提出了多样化的城市发展方针，即“推进城镇化要遵循客观规律，与经济发展水平和市场发育程度相适应，循序渐进，走符合我国国情、大中小城市和小城镇协调发展的多样化城镇化道路，逐步形成合理的城镇体系。”随后，“大中小城市和小城镇协调发展”的城市发展方针体现在各类政策文件中，一直沿用至今（表13-1）。由此可见，“十五”时期以来，我国城市发展方针进入大中小城市和小城镇并重的阶段。从城镇体系的角度来看，不同规模等级的城镇保持协调发展，既是世界城镇化演变的一般规律，也是走中国特色新型城镇化道路的根本要求。然而，由于传统发展理念、资源配置偏向、市场极化效应、农民迁移意愿和政府调控失灵等因素的综合作用，我国城镇规模结构出现明显的两极化倾向。一方面，大城市数量和人口比重不断增加，一些特大城市规模急剧膨胀，逼近或超过了区域资源环境的承载能力，“大城市病”问题凸显；另一方面，中小城市数量和人口比重减少，中西部一些小城市和小城镇甚至出现相对萎缩迹象，城镇体系中缺乏中小城市的有力支撑（魏后凯，2014b）。

表 13-1　2001～2013 年涉及中小城市发展的相关国家政策

年份	政策名称	城市发展方针或政策	支持中小城市发展的配套政策
2001	《中华人民共和国国民经济和社会发展第十个五年计划纲要》	大中小城市和小城镇协调发展	①大力发展城镇经济，提高城镇吸纳就业的能力。 ②加强城镇基础设施建设，健全城镇居住、公共服务和社区服务等功能。 ③以创造良好的人居环境为中心，加强城镇生态建设和污染综合治理，改善城镇环境。 ④加强城镇规划、设计、建设及综合管理，形成各具特色的城市风格，全面提高城镇管理水平。 ⑤改革城镇户籍制度，形成城乡人口有序流动的机制。 ⑥取消对农村劳动力进入城镇就业的不合理限制，引导农村富余劳动力在城乡、地区间的有序流动。 ⑦改革完善城镇用地制度，调整土地利用结构，盘活土地存量，在保护耕地和保障农民合法权益的前提下，妥善解决城镇建设用地。 ⑧广辟投融资渠道，建立城镇建设投融资新体制，形成投资主体多元化格局。 ⑨科学制定设市、设镇标准，尽快形成符合市场经济体制和城镇化要求的行政管理体制
2006	《中华人民共和国国民经济和社会发展第十一个五年规划纲要》	以城市群为主体，大中小城市和小城镇协调发展	①加快破除城乡分割的体制障碍，建立健全与城镇化健康发展相适应的财税、征地、行政管理和公共服务等制度，完善行政区划设置和管理模式。 ②改革城乡分割的就业管理制度，深化户籍制度改革，逐步建立城乡统一的人口登记制度
2007	《中国共产党第十七次全国代表大会报告》	大中小城市和小城镇协调发展	以增强综合承载能力为重点，以特大城市为依托，形成辐射作用大的城市群，培育新的经济增长极
2011	《国务院办公厅关于积极稳妥推进户籍管理制度改革的通知》	大中小城市和小城镇协调发展	①在县级市市区、县人民政府驻地镇和其他建制镇有合法稳定职业并有合法稳定住所（含租赁）的人员，本人及其共同居住生活的配偶、未婚子女、父母，可以在当地申请登记常住户口。 ②在设区的市（不含直辖市、副省级市和其他大城市）有合法稳定职业满三年并有合法稳定住所（含租赁）同时按照国家规定参加社会保险达到一定年限的人员，本人及其共同居住生活的配偶、未婚子女、父母，可以在当地申请登记常住户口。 ③继续合理控制直辖市、副省级市和其他大城市人口规模，进一步完善并落实好现行城市落户政策

续表

年份	政策名称	城市发展方针或政策	支持中小城市发展的配套政策
2011	《中华人民共和国国民经济和社会发展第十二个五年规划纲要》	城市群与大中小城市和小城镇协调发展	①科学规划城市群内各城市功能定位和产业布局，缓解特大城市中心城区压力，强化中小城市产业功能，增强小城镇公共服务和居住功能，推进大中小城市基础设施一体化建设和网络化发展。 ②积极挖掘现有中小城市发展潜力，优先发展区位优势明显、资源环境承载能力较强的中小城市。 ③特大城市要合理控制人口规模，大中城市要加强和改进人口管理，继续发挥吸纳外来人口的重要作用，中小城市和小城镇要根据实际放宽落户条件
2012	《中国共产党第十八次全国代表大会报告》	—	①科学规划城市群规模和布局，增强中小城市和小城镇产业发展、公共服务、吸纳就业、人口集聚功能。 ②加快改革户籍制度，有序推进农业转移人口市民化，努力实现城镇基本公共服务常住人口全覆盖
2013	《中共中央关于全面深化改革若干重大问题的决定》	大中小城市和小城镇协调发展	①建立城乡统一的建设用地市场。在符合规划和用途管制前提下，允许农村集体经营性建设用地出让、租赁、入股，实行与国有土地同等入市、同权同价。缩小征地范围，规范征地程序，完善对被征地农民合理、规范、多元保障机制。扩大国有土地有偿使用范围，减少非公益性用地划拨。建立兼顾国家、集体、个人的土地增值收益分配机制，合理提高个人收益。完善土地租赁、转让、抵押二级市场。 ②建立透明规范的城市建设投融资机制，允许地方政府通过发债等多种方式拓宽城市建设融资渠道，允许社会资本通过特许经营等方式参与城市基础设施投资和运营，研究建立城市基础设施、住宅政策性金融机构。 ③完善设市标准，严格审批程序，对具备行政区划调整条件的县可有序改市。 ④创新人口管理，加快户籍制度改革，全面放开建制镇和小城市落户限制，有序放开中等城市落户限制，合理确定大城市落户条件，严格控制特大城市人口规模。 ⑤稳步推进城镇基本公共服务常住人口全覆盖，把进城落户农民完全纳入城镇住房和社会保障体系，在农村参加的养老保险和医疗保险规范接入城镇社保体系。 ⑥建立财政转移支付同农业转移人口市民化挂钩机制，从严合理供给城市建设用地，提高城市土地利用率

2001～2013 年，在控制大城市人口规模的城市发展方针的影响下，中小城市的户籍制度呈现逐步放宽的特点，具体而言国家对人口迁移控制政策的放松是从小城镇入手的。在 20 世纪 90 年代末小城镇户籍制度改革试点的基础上，2001 年 3 月，国务院批转公安部《关于推进小城镇户籍管理制度改革的意见》（国发〔2001〕6 号），小城镇户籍制度改革得到全面推进。此后，尽管国家鼓励各地根据实际情况进行户籍政策调整的探索，但针对大中城市全国范围制度层面的改革较为滞后。直到 2010 年，《国务院批转发展改革委关于 2010 年深化经济体制改革重点工作意见的通知》（国发〔2010〕15 号）中提出，深化户籍制度改革，加快落实放宽中小城市、小城镇特别是县城和中心镇落户条件的政策。2011 年 2 月，《国务院办公厅关于积极稳妥推进户籍管理制度改革的通知》（国

办发〔2011〕9号）中提出，“适应城镇化发展需要，按照国家有关户籍管理制度改革的决策部署，继续坚定地推进户籍管理制度改革，落实放宽中小城市和小城镇落户条件的政策。同时，遵循城镇化发展规律，统筹推进工业化和农业现代化、城镇化和社会主义新农村建设、大中小城市和小城镇协调发展，引导非农产业和农村人口有序向中小城市和建制镇转移，逐步满足符合条件的农村人口落户需求，逐步实现城乡基本公共服务均等化。”并且，提出进行相关配套制度改革，把进城落户农民完全纳入城镇住房和社会保障体系，把农村参加的养老保险和医疗保险规范接入城镇社保体系，建立财政转移支付与农业转移人口市民化挂钩机制（魏后凯和盛广耀，2015）。

三、新型城镇化助推下的快速发展期（2014年至今）

2014年以来，我国城市发展依然沿用“大中小城市和小城镇协调发展”的方针，但《国家新型城镇化规划（2014—2020年）》是我国首次单独明确提出加快发展中小城市的相关政策。2014年7月，《国务院关于进一步推进户籍制度改革的意见》再次就中小城市的户籍制度改革做出明确规定，即全面放开建制镇和小城市落户限制，有序放开中等城市落户限制。为更好地实施人口和城市分类管理、适应城镇化发展的新形势、满足经济社会的发展需要，2014年11月，我国发布了《国务院关于调整城市规模划分标准的通知》（国发〔2014〕51号）。与原有标准相比，新城市规模划分标准普遍提高了人口规模的上下限，以城区常住人口为统计口径，将城市类型由4类变为5类，增设超大城市，并且将小城市和大城市分别划分为Ⅰ型、Ⅱ型两档。新城市规模划分标准的出台有利于鼓励重点发展中小城市、优化发展大城市和特大城市。2015年3月，国家发展和改革委员会下发《关于开展中小城市综合改革试点工作的通知》（发改办经体〔2015〕609号），批复了全国61个地区开展中小城市综合改革试点，推进产城融合、城市投融资、土地要素、民生保障、城市治理等重点领域的改革，增强了中小城市的资源聚集能力、人口吸纳能力和综合承载能力（表13-2）。2017年10月，习近平在十九大报告中再次强调，以城市群为主体构建大中小城市和小城镇协调发展的城镇格局。2018年3月，国家发展和改革委员会下发《关于实施2018年推进新型城镇化建设重点任务的通知》，指出中小城市和建制镇要全面放开落户限制，加快培育新生中小城市。2019年3月，国家发展和改革委员会下发《2019年新型城镇化建设重点任务》，指出要培育发展现代化都市圈，实施《关于培育发展现代化都市圈的指导意见》，中小城市发展要分类施策，都市圈内和潜力型中小城市要提高产业支撑能力、公共服务品质，促进人口就地就近城镇化。要加强中小城市与交通干线、交通枢纽城市的连接，要引导中小城市形成以先进制造业为主的产业结构，要立足实际在中小城市适度增加公共资源供给。由此，我国中小城市将进入快速发展时期。

表 13-2　2014 年以来涉及中小城市发展的相关国家政策

年份	政策名称	城市发展方针或政策	支持中小城市发展的配套政策
2014	《国家新型城镇化规划（2014—2020 年）》	大中小城市和小城镇协调发展	①把加快发展中小城市作为优化城镇规模结构的主攻方向，加强产业和公共服务资源布局引导，提升质量，增加数量。 ②鼓励引导产业项目在资源环境承载力强、发展潜力大的中小城市和县城布局，依托优势资源发展特色产业，夯实产业基础。 ③加强市政基础设施和公共服务设施建设，教育医疗等公共资源配置要向中小城市和县城倾斜，引导高等学校和职业院校在中小城市布局、优质教育和医疗机构在中小城市设立分支机构，增强集聚要素的吸引力。 ④完善设市标准，严格审批程序，对具备行政区划调整条件的县可有序改市，把有条件的县城和重点镇发展成为中小城市。 ⑤培育壮大陆路边境口岸城镇，完善边境贸易、金融服务、交通枢纽等功能，建设国际贸易物流节点和加工基地。 ⑥有效控制特大城市新增建设用地规模，适度增加集约用地程度高、发展潜力大、吸纳人口多的卫星城、中小城市和县城建设用地供给。 ⑦以合法稳定就业和合法稳定住所（含租赁）等为前置条件，全面放开建制镇和小城市落户限制，有序放开城区人口 50 万～100 万的城市落户限制。大中城市可设置参加城镇社会保险年限的要求，但最高年限不得超过 5 年
2014	《国务院关于进一步推进户籍制度改革的意见》	大中小城市和小城镇协调发展	①全面放开建制镇和小城市落户限制。在县级市市区、县人民政府驻地镇和其他建制镇有合法稳定住所（含租赁）的人员，本人及其共同居住生活的配偶、未成年子女、父母等，可以在当地申请登记常住户口。 ②有序放开中等城市落户限制。在城区人口 50 万～100 万的城市合法稳定就业并有合法稳定住所（含租赁），同时按照国家规定参加城镇社会保险达到一定年限的人员，本人及其共同居住生活的配偶、未成年子女、父母等，可以在当地申请登记常住户口。城市综合承载能力压力小的地方，可以参照建制镇和小城市标准，全面放开落户限制；城市综合承载能力压力大的地方，可以对合法稳定就业的范围、年限和合法稳定住所（含租赁）的范围、条件等做出具体规定，但对合法稳定住所（含租赁）不得设置住房面积、金额等要求，对参加城镇社会保险年限的要求不得超过 3 年
2015	《关于开展中小城市综合改革试点工作的通知》	—	增强中小城市资源聚集能力、人口吸纳能力和综合承载能力，立足破解中小城市改革发展面临的突出矛盾和问题
2017	《中国共产党第十九次全国代表大会报告》	大中小城市和小城镇协调发展	以城市群为主体构建大中小城市和小城镇协调发展的城镇格局
2018	《关于实施 2018 年推进新型城镇化建设重点任务的通知》	—	①中小城市和建制镇要全面放开落户限制。 ②加快培育新生中小城市。稳妥有序增设一批中小城市，继续开展撤县设市、撤地设市，推动城市群及国家新型城镇化综合试点地区范围内符合条件的县和非县级政府驻地特大镇率先设市。优化城市市辖区规模结构，制定《市辖区设置标准》《市辖区设置审核办法》，稳步推进撤县（市）设区，增强设区市辐射带动作用

续表

年份	政策名称	城市发展方针或政策	支持中小城市发展的配套政策
2019	《2019 年新型城镇化建设重点任务》	—	①中小城市发展要分类施策，都市圈内和潜力型中小城市要提高产业支撑能力、公共服务品质，促进人口就地就近城镇化；收缩型中小城市要瘦身强体，转变惯性的增量规划思维，严控增量、盘活存量，引导人口和公共资源向城区集中；强化边境城市稳边戍边作用，推动公共资源倾斜性配置和对口支援；稳步增设一批中小城市，落实非县级政府驻地特大镇设市。稳妥有序调整城市市辖区规模和结构。 ②加强中小城市与交通干线、交通枢纽城市的连接，加快建设边境地区交通通道，提高公路技术等级、通行能力和铁路覆盖率，切实改善交通条件，降低交易成本及物流成本。 ③引导中小城市夯实制造业基础，发挥要素成本低的优势，增强承接产业转移能力，推动制造业特色化差异化发展，形成以先进制造业为主的产业结构。 ④在优化大城市公共资源布局的同时，立足实际在中小城市适度增加公共资源供给。鼓励各地区优化潜力型中小城市建设用地结构布局，合理增加公共服务设施等用地规模。调整优化教育医疗资源布局，新设立和搬迁转移职业院校原则上优先布局在中小城市，将更多三级医院布局在中小城市，支持大城市知名三级医院在中小城市设立分支机构，支持大城市知名中小学对中小城市学校进行对口帮扶支教

第二节　现行中小城市发展政策实施效果评价

城镇化的国际经验表明，世界主要国家的大城市人口所占比重呈上升态势、小城市人口所占比重呈下降态势，人口向大城市集聚的速度要快于向中小城市集聚的速度。城市人口的增长有其内在规律，很少受政策和规划左右（安树伟等，2017）。通过对我国设市建制的城市数量及其非农业人口、城区常住人口等相关数据的对比分析，发现随着城市发展方针的调整，我国中小城市曾出现过缓慢发展的态势。但总体而言，中小城市对人口的集聚作用要显著弱于大城市，超大城市、特大城市对人口的集聚作用要明显强于一般大城市。

1949～2000 年，我国的城市发展方针一直较为重视中小城市，相继出台了鼓励中小城市发展的若干政策措施，中小城市处于快速发展阶段。1980～2000 年，市区非农业人口 50 万人以下的中小城市数量由 178 个增加到 583 个，占全国城市人口的比重由 79.8%增加到 86.4%，中小城市人口占全国城市人口的比重由 36.7%增加到 47.4%。同期，特大城市数量和人口占全国城市人口的比重分别下降了 1.1 个和 1.6 个百分点，大城市分别下降了 5.5 个和 9.1 个百分点。其中，1980～1990 年，小城市的发展快于中等城市，小城市的数量增幅为 165.1%，中等城市的数量增幅为 72.5%，小城市的人口比重上升了 7.5 个百分点。1990～2000

年，中等城市发展快于小城市，中等城市的数量增幅为 84.9%，而小城市的数量增幅仅为 25.6%，中等城市的人口比重上升了 4.3 个百分点，小城市的人口比重反而下降了 2.6 个百分点（表 13-3）。

表 13-3　1980～2000 年我国城市人口规模结构变化

城市规模等级	1980 年			1990 年			2000 年		
	城市数量/个	数量比重/%	人口比重/%	城市数量/个	数量比重/%	人口比重/%	城市数量/个	数量比重/%	人口比重/%
特大城市	15	6.7	38.7	31	6.6	41.7	38	5.6	37.1
大城市	30	13.5	24.6	28	6.0	12.6	54	8.0	15.5
中等城市	69	30.9	23.1	119	25.5	24.6	220	32.6	28.9
小城市	109	48.9	13.6	289	61.9	21.1	363	53.8	18.5
合计	223	100.0	100.0	467	100.0	100.0	675	100.0	100.0

资料来源：1980 年和 1990 年数据来源于姚士谋等（2011）；2000 年数据来源于魏后凯（2014b）

注：城市规模等级划分标准为：市区和近郊区非农业人口超过 100 万人的城市为特大城市，50 万～100 万人的为大城市，20 万～50 万人的为中等城市，小于 20 万人的为小城市

2001 年以来，我国一直实行“大中小城市和小城镇协调发展”的城市发展方针，但由于资源配置偏向、市场极化效应等因素的综合作用，无论从城市人口规模结构，还是从城市人口增长的变化来看，我国在城镇化进程中都出现了大城市，尤其是特大城市人口规模迅速膨胀、中小城市相对萎缩的两极化倾向（魏后凯，2014b）。按照城市非农业人口分组，2000～2013 年，我国特大城市数量增加了 29 个，城市数量比重和人口比重分别提高了 4.6 个和 12.6 个百分点。我国大城市数量增加了 43 个，城市数量比重和人口比重分别提高了 6.8 个和 3.3 个百分点。然而，中等城市的数量尽管有一定的增加，但其人口比重却下降了 6.6 个百分点；小城市数量比重和人口比重都在迅速下降，其中城市数量减少了 120 个，城市数量比重和人口比重分别下降了 16.7 个和 9.3 个百分点。就人口增长速度而言，我国城市非农业人口的增速与其人口规模大体变化方向相同。2000～2013 年，100 万人以上城市人口增长最快，增长了 104.8%；其次是 50 万～100 万人的大城市，增长了 85.2%；而中等城市仅增长了 18.3%，小城市则下降了 23.9%（表 13-4）。

表 13-4　2000～2013 年我国城市人口规模结构变化

城市人口规模/万人	2000 年			2013 年			2013 年与 2000 年相比			
	城市数量/个	数量比重/%	人口比重/%	城市数量/个	数量比重/%	人口比重/%	城市数量/个	数量比重/%	人口比重/%	总人口增长/%
>100	38	5.6	37.1	67	10.2	49.7	29	4.6	12.6	104.8

续表

城市人口规模/万人	2000年			2013年			2013年与2000年相比			
	城市数量/个	数量比重/%	人口比重/%	城市数量/个	数量比重/%	人口比重/%	城市数量/个	数量比重/%	人口比重/%	总人口增长/%
50～100	54	8.0	15.5	97	14.8	18.8	43	6.8	3.3	85.2
20～50	220	32.6	28.9	248	37.9	22.3	28	5.3	−6.6	18.3
<20	363	53.8	18.5	243	37.1	9.2	−120	−16.7	−9.3	−23.9
所有城市合计	675	100.0	100.0	655	100.0	100.0	−20	0.0	0.0	52.9

资料来源：根据2001年和2014年《中国人口与就业统计年鉴》整理计算

注：城市人口规模按非农业人口分组，人口数为非农业人口

2014年新城市规模划分标准出台，按照城区常住人口分组。2014～2016年，在超大城市人口规模控制的背景下，1000万人以上的超大城市数量稳定在5个，人口增幅放缓，仅提高了7.4个百分点。特大城市和Ⅰ型大城市的数量分别增加了1个和2个，但人口增幅较大，分别增加了23.2%和22.4%。Ⅱ型大城市的数量和人口增幅较小，分别增加了0.2个百分点和2.1%；中等城市的城市数量和人口增幅较为明显，分别增加了1.6个百分点和12.7%。然而小城市的数量比重和人口比重均迅速下降，其中Ⅰ型小城市和Ⅱ型小城市的城市数量分别减少9个和5个，占全部城市城区常住人口比重分别下降3.6%和6.2%（表13-5）。因此，随着《国家新型城镇化规划（2014—2020年）》的颁布实施以及户籍制度改革、中小城市综合改革试点工作的开展，中等城市发展速度较快，而小城市发展面临的困境较大。

表13-5 2014～2016年新城市规模划分标准下我国城市人口规模结构变化

城市规模等级		2014年			2016年			2016年与2014年相比			
		城市数量/个	数量比重/%	人口比重/%	城市数量/个	数量比重/%	人口比重/%	城市数量/个	数量比重/%	人口比重/%	总人口增长/%
超大城市		5	0.8	17.3	5	0.8	17.3	0	0.0	0.0	7.4
特大城市		7	1.0	9.6	8	1.2	11.1	1	0.2	1.5	23.2
大城市	Ⅰ型大城市	12	1.8	9.5	14	2.1	10.8	2	0.3	1.3	22.4
	Ⅱ型大城市	59	9.0	21.8	61	9.2	20.8	2	0.2	−1.0	2.1
中等城市		106	16.1	16.7	117	17.7	17.5	11	1.6	0.8	12.7
小城市	Ⅰ型小城市	265	40.3	19.0	256	38.8	17.1	−9	−1.5	−1.9	−3.6
	Ⅱ型小城市	204	31.0	6.1	199	30.2	5.4	−5	−0.8	−0.7	−6.2
合计		658	100.0	100.0	660	100.0	100.0	2	0.0	0.0	7.2

资料来源：根据2014年和2016年《中国城市建设统计年鉴》整理计算

注：城市人口规模按城区常住人口分组，人口数为城区常住人口

国家促进中小城市发展政策成效喜忧参半，还存在以下问题：

第一，促进中小城市发展的政策体系尚未构建。《国家新型城镇化规划（2014—2020年）》指出，把加快发展中小城市作为优化城镇规模结构的主攻方向。因此，中小城市将成为提升城镇化质量、推进城镇化健康发展的主战场。然而，无论是2000年之前实行的“严格控制大城市规模、合理发展中等城市和小城市”的城市发展方针，还是现阶段实行的“大中小城市和小城镇协调发展”的城市发展方针，我国并没有制定实施专门针对中小城市的发展政策或规划。同时，现有的关于中小城市户籍制度改革、特色产业发展、基础设施建设、用地规模结构调控和公共服务等政策较为分散，缺乏统一的框架体系。

第二，缺乏区别对待、分类指导。按照不同的分类标准，中小城市可以划分为一般意义上的中小城市、都市圈内的中小城市、中西部地区的中小城市与东部地区的中小城市。不同类型的中小城市面临的问题各不相同，在发展过程中对政策的需求不同。然而，国家现有的中小城市发展政策还未能很好地体现区别对待、分类指导的原则。只有根据不同类型的中小城市制定相应的发展政策，才能更好地发挥政策效应。

第三，促进中小城市发展的体制机制不健全。我国中小城市发展面临的体制机制障碍包括：①现行“省—（地级）市—县（县级市）”的行政体制使得大城市具有更大的支配权，垄断了部分生产要素，并通过行政审批、财政、土地指标分配等在一定程度上直接限制了中小城市的发展。②长期的二元制度设计，包括土地制度、户籍制度、社会保障制度的二元化，导致城乡缺乏互动、协调不足。③“分灶吃饭”的财政体制。现有的财政体制导致中小城市与大城市，尤其是特大城市之间的经济发展水平和财力差距过大，从而使得中小城市的公共资源配置不均等。④投融资机制改革滞后，中小城市公共服务与基础设施建设中的资金投入瓶颈问题未得到有效解决。⑤规划机制不健全，缺乏系统的规划体系规范指导中小城市建设。⑥法律保障滞后，与国外政府相比，我国政府缺乏对中小城市发展政策的立法保障，对政策的实施效果有一定影响。⑦部分政策不协调。2019年2月，国家发展和改革委员会发布了《国家发展改革委关于培育发展现代化都市圈的指导意见》，从基础设施、产业协作、开放市场、公共服务、生态环境、城乡融合、发展机制等方面给出了培育现代化都市圈的重点任务。但是，该意见还与现行的城市群、新型城镇化、大中小城市的部分发展政策存在不协调。

第三节 都市圈内中小城市功能提升的体制创新

受都市圈发展阶段、资源配置偏向、市场极化效应等综合因素的影响，同一都市圈内部，尤其是处于成长期和发育期的都市圈存在典型的“大城市过度膨胀、中小城市和小城镇相对衰落”的现象，并且都市圈内中小城市与大城市缺乏互动、协调不足。针对都市圈内中小城市的特殊性，结合我国现行中小城市发展政策中存在的体制机制障碍，本节从健全法律机制、完善规划机制、建立区域协调发展机制、加快户籍制度改革、深化土地管理制度改革、完善财政管理制度、创新多元化投融资机制、加快行政体制改革等方面入手，提出加快都市圈内中小城市功能提升的制度支持和体制保障（图 13-1）。

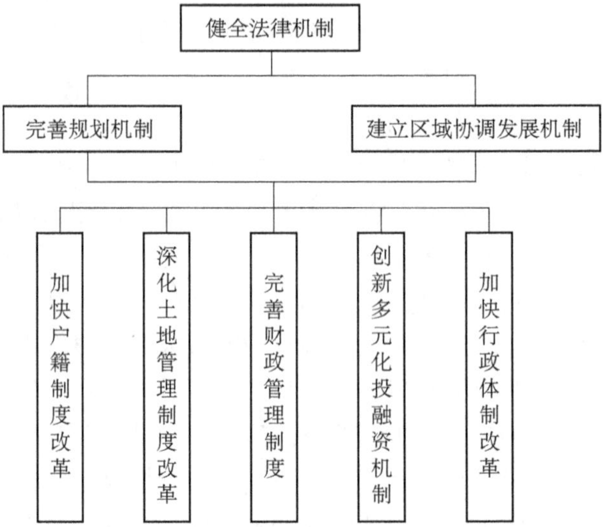

图 13-1 中小城市功能提升的体制机制逻辑框架

一、健全法律机制

法国、德国等国家均制定并及时修改了中小城市发展的相关法律法规，极大地促进了中小城市的发展。借鉴国际经验，我国需要建立完善中小城市发展政策的法律规章制度，使我国中小城市发展走上法治化、制度化的轨道，有助于消除政策执行过程中的随意性和主观性。

二、完善规划机制

突出政府规划职能，发挥规划对中小城市功能提升的引领作用。开展编制“都市圈空间规划”，尤其是都市圈内中小城市的发展规划，修编过程中要按照县（市）域城乡总体规划进行，推动经济社会发展规划、城乡规划、土地利用规划、生态环境保护规划等“多规合一”，推进城市各类功能区的合理分布和适度混合，加大地上地下空间统筹规划利用，提高产业园区土地利用效率，提升产城融合水平。

三、建立区域协调发展机制

借鉴英国、法国、德国等发达国家的经验，我国应成立都市圈（区域）发展委员会，负责引导都市圈内大中小城市的协同发展。其主要职责包括：引导空间发展、协调产业布局、推动重大基础设施建设、推动环境整治与生态建设、解决区域发展中产生的纠纷五个方面。都市圈（区域）发展委员会下设五个主要办事机构：①规划编制办公室。负责编制“都市圈空间规划”，规划分为战略规划（20～50年）和行动计划（5年）两个层面。②产业布局办公室。制定“产业布局条例”，引导都市圈内产业布局和产业发展；审批都市圈内重大产业选址；推动大城市产业与中小城市产业分工协作。③基础设施建设办公室。负责推动和协调都市圈内重大基础设施建设。④环境整治与生态建设办公室。负责区域环境整理与生态建设。⑤仲裁办公室。负责协调都市圈发展中产生的各种纠纷，协调各方利益。此外，都市圈内的中小城市需要找准定位，与大城市错位发展。

四、加快户籍制度改革

未来20年我国仍然处于快速城镇化阶段，新增的城镇人口将主要靠都市圈吸纳，都市圈内的人口则需要大中小城市和小城镇共同吸纳。因此，需要促进都市圈内新增城镇人口向中小城市转移，同时剥离户籍内含的各种权利和福利，取消城乡居民的身份差别，以常住人口登记为依据，建立城乡统一的户籍登记管理制度。加快推进各项相关配套改革，尽快清理与户籍挂钩的子女教育、社会保障、计划生育等各项政策（魏后凯和盛广耀，2015）。

五、深化土地管理制度改革

一方面，要有效保障发展用地。建议城镇建设用地指标向产业发展和人口集聚较多的中小城市倾斜；用地计划指标要向保障性住房、医疗卫生、教育、社会保障等领域倾斜，切实提高中小城市产业发展、吸纳就业和公共服务能力。另一方面，健全土地要素流动机制，促进土地集约节约利用。加快农村产权制度改革，有序推进农村集体经营性建设用地使用权和土地承包经营权自愿、有偿流转，健全低效（闲置）用地再开发的激励约束机制，在严格执行土地利用总体规划和土地整治规划的基础上，实行城镇建设用地增加规模与吸纳农业转移人口进入城镇规模挂钩，城镇建设用地增加规模与农村建设用地减少挂钩。

六、完善财政管理制度

适当提高中小城市增值税、所得税的分成比例，实现“财权”与“事权”相匹配。建立健全城镇基本公共服务支出分担机制，探索建立财政转移支付与农业转移人口市民化挂钩机制；从中央代理地方发行的债券资金中安排一定的数额用于中小城市和城镇的建设；逐步提高中央和省级对中小城市基础设施、公共服务设施的补助标准。

七、创新多元化投融资机制

积极培育组建中小城市地方投融资平台，有效整合国有资产资源，为拓展债券融资渠道创造条件。与相关政策性银行开展合作，创新信贷产品，推进基础设施和公共服务设施建设。鼓励建立多元化的中小城市发展银行和金融中介组织。支持民间资本按监管要求，参股、投资中小型金融机构和小额贷款公司、融资性担保公司、融资租赁公司等，依法规范发展民间融资行为。借鉴欧盟经验，可由中央政府设立中小城市援助基金，或者鼓励中小城市间通过合作设立城镇化产业基金或专项建设基金，创新基础设施资产证券化方式。在土地综合开发利用、城市基础设施、公共服务设施、保障性住房等中长期建设投资领域，推行政府和社会资本合作机制。

八、加快行政体制改革

现行“省—（地级）市—县（县级市）”的行政体制使得大城市具有更大的支配权，在一定程度上直接剥夺了中小城市的发展机会。因此，建议推动省直管县，减少行政层级，在审批、财政、土地指标等方面给予中小城市更大的支配权。县级市面积偏小是部分都市圈内中小城市规模难以扩大、功能难以提升的重要原因。因此，从提高中小城市功能的角度来看，应扩大都市圈县级市的面积，把县级市周边的县划入县级市，以扩大县级市的腹地范围。对部分经济发达地区的中小城市可以采取“切块”的办法推进“镇改市”，使新设的建制市成为吸纳农民进城的重要载体。

第四节　都市圈内中小城市功能提升对策

都市圈内中小城市的功能提升，不能简单地就中小城市而论中小城市，必须从系统和区域的高度着眼，从大中小城市协调发展的角度出发，向上与约束大城市低效扩张相结合，向下与释放农村城镇化潜力相结合，并针对中小城市存在的问题及制约中小城市发展的制度因素，提出系统化的对策，才是解决问题的根本之路。

一、分类提升、时序推进

都市圈内中小城市的现状功能存在强弱差异，且中等城市发展较快，城市数量比重和人口比重不断增加，而小城市的数量比重和人口比重均呈负增长态势。因此，应根据不同功能强度的中小城市提出差别化的对策建议，同时针对不同的发展时期提出中小城市发展的重点。

针对城市功能较强的中小城市，第一，推进体制创新，消除城镇化进程中的体制障碍。加快完善户籍制度改革，不断提高户籍人口城镇化率，对于非户籍人口要给予城镇公共服务方面的待遇，提高城市吸纳人口的能力。第二，调整优化产业结构。加快发展培育特色产业，大力发展社会服务业和生产性服务业，提高服务业在国民经济中的比重，增强吸纳就业的能力。

针对城市功能较弱的中小城市，第一，大力发展第三产业。不断提高服务业的吸纳就业能力。第二，发展区域性特色产业集群。推进产业专业化、集群化发展，突出产业集聚和人口集聚的良性互动，通过产业集聚促进人口集聚，通过完善城市功能为产业集聚发展创造条件。第三，不断完善城市功能。一方面，创新中小城市发展的投融资模式，为中小城市公共服务水平提升和基础设施完善提供资金支持；另一方面，完善中小城市保障房制度，引导人口向中小城市适度集中与回流（辜胜阻和郑超，2013）。

就中小城市发展的时序推进而言，近期应重点支持中等城市和具有发展潜力的小城市。要大力推进体制创新，提升公共服务水平，优化经济结构，培育发展战略性新兴产业，加快发展现代服务业，深化对外开放，提高科技创新水平，完善城市功能，提高产业发展和人口集聚功能。远期可将小城市作为发展重点，要走特色化、专业化的发展道路，通过产业集聚促进人口集聚，进而完善城市功能。

二、建立统一开放的区域市场体系

第一，畅通城市间的要素流动渠道。中小城市功能的提升，不仅依赖于自身功能的提升，还依赖于大城市功能的扩散效应。因此，需要畅通都市圈内城市之间的要素流动渠道。破除有形的交通组织障碍，提升都市圈区域一体化的运输服务水平。不断深化体制机制改革，打破制度障碍，深入推进简政放权、放管结合，优化服务改革，提高服务效率，推动相关行政许可跨区域互认，做好转移企业工商登记协调衔接。

第二，加快建立统一开放的要素市场体系。在市场经济体制下，统一开放的市场体系有助于发挥资源配置的决定性作用，有助于加速资金、人才、技术的高效流动。完善都市圈的金融体系建设，构建以超（特）大城市或大城市为中心、中小城市为分中心的有形票据交易市场，提高商业票据结算的集中度和速度；推进银行异地贷款业务以及城市间商业银行重组和资金拆借；加强产权交易市场建设，形成以超（特）大城市或大城市为中心，中小城市为副中心的层次分明的产权交易网；加强中小城市的保险和柜台交易市场建设。加强硬件基地和软件建设，使商品市场向专业化、系列化和规模化的方向发展，建设大型农产品批发中心、工业品批发中心和原材料交易中心。加强劳动力市场和技术成果转让市场建设，使生产要素市场向规范化、法治化方向发展。

三、强化中小城市基础设施建设和公共服务供给

第一，加大中小城市基础设施与公共服务供给的财政支持力度，推动基础设施和公共服务在不同城区之间、城市与城市之间的均等化。图书馆、体育馆、博物馆等公共设施，以及医疗、教育和卫生等公共服务业应为全体市民提供均等化服务。

第二，提升中小城市基础设施和公共服务规划水平。在基础设施规划编制过程中，要加强城市规划部门与基础设施管理部门的合作，由职能专业部门提

出初步方案，经城市规划部门总体平衡，形成更好的具有引导和实施性的规划成果（张志耀，2012）。要加强城市基础设施和公共服务供给建设的管理体制，建管结合。严格按照规划依据进行，杜绝形象工程、面子工程。基础设施和公共服务工程建成之后，加强对其养护和运行的管理。

第三，加强各类基础设施建设。规划完善综合交通网络，加快推进都市圈内联系大中小城市之间的城际轨道、快速干道、高速公路等交通基础设施建设。加强与交通干线、交通枢纽的连接，提高中小城市的快速可达性。强化市政公用设施和公共服务设施建设，提高对公共服务和人口集聚的支撑能力。开展中小城市地下管线普查、信息系统建设、地下管线综合规划编制和有序管理工作，提升城市环境质量和城市建设水平。支持有条件的中小城市开展“智慧城市”建设，推动无线宽带网络在中小城市实现全覆盖，在人流密集区域免费提供无线局域网服务。

第四，提升公共服务功能。根据《关于建立健全基本公共服务标准体系的指导意见》，完善中小城市在公共教育、劳动就业创业、社会保险、医疗卫生、社会服务、住房保障、公共文化体育、优抚安置、残疾人服务九个领域的基本公共服务标准与质量要求，明确政府在基本公共服务中的兜底职能，推动标准信息公开共享，开展标准实施监测预警，有序调整基本公共服务标准水平。将农业转移人口享有的义务教育、基本医疗、公共卫生等纳入各级政府教育、卫生健康发展规划和财政保障范畴。中小城市应当实施更加积极的就业政策，完善中小城市职业教育和创业扶持，提升人力资本水平，帮助农业转移人口更好地融入城市。全面实施就业促进工程，多渠道增加就业岗位，落实创业扶持政策，促进创业带动就业。加强公共就业服务标准化建设，完善城乡公共就业创业和人才服务体系，提高就业服务能力，全面落实高校毕业生就业促进和创业引领计划，完善困难群体就业培训、就业援助和失业调控机制。建立都市圈内中小城市就业创业信息服务平台，通过定向培养、订单培训、农民工夜校等形式提供便捷有用的职业技能教育，通过构建完备的创业融资、创业服务、创业培训和创业政策扶持体系，营造良好的创业环境，鼓励自主创业。引入社会力量发展各类教育、医疗、养老服务，建立健全公共服务购买机制，探索以需求方为主的养老券、教育券、交通券等直接购买的公共服务方式。

第五，完善住房保障体系。加大中低价商品房供应，加快公租房和廉租房建设，降低进入门槛。完善商品房配建保障性住房政策，鼓励社会资本参与建设。扩大保障性住房的有效供给，探索建设共有产权的保障房，加强保障性住房配租配售后的资产管理。把进城落户的农民完全纳入城镇住房保障体系。

四、培育中小城市特色优势产业集群

坚持以新型工业化为导向，依托中小城市的人力资源、区位禀赋资源优势，大力改造提升传统产业，培育发展新兴产业，打造特色优势产业集群。第一，以生产性服务业为重点，优先发展旅游休闲、文化创意、现代物流、电子商务、健康养老、社区服务等现代服务业，激发中小城市的发展活力。第二，围绕地区优势产业和“龙头企业”，搭建工业园区，引导产业向城镇工业区集中，实现中小城市集群化发展。按照集约节约利用土地的原则，中小城市需要科学布局各类园区，推进多元投入、市场化开发运作、企业化管理的新型产业园区合作建设和委托运营模式，探索建立都市圈内跨行政区域的产业转移和园区合作机制，发展一批特色产业园区。第三，都市圈内中小城市要有效利用好大城市产业转移的机遇，充分发挥中小城市的区位、资源、产业基础等优势条件，吸引专业技术人才、资金等产业集聚要素，发展区域性的特色产业集群。数量和质量并重，着眼技术进步和产业升级，防止淘汰的、污染严重的项目和企业转移到中小城市（辜胜阻和郑超，2013）。

五、促进都市圈内大中小城市和小城镇协调发展

第一，强化都市圈内各城市间的产业分工协作。大城市与中小城市应该依据各自的人力资本、资源禀赋、产业基础确定不同的产业分工，形成空间经济合力和内聚力。大城市应提升服务业发展水平，尤其是现代生产性服务业的发展水平，培育发展壮大新一代智能终端、电子核心部件、先进制造装备、大数据等主导产业集群。通过市场机制，引导中低端劳动密集型和资源密集型制造业向周边中小城市转移。第二，加强都市圈中小城市基础设施体系一体化建设。基础设施体系一体化有利于都市圈空间整合，也有利于都市圈的效率提升。加强都市圈内大中小城市之间、中小城市之间的交通基础设施建设，增强大城市对中小城市的辐射带动作用，以此提高中小城市的综合功能。第三，以户籍制度为抓手推进都市圈内中小城市的功能协调。人是城市功能提升的核心，除产业发展功能外，吸纳就业、公共服务和人口集聚功能都与人密切相关。因此，要以户籍制度为抓手，在户籍制度改革与产业发展同步的基础上（任杲和宋迎昌，2018），促进中小城市吸纳就业功能与人口集聚功能协同、产业发展功能与城市功能定位协同、产业发展功能与吸纳就业功能同步。

六、推动城乡融合发展

坚持工业反哺农业、城市支持农村和多予少取放活的方针，加快消除城乡二元结构的体制机制障碍，推进城乡要素平等交换和公共资源均衡配置。推进城乡产业深度融合，加快农业现代化进程。加大统筹城乡发展力度，增强农村发展活力，逐步缩小城乡差距，使城镇化和乡村振兴相同步。

参 考 文 献

安虎森，1997. 增长极理论评述［J］. 南开经济研究，（1）：31-37.

安锦，薛继亮，2015. 基于产业视角的京津冀都市圈人口有序转移研究［J］. 中央财经大学学报，（2）：83-89.

安树伟，2007. 中国大都市区管治研究［M］. 北京：中国经济出版社：60-62.

安树伟，2018. 改革开放 40 年以来我国区域经济发展演变与格局重塑［J］. 人文杂志，（6）：1-10.

安树伟，常瑞祥，2016. 中国省际经济增长的传递及其机制分析［J］. 中国软科学，（11）：74-83.

安树伟，李瑞鹏，2019. 都市圈的界定与对比［J］. 中国投资，（17）：90-93.

安树伟，李瑞鹏，李瑶，2018a. 北京非首都功能疏解对居民生活的影响——基于问卷调查的分析［J］. 河北经贸大学学报，（6）：70-78，101.

安树伟，郭文炯，安祥生，等，2018b. 山西经济地理［M］. 北京：经济管理出版社：410.

安树伟，刘晓蓉，2010. 区域政策手段比较及我国区域政策手段完善方向［J］. 江淮论坛，（3）：36-40，52.

安树伟，孙文迁，2019. 北京的减量发展［J］. 前线，（1）：68-70.

安树伟，肖金成，2016. 区域发展新空间的逻辑演进［J］. 改革，（8）：45-53.

安树伟，闫程莉，2016. 京津冀与世界级城市群的差距及发展策略［J］. 河北学刊，36（6）：143-149.

安树伟，闫程莉，王宇光，2017. 遵循城市发展规律，促进京津冀协同发展［J］. 财经智库，2（3）：37-47，139-140.

安树伟，郁鹏，等，2019. 沿海三大城市群产业协作［M］. 北京：经济管理出版社：82-83，268.

安树伟，张双悦，2019. 新中国的资源型城市与老工业基地：形成、发展与展望［J］. 经济问题，（9）：10-17.

奥沙利文 A，2013. 城市经济学［M］. 北京：中国人民大学出版社：156-180.
巴顿 K J，1984. 城市经济学：理论和政策［M］. 上海社会科学院城市经济研究室，译，北京：商务印书馆.
蔡之兵，2017. 中国都市圈发展之路［M］. 北京：经济科学出版社：6-8，56-57.
陈昌智，2017. 积极培育和发展新生中小城市［J］. 人民论坛，(12)：6-8.
陈大鹏，孙飞，2012. 西安都市圈空间界定的定量研究［J］. 城市发展研究，19 (10)：43-47.
陈建军，崔春梅，陈菁菁，2011. 集聚经济、空间连续性与企业区位选择——基于中国 265 个设区城市数据的实证研究［J］. 中国工业经济，(6)：63-75.
陈萍萍，2006. 上海城市功能提升与城市更新［D］. 上海：华东师范大学硕士学位论文.
陈群元，宋玉祥，喻定权，2009. 城市群发展阶段的划分与评判——以长株潭和泛长株潭城市群为例［J］. 长江流域资源与环境，18 (4)：301-306.
陈雯，1996. 试论我国城市发展方针［J］. 地理研究，15 (3)：16-22.
陈秀山，陈斐，2013. 区域协调发展——目标•路径•评价［M］. 北京：商务印书馆：95-113.
陈秀山，张可云，2003. 区域经济理论［M］. 北京：商务印书馆：50-150.
陈彦光，周一星，2005. 城市化 Logistic 过程的阶段划分及其空间解释——对 Northam 曲线的修正与发展［J］. 经济地理，(6)：817-822.
陈映雪，甄峰，翟青，等，2013. 环首都中小城市新型城镇化路径研究——以张家口怀来县为例［J］. 城市发展研究，(7)：110-116.
陈运平，黄小勇，2016. 泛县域经济产城融合共生：演化逻辑、理论解构与产业路径［J］. 宏观经济研究，(4)：135-142.
陈章喜，徐通，2011. 珠三角城市群战略实施以来的效率评价［J］. 经济地理，31 (11)：1822-1827，1839.
陈哲，2010. 地方保护主义的成因及对策研究［D］. 重庆：西南大学硕士学位论文.
程必定，2010. 上海世博会后长三角城市群的功能提升［J］. 城市发展研究，17 (4)：12-19.
程鹏宇，2015-08-28. 打造杭州都市圈综合交通一体化“升级版”［N］. 杭州日报，第 A07 版.
程世抚，1980. 读“雅典宪章”和“马丘比丘宪章”有感［J］. 城市规划研究，(4)：1-2.
崔功豪，2011. 重新认识长三角区域协调发展［J］. 上海城市规划，(2)：3-6.
崔功豪，魏清泉，刘科伟，2006. 区域分析与区域规划［M］. 北京：高等教育出版社：298-326.
崔晶，2015. 都市圈地方政府协作治理［M］. 北京：中国人民大学出版社：253-254.
崔文，1997. 北京的二元结构与城乡一体化［J］. 城市问题，(5)：25-27，49.
邓宏兵，李世冉，2019. 武汉国家中心城市建设的进展与前景［A］//赵健，孙先科. 国家中心城市蓝皮书：国家中心城市建设报告 (2019)［C］. 北京：社会科学文献出版社：83-201.
邓宏兵，洪水峰，白永亮，等，2018. 湖北经济地理［M］. 北京：经济管理出版社：176-177.

丁成日，2008. 城市经济与城市政策［M］. 北京：商务印书馆：65.
丁成日，2015. 世界巨（特）大城市发展——规律、挑战、增长控制及其评价［M］. 北京：中国建筑工业出版社：88-90.
丁成日，宋彦，2009. 城市规划与市场机制［M］. 北京：中国建筑工业出版社：74.
董晓峰，史育龙，张志强，等，2005. 都市圈理论发展研究［J］. 地球科学进展，（10）：1067-1074.
樊纲，王小鲁，张立文，等，2003. 中国各地区市场化相对进程报告［J］. 经济研究，（3）：9-18，89.
樊杰，2008. 京津冀都市圈区域综合规划研究［M］. 北京：科学出版社：5-30.
方创琳，2014. 中国城市发展方针的演变调整与城市规模新格局［J］. 地理研究，33（4）：674-686.
方创琳，宋吉涛，张蔷，等，2005. 中国城市群结构体系的组成与空间分异格局［J］. 地理学报，60（5）：827-840.
方利君，熊琴，2015. 新型城镇化下苏南中小城镇交通发展模式研究［J］. 现代交通技术，12（2）：61-65.
冯刚，2010. 现代城市发展中的公共服务功能研究［J］. 城市发展研究，（2）：159-162.
冯海建，周忠学，2014. 都市农业功能空间分异研究——以西安都市圈为例［J］. 中国生态农业学报，22（3）：333-341.
冯奎，郑明媚，2013. 中外都市圈与中小城市发展［M］. 北京：中国发展出版社：37-51，125-127，253-260，291，379，400-410.
冯垚，2006. 城市群理论与都市圈理论比较［J］. 理论探索，（3）：96-98.
冯章献，王士君，王学军，2008. 中国东北地区四中心城市功能关系优化［J］. 人文地理，（6）：50-54，105.
干春晖，郑若谷，余典范，2011. 中国产业结构变迁对经济增长和波动的影响［J］. 经济研究，46（5）：4-16，31.
高凌，姚士谋，李昌峰，2007. 中国省会城市功能的定位方法——以沈阳为例［J］. 经济地理，27（6）：913-917，926.
高汝熹，罗明义，1998. 城市圈域经济论［M］. 昆明：云南大学出版社：156.
高汝熹，罗守贵，2007. 2006 中国都市圈评价报告［M］. 上海：上海三联书店：100-136.
高汝熹，阮红，1990. 论中国的圈域经济［J］. 科技导报，（4）：8-12.
高汝熹，吴晓隽，车春鹂，2008. 2007 中国都市圈评价报告［M］. 上海：上海人民出版社：1-80.
高文杰，张华，王海乾，2007. 都市圈规划概论［M］. 北京：中国建筑工业出版社：87-88.
高宜程，申玉铭，王茂军，等，2008. 城市功能定位的理论和方法思考［J］. 城市规划，32（10）：21-25.

耿云，2015. 新区域主义视角下的京津冀都市圈治理结构研究［J］. 城市发展研究，(8)：15-20.
辜胜阻，郑超，2013. 提升中小城市人口聚集功能的战略思考［J］. 现代城市研究，(5)：36-39.
辜胜阻，吴永斌，王建润，2016. “五线”城市培育的思考与战略对策［J］. 中国人口科学，(6)：2-10，126.
辜胜阻，郑超，曹誉波，2014. 大力发展中小城市推进均衡城镇化的战略思考［J］. 人口研究，38（4)：19-26.
顾朝林，等，1995. 中国大城市边缘区研究［M］. 北京：科学出版社：83-85.
官卫华，姚士谋，2003. 城市群空间发展演化态势研究——以福厦城市群为例［J］. 现代城市研究，(4)：82-86.
郭荣朝，邢勋，2017. 郑州大都市区建设过程中存在的问题与对策［J］. 创新科技，(10)：74-75.
郭熙保，黄国庆，2006. 试论都市圈概念及其界定标准［J］. 当代财经，(6)：79-83.
郭小燕，2014. 中小城市和小城镇功能提升研究——基于农业转移人口市民化的视角［J］. 开发研究，(2)：37-41.
国家发展和改革委员会，外交部，商务部，2015-03-29. 推动共建丝绸之路经济带和 21 世纪海上丝绸之路的愿景与行动［N］. 人民日报，第 4 版.
国家统计局，2014. 2013 年全国农民工监测调查报告［EB/OL］. http://www.stats.gov.cn/tjsj/zxfb/201405/t20140512_551585.html［2019-10-12］.
国家统计局，2015. 2015 中国发展报告［M］. 北京：中国统计出版社：16.
国家统计局，2016. 2015 年农民工监测调查报告［EB/OL］. http://www.stats.gov.cn/tjsj/zxfb/201604/t20160428_1349713.html［2019-10-28］.
国家统计局，2018. 2017 年农民工监测调查报告［EB/OL］. http://www.stats.gov.cn/tjsj/zxfb/201804/t20180427_1596389.html［2019-12-09］.
国务院发展研究中心课题组，2014. 中国新型城镇化：道路、模式和政策［M］. 北京：中国发展出版社：55-56.
郝丽霞，2012. 关中一天水经济区城市群发展存在的问题及优化路径研究［J］. 特区经济，(6)：203-205.
胡晓辉，杜德斌，2011. 科技创新城市的功能内涵、评价体系及判定标准［J］. 经济地理，31（10)：1625-1629，1650.
胡欣，江小群，2005. 城市经济学［M］. 上海：立信会计出版社：36-38.
胡序威，周一星，顾朝林，等，2000. 中国沿海城镇密集地区空间集聚与扩散研究［M］. 北京：科学出版社：16，342-376.
湖北省社会科学院课题组，2007. 武汉城市圈功能提升研究［J］. 江汉论坛，(11)：46-49.
黄勤，2012. 我国省域生态文明建设的特点、模式及对策［J］. 贵州社会科学，(4)：61-65.

黄亚平，陈瞻，谢来荣，2011. 新型城镇化背景下异地城镇化的特征及趋势［J］. 城市发展研究，（8）：11-16.
黄征学，2014. 城市群：理论与实践［M］. 北京：经济科学出版社：1-80.
贾晓华，2014. 强化中小城市的产业支撑实现城镇与产业的融合发展［J］. 辽宁大学学报（哲学社会科学版），（3）：40-45.
蒋一苇，1993. 我的经济改革观［M］. 北京：经济管理出版社：31-39.
柯善咨，2010. 中国中西部发展中城市的增长极作用［J］. 地理研究，（3）：521-534.
柯善咨，赵曜，2014. 产业结构、城市规模与中国城市生产率［J］. 经济研究，（4）：76-88，115.
李秉仁，2002. 关于我国城市发展方针的回顾与思考［J］. 城市发展研究，9（3）：25-29.
李秉仁，2008. 我国城市发展方针政策对城市化的影响和作用［J］. 城市发展研究，15（2）：26-32，37.
李成刚，2018-01-12. 2018，民营经济新时代新开局［N］. 中国经济时报，第 A07 版.
李光辉，2014. 我国产城融合发展路径研究［D］. 合肥：安徽大学博士学位论文.
李国平，等，2004. 首都圈：结构、分工与营建战略［M］. 北京：中国城市出版社：1-10.
李国平，宋昌耀，孙瑀，2017. 中国县域小城镇就业岗位对人口集聚的影响研究——基于分位数回归的实证检验［J］. 地理科学，37（12）：1785-1794.
李继东，2008. 广州都市圈经济腹地区域整合与拓展战略［J］. 经济体制改革，（1）：142-145.
李抗，2009. 都市圈经济协调发展的财政政策选择［D］. 济南：山东大学硕士学位论文.
李廉水，Stough R R，2006. 都市圈发展——理论演化 • 国际经验 • 中国特色［M］. 北京：科学出版社：ii.
李培，邓慧慧，2007. 京津冀地区人口迁移特征及其影响因素分析［J］. 人口与经济，（6）：59-63.
李日新，吴伟权，2009. 大都市背景下中小城市的发展——以广州市番禺区为例［J］. 城市发展研究，16（11）：28-33.
李铁，文辉，2014. 东京都市圈发展对我国特大城市发展的启示［EB/OL］. http://smartcity.cps.com.cn/article/201410/920779.html［2018-12-01］.
李伟，廖伯逊，肖赟梅，等，2015-01-28. 工业大市的蝶变新生——探索江油转型升级、提质增效的绿色发展之路［N］. 四川日报，第 17 版.
李文强，2010. 都市圈产业结构演化研究——以上海都市圈为例［D］. 上海：上海交通大学博士学位论文.
李小建，樊新生，2006. 欠发达地区经济空间结构及其经济溢出效应的实证研究——以河南省为例［J］. 地理科学，26（1）：1-6.
李学锋，2015. 中小城市综合承载力如何进行提升［J］. 人民论坛，（35）：137-139.

李迅，2012. 错位独特的中小城市发展目标与路径选择［J］. 上海城市管理，(1)：12-17.
李彦军，2008. 都市圈的空间界定方法研究——以武汉都市圈为例［J］. 理论与改革，(4)：150-153.
李志勇，2008. 都市圈内中小城市协调发展研究——以太原都市圈交城为例［D］. 兰州：兰州大学硕士学位论文.
李仲生，2006. 人口经济学［M］. 北京：清华大学出版社：119-120.
廉军伟，2016. 都市圈协同发展理论与实践［M］. 杭州：浙江工商大学出版社：51-52.
林恩全，2013. 北京中心城功能疏解方略［J］. 城市问题，(5)：36-40.
林建中，陆迁，吴俊成，2010. 西咸一体化进程中存在的问题及化解策略［J］. 当代经济，(6)：92-93.
刘承良，2006. 武汉都市圈经济联系时空演变特征分析［J］. 人文地理，(6)：108-114.
刘承良，田颖，2008. 武汉城市圈产业结构分析与重组［J］. 地域研究与开发，(5)：23-29，35.
刘承良，余瑞林，熊剑平，等，2007a. 武汉都市圈经济联系的空间结构［J］. 地理研究，(1)：197-209.
刘承良，李江敏，张红，2007b. 武汉都市圈经济社会要素流的空间分析［J］. 人文地理，(6)：30-36，51.
刘华军，何礼伟，杨骞，2014. 中国人口老龄化的空间非均衡及分布动态演进：1989～2011［J］. 人口研究，38 (2)：71-82.
刘加顺，2005. 都市圈的形成机理及协调发展研究［D］. 武汉：武汉理工大学博士学位论文.
刘歧，张跃庆，梅保华，1990. 城市学［M］. 北京：北京燕山出版社：16-20.
刘荣增，2003. 我国城镇密集区发展演化阶段的划分与判定［J］. 城市规划，27 (9)：78-81.
刘盛佳，1990. 地理学思想史［M］. 武汉：华中师范大学出版社：15-20.
刘欣英，2016. 产城融合的影响因素及作用机制［J］. 经济问题，(8)：26-29.
刘欣英，2017. 产城融合的机制与效应研究——以陕西省为例［D］. 西安：西北大学博士学位论文.
刘修岩，李松林，秦蒙，2017. 城市空间结构与地区经济效率——兼论中国城镇化发展道路的模式选择［J］. 管理世界，(1)：51-64.
刘艳军，李诚固，孙迪，2006. 城市区域空间结构：系统演化及驱动机制［J］. 城市规划学刊，(6)：73-78.
刘勇，2000. 未来我国中小城市发展的对策研究［J］. 经济研究参考，(3)：32-38.
隆少秋，2003. 大城市边缘区中小城市可持续发展战略探讨——以广州增城市为例［J］. 地理科学进展，22 (5)：532-540.
鲁晓勋，2006. 区域一体化视野下大西安都市圈空间结构发展问题研究［D］. 西安：西安建筑科技大学硕士学位论文.
陆大道，等，2003. 中国区域发展的理论与实践［M］. 北京：科学出版社：42-45，502-564.
陆铭，梁文泉，2017. 劳动和人力资源经济学：经济体制与公共政策（第二版）［M］. 上海：格致出版社，上海人民出版社：147.
罗明义，1998. 论城市圈域经济的形成规律及特点［J］. 思想战线，（4）：9-14，51.
罗守贵，李文强，2012. 都市圈内部城市间的互动与产业发展：以上海都市圈为例［M］. 上海：格致出版社，上海人民出版社：28-32，103-110.
罗震东，何鹤鸣，耿磊，2011. 基于客运交通流的长江三角洲功能多中心结构研究［J］. 城市规划学刊，（2）：16-23.
马凤鸣，2012. 城市功能定位分析［J］. 长春大学学报，（1）：24-26.
马丽，金凤君，刘毅，2012. 中国经济与环境污染耦合度格局及工业结构解析［J］. 地理学报，67（10）：1299-1307.
马骧飞，2018-08-29. 让港口成为拉动秦皇岛经济的引擎［N］. 秦皇岛日报，第 6 版.
毛寿龙，李梅，2000. 有限政府的经济分析［M］. 上海：上海三联书店：78-83.
茅芜，1998. 城市功能开发研究［M］. 上海：上海三联书店：18-20，45-50.
尼茨坎普 P，2001. 区域和城市经济学手册（第一卷）［M］. 安虎森等，译，北京：经济科学出版社：53-70.
宁越敏，石崧，2011. 从劳动空间分工到大都市区空间组织［M］. 北京：科学出版社：198-230.
牛岩，2014. 长吉图开发开放先导区中的长春城市功能定位研究［D］. 长春：吉林大学硕士学位论文.
帕克 R E，伯吉斯 E N，麦肯齐 R D，等，2012. 城市社会学——芝加哥学派城市研究［M］. 宋俊岭，郑也夫，译，北京：商务印书馆：56-80.
潘华，2015a. 国外促进中小城市发展的政策措施［J］. 宏观经济管理，（1）：89-92.
潘华，2015b. 国外中小城市人口增长和流动的特征及启示［J］. 中国经贸导刊，（7）：55-58.
潘文卿，2012. 中国的区域关联与经济增长的空间溢出效应［J］. 经济研究，（1）：54-65.
彭兴业，2000. 首都城市功能研究［M］. 北京：北京大学出版社：14-22.
彭勇，肖玲，2007. 武汉都市圈结构特征与结构优化研究［J］. 城市问题，（1）：31-35.
戚伟，刘盛和，金浩然，2016. 中国城市规模划分新标准的适用性研究［J］. 地理科学进展，35（1）：47-56.
乔林碧，王耀才，2002. 政府经济学［M］. 北京：中国国际广播出版社：57-61.
乔森，2010. 特大城市空间疏解与新城发展战略研究——以上海市为例［D］. 上海：华东师范大学硕士学位论文.
青岛市发展和改革委员会，2018. 山东省平度市农民创新创业新模式［EB/OL］. http://www.qingdao.gov.cn/n172/n24624151/n24625135/n24633888/n24633916/180912101454702123.

html［2018-09-12］.
仇保兴，邓羽，2018-05-28. “减量发展”：首都开启高质量发展的新航标［N］. 北京日报，第 014 版.
任保平，2007. 以西安为中心的关中城市群的结构优化及其方略［J］. 人文地理，（5）：38-42.
任杲，宋迎昌，2018. 中国城市化动力机制与阶段性研究——基于产业发展与户籍制度变迁的视角［J］. 兰州学刊，（6）：145-158.
任泽平，2017. 房地产周期［M］. 北京：人民出版社：150-160，230-240.
任致远，2010. 试论我国大城市与中小城市发展走势［J］. 城市发展研究，（9）：1-7.
日野正辉，2010. 1950 年代以来日本城市地理学进展与展望［J］. 城市与区域规划研究，（2）：118-131.
上海财经大学区域经济研究中心，2012. 2012 中国区域经济发展报告［M］. 上海：上海财经大学出版社：35-40，72.
上海市人民政府发展研究中心，2016a. 上海 2050：战略框架［M］. 上海：格致出版社，上海人民出版社：42，866.
上海市人民政府发展研究中心，2016b. 上海 2050：面向未来 30 年的上海发展战略研究平行报告［M］. 上海：格致出版社，上海人民出版社：21.
沈玉芳，刘曙华，张婧，等，2010. 长三角地区产业群、城市群和港口群协同发展研究［J］. 经济地理，30（5）：778-783.
盛世豪，张伟明，2016. 特色小镇：一种产业空间组织形式［J］. 浙江社会科学，（3）：36-38.
孙斌栋，涂婷，石巍，等，2013. 特大城市多中心空间结构的交通绩效检验——上海案例研究［J］. 城市规划学刊，（2）：63-69.
孙东琪，张京祥，胡毅，等，2013. 基于产业空间联系的“大都市阴影区”形成机制解析——长三角城市群与京津冀城市群的比较研究［J］. 地理科学，33（9）：1043-1050.
孙华臣，王安，2017-04-05. 推进农业转移人口市民化［N］. 光明日报，第 11 版.
孙久文，肖春梅，2009. 乌鲁木齐城市功能定位实现途径研究［J］. 城市发展研究，16（10）：65-70.
孙久文，原倩，2014. 京津冀协同发展战略的比较和演进重点［J］. 经济社会体制比较，（5）：1-11.
孙志刚，1998. 城市功能论［M］. 北京：经济管理出版社：15-18.
谈佳洁，刘士林，2018. 长江经济带三大城市群经济产业比较研究［J］. 山东大学学报（哲学社会科学版），（1）：138-146.
谭成文，杨开忠，谭遂，2000. 中国首都圈的概念与划分［J］. 地理学与国土研究，（4）：1-7.
谭维克，赵弘，2011. 论“首都经济圈”建设［J］. 北京社会科学，（4）：4-9.
汪冬梅，2005. 中国城市化问题研究［M］. 北京：中国经济出版社：11-14.

王方华，陈宏民，2007. 都市圈经济一体化发展研究［M］. 上海：上海三联书店：323-334.
王国华，王英，2007. 从都市圈评价体系看武汉城市圈的发展［J］. 统计与决策，(3)：79-81.
王虎，2003. 探析东京圈的形成与整合［J］. 上海经济，(3)：60-63.
王缉慈，等，2001. 创新的空间——企业集群与区域发展［M］. 北京：北京大学出版社：35-38，315-357.
王建，1997. 美日区域经济模式的启示与中国“都市圈”发展战略的构想［J］. 战略与管理，(2)：1-15.
王娟，2012. 中国城市群演进研究［D］. 成都：西南财经大学博士学位论文.
王宁，2016. 中国人口迁移的变化趋势及空间格局［J］. 城市与环境研究，(1)：81-97.
王沛栋，2018. 增强郑州国家中心城市核心功能的对策研究［J］. 黄河科技大学学报，(1)：70-76.
王圣军，2007. 从“囚徒困境”看大都市圈经济整合［J］. 财经科学，(9)：69-74.
王涛，2014a. 伦敦都市圈及其管理体制的发展演变及特点［J］. 城市观察，(4)：87-93.
王涛，2014b. 东京都市圈的演化发展及其机制［J］. 日本研究，(1)：20-24.
王小鲁，樊纲，胡李鹏，2019. 中国分省份市场化指数报告（2018）［M］. 北京：社会科学文献出版社：52-53，141，216-232.
王小鲁，樊纲，马光荣，2017. 中国分省企业经营环境指数 2017 年报告［M］. 北京：社会科学文献出版社：172-173.
韦柳河，2013. 经济聚集与人口聚集的关系分析——以成都市为例［D］. 成都：西南财经大学硕士学位论文.
魏后凯，2007. 大都市区新型产业分工与冲突管理——基于产业链分工的视角［J］. 中国工业经济，27（2)：28-34.
魏后凯，2012. 中国城镇化转型与中小城市发展［A］//牛凤瑞，白津夫，等，中国中小城市发展报告：中小城市新型城镇化之路［C］. 北京：社会科学文献出版社：1-18.
魏后凯，2014a. 中国城市行政等级与规模增长［J］. 城市与环境研究，(1)：4-17.
魏后凯，2014b. 中国城镇化进程中两极化倾向与规模格局重构［J］. 中国工业经济，(3)：18-30.
魏后凯，2014c. 走中国特色的新型城镇化道路［M］. 北京：社会科学文献出版社：19，66，103.
魏后凯，盛广耀，2015. 我国户籍制度改革的进展、障碍与推进思路［J］. 经济研究参考，(3)：6-17，41.
沃纳·赫希，1990. 城市经济学［M］. 刘世庆等，译. 北京：中国社会科学出版社：35-70.
肖金成，2014. 长三角城市群一体化与高铁网络体系建设［J］. 发展研究，(5)：8-12.
肖金成，袁朱，2009. 中国十大城市群［M］. 北京：经济科学出版社：355-359.

肖金成，申现杰，等，2017. 京津冀世界级城市群发展研究［R］. 亚洲开发银行技术发展援助项目 TA-9042 分报告之一.

肖金成，杨洁，袁朱，等，2004. 打造中心城市：完善区域性中心城市功能［M］. 北京：中国水利水电出版社：64.

肖林，周国平，2017. 卓越的全球城市：不确定未来中的战略与治理［M］. 上海：格致出版社：625-626.

肖梦，1993. 城市微观宏观经济学［M］. 北京：人民出版社：12-20.

肖敏杰，2014. 县域城镇人口集聚的影响因素研究［D］. 重庆：西南大学硕士学位论文.

肖艳华，2013. 苏州小城镇功能提升研究——以渭塘镇为例［D］. 苏州：苏州科技学院硕士学位论文.

谢亮，2011. 城市功能转换与后发展地区经济发展内生动力关系分析——以近代西北商路的城市为中心［J］. 陕西师范大学学报（哲学社会科学版），40（2）：107-116.

谢守红，2012. 城市化进程中的都市圈空间发展理论［M］. 北京：中国物资出版社：17-19.

徐珣，欧向军，唐娟，2009. 徐州都市圈主要城市功能重组研究［J］. 国土与自然资源研究，（3）：1-3.

许大明，修春亮，2003. 大都市圈中的小城镇发展研究——以哈尔滨大都市圈为例［J］. 东北师大学报（自然科学版），（1）：86-91.

许学强，周一星，宁越敏，2009. 城市地理学（第二版）［M］. 北京：高等教育出版社：64，180-200.

许政，陈钊，陆铭，2010. 中国城市体系的“中心–外围”模式［J］. 世界经济，33（7）：144-160.

薛俊菲，顾朝林，孙加凤，2006. 都市圈空间成长的过程及其动力因素［J］. 城市规划，（3）：53-56.

闫程莉，安树伟，2014. 中国首都圈中小城市功能的测度与分类研究［J］. 改革与战略，30（4）：88-95.

鄢小兵，徐艳兰，高谦，2015. 武汉城市圈经济空间关联研究［J］. 地域研究与开发，34（5）：47-52，57.

杨红新，2012. 长三角都市圈经济发展的机制与路径研究［D］. 杭州：中共浙江省委党校硕士学位论文.

杨宏山，2013. 城市管理学［M］. 北京：中国人民大学出版社：150-160.

杨开忠，2015. 京津冀大战略与首都未来构想——调整疏解北京城市功能的几个基本问题［J］. 人民论坛·学术前沿，（2）：72-83，95.

杨维凤，2011. 北京市与周边中小城市的区域经济合作研究［J］. 城市发展研究，18（4）：11-15.

杨勇，2013. 都市圈经济一体化理论与实践［M］. 北京：经济科学出版社：23-27，132-141.

姚士谋，陈彩虹，陈爽，等，2005. 沪宁杭地区城市群发展规划探索［J］. 长江流域资源与环境，(3)：267-271.

姚士谋，陆大道，王聪，等，2011. 中国城镇化需要综合性的科学思维——探索适应中国国情的城镇化方式［J］. 地理研究，30（11）：1947-1955.

叶南客，丰志勇，2012. 苏南现代化示范区建设中的南京功能定位研究［J］. 南京社会科学，（12）：151-156.

尹稚，袁昕，卢庆强，等，2019. 中国都市圈发展报告 2018［M］. 北京：清华大学出版社：90-91，95-99，102-103.

于涛方，陈修颖，吴泓，2008. 2000 年以来北京城市功能格局与去工业化进程［J］. 城市规划学刊，（3）：46-54.

余吉祥，周光霞，闫富雄，2013. 劳动力流动与城市规模分布——以珠三角城市群为例的研究［J］. 西北人口，34（5）：44-50.

俞艳，童艳，胡珊珊，等，2017. 武汉城市圈城市空间相互作用时空演变分析［J］. 长江流域资源与环境，26（11）：1784-1794.

袁瑞娟，宁越敏，1999. 全球化与发展中国家城市研究［J］. 城市规划汇刊，（5）：64-67，53-81.

云南省人民政府，2017. 云南省人民政府关于加快特色小镇发展的意见［EB/OL］. http：//www.whyn.gov.cn/list/view/3/5468［2017-04-05］.

曾文鸿，2013. 户籍制度改革与农村转移人口市民化［J］. 湖南行政学院学报，（3）：5-9.

张从果，杨永春，2007. 都市圈概念辨析［J］. 城市规划，（4）：31-36，47.

张定青，肖丽娜，2010. 基于城市气候环境分析的西安都市圈城镇规划引导［J］. 城市发展研究，17（4）：48-53.

张贵，梁莹，郭婷婷，2015. 京津冀协同发展研究现状与展望［J］. 城市与环境研究，（1）：76-88.

张颢瀚，张超，2006. 大都市圈的成长阶段与动力机制［J］. 江海学刊，（1）：72-78，238.

张季风，2013. 日本国土综合开发论［M］. 北京：中国社会科学出版社：110-113.

张建波，2009. 长春市城市功能扩散的模式与路径研究［D］. 长春：东北师范大学硕士学位论文.

张建华，洪银兴，2007. 都市圈内的城乡一体化［J］. 经济学家，（5）：98-104.

张晋晋，安树伟，2017. 北京城市辐射带动力的测度与提升研究——与上海市比较的视角［J］. 领导之友，（3）：64-71.

张京祥，2000. 城镇群体空间组合［M］. 南京：东南大学出版社：71-72.

张京祥，邹军，吴启焰，等，2001. 论都市圈地域空间的组织［J］. 城市规划，（5）：19-23.

张可云，蔡之兵，2015. 北京非首都功能的内涵、影响机理及其疏解思路［J］. 河北学刊，（3）：116-123.

张磊，2004. 实现行政区经济向经济区经济的转变——“长三角”区域经济一体化研究[D]. 金华：浙江师范大学硕士学位论文.
张立，2011. 户籍制度与中国城镇化：1949—2009［A］//中国城市规划学会. 转型与重构——2011中国城市规划学会年会论文集［C]：445-458.
张立勇，2007. 西（安）咸（阳）一体化发展研究［D]. 西安：西北农林科技大学博士学位论文.
张琳，周敏华，孙燕平，等，2002. 西安城市交通发展研究［J]. 人文地理，(2)：32-34.
张平，2009. 都市连绵区内中小城市发展动力机制和发展模式研究——以廊坊为例［D]. 青岛：中国海洋大学硕士学位论文.
张倩宇，2010. 都市圈城市体系发展及演化机制研究［D］. 长沙：中南大学硕士学位论文.
张强，陈怀录，2010. 都市圈中心城市的功能组织研究［J]. 城市问题，(3)：21-27.
张伟，2003. 都市圈的概念、特征及其规划探讨［J]. 城市规划，(6)：47-50.
张伟，黄瑛，2005. 南京都市圈功能定位研究［J]. 规划师，21（1)：79-83.
张蔚文，2016. 政府创建特色小镇：定位、到位与补位［J]. 浙江社会科学，(3)：43-45.
张晓兰，2013. 东京和纽约都市圈经济发展的比较研究［D]. 长春：吉林大学博士学位论文.
张学良，林永然，2019. 都市圈建设：新时代区域协调发展的战略选择[J]. 改革，(2)：46-55.
张越，2000. 对我国现行城市发展方针的反思［J]. 现代城市研究，(5)：5-8，62.
张贞冰，陈银蓉，赵亮，等，2014. 基于中心地理论的中国城市群空间自组织演化解析［J]. 经济地理，34（7)：44-51.
张志耀，2012. 高速城市化进程中基础设施建设的发展策略［J]. 青岛科技大学学报（社会科学版)，(4)：6-11.
章昌裕，2007-01-04a. 伦敦都市圈建成的经验［N]. 中国经济时报，第A01版.
章昌裕，2007-01-01b. 纽约都市圈形成的特色及启示［N]. 中国经济时报，第A01版.
赵和生，2011. 城市规划与城市发展［M]. 南京：东南大学出版社：40-45.
赵弘，刘宪杰，2015. 疏解北京非首都功能的战略思考［J]. 前线，(6)：74-76.
赵清元，2018-09-04. 秦皇岛必须打造高品质生活城市［N]. 秦皇岛日报，第6版.
赵尚朴，1980. 日本城市规划中的功能分区［J]. 城市规划研究，(1)：2-27.
赵栓豹，张让刚，张志国，2009. 中外都市圈建设的优势、经验——对济南都市圈发展的借鉴与启示［J]. 城市发展研究，16（5)：7-12，17.
郑恒，张国平，2007. 浙江产业集群空间发展与城市化的互动分析[J]. 财经论丛，(6)：1-7.
郑州师范学院国家中心城市研究院课题组，2019. 2018年中国国家中心城市建设指数及成长性指数评价分析[A]//赵健，孙先科.国家中心城市蓝皮书：国家中心城市建设报告(2019)[C]. 北京：社会科学文献出版社：36-62.
中国城市经济学会中小城市经济发展委员会，《中国中小城市发展报告》编纂委员会，2012. 中小城市绿皮书（2012）：中国中小城市发展报告［M］. 北京：社会科学文献出版社：5-15.
中国城市经济学会中小城市经济发展委员会,《中国中小城市发展报告》编纂委员会，2013. 中小城市绿皮书（2013）：中国中小城市发展报告［M］. 北京：社会科学文献出版社：14-23.
中国城市经济学会中小城市经济发展委员会,《中国中小城市发展报告》编纂委员会，2015. 中小城市绿皮书（2015）：中国中小城市发展报告［M］. 北京：社会科学文献出版社：40-50.
中国城市经济学会中小城市经济发展委员会,《中国中小城市发展报告》编纂委员会，2016. 中小城市绿皮书（2016）：中国中小城市发展报告［M］. 北京：社会科学文献出版社：35-42.
钟昌标，2016. 区域协调发展中政府与市场的作用研究［M］. 北京：北京大学出版社：33-41.
钟笃粮，郑明媚，2012. 城镇化进程中的都市圈与中小城市发展——2012 中国城市发展论坛综述［J］. 现代城市，7（4）：8-12.
周一星，1992. 论中国城市发展的规模政策［J］. 管理世界，（6）：166-171.
周一星，1995. 城市地理学［M］. 北京：商务印书馆：208.
周一星，2010. 城市地理求索［M］. 北京：商务印书馆：343-369.
周一星，于艇，1988. 对我国城市发展方针的讨论［J］. 城市规划，（3）：33-36.
周振华，2009. 城市转型与服务经济发展［M］. 上海：格致出版社：307.
朱英明，2005. 城市群经济空间分析［M］. 北京：科学出版社：38-42.
朱宇，林李月，2016. 中国人口迁移流动的时间过程及其空间效应研究：回顾与展望［J］. 地理科学，36（6）：820-828.
朱媛媛，丁明磊，曾菊新，2012. 武汉都市圈中心地系统结构及扩散域研究［J］. 城市问题，（12）：48-53.
朱政，郑伯红，贺清云，2011. 珠三角城市群空间结构及影响研究［J］. 经济地理，31（3）：404-408.
Aggarwala R T，2002. Seat of empire：New York，Philadephia，and the emergence of an American metropolitan［D］. New York：Columbia University.
Arndt S W，Kierzkowski H，2001. Fragmentation：New Production Patterns in the World Economy［M］. Oxford：Oxford University Press.
Auronsseau M，1921. The distribution of population：a constructure problem［J］. Geographical Review，（11）：563-563.
Batten D F，1995. Network cities：creative urban agglomerations for the 21st century［J］. Urban Studies，32（2）：313-327.
Castells M，1996. The Information Age：Economy，Society and Culture. Vol. I：The Rise of the Network Society［M］. Oxford：Blackwell.
Combes P P，Mayer T，Thisse J F，2008. Economic Geography：The Integration of Regions and Nations［M］. Princeton：Princeton University Press.

Dixit A K, Grossman G M, 1982. Trade and protection with multistage production[J]. The Review of Economic Studies, 49 (4): 583-594.

Duranton G, Puga D, 2002. From sector to functional urban specialization [C]. Cambridge M A: National Bureau of Economic Research: 15-20.

Duranton G, Puga D, 2003. Micro-foundations of urban agglomerationeconomies [R]. CEPR Discussion Paper, 4035.

DurantonG, Puga D, 2005. From sectoral to functional urban specialization [J]. Journal of Urban Economics, 57: 343-370.

Feenstra R C, 1998. Integration of trade and disintegration of production in the global economy? [J]. Journal of Economic Perspectives, Fall, 31-50.

Friedman J, 1964. Regional Development Planning: A Reader [M]. Cambridge: The MIT Press.

Friedman J, 1966. Regional Development Policy: A Case Study of Venezuela [M]. Cambridge: The MIT Press.

Fujita K, 2003. Neo-industrial Tokyo: urban development and globalization in Japan's State-centered developmental capitalism [J]. Urban Studies, 40 (2): 249-281.

Fujita M, Krugman P, 1995. When is the economy monocentric: von Thünen and Chamberlin unified [J]. Regional Science and Urban Economics, 25: 508-528.

Fujita M, Mori T, 1997. Structural stability and evolution of urban systems [J]. Regional Science and Urban Economics, 27: 399-442.

Fujita M, Krugman P, Mori T, 1999a. On the evolution of hierarchical urban systems[J]. European Economic Review, (43): 209-251.

Fujita M, Krugman P, Venables A J, 1999b. The Spatial Economy: Cities, Regions and International Trade [M]. Cambridge: The MIT Press.

Gideon G, 1978. International Urban Growth Policies: New Town Contributions [M]. New York: John Wiley.

Gottman J, 1961. Megalopolis: The Urbanization of the Northeastern Seaboard of the United States [M]. Cambridge: The MIT Press.

Harris D, 1943. A functional classification of cities in the United States[J]. Geographical Review, (33): 86-99.

Hazel E, 1972. New Town: The British Experience [M]. London: Charles Knight for Town and Country Planning Association.

Hoyt H, 1939. The structure and growth of residential neighborhoods in American cities, Washington [J]. Land Economic, (39): 81-90.

Kloosterman R C, Musterd S, 2001. The polycentric urban region: towards a research agenda [J].

Urban Studies，38：623-633.

Krugman P，1991. Geography and Trade ［M］. Cambridge：The MIT Press.

Krugman P，Venables A J，1995. Globalization and the inequality of nations ［J］. The Quarterly Journal of Economics，110（4）：857-880.

Puga D，1999. The rise and fall of regional inequalities［J］. European Economic Review，43（2）：303-334.

Sassen S，2001. Cities in the Global Economy ［Z］// Paddison R. Handbook of Urban Studies. London：Sage：256-272.

Steinacker A，2004. Game-Theoretic Models of Metropolitan Cooperation［A］//Richard C，Feiock，Metropolitan Governance：Conflict，Competition，and Cooperation. Washington D. C.：Georgetown University Press：48-51.

Maurice S，Winters L A，2004. 区域一体化与发展［M］. 郭磊，译，北京：中国财政经济出版社：26-28.